税务干部业务能力升级学习丛书

征收管理

岗位知识与技能

本书编写组◎编

中国税务出版社

图书在版编目（CIP）数据
征收管理岗位知识与技能 / 本书编写组编．-- 北京：
中国税务出版社，2024．8．--（税务干部业务能力升级
学习丛书）．-- ISBN 978-7-5678-1533-9
Ⅰ．F812.423
中国国家版本馆 CIP 数据核字第 2024FR5063 号

丛 书 名：税务干部业务能力升级学习丛书
书　　名：征收管理岗位知识与技能
ZHENGSHOU GUANLI GANGWEI ZHISHI YU JINENG
作　　者：本书编写组　编
责任编辑：张　赛
责任校对：姚浩晴
技术设计：林立志
出版发行：中国税务出版社
北京市丰台区广安路 9 号国投财富广场 1 号楼 11 层
邮政编码：100055
网址：https://www.taxation.cn
投稿：https://www.taxation.cn/qt/zztg
发行中心电话：(010)83362083/85/86
传真：(010)83362047/49
经　　销：各地新华书店
印　　刷：天津嘉恒印务有限公司
规　　格：787 毫米×1092 毫米　1/16
印　　张：30.5
字　　数：629000 字
版　　次：2024 年 8 月第 1 版　2024 年 8 月第 1 次印刷
书　　号：ISBN 978-7-5678-1533-9
定　　价：89.00 元

编 者 说 明

为落实打造效能税务要求，持续深化依法治税、以数治税、从严治税一体贯通，不断提升税务干部税费征管、便民服务、风险防范的能力和水平，我们结合税收工作实际，组织编写了“税务干部业务能力升级学习丛书”，分为《通用知识》《综合管理岗位知识与技能》《纳税服务岗位知识与技能》《征收管理岗位知识与技能》《税务稽查岗位知识与技能》《信息技术岗位知识与技能》及配套习题集。

《征收管理岗位知识与技能》旨在帮助征收管理岗位税务干部快速掌握业务知识，系统提升专业能力。本书具有以下特点：一是内容精，注重提升税务干部从事税费征收管理工作所必须具备的专业知识与技能，特别是运用有关基本理论、基本知识和基本方法分析解决征收管理工作实际问题的能力；二是政策新，全书依据税费征管新要求新政策进行编写，体现税收征管改革的新形势新成果；三是方便学，全书按照知识点进行编写，结构严谨、框架清晰，便于读者系统学习。

由于时间及能力所限，书中疏漏在所难免，不妥之处恳请读者批评指正。具体修改意见和建议，请与编辑联系（邮箱：bjzx@taxation.cn，QQ：1050456451），以便修订时更正。

编　者

CONTENTS 目录

第一章 税费管理

>>知识架构

- **税费管理**
  - 增值税
    - 增值税基本政策　4个知识点
    - 特定企业（或交易行为）的增值税政策　6个知识点
    - 增值税优惠政策　6个知识点
    - 增值税征收管理　6个知识点
    - 增值税发票管理　2个知识点
    - 增值税出口退（免）税政策　4个知识点
  - 消费税
    - 消费税基本政策　4个知识点
    - 消费税优惠政策　3个知识点
    - 消费税征收管理　4个知识点
    - 消费税出口退（免）税政策　2个知识点
  - 企业所得税
    - 企业所得税基本政策　5个知识点
    - 特殊业务所得税政策　4个知识点
    - 企业所得税优惠政策　3个知识点
    - 企业所得税征收管理　6个知识点
  - 个人所得税
    - 个人所得税基本政策　6个知识点
    - 个人所得税优惠政策　15个知识点
    - 个人所得税征收管理　4个知识点
  - 土地增值税
    - 土地增值税基本政策　4个知识点
    - 土地增值税优惠政策　1个知识点
    - 土地增值税征收管理　4个知识点
  - 其他税种
    - 车辆购置税政策与管理　4个知识点
    - 资源税政策与管理　3个知识点
    - 印花税政策与管理　4个知识点

- 税费管理
  - 其他税种
    - 房产税政策与管理　3个知识点
    - 车船税政策与管理　3个知识点
    - 环境保护税政策与管理　3个知识点
    - 契税政策与管理　3个知识点
    - 城镇土地使用税政策与管理　3个知识点
    - 耕地占用税政策与管理　3个知识点
    - 烟叶税政策与管理　2个知识点
    - 城市维护建设税政策与管理　3个知识点
    - 财产和行为税纳税申报表　1个知识点
  - 非税收入
    - 非税收入概述　2个知识点
    - 非税收入征缴　7个知识点
    - 非税收入管理　4个知识点
  - 社会保险费
    - 中国社会保险制度的建立、改革和发展　3个知识点
    - 社会保险费征缴　5个知识点
    - 社会保险费管理　5个知识点

>>第一节 增值税

一 增值税基本政策

【知识点1】 纳税人与扣缴义务人

在中华人民共和国境内销售货物或者加工、修理修配劳务，销售服务、无形资产、不动产以及进口货物的单位和个人，为增值税的纳税人。

1. 纳税人的分类

按会计核算水平和经营规模，增值税纳税人分为一般纳税人和小规模纳税人。一般纳税人包括：

（1）年应税销售额超过规定标准的纳税人。

年应税销售额，即纳税人在连续不超过12个月或4个季度的经营期内累计应征增值税销售额，包括纳税申报销售额、稽查查补销售额、纳税评估调整销售额。

稽查查补销售额和纳税评估调整销售额计入查补税款申报当月的销售额，以界定增值税小规模纳税人年应税销售额。

自2018年5月1日起，年销售额标准统一为500万元（不再划分行业）。

（2）年应税销售额未超过规定标准的纳税人，会计核算健全，能够提供准确税务资料的，可以向主管税务机关办理一般纳税人资格登记，成为一般纳税人。

2. 一般纳税人登记

（1）增值税一般纳税人资格实行登记制，符合一般纳税人条件的纳税人应当向主管税务机关办理一般纳税人资格登记。

纳税人在年应税销售额超过规定标准的月份（或季度）的所属申报期结束后15日内办理相关手续；未按规定时限办理的，主管税务机关应当在规定时限结束后5日内制作《税务事项通知书》，告知纳税人应当在5日内向主管税务机关办理相关手续；逾期仍不办理的，次月起按销售额依照增值税税率计算应纳税额，不得抵扣进项税额，直至纳税人办理相关手续为止。

一般纳税人资格生效之日，可以是办理一般纳税人资格登记相关手续的当月1日，也可以是次月1日，由纳税人自行选择。

（2）除国家税务总局另有规定外，纳税人一经登记为一般纳税人后，不得转为小规模纳税人。

3. 扣缴义务人

（1）境外的单位或者个人在境内提供加工、修理修配劳务，在境内未设有经营机构的，以其境内代理人为扣缴义务人；在境内没有代理人的，以购买方为扣缴义务人。

（2）境外单位或者个人在境内发生销售服务、无形资产或者不动产行为，在境内未设有经营机构的，以购买方为增值税扣缴义务人。财政部和国家税务总局另有规定的除外。

【知识点2】 征税范围

1. 增值税征税项目

（1）销售货物。

货物，是指有形动产，包括电力、热力、气体在内。

（2）提供加工、修理修配劳务。

提供加工、修理修配劳务，是指有偿提供加工、修理修配劳务。

加工，是指受托加工货物，即委托方提供原料及主要材料，受托方按照委托方的要求制造货物并收取加工费的业务。

修理修配，是指受托对损伤和丧失功能的货物进行修复，使其恢复原状和功能的业务。

（3）销售服务。

销售服务，是指有偿提供交通运输服务、邮政服务、电信服务、建筑服务、金融服务、现代服务、生活服务。

①交通运输服务。

交通运输服务，是指利用运输工具将货物或者旅客送达目的地，使其空间位置得到转移的业务活动。包括陆路运输服务、水路运输服务、航空运输服务和管道运输服务。

水路运输的程租、期租业务，属于水路运输服务。航空运输的湿租业务，属于航空运输服务。无运输工具承运业务，按照交通运输服务缴纳增值税。

②邮政服务。

邮政服务，是指中国邮政集团公司及其所属邮政企业提供邮件寄递、邮政汇兑和机要通信等邮政基本服务的业务活动。包括邮政普遍服务、邮政特殊服务和其他邮政服务。

③电信服务。

电信服务，是指利用有线、无线的电磁系统或者光电系统等各种通信网络资源，提供语音通话服务，传送、发射、接收或者应用图像、短信等电子数据和信息的业务活动。包括基础电信服务和增值电信服务。

④建筑服务。

建筑服务，是指各类建筑物、构筑物及其附属设施的建造、修缮、装饰，线路、管道、设备、设施等的安装以及其他工程作业的业务活动。包括工程服务、安装服务、修缮服务、装饰服务和其他建筑服务。

⑤金融服务。

金融服务，是指经营金融保险的业务活动。包括贷款服务、直接收费金融服务、保险服务和金融商品转让。融资性售后回租按照贷款服务缴纳增值税。

⑥现代服务。

现代服务，是指围绕制造业、文化产业、现代物流产业等提供技术性、知识性服务的业务活动。包括研发和技术服务、信息技术服务、文化创意服务、物流辅助服务、租赁服务、鉴证咨询服务、广播影视服务、商务辅助服务和其他现代服务。

A. 研发和技术服务，包括研发服务、合同能源管理服务、工程勘察勘探服务、专业技术服务。

B. 信息技术服务，包括软件服务、电路设计及测试服务、信息系统服务、业务流程管理服务和信息系统增值服务。

C. 文化创意服务，包括设计服务、知识产权服务、广告服务和会议展览服务。

D. 物流辅助服务，包括航空服务、港口码头服务、货运客运场站服务、打捞救助服务、装卸搬运服务、仓储服务和收派服务。

E. 租赁服务，包括融资租赁服务和经营租赁服务。按照标的物的不同，融资租赁服务可分为有形动产融资租赁服务和不动产融资租赁服务。融资性售后回租不按照融资租赁服务缴纳增值税，而是按贷款服务纳税。按照标的物的不同，经营租赁服务可分为有形动产经营租赁服务和不动产经营租赁服务。车辆停放服务、道路通行服务（包括过路费、过桥费、过闸费等）等按照不动产经营租赁服务缴纳增值税。水路运输的光租业务、航空运输的干租业务，属于经营租赁。

F. 鉴证咨询服务，包括认证服务、鉴证服务和咨询服务。

G. 广播影视服务，包括广播影视节目（作品）的制作服务、发行服务和播映（含放映）服务。

H. 商务辅助服务，包括企业管理服务、经纪代理服务、人力资源服务、安全保护服务。

I. 其他现代服务，是指除研发和技术服务、信息技术服务、文化创意服务、物流辅助服务、租赁服务、鉴证咨询服务、广播影视服务和商务辅助服务以外的现代服务。

⑦生活服务。

生活服务，是指为满足城乡居民日常生活需求提供的各类服务活动。包括文化体育服务、教育医疗服务、旅游娱乐服务、餐饮住宿服务、居民日常服务和其他生活服务。

（4）销售无形资产。

销售无形资产，是指有偿转让无形资产所有权或者使用权的业务活动。无形资产，是指不具实物形态，但能带来经济利益的资产，包括技术、商标、著作权、商誉、自然资源使用权和其他权益性无形资产。

（5）销售不动产。

销售不动产，是指有偿转让不动产所有权的业务活动。

不动产，是指不能移动或者移动后会引起性质、形状改变的财产，包括建筑物、构筑物等。建筑物，包括住宅、商业营业用房、办公楼等可供居住、工作或者进行其他活动的建造物。构筑物，包括道路、桥梁、隧道、水坝等建造物。

（6）进口货物。

进口货物，是指申报进入我国海关境内的货物。只要是报关进口的货物，均属于增值税征税范围，在进口环节缴纳增值税（享受免税政策的货物除外）。

2. 应税销售行为在境内

（1）在境内销售货物或者提供应税劳务，是指销售货物的起运地或者所在地在境内以及提供的应税劳务发生在境内。

（2）在境内销售服务、无形资产或者不动产，是指：

①服务（租赁不动产除外）或者无形资产（自然资源使用权除外）的销售方或者购买方在境内；

②所销售或者租赁的不动产在境内；

③所销售自然资源使用权的自然资源在境内；

④财政部和国家税务总局规定的其他情形。

（3）下列情形不属于境内销售服务或者无形资产：

①境外单位或者个人向境内单位或者个人销售完全在境外发生的服务；

②境外单位或者个人向境内单位或者个人销售完全在境外使用的无形资产；

③境外单位或者个人向境内单位或者个人出租完全在境外使用的有形动产；

④财政部和国家税务总局规定的其他情形。

3. 非经营活动和不征税项目

（1）非经营活动。

纳税人有偿销售货物，有偿提供应税劳务，有偿销售服务、无形资产或者不动产，应缴纳增值税。但不包括下列非经营活动的情形：

①行政单位收取的同时满足以下条件的政府性基金或者行政事业性收费：由国务院或者财政部批准设立的政府性基金，由国务院或者省级人民政府及其财政、价格主管部门批准设立的行政事业性收费；收取时开具省级以上（含省级）财政部门监（印）制的财政票据；所收款项全额上缴财政。

②单位或者个体工商户聘用的员工为本单位或者雇主提供取得工资的服务。

③单位或者个体工商户为聘用的员工提供服务。

④单位或者个体工商户聘用的员工为本单位或者雇主提供加工、修理修配劳务。

⑤财政部和国家税务总局规定的其他情形。

（2）不征税项目。

下列项目不征收增值税：

①根据国家指令无偿提供的铁路运输服务、航空运输服务，属于用于公益事业的服务。

②存款利息。

③被保险人获得的保险赔付。

④房地产主管部门或者其指定机构、公积金管理中心、开发企业以及物业管理单位代收的住宅专项维修资金。

⑤在资产重组过程中，通过合并、分立、出售、置换等方式，将全部或部分实物资产以及与其相关联的债权、负债和劳动力一并转让给其他单位和个人，其中涉及的不动产、土地使用权、货物转让行为。

⑥执照、牌照工本费收入。

对国家管理部门行使其管理职能，发放的执照、牌照和有关证书等取得的工本费收入，不征收增值税。

⑦免费防疫苗。

卫生防疫站调拨生物制品和药械，属于销售货物行为，可按照小规模纳税人3%的增值税征收率征收增值税。对卫生防疫站调拨或发放的由政府财政负担的免费防疫苗不征收增值税。

⑧财政补贴。

纳税人取得的财政补贴收入，与其销售货物、劳务、服务、无形资产、不动产的收入或者数量直接挂钩的，应按规定计算缴纳增值税。纳税人取得的其他情形的财政补贴收入，不属于增值税应税收入，不征收增值税。

⑨燃油电厂发电补贴。

各燃油电厂从政府财政专户取得的发电补贴不属于规定的价外费用，不计入应税销售额，不征收增值税。

⑩会费收入。

各党派、工会、共青团、妇联、中科协、青联、台联、侨联收取党费、团费、会费，以及政府间国际组织收取会费，属于非经营活动，不征收增值税。

⑪供应或开采天然水。

供应或开采未经加工的天然水（如水库供应农业灌溉用水，工厂自采地下水用于生产），不征收增值税。

⑫单用途商业预付卡。

单用途卡发卡企业或者售卡企业（以下统称售卡方）销售单用途卡，或者接受单用途卡持卡人充值取得的预收资金，不缴纳增值税。售卡方可按照《国家税务总局关于营改增试点若干征管问题的公告》（国家税务总局公告2016年第53号）的规定，向购卡人、充值人开具增值税普通发票，不得开具增值税专用发票。

⑬支付机构预付卡。

支付机构销售多用途卡取得的等值人民币资金，或者接受多用途卡持卡人充值取得的充值资金，不缴纳增值税。支付机构可按照国家税务总局公告2016年第53号文件的规定，向购卡人、充值人开具增值税普通发票，不得开具增值税专用发票。

⑭非保本投资收益。

《销售服务、无形资产、不动产注释》（财税〔2016〕36号附件1）第一条第（五）项第1点所称“保本收益、报酬、资金占用费、补偿金”，是指合同中明确承诺到期本金可全部收回的投资收益。金融商品持有期间（含到期）取得的非保本的上述收益，不属于利息或利息性质的收入，不征收增值税。

⑮水资源费改税后城镇公共供水水费收入。

自2017年12月1日起，原对城镇公共供水用水户在基本水价（自来水价格）外征收水资源费的试点省份，在水资源费改税试点期间，按照不增加城镇公共供水企业负担的原则，城镇公共供水企业缴纳的水资源税所对应的水费收入，不计征增值税，按“不征税自来水”项目开具增值税普通发票。

4. 视同销售

（1）视同销售货物。

单位或者个体工商户的下列行为，视同销售货物：

①将货物交付其他单位或者个人代销。

②销售代销货物。

③设有两个以上机构并实行统一核算的纳税人，将货物从一个机构移送至其他机构用于销售，但相关机构设在同一县（市）的除外。

④将自产、委托加工的货物用于非增值税应税项目。

⑤将自产、委托加工的货物用于集体福利或者个人消费。

⑥将自产、委托加工或者购进的货物作为投资，提供给其他单位或者个体工商户。

⑦将自产、委托加工或者购进的货物分配给股东或者投资者。

⑧将自产、委托加工或者购进的货物无偿赠送其他单位或者个人。

（2）视同销售服务、无形资产或者不动产。

下列情形视同销售服务、无形资产或者不动产：

①单位或者个体工商户向其他单位或者个人无偿提供服务，但用于公益事业或者以社会公众为对象的除外。

②单位或者个人向其他单位或者个人无偿转让无形资产或者不动产，但用于公益事业或者以社会公众为对象的除外。

③财政部和国家税务总局规定的其他情形。

5. 混合销售、兼营

（1）混合销售。

一项销售行为如果既涉及货物又涉及服务，为混合销售。从事货物的生产、批发或者零售的单位和个体工商户的混合销售行为，按照销售货物缴纳增值税；其他单位和个体工商户的混合销售行为，按照销售服务缴纳增值税。

上述从事货物的生产、批发或者零售的单位和个体工商户，包括以从事货物的生产、批发或者零售为主，并兼营销售服务的单位和个体工商户在内。

（2）兼营。

纳税人销售货物、加工修理修配劳务、服务、无形资产或者不动产适用不同税率或者征收率的，应当分别核算适用不同税率或者征收率的销售额，未分别核算销售额的，按照以下方法适用税率或者征收率：

①兼有不同税率的销售货物、加工修理修配劳务、服务、无形资产或者不动产，从高适用税率。

②兼有不同征收率的销售货物、加工修理修配劳务、服务、无形资产或者不动产，从高适用征收率。

③兼有不同税率和征收率的销售货物、加工修理修配劳务、服务、无形资产或者不动产，从高适用税率。

（3）纳税人提供电信服务时，附带赠送用户识别卡、电信终端等货物或者电信服务的，应将其取得的全部价款和价外费用进行分别核算，按各自适用税率计算缴纳增值税。

（4）自2017年5月1日起，纳税人销售活动板房、机器设备、钢结构件等自产货物的同时提供建筑、安装服务，不属于混合销售，应分别核算货物和建筑服务的销售额，分别适用不同的税率或者征收率。

（5）一般纳税人销售自产机器设备的同时提供安装服务，应分别核算机器设备和安装服务的销售额，安装服务可以按照甲供工程选择适用简易计税方法计税。

一般纳税人销售外购机器设备的同时提供安装服务，如果已经按照兼营的有关规定，分别核算机器设备和安装服务的销售额，安装服务可以按照甲供工程选择适用简易计税方法计税。

（6）一般纳税人销售电梯的同时提供安装服务，其安装服务可以按照甲供工程选择适用简易计税方法计税。

【知识点3】 税率及征收率

1. 税率

（1）13%税率。

增值税一般纳税人销售或者进口货物，提供应税劳务，除适用9%的税率外，税率一律适用13%；增值税一般纳税人提供有形动产租赁服务适用13%税率。

（2）9%税率。

①纳税人销售或者进口下列货物，税率为9%。

农产品（含粮食）、自来水、暖气、石油液化气、天然气、食用植物油、冷气、热水、煤气、居民用煤炭制品、食用盐、农机、饲料、农药、农膜、化肥、沼气、二甲醚、图书、报纸、杂志、音像制品、电子出版物，以及国务院规定的其他货物。

②纳税人发生下列应税行为，税率为9%。

提供交通运输、邮政、基础电信、建筑、不动产租赁服务，销售不动产，转让土地使用权。

（3）6%税率。

增值税一般纳税人发生下列应税行为，税率为6%：增值电信服务、金融服务、现代服务（不包括有形动产租赁服务、不动产租赁服务）、生活服务、销售无形资产（不包括转让土地使用权）。

自2020年5月1日起，纳税人受托对垃圾、污泥、污水、废气等废弃物进行专业化处理，即运用填埋、焚烧、净化、制肥等方式，对废弃物进行减量化、资源化和无害化处理处置，按照以下规定适用增值税税率：

①采取填埋、焚烧等方式进行专业化处理后未产生货物的，受托方属于提供《销售服务、无形资产、不动产注释》（财税〔2016〕36号附件1所附）“现代服务”中的“专业技术服务”，其收取的处理费用适用6%的增值税税率。

②专业化处理后产生货物，且货物归属委托方的，受托方属于提供“加工劳务”，其收取的处理费用适用13%的增值税税率。

③专业化处理后产生货物，且货物归属受托方的，受托方属于提供“专业技术服务”，其收取的处理费用适用6%的增值税税率。受托方将产生的货物用于销售时，适用货物的增值税税率。

（4）零税率。

纳税人出口货物税率为零。国务院另有规定的除外。

境内单位和个人发生的跨境应税行为，税率为零。具体范围由财政部和国家税务总局另行规定。

2. 小规模纳税人的征收率

小规模纳税人法定征收率为3%，但财政部和国家税务总局另有规定的除外。

（1）小规模纳税人转让其取得的不动产，按照5%的征收率计算应纳税额。

（2）小规模纳税人出租其取得的不动产，按照5%的征收率计算应纳税额。其中个人（含个体工商户）出租住房，按照5%的征收率减按1.5%计算应纳税额。

（3）小规模纳税人提供劳务派遣服务，以取得的全部价款和价外费用为销售额，按照简易计税方法依3%的征收率计算应纳税额；也可以选择差额纳税，以取得的全部价款和价外费用，扣除代用工单位支付给劳务派遣员工的工资、福利和为其办理社会保险及住房公积金后的余额为销售额，按照简易计税方法依5%的征收率计算应纳税额。

劳务派遣服务，是指劳务派遣公司为了满足用工单位对于各类灵活用工的需求，将员工派遣至用工单位，接受用工单位管理并为其工作的服务。根据《中华人民共和国劳动合同法》第五十七条规定，经营劳务派遣业务应当具备下列条件：

①注册资本不得少于人民币200万元；

②有与开展业务相适应的固定的经营场所和设施；

③有符合法律、行政法规规定的劳务派遣管理制度；

④法律、行政法规规定的其他条件。经营劳务派遣业务，应当向劳动行政部门依法申请行政许可；经许可的，依法办理相应的公司登记。未经许可，任何单位和个人

不得经营劳务派遣业务。

（4）住房租赁企业中的增值税小规模纳税人向个人出租住房，按照5%的征收率减按1.5%计算缴纳增值税。住房租赁企业，是指按规定向住房城乡建设部门进行开业报告或者备案的从事住房租赁业务的企业。

3. 一般纳税人简易计税项目及征收率

（1）一般纳税人销售自产的下列货物，可选择按照简易办法依照3%征收率计算缴纳增值税：

①县级及县级以下小型水力发电单位生产的电力。小型水力发电单位，是指各类投资主体建设的装机容量为5万千瓦以下（含5万千瓦）的小型水力发电单位。

②建筑用和生产建筑材料所用的砂、土、石料。

③以自己采掘的砂、土、石料或其他矿物连续生产的砖、瓦、石灰（不含粘土实心砖、瓦）。

④用微生物、微生物代谢产物、动物毒素、人或动物的血液或组织制成的生物制品。

⑤自来水。

⑥商品混凝土（仅限于以水泥为原料生产的水泥混凝土）。

（2）一般纳税人销售货物属于下列情形之一的，暂按简易办法依照3%征收率计算缴纳增值税：

①寄售商店代销寄售物品（包括居民个人寄售的物品在内）；

②典当业销售死当物品。

（3）一般纳税人从事下列项目可以选择简易计税方法依照3%征收率计算缴纳增值税：

①公共交通运输服务。公共交通运输服务，包括轮客渡、公交客运、地铁、城市轻轨、出租车、长途客运、班车。

②经认定的动漫企业为开发动漫产品提供的动漫脚本编撰、形象设计、背景设计、动画设计、分镜、动画制作、摄制、描线、上色、画面合成、配音、配乐、音效合成、剪辑、字幕制作、压缩转码（面向网络动漫、手机动漫格式适配）服务，以及在境内转让动漫版权（包括动漫品牌、形象或者内容的授权及再授权）。

③电影放映服务、仓储服务、装卸搬运服务、收派服务和文化体育服务。

④以纳入营改增试点之日前取得的有形动产为标的物提供的经营租赁服务。

⑤在纳入营改增试点之日前签订的尚未执行完毕的有形动产租赁合同。

（4）下列建筑服务可以选择适用简易计税方法依照3%征收率计算缴纳增值税：

①一般纳税人以清包工方式提供的建筑服务，可以选择适用简易计税方法计税。

以清包工方式提供建筑服务，是指施工方不采购建筑工程所需的材料或只采购辅助材料，并收取人工费、管理费或者其他费用的建筑服务。

②一般纳税人为甲供工程提供的建筑服务，可以选择适用简易计税方法计税。

甲供工程，是指全部或部分设备、材料、动力由工程发包方自行采购的建筑工程。

一般纳税人销售自产机器设备的同时提供安装服务，应分别核算机器设备和安装服务的销售额，安装服务可以按照甲供工程选择适用简易计税方法计税。

一般纳税人销售外购机器设备的同时提供安装服务，如果已经按照兼营的有关规定，分别核算机器设备和安装服务的销售额，安装服务可以按照甲供工程选择适用简易计税方法计税。

③一般纳税人为建筑工程老项目提供的建筑服务，可以选择适用简易计税方法计税。

建筑工程老项目，是指：

A.《建筑工程施工许可证》注明的合同开工日期在2016年4月30日前的建筑工程项目；

B. 未取得《建筑工程施工许可证》的，建筑工程承包合同注明的开工日期在2016年4月30日前的建筑工程项目。

（5）建筑工程总承包单位为房屋建筑的地基与基础、主体结构提供工程服务，建设单位自行采购全部或部分钢材、混凝土、砌体材料、预制构件的，适用简易计税方法依照3%征收率计税。

（6）自2018年5月1日起，增值税一般纳税人生产销售和批发、零售抗癌药品，可选择按照简易办法依照3%的征收率计算缴纳增值税。

自2019年3月1日起，增值税一般纳税人生产销售和批发、零售罕见病药品，可选择按照简易办法依照3%的征收率计算缴纳增值税。

自2018年5月1日起，对进口抗癌药品，减按3%征收进口环节增值税。自2019年3月1日起，对进口罕见病药品，减按3%征收进口环节增值税。

（7）自2016年5月1日起，一般纳税人销售或者出租其2016年4月30日前取得的不动产，可以选择适用简易计税方法依照5%的征收率征收增值税。

（8）房地产开发企业中的一般纳税人，销售自行开发的房地产老项目，可以选择适用简易计税方法按照5%的征收率计税。

（9）纳税人转让2016年4月30日前取得的土地使用权，可以选择适用简易计税方法，以取得的全部价款和价外费用减去取得该土地使用权的原价后的余额为销售额，按照5%的征收率计算缴纳增值税。

（10）属于增值税一般纳税人的药品经营企业销售生物制品，可以选择简易办法按照生物制品销售额和3%的征收率计算缴纳增值税。

药品经营企业，是指取得（食品）药品监督管理部门颁发的《药品经营许可证》，获准从事生物制品经营的药品批发企业和药品零售企业。

属于增值税一般纳税人的兽用药品经营企业销售兽用生物制品，可以选择简易办法按照兽用生物制品销售额和3%的征收率计算缴纳增值税。

兽用药品经营企业，是指取得兽医行政管理部门颁发的《兽药经营许可证》，获准从事兽用生物制品经营的兽用药品批发和零售企业。

（11）属于增值税一般纳税人的单采血浆站销售非临床用人体血液，可以按照简易办法依照3%征收率计算应纳税额。

卫生防疫站调拨生物制品和药械，属于销售货物行为，应当按照现行税收法规的规定征收增值税。根据《中华人民共和国增值税暂行条例实施细则》第二十九条及有关规定，对卫生防疫站调拨生物制品和药械，可按照小规模纳税人3%的增值税征收率征收增值税。

（12）金融服务。

①中国农业发展银行总行及其各分支机构提供涉农贷款取得的利息收入，可以选择适用简易计税方法按照3%的征收率计算缴纳增值税。

②农村信用社、村镇银行、农村资金互助社、由银行业机构全资发起设立的贷款公司、法人机构在县（县级市、区、旗）及县以下地区的农村合作银行和农村商业银行提供金融服务收入，可以选择适用简易计税方法按照3%的征收率计算缴纳增值税。

村镇银行，是指经中国银行保险监督管理委员会依据有关法律、法规批准，由境内外金融机构、境内非金融机构企业法人、境内自然人出资，在农村地区设立的主要为当地农民、农业和农村经济发展提供金融服务的银行业金融机构。

农村资金互助社，是指经银行业监督管理机构批准，由乡（镇）、行政村农民和农村小企业自愿入股组成，为社员提供存款、贷款、结算等业务的社区互助性银行业金融机构。

由银行业机构全资发起设立的贷款公司，是指经中国银行保险监督管理委员会依据有关法律、法规批准，由境内商业银行或农村合作银行在农村地区设立的专门为县域农民、农业和农村经济发展提供贷款服务的非银行业金融机构。

县（县级市、区、旗），不包括直辖市和地级市所辖城区。

③对中国农业银行纳入“三农金融事业部”改革试点的各省、自治区、直辖市、计划单列市分行下辖的县域支行和新疆生产建设兵团分行下辖的县域支行（也称县事业部），提供农户贷款、农村企业和农村各类组织贷款取得的利息收入，可以选择适用简易计税方法按照3%的征收率计算缴纳增值税。

农户贷款，是指金融机构发放给农户的贷款，但不包括2016年12月31日前，金融机构农户小额贷款。小额贷款，是指单笔且该农户贷款余额总额在10万元（含本数）以下的贷款。

所称农户，是指长期（1 年以上）居住在乡镇（不包括城关镇）行政管理区域内的住户，还包括长期居住在城关镇所辖行政村范围内的住户和户口不在本地而在本地居住 1 年以上的住户，国有农场的职工和农村个体工商户。位于乡镇（不包括城关镇）行政管理区域内和在城关镇所辖行政村范围内的国有经济的机关、团体、学校、企事业单位的集体户；有本地户口，但举家外出谋生 1 年以上的住户，无论是否保留承包耕地均不属于农户。农户以户为统计单位，既可以从事农业生产经营，也可以从事非农业生产经营。农户贷款的判定应以贷款发放时的承贷主体是否属于农户为准。

农村企业和农村各类组织贷款，是指金融机构发放给注册在农村地区的企业及各类组织的贷款。

④2018 年 7 月 1 日至 2027 年 12 月 31 日，对中国邮政储蓄银行纳入“三农金融事业部”改革的各省、自治区、直辖市、计划单列市分行下辖的县域支行，提供农户贷款、农村企业和农村各类组织贷款取得的利息收入，可以选择适用简易计税方法按照 3% 的征收率计算缴纳增值税。

所称农户，是指长期（1 年以上）居住在乡镇（不包括城关镇）行政管理区域内的住户，还包括长期居住在城关镇所辖行政村范围内的住户和户口不在本地而在本地居住 1 年以上的住户，国有农场的职工和农村个体工商户。位于乡镇（不包括城关镇）行政管理区域内和在城关镇所辖行政村范围内的国有经济的机关、团体、学校、企事业单位的集体户；有本地户口，但举家外出谋生 1 年以上的住户，无论是否保留承包耕地均不属于农户。农户以户为统计单位，既可以从事农业生产经营，也可以从事非农业生产经营。农户贷款的判定应以贷款发放时的借款人是否属于农户为准。

所称农村企业和农村各类组织贷款，是指金融机构发放给注册在农村地区的企业及各类组织的贷款。

⑤自 2018 年 1 月 1 日起，资管产品管理人运营资管产品过程中发生的增值税应税行为，暂适用简易计税方法，按照 3% 的征收率缴纳增值税。

（13）公路经营企业中的一般纳税人收取试点前开工的高速公路的车辆通行费，可以选择适用简易计税方法，减按 3% 的征收率计算应纳税额。

一般纳税人收取试点前开工的一级公路、二级公路、桥、闸通行费，可以选择适用简易计税方法，按照 5% 的征收率计算缴纳增值税。

试点前开工，是指相关施工许可证注明的合同开工日期在 2016 年 4 月 30 日前。

（14）自 2021 年 10 月 1 日起，住房租赁企业中的一般纳税人向个人出租住房取得的全部出租收入，可以选择适用简易计税方法，按照 5% 的征收率减按 1.5% 计算缴纳增值税，或适用一般计税方法计算缴纳增值税。

【知识点4】 计税方法

1. 一般计税方法和简易计税方法

（1）一般计税方法。

一般计税方法适用于增值税一般纳税人。

采用一般计税方法计税的，应纳税额为当期销项税额抵扣当期进项税额后的余额。

应纳税额计算公式：

应纳税额 = 当期销项税额 − 当期进项税额

销项税额 = 不含税销售额 × 税率 = 含税销售额 ÷ （1 + 税率） × 税率

当期销项税额小于当期进项税额不足抵扣时，其不足部分可以结转下期继续抵扣，符合增值税期末留抵税额退税条件的，也可申请退税。

（2）简易计税方法。

简易计税方法适用于小规模纳税人和一般纳税人选择或适用简易计税的项目。

采用简易计税方法计税的，按照销售额和增值税征收率计算增值税税额，不得抵扣进项税额。应纳税额计算公式为：

应纳税额 = 不含税销售额 × 征收率 = 含税销售额 ÷ （1 + 征收率） × 征收率

2. 销售额确定

（1）全部价款和价外费用。

纳税人销售货物、应税劳务、服务、无形资产或者不动产销售额为向购买方收取的全部价款和价外费用，但是不包括收取的增值税。

根据《国家税务总局关于取消增值税扣税凭证认证确认期限等增值税征管问题的公告》（国家税务总局公告2019年第45号）规定，自2020年1月1日起，纳税人取得的财政补贴收入，与其销售货物、劳务、服务、无形资产、不动产的收入或者数量直接挂钩的，应按规定计算缴纳增值税。纳税人取得的其他情形的财政补贴收入，不属于增值税应税收入，不征收增值税。该公告实施前，纳税人取得的中央财政补贴继续按照《国家税务总局关于中央财政补贴增值税有关问题的公告》（国家税务总局公告2013年第3号）执行；已经申报缴纳增值税的，可以按现行红字发票管理规定，开具红字增值税发票将取得的中央财政补贴从销售额中扣减。

价外费用包括价外向购买方收取的手续费、补贴、基金、集资费、返还利润、奖励费、违约金、滞纳金、延期付款利息、赔偿金、代收款项、代垫款项、包装费、包装物租金、储备费、优质费、运输装卸费以及其他各种性质的价外收费。但下列项目不包括在内：

①受托加工应征消费税的消费品所代收代缴的消费税。

②同时符合以下条件的代垫运输费用：承运部门的运输费用发票开具给购买方的；

纳税人将该项发票转交给购买方的。

③同时符合以下条件代为收取的政府性基金或者行政事业性收费：由国务院或者财政部批准设立的政府性基金，由国务院或者省级人民政府及其财政、价格主管部门批准设立的行政事业性收费；收取时开具省级以上财政部门印制的财政票据；所收款项全额上缴财政。

④销售货物的同时代办保险等而向购买方收取的保险费，以及向购买方收取的代购买方缴纳的车辆购置税、车辆牌照费。

（2）销售额的核定。

①纳税人销售货物价格明显偏低并无正当理由或发生视同销售货物行为而无销售额的，由主管税务机关按下列顺序核定其销售额：

A. 按纳税人最近时期同类货物的平均销售价格确定。

B. 按其他纳税人最近时期同类货物的平均销售价格确定。

C. 按组成计税价格确定。组成计税价格的公式为：

$$组成计税价格 = 成本 \times （1 + 成本利润率）$$

属于应征消费税的货物，其组成计税价格中应加计消费税税额。

公式中的成本是指，销售自产货物的为实际生产成本，销售外购货物的为实际采购成本。公式中的成本利润率由国家税务总局确定。除应征消费税的货物外，一般货物的成本利润率按10%确定。

②纳税人销售服务、无形资产或者不动产价格明显偏低或者偏高且不具有合理商业目的的，或者视同销售服务、无形资产或者不动产而无销售额的，主管税务机关有权按照下列顺序确定销售额：

A. 按照纳税人最近时期销售同类服务、无形资产或者不动产的平均价格确定。

B. 按照其他纳税人最近时期销售同类服务、无形资产或者不动产的平均价格确定。

C. 按照组成计税价格确定。组成计税价格的公式为：

$$组成计税价格 = 成本 \times （1 + 成本利润率）$$

成本利润率由国家税务总局确定。

不具有合理商业目的，是指以谋取税收利益为主要目的，通过人为安排，减少、免除、推迟缴纳增值税税款，或者增加退还增值税税款。

（3）差额征税。

①金融商品转让差额确定销售额的规定。

金融商品转让，按照卖出价扣除买入价后的余额为销售额。

无论是一般纳税人还是小规模纳税人，无论采用一般计税方法还是采用简易计税方法，均按差额确定销售额。

转让金融商品出现的正负差，按盈亏相抵后的余额为销售额。若相抵后出现负差，可结转下一纳税期与下期转让金融商品销售额相抵，但年末时仍出现负差的，不得转入下一个会计年度。

金融商品的买入价，可以选择按照加权平均法或者移动加权平均法进行核算，选择后36个月内不得变更。

金融商品转让，不得开具增值税专用发票。

②纳税人提供旅游服务差额确定销售额的规定。

纳税人提供旅游服务，可以选择以取得的全部价款和价外费用，扣除向旅游服务购买方收取并支付给其他单位或者个人的住宿费、餐饮费、交通费、签证费、门票费和支付给其他接团旅游企业的旅游费用后的余额为销售额。

上述规定，无论是一般纳税人还是小规模纳税人，无论采用一般计税方法还是采用简易计税方法，均可以选择差额确定销售额。当然，如果纳税人不选择差额确定销售额，就要按取得的全部价款和价外费用确定销售额。

③一般纳税人提供客运场站服务差额确定销售额的规定。

一般纳税人提供客运场站服务，以其取得的全部价款和价外费用，扣除支付给承运方运费后的余额为销售额。

上述规定，只适用于一般纳税人，小规模纳税人提供客运场站服务要全额确定销售额。

④纳税人提供劳务派遣服务差额确定销售额的规定。

一般纳税人提供劳务派遣服务，按规定以取得的全部价款和价外费用为销售额，按照一般计税方法计算缴纳增值税；也可以选择差额纳税，以取得的全部价款和价外费用，扣除代用工单位支付给劳务派遣员工的工资、福利和为其办理社会保险及住房公积金后的余额为销售额，按照简易计税方法依5%的征收率计算缴纳增值税。

小规模纳税人提供劳务派遣服务，以取得的全部价款和价外费用为销售额，按照简易计税方法依3%的征收率计算缴纳增值税；也可以选择差额纳税，以取得的全部价款和价外费用，扣除代用工单位支付给劳务派遣员工的工资、福利和为其办理社会保险及住房公积金后的余额为销售额，按照简易计税方法依5%的征收率计算缴纳增值税。

上述规定，要求纳税人一经选择差额确定销售额，则必须按照简易计税方法依5%的征收率计算缴纳增值税。

⑤纳税人提供建筑服务差额确定销售额的规定。

一般纳税人提供建筑服务，选择适用简易计税方法计税的，应以取得的全部价款和价外费用扣除支付的分包款后的余额为销售额，按照3%的征收率计算应纳税额。

小规模纳税人提供建筑服务，应以取得的全部价款和价外费用扣除支付的分包款后的余额为销售额，按照3%的征收率计算应纳税额。

分包款，是指支付给分包方的全部价款和价外费用。

上述规定，只适用于纳税人简易计税方法下销售额的确定。一般纳税人提供建筑服务，适用一般计税方法计税的，应以取得的全部价款和价外费用为销售额计算应纳税额，不得差额确定销售额。

⑥一般纳税人销售自行开发的房地产项目差额确定销售额的规定。

一般纳税人销售自行开发的房地产项目，适用一般计税方法计税，按照取得的全部价款和价外费用，扣除当期销售房地产项目对应的向政府部门支付的土地价款后的余额为销售额。

销售额的计算公式如下：

销售额 =（全部价款和价外费用 - 当期允许扣除的土地价款）÷（1 +9%）

当期允许扣除的土地价款 =（当期销售房地产项目建筑面积÷房地产项目可供销售建筑面积）×支付的土地价款

当期销售房地产项目建筑面积，是指当期进行纳税申报的增值税销售额对应的建筑面积。

房地产项目可供销售建筑面积，是指房地产项目可以出售的总建筑面积，不包括销售房地产项目时未单独作价结算的配套公共设施的建筑面积。

支付的土地价款，是指向政府、土地管理部门或受政府委托收取土地价款的单位直接支付的土地价款。包括土地受让人向政府部门支付的征地和拆迁补偿费用、土地前期开发费用和土地出让收益等。纳税人向其他单位或个人支付的拆迁补偿费用也允许在销售额中扣减，但当一般纳税人销售其自行开发的房地产项目是选择适用简易计税办法的房地产老项目时，不可扣除。

房地产老项目，是指《建筑工程施工许可证》注明的合同开工日期在2016年4月30日前的房地产项目。

纳税人按上述规定扣除土地价款时，应当取得省级以上（含省级）财政部门监（印）制的财政票据；扣除拆迁补偿费用时，应提供拆迁协议、拆迁双方支付和取得拆迁补偿费用凭证等能够证明拆迁补偿费用真实性的材料。

上述规定，只适用于一般纳税人一般计税方法下销售额的确定，小规模纳税人以及适用简易计税的一般纳税人销售自行开发的房地产项目不得扣减任何费用，按取得的全部价款和价外费用确定销售额。

⑦一般纳税人销售其2016年4月30日前取得（不含自建）的不动产，可以选择适用简易计税方法，以取得的全部价款和价外费用减去该项不动产购置原价或者取得不动产时的作价后的余额为销售额，按照5%的征收率计算应纳税额。

小规模纳税人销售其取得（不含自建）的不动产（不含个体工商户销售购买的住房和其他个人销售不动产），应以取得的全部价款和价外费用减去该项不动产购置原价或者取得不动产时的作价后的余额为销售额，按照5%的征收率计算应纳税额。

⑧纳税人转让2016年4月30日前取得的土地使用权，可以选择适用简易计税方法，以取得的全部价款和价外费用减去取得该土地使用权的原价后的余额为销售额，按照5%的征收率计算缴纳增值税。

⑨其他差额征税情形。

A. 航空运输销售代理企业境外代理服务收入，以取得的全部价款和价外费用，扣除向客户收取并支付给其他单位或者个人的境外航段机票结算款和相关费用后的余额为销售额。其中，支付给境内单位或者个人的款项，以发票或行程单为合法有效凭证；支付给境外单位或者个人的款项，以签收单据为合法有效凭证，税务机关对签收单据有疑义的，可以要求其提供境外公证机构的确认证明。

B. 融资租赁，以收取的全部价款和价外费用，扣除支付的借款利息、发行债券利息和车辆购置税后的余额为销售额。

融资性售后回租服务，以取得的全部价款和价外费用（不含本金），扣除对外支付的借款利息、发行债券利息后的余额作为销售额。

C. 航空运输业，销售额扣除代收的机场建设费和代售其他航空运输企业客票而代收转付的价款。

D. 经纪代理服务以取得的全部价款和价外费用，扣除向委托方收取并代为支付的政府性基金或者行政事业性收费后的余额为销售额。

E. 电信、移动、联通公司及成员单位为公益性机构接受捐款，以其取得的全部价款和价外费用，扣除支付给公益性机构捐款后的余额为销售额。其接受的捐款，不得开具增值税专用发票。

F. 物业管理服务中收取自来水水费。向服务接收方收取的自来水水费，以扣除其对外支付的自来水水费后的余额为销售额，按照简易计税办法依3%的征收率计算缴纳增值税。

G. 教辅单位为境外单位提供境内考试服务。境外单位通过教育部考试中心及其直属单位在境内开展考试，教育部考试中心及其直属单位应以取得的考试费收入扣除支付给境外单位考试费后的余额为销售额，按提供“教育辅助服务”缴纳增值税；就代为收取并支付给境外单位的考试费统一扣缴增值税。教育部考试中心及其直属单位代为收取并支付给境外单位的考试费，不得开具增值税专用发票，可以开具增值税普通发票。一般纳税人提供教育辅助服务，可以选择简易计税方法按照3%的征收率计算缴纳增值税。

H. 签证代理服务。纳税人提供签证代理服务，以取得的全部价款和价外费用，扣除向服务接受方收取并代为支付给外交部和外国驻华使（领）馆的签证费、认证费后的余额为销售额。

3. 进项税额

（1）准予抵扣的进项税额。

进项税额，是指纳税人购进货物、应税劳务、服务、无形资产或者不动产，支付或者负担的增值税税额。准予从销项税额中抵扣的进项税额包括：

①从销售方取得的增值税专用发票（含税控机动车销售统一发票）上注明的增值税税额。

②从海关取得的海关进口增值税专用缴款书上注明的增值税税额。

③购进农产品准予抵扣的进项税额。

A. 自2019年4月1日起，纳税人购进农产品，从按照简易计税方法依照3%的征收率计算缴纳增值税的小规模纳税人取得增值税专用发票的，以增值税专用发票上注明的金额和9%的扣除率计算进项税额；取得（开具）农产品销售发票或收购发票的，以农产品销售发票或收购发票上注明的农产品买价和9%的扣除率计算进项税额。纳税人购进用于生产、销售或委托加工13%税率货物的农产品，按照10%的扣除率计算进项税额。

纳税人购进农产品既用于生产、销售或委托、受托加工13%税率货物又用于生产、销售其他货物服务的，应当分别核算用于生产、销售或委托、受托加工13%税率货物和其他货物服务的农产品进项税额。未分别核算的，统一以增值税专用发票或海关进口增值税专用缴款书上注明的增值税税额为进项税额，或以农产品收购发票或销售发票上注明的农产品买价和9%的扣除率计算进项税额。

B. 自2012年7月1日起，以购进农产品为原料生产销售液体乳及乳制品、酒及酒精、植物油的增值税一般纳税人，其购进农产品无论是否用于生产上述产品，购进农产品增值税进项税额，实施核定扣除办法。营改增后有条件的地区，应在餐饮行业推行农产品进项税额核定扣除办法。

核定扣除的方法有投入产出法、成本法、参照法，省级（包括计划单列市）税务机关应根据上述顺序，确定纳税人适用的农产品增值税进项税额核定扣除方法。

④自2018年1月1日起，纳税人支付的道路、桥、闸通行费按照以下规定抵扣进项税额：

A. 纳税人支付的道路通行费，按照收费公路通行费增值税电子普通发票上注明的增值税税额抵扣进项税额。

B. 纳税人支付的桥、闸通行费，暂凭取得的通行费发票上注明的收费金额按照下列公式计算可抵扣的进项税额：

$$桥、闸通行费可抵扣进项税额=桥、闸通行费发票上注明的金额\div(1+5\%)\times 5\%$$

通行费，是指有关单位依法或者依规设立并收取的过路、过桥和过闸费用。

⑤从境外单位或者个人购进劳务、服务、无形资产或者不动产，自税务机关或者扣缴义务人取得的解缴税款的完税凭证上注明的增值税税额。

纳税人凭完税凭证抵扣进项税额的，应当具备书面合同、付款证明和境外单位的对账单或者发票。资料不全的，其进项税额不得从销项税额中抵扣。

⑥纳税人购进国内旅客运输服务的抵扣。

纳税人未取得增值税专用发票的，暂按照以下规定确定进项税额：

A. 取得增值税电子普通发票的，为发票上注明的税额；

B. 取得注明旅客身份信息的航空运输电子客票行程单的，为按照下列公式计算的进项税额：

$$航空旅客运输进项税额=（票价+燃油附加费）\div（1+9\%）\times 9\%$$

C. 取得注明旅客身份信息的铁路车票的，为按照下列公式计算的进项税额：

$$铁路旅客运输进项税额=票面金额\div（1+9\%）\times 9\%$$

D. 取得注明旅客身份信息的公路、水路等其他客票的，为按照下列公式计算的进项税额：

$$公路、水路等其他旅客运输进项税额=票面金额\div（1+3\%）\times 3\%$$

国内旅客运输服务，限于与本单位签订了劳动合同的员工，以及本单位作为用工单位接受的劳务派遣员工发生的国内旅客运输服务。

纳税人购进国内旅客运输服务，以取得的增值税电子普通发票上注明的税额为进项税额的，增值税电子普通发票上注明的购买方“名称”“纳税人识别号”等信息，应当与实际抵扣税款的纳税人一致，否则不予抵扣。

纳税人允许抵扣的国内旅客运输服务进项税额，是指纳税人2019年4月1日及以后实际发生，并取得合法有效增值税扣税凭证注明的或依据其计算的增值税税额。以增值税专用发票或增值税电子普通发票为增值税扣税凭证的，为2019年4月1日及以后开具的增值税专用发票或增值税电子普通发票。

⑦不动产进项税额的抵扣。

A. 2016年5月1日至2019年3月31日取得并在会计制度上按固定资产核算的不动产或者2016年5月1日至2019年3月31日取得的不动产在建工程，其进项税额自取得之日起分2年从销项税额中抵扣，第一年抵扣比例为60%，第二年抵扣比例为40%。取得不动产，包括以直接购买、接受捐赠、接受投资入股、自建以及抵债等各种形式取得不动产，不包括房地产开发企业自行开发的房地产项目。融资租入的不动产以及在施工现场修建的临时建筑物、构筑物，其进项税额不适用上述分2年抵扣的规定。

B. 纳税人2016年5月1日至2019年3月31日购进货物和设计服务、建筑服务，用于新建不动产，或者用于改建、扩建、修缮、装饰不动产并增加不动产原值超过

50%的，其进项税额依照上述规定分2年从销项税额中抵扣。

自2019年4月1日起，纳税人取得不动产或者不动产在建工程的进项税额不再分2年抵扣。此前按照上述规定尚未抵扣完毕的待抵扣进项税额，可自2019年4月税款所属期起从销项税额中抵扣。

C. 按照规定不得抵扣进项税额的不动产，发生用途改变，用于允许抵扣进项税额项目的，按照下列公式在改变用途的次月计算可抵扣进项税额：

可抵扣进项税额＝增值税扣税凭证上注明或计算的进项税额×不动产净值率

⑧进项税额的加计抵减。

2019年4月1日至2022年12月31日，允许生产性服务业纳税人按照当期可抵扣进项税额加计10%，抵减应纳税额（以下称加计抵减政策）。2023年1月1日至2023年12月31日，允许生产性服务业纳税人按照当期可抵扣进项税额加计5%抵减应纳税额。

A. 生产性服务业纳税人，是指提供邮政服务、电信服务、现代服务、生活服务（以下称四项服务）取得的销售额占全部销售额的比重超过50%的纳税人。四项服务的具体范围与增值税征税范围的相关规定相同。

销售额，包括纳税申报销售额、稽查查补销售额、纳税评估调整销售额。其中，纳税申报销售额包括一般计税方法销售额，简易计税方法销售额，免税销售额，税务机关代开发票销售额，免、抵、退办法出口销售额，即征即退项目销售额。

稽查查补销售额和纳税评估调整销售额，计入查补或评估调整当期销售额确定适用加计抵减政策；适用增值税差额征收政策的，以差额后的销售额确定适用加计抵减政策。

2019年3月31日前设立的纳税人，2018年4月至2019年3月的销售额（经营期不满12个月的，按照实际经营期的销售额）符合上述规定条件的，自2019年4月1日起适用加计抵减政策。

2019年4月1日后设立的纳税人，自设立之日起3个月的销售额符合上述规定条件的，自登记为一般纳税人之日起适用加计抵减政策。

纳税人确定适用加计抵减政策后，当年内不再调整，以后年度是否适用，根据上年度销售额计算确定。

纳税人可计提但未计提的加计抵减额，可在确定适用加计抵减政策当期一并计提。

B. 纳税人应按照当期可抵扣进项税额的10%或5%计提当期加计抵减额。按照现行规定不得从销项税额中抵扣的进项税额，不得计提加计抵减额；已计提加计抵减额的进项税额，按规定作进项税额转出的，应在进项税额转出当期，相应调减加计抵减额。计算公式如下：

当期计提加计抵减额＝当期可抵扣进项税额×10%或5%

当期可抵减加计抵减额＝上期末加计抵减额余额＋当期计提加计抵减额－当期调减加计抵减额

C. 纳税人应按照现行规定计算一般计税方法下的应纳税额（以下称抵减前的应纳税额）后，区分以下情形加计抵减：

第一，抵减前的应纳税额等于零的，当期可抵减加计抵减额全部结转下期抵减。

第二，抵减前的应纳税额大于零，且大于当期可抵减加计抵减额的，当期可抵减加计抵减额全额从抵减前的应纳税额中抵减。

第三，抵减前的应纳税额大于零，且小于或等于当期可抵减加计抵减额的，以当期可抵减加计抵减额抵减应纳税额至零。未抵减完的当期可抵减加计抵减额，结转下期继续抵减。

D. 纳税人出口货物劳务、发生跨境应税行为不适用加计抵减政策，其对应的进项税额不得计提加计抵减额。

纳税人兼营出口货物劳务、发生跨境应税行为且无法划分不得计提加计抵减额的进项税额，按照以下公式计算：

不得计提加计抵减额的进项税额＝当期无法划分的全部进项税额×当期出口货物劳务和发生跨境应税行为的销售额÷当期全部销售额

E. 纳税人应单独核算加计抵减额的计提、抵减、调减、结余等变动情况。骗取适用加计抵减政策或虚增加计抵减额的，按照《中华人民共和国税收征收管理法》（以下简称《税收征管法》）等有关规定处理。

F. 加计抵减政策执行到期后，纳税人不再计提加计抵减额，结余的加计抵减额停止抵减。

2019 年 10 月 1 日至 2022 年 12 月 31 日，允许生活性服务业纳税人按照当期可抵扣进项税额加计 15%，抵减应纳税额。2023 年 1 月 1 日至 2023 年 12 月 31 日，允许生活性服务业纳税人按照当期可抵扣进项税额加计 10% 抵减应纳税额。计算公式如下：

当期计提加计抵减额＝当期可抵扣进项税额×15% 或 10%

生活性服务业纳税人，是指提供生活服务取得的销售额占全部销售额的比重超过 50% 的纳税人。2019 年 9 月 30 日前设立的纳税人，2018 年 10 月至 2019 年 9 月的销售额（经营期不满 12 个月的，按照实际经营期的销售额）符合上述规定条件的，自 2019 年 10 月 1 日起适用加计抵减政策。

2019 年 10 月 1 日后设立的纳税人，自设立之日起 3 个月的销售额符合上述规定条件的，自登记为一般纳税人之日起适用加计抵减政策。

2023 年 1 月 1 日至 2027 年 12 月 31 日，允许集成电路设计、生产、封测、装备、材料企业（以下称集成电路企业），按照当期可抵扣进项税额加计 15% 抵减应纳增值税税额。

对适用加计抵减政策的集成电路企业采取清单管理，具体适用条件、管理方式和企业清单由工业和信息化部会同发展改革委、财政部、税务总局等部门制定。

集成电路企业同时符合多项增值税加计抵减政策的，可以择优选择适用，但在同一期间不得叠加适用。

2023 年 1 月 1 日至 2027 年 12 月 31 日，对生产销售先进工业母机主机、关键功能部件、数控系统（以下称先进工业母机产品）的增值税一般纳税人（以下称工业母机企业），允许按当期可抵扣进项税额加计 15% 抵减企业应纳增值税税额（以下称加计抵减政策）。上述先进工业母机产品是指符合本通知附件《先进工业母机产品基本标准》规定的产品。

符合规定加计抵减政策的工业母机企业需同时符合以下条件：

A. 申请优惠政策的上一年度，企业具有劳动合同关系或劳务派遣、聘用关系的先进工业母机产品研究开发人员月平均人数占企业月平均职工总数的比例不低于 15%；

B. 申请优惠政策的上一年度，研究开发费用总额占企业销售（营业）收入（主营业务收入与其他业务收入之和，下同）总额的比例不低于 5%；

C. 申请优惠政策的上一年度，生产销售本通知规定的先进工业母机产品收入占企业销售（营业）收入总额的比例不低于 60%，且企业收入总额不低于 3000 万元（含）。对适用加计抵减政策的工业母机企业采取清单管理，具体适用条件、管理方式和企业清单由工业和信息化部会同财政部、税务总局等部门制定。

2023 年 1 月 1 日至 2027 年 12 月 31 日，允许先进制造业企业按照当期可抵扣进项税额加计 5% 抵减应纳增值税税额。

先进制造业企业是指高新技术企业（含所属的非法人分支机构）中的制造业一般纳税人，高新技术企业是指按照《科技部 财政部 国家税务总局关于修订印发〈高新技术企业认定管理办法〉的通知》（国科发火〔2016〕32 号）规定认定的高新技术企业。先进制造业企业具体名单，由各省、自治区、直辖市、计划单列市工业和信息化部门会同同级科技、财政、税务部门确定。

（2）不予抵扣的进项税额。

纳税人取得的增值税扣税凭证不符合法律、行政法规或者国家税务总局有关规定的，其进项税额不得从销项税额中抵扣。除此之外，一般纳税人发生下列项目的进项税额不得从销项税额中抵扣：

①用于简易计税方法计税项目、免征增值税项目、集体福利或者个人消费的购进货物、加工修理修配劳务、服务、无形资产和不动产。

其中涉及的固定资产、无形资产、不动产，仅指专用于上述项目的固定资产、无形资产（不包括其他权益性无形资产）、不动产。

固定资产，是指使用期限超过 12 个月的机器、机械、运输工具以及其他与生产经营有关的设备、工具、器具等有形动产。纳税人的交际应酬消费属于个人消费。

②非正常损失的购进货物，以及相关的加工修理修配劳务和交通运输服务。

③非正常损失的在产品、产成品所耗用的购进货物（不包括固定资产）、加工修理修配劳务和交通运输服务。

④非正常损失的不动产，以及该不动产所耗用的购进货物、设计服务和建筑服务。

⑤非正常损失的不动产在建工程所耗用的购进货物、设计服务和建筑服务。

纳税人新建、改建、扩建、修缮、装饰不动产，均属于不动产在建工程。

上述第④点、第⑤点所称货物，是指构成不动产实体的材料和设备，包括建筑装饰材料和给排水、采暖、卫生、通风、照明、通讯、煤气、消防、中央空调、电梯、电气、智能化楼宇设备及配套设施。

上述第②点至第⑤点所称的非正常损失，是指因管理不善造成货物被盗、丢失、霉烂变质，以及因违反法律法规造成货物或者不动产被依法没收、销毁、拆除的情形。

⑥购进的贷款服务、餐饮服务、居民日常服务和娱乐服务。

纳税人接受贷款服务向贷款方支付的与该笔贷款直接相关的投融资顾问费、手续费、咨询费等费用，其进项税额不得从销项税额中抵扣。

⑦财政部和国家税务总局规定的其他情形。

（3）进项税额的扣减（转出）和转入。

①适用一般计税方法计税的纳税人，因销货退回，销售折让，劳务、服务中止而收回的增值税税额，应当从当期的进项税额中扣减。

②适用一般计税方法的纳税人，兼营简易计税方法计税项目、免征增值税项目而无法划分不得抵扣的进项税额，按照下列公式计算不得抵扣的进项税额：

不得抵扣的进项税额 = 当期无法划分的全部进项税额 ×（当期简易计税方法计税项目销售额 + 免征增值税项目销售额）÷ 当期全部销售额

主管税务机关可以按照上述公式依据年度数据对不得抵扣的进项税额进行清算。

③已抵扣进项税额的购进货物（不含固定资产）、劳务、服务，发生改变用途用于集体福利、个人消费或者非正常损失等不得抵扣进项税额的情形（简易计税方法计税项目、免征增值税项目除外）的，应当将该进项税额从当期进项税额中扣减；无法确定该进项税额的，按照当期实际成本计算应扣减的进项税额。

④已抵扣进项税额的固定资产、无形资产或者不动产，发生不得抵扣情形的，按照下列公式计算不得抵扣的进项税额：

不得抵扣的进项税额 = 固定资产、无形资产或者不动产净值 × 适用税率

固定资产、无形资产或者不动产净值，是指纳税人根据财务会计制度计提折旧或摊销后的余额。

⑤不得抵扣且未抵扣进项税额的固定资产、无形资产、不动产，发生用途改变，用于允许抵扣进项税额的应税项目，可在用途改变的次月按照下列公式，依据合法有效的增值税扣税凭证，计算可以抵扣的进项税额：

可以抵扣的进项税额 = 固定资产、无形资产、不动产净值 ÷ （1 + 适用税率）× 适用税率

上述可以抵扣的进项税额应取得合法有效的增值税扣税凭证。

⑥自 2019 年 4 月 1 日起，已抵扣进项税额的不动产，发生非正常损失，或者改变用途，专用于简易计税方法计税项目、免征增值税项目、集体福利或者个人消费的，按照下列公式计算不得抵扣的进项税额，并从当期进项税额中扣减：

不得抵扣的进项税额 = 已抵扣进项税额 × 不动产净值率

不动产净值率 = （不动产净值 ÷ 不动产原值）× 100%

按照规定不得抵扣进项税额的不动产，发生用途改变，用于允许抵扣进项税额项目的，按照下列公式在改变用途的次月计算可抵扣进项税额：

可抵扣进项税额 = 增值税扣税凭证注明或计算的进项税额 × 不动产净值率

二 特定企业（或交易行为）的增值税政策

【知识点 1】资管产品的增值税政策

1. 纳税人

资管产品运营过程中发生的增值税应税行为，以资管产品管理人为增值税纳税人。

资管产品，包括银行理财产品、资金信托（包括集合资金信托、单一资金信托）、财产权信托、公开募集证券投资基金、特定客户资产管理计划、集合资产管理计划、定向资产管理计划、私募投资基金、债权投资计划、股权投资计划、股债结合型投资计划、资产支持计划、组合类保险资产管理产品、养老保障管理产品。

资管产品管理人，包括银行、信托公司、公募基金管理公司及其子公司、证券公司及其子公司、期货公司及其子公司、私募基金管理人、保险资产管理公司、专业保险资产管理机构、养老保险公司。

2. 计税方法

资管产品管理人运营资管产品过程中发生的增值税应税行为（以下称资管产品运营业务），暂适用简易计税方法，按照 3% 的征收率缴纳增值税。

资管产品管理人应分别核算资管产品运营业务和其他业务的销售额和增值税应纳税额。未分别核算的，资管产品运营业务不得适用简易计税方法。

【知识点 2】建筑服务业增值税政策

1. 纳税人的特殊规定

建筑企业与发包方签订建筑合同后，以内部授权或者三方协议等方式，授权集团内其他纳税人（以下称第三方）为发包方提供建筑服务，并由第三方直接与发包方结

算工程款的，由第三方缴纳增值税并向发包方开具增值税发票，与发包方签订建筑合同的建筑企业不缴纳增值税。发包方可凭实际提供建筑服务的纳税人开具的增值税专用发票抵扣进项税额。

2. 预缴税款

（1）跨县（市、区）提供建筑服务预缴税款。

跨县（市、区）提供建筑服务，需要按照规定的预征率在项目所在地预缴增值税，向机构所在地主管税务机关申报纳税。纳税人在同一地级行政区范围内跨县（市、区）提供建筑服务，不适用上述规定。

①一般纳税人跨县（市、区）提供建筑服务，适用一般计税方法计税的，以取得的全部价款和价外费用扣除支付的分包款后的余额，按照2%的预征率计算应预缴税款。

应预缴税款＝（全部价款和价外费用－支付的分包款）÷（1＋9%）×2%

②一般纳税人跨县（市、区）提供建筑服务，选择适用简易计税方法计税的，以取得的全部价款和价外费用扣除支付的分包款后的余额，按照3%的征收率计算应预缴税款。

应预缴税款＝（全部价款和价外费用－支付的分包款）÷（1＋3%）×3%

③小规模纳税人跨县（市、区）提供建筑服务，以取得的全部价款和价外费用扣除支付的分包款后的余额，按照3%的征收率计算应预缴税款。

应预缴税款＝（全部价款和价外费用－支付的分包款）÷（1＋3%）×3%

（2）取得预收款预缴税款。

纳税人提供建筑服务取得预收款，应在收到预收款时，以取得的预收款扣除支付的分包款后的余额，按照规定的预征率预缴增值税。

适用一般计税方法计税的项目预征率为2%，适用简易计税方法计税的项目预征率为3%。

按照现行规定应在建筑服务发生地预缴增值税的项目，纳税人收到预收款时在建筑服务发生地预缴增值税。按照现行规定无需在建筑服务发生地预缴增值税的项目，纳税人收到预收款时在机构所在地预缴增值税。

【知识点3】 房地产开发企业预缴增值税政策

1. 一般纳税人预缴税款

一般纳税人采取预收款方式销售自行开发的房地产项目，应在收到预收款时按照3%的预征率预缴增值税。

应预缴税款按照以下公式计算：

应预缴税款＝预收款÷（1＋适用税率或征收率）×3%

适用一般计税方法计税的，按照9%的适用税率计算；适用简易计税方法计税的，按照5%的征收率计算。

一般纳税人应在取得预收款的次月纳税申报期向主管税务机关预缴税款。

2. 小规模纳税人预缴税款

房地产开发企业中的小规模纳税人（以下简称小规模纳税人）采取预收款方式销售自行开发的房地产项目，应在收到预收款时按照3%的预征率预缴增值税。

应预缴税款按照以下公式计算：

$$应预缴税款 = 预收款 \div (1+5\%) \times 3\%$$

小规模纳税人应在取得预收款的次月纳税申报期或主管税务机关核定的纳税期限向主管税务机关预缴税款。

【知识点4】 转让不动产增值税政策

1. 一般纳税人转让不动产

一般纳税人转让其取得的不动产，按照以下规定缴纳增值税：

（1）一般纳税人转让其2016年4月30日前取得（不含自建）的不动产，可以选择适用简易计税方法计税，以取得的全部价款和价外费用扣除不动产购置原价或者取得不动产时的作价后的余额为销售额，按照5%的征收率计算应纳税额。纳税人应按照上述计税方法向不动产所在地主管税务机关预缴税款，向机构所在地主管税务机关申报纳税。

（2）一般纳税人转让其2016年4月30日前自建的不动产，可以选择适用简易计税方法计税，以取得的全部价款和价外费用为销售额，按照5%的征收率计算应纳税额。纳税人应按照上述计税方法向不动产所在地主管税务机关预缴税款，向机构所在地主管税务机关申报纳税。

（3）一般纳税人转让其2016年4月30日前取得（不含自建）的不动产，选择适用一般计税方法计税的，以取得的全部价款和价外费用为销售额计算应纳税额。纳税人应以取得的全部价款和价外费用扣除不动产购置原价或者取得不动产时的作价后的余额，按照5%的预征率向不动产所在地主管税务机关预缴税款，向机构所在地主管税务机关申报纳税。

（4）一般纳税人转让其2016年4月30日前自建的不动产，选择适用一般计税方法计税的，以取得的全部价款和价外费用为销售额计算应纳税额。纳税人应以取得的全部价款和价外费用，按照5%的预征率向不动产所在地主管税务机关预缴税款，向机构所在地主管税务机关申报纳税。

（5）一般纳税人转让其2016年5月1日后取得（不含自建）的不动产，适用一般计税方法，以取得的全部价款和价外费用为销售额计算应纳税额。纳税人应以取得的全部价款和价外费用扣除不动产购置原价或者取得不动产时的作价后的余额，按照5%的预征率向不动产所在地主管税务机关预缴税款，向机构所在地主管税务机关申报纳税。

（6）一般纳税人转让其2016年5月1日后自建的不动产，适用一般计税方法，以取得的全部价款和价外费用为销售额计算应纳税额。纳税人应以取得的全部价款和价外费用，按照5%的预征率向不动产所在地主管税务机关预缴税款，向机构所在地主管税务机关申报纳税。

2. 小规模纳税人转让不动产

小规模纳税人转让其取得的不动产，除个人转让其购买的住房外，按照以下规定缴纳增值税：

（1）小规模纳税人转让其取得（不含自建）的不动产，以取得的全部价款和价外费用扣除不动产购置原价或者取得不动产时的作价后的余额为销售额，按照5%的征收率计算应纳税额。

（2）小规模纳税人转让其自建的不动产，以取得的全部价款和价外费用为销售额，按照5%的征收率计算应纳税额。

除其他个人之外的小规模纳税人，应按照上述规定的计税方法向不动产所在地主管税务机关预缴税款，向机构所在地主管税务机关申报纳税；其他个人按照上述规定的计税方法向不动产所在地主管税务机关申报纳税。

3. 其他个人以外的纳税人转让不动产

其他个人以外的纳税人转让其取得的不动产，区分以下情形计算应向不动产所在地主管税务机关预缴的税款：

（1）以转让不动产取得的全部价款和价外费用作为预缴税款计算依据的，计算公式为：

$$应预缴税款 = 全部价款和价外费用 \div (1+5\%) \times 5\%$$

（2）以转让不动产取得的全部价款和价外费用扣除不动产购置原价或者取得不动产时的作价后的余额作为预缴税款计算依据的，计算公式为：

$$应预缴税款 = (全部价款和价外费用 - 不动产购置原价或者取得不动产时的作价) \div (1+5\%) \times 5\%$$

4. 个人转让其购买的住房

个人转让其购买的住房，按照以下规定缴纳增值税：

（1）个人转让其购买的持有2年以内的住房，按照有关规定全额缴纳增值税，以取得的全部价款和价外费用为销售额，按5%的征收率计算缴纳税额。

（2）北京、上海、深圳、广州四地区以外的个人转让其购买的持有2年以上（含2年）的住房，免征增值税。

（3）北京、上海、深圳、广州四地区的个人转让其购买的持有2年以上（含2年）

的非普通住房，按有关规定差额缴纳增值税，以取得的全部价款和价外费用扣除购买住房价款后的余额为销售额，按5%的征收率计算缴纳税额；转让其购买的持有2年以上（含2年）的普通住房，免征增值税。

【知识点5】 不动产经营租赁增值税政策

1. 一般纳税人出租不动产

一般纳税人出租不动产，按照以下规定缴纳增值税：

（1）一般纳税人出租其2016年4月30日前取得的不动产，可以选择适用简易计税方法，按照5%的征收率计算应纳税额。

不动产所在地与机构所在地不在同一县（市、区）的，纳税人应按照上述计税方法向不动产所在地主管税务机关预缴税款，向机构所在地主管税务机关申报纳税。

不动产所在地与机构所在地在同一县（市、区）的，纳税人向机构所在地主管税务机关申报纳税。

（2）一般纳税人出租其2016年5月1日后取得的不动产，适用一般计税方法计税。

不动产所在地与机构所在地不在同一县（市、区）的，纳税人应按照3%的预征率向不动产所在地主管税务机关预缴税款，向机构所在地主管税务机关申报纳税。

不动产所在地与机构所在地在同一县（市、区）的，纳税人应向机构所在地主管税务机关申报纳税。

一般纳税人出租其2016年4月30日前取得的不动产适用一般计税方法计税的，按照上述规定执行。

2. 小规模纳税人出租不动产

小规模纳税人出租不动产，按照以下规定缴纳增值税：

（1）单位和个体工商户出租不动产（不含个体工商户出租住房），按照5%的征收率计算应纳税额。个体工商户出租住房，按照5%的征收率减按1.5%计算应纳税额。

不动产所在地与机构所在地不在同一县（市、区）的，纳税人应按照上述计税方法向不动产所在地主管税务机关预缴税款，向机构所在地主管税务机关申报纳税。

不动产所在地与机构所在地在同一县（市、区）的，纳税人应向机构所在地主管税务机关申报纳税。

（2）其他个人出租不动产（不含住房），按照5%的征收率计算应纳税额，向不动产所在地主管税务机关申报纳税。其他个人出租住房，按照5%的征收率减按1.5%计算应纳税额，向不动产所在地主管税务机关申报纳税。

3. 其他个人出租不动产

其他个人出租不动产，按照以下公式计算应纳税款：

（1）出租住房：

$$应纳税款 = 含税销售额 \div (1+5\%) \times 1.5\%$$

（2）出租非住房：

$$应纳税款 = 含税销售额 \div (1+5\%) \times 5\%$$

4. 预缴税款的计算

（1）纳税人出租不动产适用一般计税方法计税的，按照以下公式计算应预缴税款：

$$应预缴税款 = 含税销售额 \div (1+9\%) \times 3\%$$

（2）纳税人出租不动产适用简易计税方法计税的，除个人出租住房外，按照以下公式计算应预缴税款：

$$应预缴税款 = 含税销售额 \div (1+5\%) \times 5\%$$

（3）个体工商户出租住房，按照以下公式计算应预缴税款：

$$应预缴税款 = 含税销售额 \div (1+5\%) \times 1.5\%$$

纳税人出租的不动产所在地与其机构所在地在同一直辖市或计划单列市但不在同一县（市、区）的，由直辖市或计划单列市税务局决定是否在不动产所在地预缴税款。

纳税人出租不动产，按照规定需要预缴税款的，应在取得租金的次月纳税申报期或不动产所在地主管税务机关核定的纳税期限预缴税款。

【知识点6】 资源回收企业向自然人报废产品出售者“反向开票” 政策

1. 实施时间

自2024年4月29日起，资源回收企业在从自然人报废产品出售者处收购报废产品时，可采取“反向开票”的方式，即由资源回收企业向出售报废产品的自然人开具增值税专用发票或普通发票。

2. 报废产品的界定

报废产品，是指在社会生产和生活消费过程中产生的，已经失去原有全部或部分使用价值的产品；涵盖了广泛的生产和生活废弃物，如废旧电器、电子产品、车辆、家具等。

3. 自然人报废产品出售者须满足的条件

自然人报废产品出售者销售自己使用过的报废产品或销售收购的报废产品，必须满足一定的条件才能享受“反向开票”政策，包括连续12个月内（按自然月计算）通过“反向开票”途径销售报废产品的累计销售额不超过500万元（不含增值税）。

4. 资源回收企业的准入条件

实行“反向开票”的资源回收企业（包括单位和个体工商户），应当符合以下三项条件之一，且实际从事资源回收业务：

（1）从事危险废物收集的，应当符合国家危险废物经营许可证管理办法的要求，取得危险废物经营许可证；

（2）从事报废机动车回收的，应当符合国家商务主管部门出台的报废机动车回收管理办法要求，取得报废机动车回收拆解企业资质认定证书；

（3）除危险废物、报废机动车外，其他资源回收企业应当符合国家商务主管部门出台的再生资源回收管理办法要求，进行经营主体登记，并在商务部门完成再生资源回收经营者备案。

5. 发票开具的有关规定

（1）资源回收企业应当通过电子发票服务平台或增值税发票管理系统，在线向自然人报废产品出售者反向开具标注“报废产品收购”字样的发票。

（2）资源回收企业“反向开票”，以及纳税人销售报废产品自行开具发票时，应当按照新的《商品和服务税收分类编码表》正确选择“报废产品”类编码。

（3）资源回收企业可以根据“反向开票”的实际经营需要，按照规定向主管税务机关申请调整发票额度，或最高开票限额和份数。

（4）资源回收企业销售报废产品适用增值税简易计税方法的，可以反向开具普通发票，不得反向开具增值税专用发票；适用增值税一般计税方法的，可以反向开具增值税专用发票和普通发票。资源回收企业销售报废产品，增值税计税方法发生变更的，应当申请对“反向开票”的票种进行调整。

资源回收企业可以按规定抵扣反向开具的增值税专用发票上注明的税款。

（5）资源回收企业中的增值税一般纳税人销售报废产品，在上述规定施行前已按有关规定选择适用增值税简易计税方法的，可以在2024年7月31日前改为选择适用增值税一般计税方法。

除上述情形外，资源回收企业选择增值税简易计税方法计算缴纳增值税后，36个月内不得变更；变更为增值税一般计税方法后，36个月内不得再选择增值税简易计税方法。

三 增值税优惠政策

【知识点1】 免税

下列项目免征增值税：

1. 农业生产者销售的自产农产品。
2. 避孕药品和用具。
3. 古旧图书，即向社会收购的古书和旧书。
4. 直接用于科学研究、科学试验和教学的进口仪器、设备。
5. 外国政府、国际组织无偿援助的进口物资和设备。
6. 由残疾人的组织直接进口供残疾人专用的物品。

7. 销售自己使用过的物品。自己使用过的物品，是指其他个人自己使用过的物品。

8. 托儿所、幼儿园提供的保育和教育服务。

9. 养老机构提供的养老服务。

10. 残疾人福利机构提供的育养服务。

11. 婚姻介绍服务。

12. 殡葬服务。

13. 残疾人员本人为社会提供的服务。

14. 医疗机构提供的医疗服务。

15. 从事学历教育的学校提供的教育服务。

16. 学生勤工俭学提供的服务。

17. 农业机耕、排灌、病虫害防治、植物保护、农牧保险以及相关技术培训业务，家禽、牲畜、水生动物的配种和疾病防治。

18. 纪念馆、博物馆、文化馆、文物保护单位管理机构、美术馆、展览馆、书画院、图书馆在自己的场所提供文化体育服务取得的第一道门票收入。

19. 寺院、宫观、清真寺和教堂举办文化、宗教活动的门票收入。

20. 行政单位之外的其他单位收取的符合《营业税改征增值税试点实施办法》（财税〔2016〕36 号附件 1）第十条规定条件的政府性基金和行政事业性收费。

21. 个人转让著作权。

22. 个人销售自建自用住房。

23. 纳税人提供的直接或者间接国际货物运输代理服务。

24. 纳税人提供技术转让、技术开发和与之相关的技术咨询、技术服务。

25. 将土地使用权转让给农业生产者用于农业生产。

26. 涉及家庭财产分割的个人无偿转让不动产、土地使用权。

27. 台湾航运公司、航空公司从事海峡两岸海上直航、空中直航业务在大陆取得的运输收入。

28. 以下利息收入。

（1）国家助学贷款。

（2）国债、地方政府债。

（3）人民银行对金融机构的贷款。

（4）住房公积金管理中心用住房公积金在指定的委托银行发放的个人住房贷款。

（5）外汇管理部门在从事国家外汇储备经营过程中，委托金融机构发放的外汇贷款。

（6）统借统还业务中，企业集团或企业集团中的核心企业以及集团所属财务公司按不高于支付给金融机构的借款利率水平或者支付的债券票面利率水平，向企业集团或者集团内下属单位收取的利息。

统借方向资金使用单位收取的利息，高于支付给金融机构借款利率水平或者支付的债券票面利率水平的，应全额缴纳增值税。

29. 被撤销金融机构以货物、不动产、无形资产、有价证券、票据等财产清偿债务。

30. 保险公司开办的一年期以上人身保险产品取得的保费收入。

31. 下列金融商品转让收入。

（1）合格境外投资者（QFII）委托境内公司在我国从事证券买卖业务。

（2）香港市场投资者（包括单位和个人）通过沪港通买卖上海证券交易所上市A股。

（3）对香港市场投资者（包括单位和个人）通过基金互认买卖内地基金份额。

（4）证券投资基金（封闭式证券投资基金、开放式证券投资基金）管理人运用基金买卖股票、债券。

（5）个人从事金融商品转让业务。

32. 金融同业往来利息收入。

33. 同时符合下列条件的担保机构从事中小企业信用担保或者再担保业务取得的收入（不含信用评级、咨询、培训等收入）3年内免征增值税：

（1）已取得监管部门颁发的融资性担保机构经营许可证，依法登记注册为企（事）业法人，实收资本超过2000万元。

（2）平均年担保费率不超过银行同期贷款基准利率的50%。

平均年担保费率＝本期担保费收入÷（期初担保余额＋本期增加担保金额）×100%

（3）连续合规经营2年以上，资金主要用于担保业务，具备健全的内部管理制度和为中小企业提供担保的能力，经营业绩突出，对受保项目具有完善的事前评估、事中监控、事后追偿与处置机制。

（4）为中小企业提供的累计担保贷款额占其两年累计担保业务总额的80%以上，单笔800万元以下的累计担保贷款额占其累计担保业务总额的50%以上。

（5）对单个受保企业提供的担保余额不超过担保机构实收资本总额的10%，且平均单笔担保责任金额最多不超过3000万元人民币。

（6）担保责任余额不低于其净资产的3倍，且代偿率不超过2%。

担保机构免征增值税政策采取备案管理方式。符合条件的担保机构应到所在地县（市）主管税务机关和同级中小企业管理部门履行规定的备案手续，自完成备案手续之日起，享受3年免征增值税政策。3年免税期满后，符合条件的担保机构可按规定程序办理备案手续后继续享受该项政策。

34. 国家商品储备管理单位及其直属企业承担商品储备任务，从中央或者地方财政取得的利息补贴收入和价差补贴收入。

35. 同时符合下列条件的合同能源管理服务：

（1）节能服务公司实施合同能源管理项目相关技术，应当符合国家质量监督检验检疫总局①和国家标准化管理委员会发布的《合同能源管理技术通则》（GB/T 24915—2010）规定的技术要求。

（2）节能服务公司与用能企业签订节能效益分享型合同，其合同格式和内容，符合《中华人民共和国合同法》和《合同能源管理技术通则》（GB/T 24915—2010）等规定。

36. 政府举办的从事学历教育的高等、中等和初等学校（不含下属单位），举办进修班、培训班取得的全部归该学校所有的收入。

37. 政府举办的职业学校设立的主要为在校学生提供实习场所、并由学校出资自办、由学校负责经营管理、经营收入归学校所有的企业，从事《销售服务、无形资产或者不动产注释》（财税〔2016〕36号附件1所附）中“现代服务”（不含融资租赁服务、广告服务和其他现代服务）、“生活服务”（不含文化体育服务、其他生活服务和桑拿、氧吧）业务活动取得的收入。

38. 家政服务企业由员工制家政服务员提供家政服务取得的收入。

39. 福利彩票、体育彩票的发行收入。

40. 军队空余房产租赁收入。

41. 为了配合国家住房制度改革，企业、行政事业单位按房改成本价、标准价出售住房取得的收入。

42. 土地所有者出让土地使用权和土地使用者将土地使用权归还给土地所有者。

43. 县级以上地方人民政府或自然资源行政主管部门出让、转让或收回自然资源使用权（不含土地使用权）。

44. 随军家属就业。

（1）为安置随军家属就业而新开办的企业，自领取税务登记证之日起，其提供的应税服务3年内免征增值税。

享受税收优惠政策的企业，随军家属必须占企业总人数的60%（含）以上，并有军（含）以上政治和后勤机关出具的证明。

（2）从事个体经营的随军家属，自办理税务登记事项之日起，其提供的应税服务3年内免征增值税。

---

① 2018年3月，根据第十三届全国人民代表大会第一次会议批准的国务院机构改革方案，将国家质量监督检验检疫总局的职责整合，组建国家市场监督管理总局；将国家质量监督检验检疫总局的出入境检验检疫管理职责和队伍划入海关总署；将国家质量监督检验检疫总局的原产地地理标志管理职责整合，重新组建国家知识产权局；不再保留国家质量监督检验检疫总局。为确保内容准确，此处按照税收政策文件原文表述。

45. 军队转业干部就业。

（1）从事个体经营的军队转业干部，自领取税务登记证之日起，其提供的应税服务 3 年内免征增值税。

（2）为安置自主择业的军队转业干部就业而新开办的企业，凡安置自主择业的军队转业干部占企业总人数 60%（含）以上的，自领取税务登记证之日起，其提供的应税服务 3 年内免征增值税。

46. 法律援助补贴。

自 2022 年 1 月 1 日起，对法律援助人员按照《中华人民共和国法律援助法》规定获得的法律援助补贴，免征增值税。按照《财政部 税务总局关于法律援助补贴有关税收政策的公告》（财政部 税务总局公告 2022 年第 25 号）应予免征的增值税，在公告下发前已征收的，已征增值税可抵减纳税人以后纳税期应缴纳税款或予以退还，纳税人如果已经向购买方开具了增值税专用发票，在将增值税专用发票追回后申请办理免税。

47. 扶贫货物捐赠。

2019 年 1 月 1 日至 2025 年 12 月 31 日，对单位或者个体工商户将自产、委托加工或购买的货物通过公益性社会组织、县级及以上人民政府及其组成部门和直属机构，或直接无偿捐赠给目标脱贫地区的单位和个人，免征增值税。在政策执行期限内，目标脱贫地区实现脱贫的，可继续适用上述政策。

“目标脱贫地区”包括 832 个国家扶贫开发工作重点县、集中连片特困地区县（新疆阿克苏地区 6 县 1 市享受片区政策）和建档立卡贫困村。

2015 年 1 月 1 日至 2018 年 12 月 31 日已发生的符合上述条件的扶贫货物捐赠，可追溯执行上述增值税政策。

2019 年 4 月 10 日前已征收入库的按规定应予免征的增值税税款，可抵减纳税人以后月份应缴纳的增值税税款或者办理税款退库。已向购买方开具增值税专用发票的，应将增值税专用发票追回后方可办理免税。无法追回增值税专用发票的，不予免税。

48. 2019 年 1 月 1 日至 2027 年 12 月 31 日，对国家级、省级科技企业孵化器、大学科技园和国家备案众创空间向在孵对象提供孵化服务取得的收入，免征增值税。

49. 2019 年 1 月 1 日至 2025 年 12 月 31 日，对经营公租房所取得的租金收入，免征增值税。公租房经营管理单位应单独核算公租房租金收入，未单独核算的，不得享受免征增值税优惠政策。

50. 2018 年 11 月 30 日至 2027 年 12 月 31 日，对经国务院批准对外开放的货物期货品种保税交割业务，暂免征收增值税。上述期货交易中实际交割的货物，如果发生进口或者出口的，统一按照现行货物进出口税收政策执行。非保税货物发生的期货实物交割仍按《国家税务总局关于下发〈货物期货征收增值税具体办法〉的通知》（国税发〔1994〕244 号）的规定执行。

51. 2017 年 12 月 1 日至 2027 年 12 月 31 日，对金融机构向小型企业、微型企业及个体工商户发放小额贷款取得的利息收入，免征增值税。金融机构应将相关免税证明材料留存备查，单独核算符合免税条件的小额贷款利息收入，按现行规定向主管税务机关办理纳税申报；未单独核算的，不得免征增值税。

52. 2018 年 1 月 1 日至 2027 年 12 月 31 日，纳税人为农户、小型企业、微型企业及个体工商户借款、发行债券提供融资担保取得的担保费收入，以及为上述融资担保（以下称原担保）提供再担保取得的再担保费收入，免征增值税。再担保合同对应多个原担保合同的，原担保合同应全部适用免征增值税政策。否则，再担保合同应按规定缴纳增值税。

纳税人应将相关免税证明材料留存备查，单独核算符合免税条件的融资担保费和再担保费收入，按现行规定向主管税务机关办理纳税申报；未单独核算的，不得免征增值税。

53. 2018 年 9 月 1 日至 2027 年 12 月 31 日，对金融机构向小型企业、微型企业和个体工商户发放小额贷款取得的利息收入，免征增值税。金融机构可以选择以下两种方法之一适用免税：

（1）对金融机构向小型企业、微型企业和个体工商户发放的，利率水平不高于全国银行间同业拆借中心公布的贷款市场报价利率（LPR）150%（含本数）的单笔小额贷款取得的利息收入，免征增值税；高于全国银行间同业拆借中心公布的贷款市场报价利率（LPR）150% 的单笔小额贷款取得的利息收入，按照现行政策规定缴纳增值税。

（2）对金融机构向小型企业、微型企业和个体工商户发放单笔小额贷款取得的利息收入中，不高于该笔贷款按照全国银行间同业拆借中心公布的贷款市场报价利率（LPR）150%（含本数）计算的利息收入部分，免征增值税；超过部分按照现行政策规定缴纳增值税。

金融机构可按会计年度在以上两种方法之间选定其一作为该年的免税适用方法，一经选定，该会计年度内不得变更。

54. 创新企业境内发行存托凭证（即创新企业 CDR）试点阶段有关税收政策。

（1）对个人投资者转让创新企业 CDR 取得的差价收入，暂免征收增值税。

（2）对单位投资者转让创新企业 CDR 取得的差价收入，按金融商品转让政策规定征免增值税。

（3）2023 年 9 月 21 日至 2025 年 12 月 31 日，对公募证券投资基金（封闭式证券投资基金、开放式证券投资基金）管理人运营基金过程中转让创新企业 CDR 取得的差价收入，暂免征收增值税。

（4）对合格境外机构投资者（QFII）、人民币合格境外机构投资者（RQFII）委托境内公司转让创新企业 CDR 取得的差价收入，暂免征收增值税。

55. 2019 年 1 月 1 日至 2027 年 12 月 31 日，对电影主管部门（包括中央、省、地市及县级）按照职能权限批准从事电影制片、发行、放映的电影集团公司（含成员企业）、电影制片厂及其他电影企业取得的销售电影拷贝（含数字拷贝）收入、转让电影版权（包括转让和许可使用）收入、电影发行收入以及在农村取得的电影放映收入，免征增值税。

2019 年 1 月 1 日至 2027 年 12 月 31 日，一般纳税人提供的城市电影放映服务，可以按现行政策规定，选择按照简易计税办法计算缴纳增值税。

2019 年 1 月 1 日至 2027 年 12 月 31 日，对广播电视运营服务企业收取的有线数字电视基本收视维护费和农村有线电视基本收视费，免征增值税。

56. 2027 年 12 月 31 日前，对国产抗艾滋病病毒药品免征生产环节和流通环节增值税。抗艾滋病病毒药品的生产企业和流通企业应分别核算免税药品和其他货物的销售额；未分别核算的，不得享受增值税免税政策。

57. 2027 年 12 月 31 日前，对名单内的边销茶生产企业销售自产的边销茶及经销企业销售的边销茶免征增值税。

58. 2027 年 12 月 31 日前，免征图书批发、零售环节增值税。

59. 2027 年 12 月 31 日前，对科普单位的门票收入，以及县级及以上党政部门和科协开展科普活动的门票收入免征增值税。

60. 2027 年供暖期结束前，对供热企业向居民个人供热取得的采暖费收入免征增值税。

61. 2019 年 1 月 1 日至 2027 年 12 月 31 日，对农村饮水安全工程运营管理单位向农村居民提供生活用水取得的自来水销售收入，免征增值税。

62. 2019 年 1 月 1 日至 2027 年 12 月 31 日，党报、党刊将其发行、印刷业务及相应的经营性资产剥离组建的文化企业，自注册之日起所取得的党报、党刊发行收入和印刷收入免征增值税。

63. 自 2024 年 1 月 1 日起，执行以下支持筹办哈尔滨 2025 年第九届亚洲冬季运动会（以下简称哈尔滨亚冬会）的税收优惠政策：

（1）对第九届亚洲冬季运动会组织委员会（以下简称组委会）取得的电视转播权销售分成收入、赞助计划分成收入（货物和资金），免征增值税。

（2）对组委会市场开发计划取得的国内外赞助收入、转让无形资产（如标志）特许权收入、宣传推广费收入、销售门票收入及所发收费卡收入，免征增值税。

（3）对组委会取得的与中国集邮有限公司合作发行纪念邮票收入、与中国人民银行合作发行纪念币收入，免征增值税。

（4）对组委会取得的来源于广播、互联网、电视等媒体收入，免征增值税。

（5）对组委会按亚洲奥林匹克理事会核定价格收取的运动员食宿费及提供有关服

务取得的收入，免征增值税。

（6）对组委会赛后出让资产取得的收入，免征增值税和土地增值税。

（7）对组委会为举办哈尔滨亚冬会进口的亚洲奥林匹克理事会或国际单项体育组织指定的，国内不能生产或性能不能满足需要的直接用于哈尔滨亚冬会比赛的消耗品，免征关税、进口环节增值税和消费税。

（8）对组委会进口的其他特需物资，包括：亚洲奥林匹克理事会或国际单项体育组织指定的，国内不能生产或性能不能满足需要的体育竞赛器材、医疗检测设备、安全保障设备、交通通讯设备、技术设备，在哈尔滨亚冬会期间按暂时进境货物规定办理，哈尔滨亚冬会结束后复运出境的予以核销；留在境内或作变卖处理的，按有关规定办理正式进口手续，并照章征收关税、进口环节增值税和消费税。

【知识点2】 减税

1. 两项费用抵减税额。

（1）增值税纳税人 2011 年 12 月 1 日（含）以后初次购买增值税税控系统专用设备（包括分开票机）支付的费用，可凭购买增值税税控系统专用设备取得的增值税专用发票，在增值税应纳税额中全额抵减（抵减额为价税合计额），不足抵减的可结转下期继续抵减。增值税纳税人非初次购买增值税税控系统专用设备支付的费用，由其自行负担，不得在增值税应纳税额中抵减。

增值税税控系统包括增值税防伪税控系统、货物运输业增值税专用发票税控系统、机动车销售统一发票税控系统和公路、内河货物运输业发票税控系统。

增值税防伪税控系统的专用设备包括金税卡、IC 卡、读卡器或金税盘和报税盘；货物运输业增值税专用发票税控系统专用设备包括税控盘和报税盘；机动车销售统一发票税控系统和公路、内河货物运输业发票税控系统专用设备包括税控盘和传输盘。

（2）增值税纳税人在 2011 年 12 月 1 日以后缴纳的技术维护费（不含补缴的 2011 年 11 月 30 日以前的技术维护费），可凭技术维护服务单位开具的技术维护费发票，在增值税应纳税额中全额抵减，不足抵减的可结转下期继续抵减。技术维护费按照价格主管部门核定的标准执行。

营改增以后，纳税人提供技术维护服务改征增值税，所以应凭技术维护服务单位开具的增值税发票，在增值税应纳税额中全额抵减。

（3）增值税一般纳税人支付的两项费用在增值税应纳税额中全额抵减的，其增值税专用发票不作为增值税抵扣凭证，其进项税额不得从销项税额中抵扣。

2. 生产、生活性服务业增值税进项税额加计抵减。

详见本节“一、增值税基本政策”知识点 4“计税方法”中进项税额的加计抵减相关内容。

3. 销售使用过的物品。

（1）纳税人销售旧货的，按照简易办法依照3%征收率减按2%征收增值税。

旧货，是指进入二次流通的具有部分使用价值的货物（含旧汽车、旧摩托车和旧游艇），但不包括自己使用过的物品。

（2）小规模纳税人（除其他个人外）销售自己使用过的固定资产，依照3%征收率减按2%征收增值税。

（3）一般纳税人销售自己使用过的属于《中华人民共和国增值税暂行条例》规定不得抵扣且未抵扣进项税额的固定资产，依照3%征收率减按2%征收增值税。

纳税人购进或者自制固定资产时为小规模纳税人，认定为一般纳税人后销售该固定资产，可依照3%征收率减按2%征收增值税。

纳税人发生按简易计税方法征收增值税应税行为，销售其按照规定不得抵扣且未抵扣进项税额的固定资产，依照3%征收率减按2%征收增值税。

纳税人销售自己使用过的2008年12月31日以前，或在本地区扩大增值税抵扣范围试点以前购进或者自制的固定资产，依照3%征收率减按2%征收增值税。

一般纳税人销售自己使用过的营改增试点以前购进或者自制的固定资产，可依照3%征收率减按2%征收增值税。

增值税一般纳税人销售自己使用过的固定资产，属于以下两种情形的，可按简易办法依照3%征收率减按2%征收增值税：

①购进或者自制固定资产时为小规模纳税人，认定为一般纳税人后销售该固定资产。

②增值税一般纳税人发生按简易办法征收增值税应税行为，销售其按照规定不得抵扣且未抵扣进项税额的固定资产。

（4）自2016年2月1日起，纳税人销售自己使用过的固定资产，适用简易办法依照3%征收率减按2%征收增值税政策的，可以放弃减税，按照简易办法依照3%征收率缴纳增值税，并可以开具增值税专用发票。

4. 住房租赁企业中的增值税一般纳税人向个人出租住房取得的全部出租收入，可以选择适用简易计税方法，按照5%的征收率减按1.5%计算缴纳增值税，或适用一般计税方法计算缴纳增值税。住房租赁企业中的增值税小规模纳税人向个人出租住房，按照5%的征收率减按1.5%计算缴纳增值税。

住房租赁企业向个人出租住房适用上述简易计税方法并进行预缴的，减按1.5%预征率预缴增值税。

5. 2020年5月1日至2027年12月31日，从事二手车经销的纳税人销售其收购的二手车，由原按照简易办法依3%征收率减按2%征收增值税，改为减按0.5%征收增值税。

6. 自主就业退役士兵创业就业扣减政策。

（1）自主就业退役士兵，是指依照《退役士兵安置条例》（国务院 中央军委令第608号）的规定退出现役并按自主就业方式安置的退役士兵。

（2）自主就业退役士兵创业税费扣减政策。

2023年1月1日至2027年12月31日，自主就业退役士兵从事个体经营的，自办理个体工商户登记当月起，在3年（36个月，下同）内按每户每年20000元为限额依次扣减其当年实际应缴纳的增值税、城市维护建设税、教育费附加、地方教育附加和个人所得税。限额标准最高可上浮20%。

纳税人年度应缴纳税款小于上述扣减限额的，减免税额以其实际缴纳的税款为限；大于上述扣减限额的，以上述扣减限额为限。

纳税人的实际经营期不足1年的，应当按月换算其减免税限额。换算公式为：

减免税限额＝年度减免税限额÷12×实际经营月数

城市维护建设税、教育费附加、地方教育附加的计税依据是享受上述税收优惠政策前的增值税应纳税额。

（3）吸纳退役士兵就业税费扣减政策。

2023年1月1日至2027年12月31日，企业招用自主就业退役士兵，与其签订1年以上期限劳动合同并依法缴纳社会保险费的，自签订劳动合同并缴纳社会保险当月起，在3年内按实际招用人数予以定额依次扣减增值税、城市维护建设税、教育费附加、地方教育附加和企业所得税优惠。定额标准为每人每年6000元，最高可上浮50%。

各省、自治区、直辖市人民政府可根据本地区实际情况在此幅度内确定具体定额标准。

所称企业，是指属于增值税纳税人或企业所得税纳税人的企业等单位。

企业与招用自主就业退役士兵签订1年以上期限劳动合同并依法缴纳社会保险费。

企业既可以适用上述税收优惠政策，又可以适用其他扶持就业专项税收优惠政策的，可以选择适用最优惠的政策，但不得重复享受。

企业按招用人数和签订的劳动合同时间核算企业减免税总额，在核算减免税总额内每月依次扣减增值税、城市维护建设税、教育费附加和地方教育附加。企业实际应缴纳的增值税、城市维护建设税、教育费附加和地方教育附加小于核算减免税总额的，以实际应缴纳的增值税、城市维护建设税、教育费附加和地方教育附加为限；实际应缴纳的增值税、城市维护建设税、教育费附加和地方教育附加大于核算减免税总额的，以核算减免税总额为限。

纳税年度终了，如果企业实际减免的增值税、城市维护建设税、教育费附加和地方教育附加小于核算减免税总额，企业在企业所得税汇算清缴时以差额部分扣减企业所得税。当年扣减不完的，不再结转以后年度扣减。

自主就业退役士兵在企业工作不满 1 年的，应当按月换算减免税限额。计算公式为：

$$企业核算减免税总额 = \sum 每名自主就业退役士兵本年度在本单位工作月份 \div 12 \times 具体定额标准$$

城市维护建设税、教育费附加、地方教育附加的计税依据是享受本政策前的增值税应纳税额。

7. 重点群体创业就业税费扣减政策。

（1）重点群体创业税费扣减政策。

2023 年 1 月 1 日至 2027 年 12 月 31 日，脱贫人口（含防止返贫监测对象）、持《就业创业证》（注明“自主创业税收政策”或“毕业年度内自主创业税收政策”）或《就业失业登记证》（注明“自主创业税收政策”）的人员，从事个体经营的，自办理个体工商户登记当月起，在 3 年（36 个月，下同）内按每户每年 20000 元为限额依次扣减其当年实际应缴纳的增值税、城市维护建设税、教育费附加、地方教育附加和个人所得，限额最高可上浮 20%。

（2）吸纳重点群体就业税费扣减政策。

2023 年 1 月 1 日至 2027 年 12 月 31 日，企业招用脱贫人口，以及在人力资源社会保障部门公共就业服务机构登记失业半年以上且持《就业创业证》或《就业失业登记证》（注明“企业吸纳税收政策”）的人员，与其签订 1 年以上期限劳动合同并依法缴纳社会保险费的，自签订劳动合同并缴纳社会保险当月起，在 3 年内按实际招用人数予以定额依次扣减增值税、城市维护建设税、教育费附加、地方教育附加和企业所得税优惠。定额标准为每人每年 6000 元，最高可上浮 30%，城市维护建设税、教育费附加、地方教育附加的计税依据是享受本项税收优惠政策前的增值税应纳税额。

企业招用就业人员既可以适用上述税收优惠政策，又可以适用其他扶持就业专项税收优惠政策的，企业可以选择适用最优惠的政策，但不得重复享受。

【知识点3】 即征即退

下列项目实行增值税即征即退政策：

1. 一般纳税人提供管道运输服务，对其增值税实际税负超过 3% 的部分实行增值税即征即退政策。

2. 经人民银行、银保监会或者商务部批准从事融资租赁业务的试点纳税人中的一般纳税人，提供有形动产融资租赁服务和有形动产融资性售后回租服务，对其增值税实际税负超过 3% 的部分实行增值税即征即退政策。商务部授权的省级商务主管部门和国家经济技术开发区批准的从事融资租赁业务和融资性售后回租业务的试点纳税人中的一般纳税人，在2016年5月1日后实收资本达到1.7亿元的，从达到标准的当月起按照上述规定执行；2016年5月1日后实收资本未达到1.7亿元但注册资本达到1.7亿元的，在2016年7月31日前仍可按照上述规定执行，2016年8月1日后开展的有形动产融资租赁业务和有形动产融资性售后回租业务不得按照上述规定执行。

3. 增值税一般纳税人销售其自行开发生产的软件产品，按其基本税率（2018年5月1日前为17%，2018年5月1日至2019年3月31日为16%，自2019年4月1日起为13%）征收增值税后，对其增值税实际税负超过3%的部分实行即征即退政策。

4. 2018年5月1日至2023年12月31日，对动漫企业增值税一般纳税人销售其自主开发生产的动漫软件，按照基本税率征收增值税后，对其增值税实际税负超过3%的部分，实行即征即退政策。

5. 对安置残疾人的单位和个体工商户，实行由税务机关按纳税人安置残疾人的人数，限额即征即退增值税的办法。

月应退增值税税额＝纳税人本月安置残疾人员人数×本月月最低工资标准的4倍

6. 纳税人享受增值税即征即退政策，有纳税信用级别条件要求的，以纳税人申请退税税款所属期的纳税信用级别确定。申请退税税款所属期内纳税信用级别发生变化的，以变化后的纳税信用级别确定。

7. 纳税人销售自产的资源综合利用产品和提供资源综合利用劳务，可享受增值税即征即退政策。

自2019年9月1日起，纳税人销售自产磷石膏资源综合利用产品，可享受增值税即征即退政策，退税比例为70%。

8. 纳税人销售自产的列入《享受增值税即征即退政策的新型墙体材料目录》的新型墙体材料，实行增值税即征即退50%的政策。

9. 自2015年7月1日起，对纳税人销售自产的利用风力生产的电力产品，实行增值税即征即退50%的政策。

10. 纳税人自上海钻石交易所销往国内市场的成品钻石，进口环节增值税实际税负超过4%的部分由海关实行即征即退。

11. 上海期货交易所应对黄金期货交割并提货环节的增值税税款实行单独核算，并享受增值税即征即退政策，同时免征城市维护建设税、教育费附加。

12. 自2000年1月1日起，对飞机维修劳务增值税实际税负超过6%的部分实行由税务机关即征即退的政策。

13. 对国内铂金生产企业自产自销的铂金实行增值税即征即退政策。

14. 2027年12月31日前，对部分出版物在出版环节执行增值税100%或者50%先征后退的政策，具体出版物目录参见《财政部 税务总局关于延续实施宣传文化增值税优惠政策的公告》（财政部 税务总局公告2023年第60号）。

15. 2027 年 12 月 31 日前，对部分印刷、制作业务执行增值税 100% 先征后退的政策，具体印刷、制作业务目录参见《财政部 税务总局关于延续实施宣传文化增值税优惠政策的公告》（财政部 税务总局公告 2023 年第 60 号）。

【知识点 4】 增值税期末留抵税额退还

1. 自 2019 年 4 月 1 日起，试行增值税期末留抵税额退税制度。

（1）同时符合以下条件的纳税人，可以向主管税务机关申请退还增量留抵税额：

①自 2019 年 4 月税款所属期起，连续 6 个月（按季纳税的，连续 2 个季度）增量留抵税额均大于零，且第 6 个月增量留抵税额不低于 50 万元；

②纳税信用等级为 A 级或者 B 级；

③申请退税前 36 个月未发生骗取留抵退税、出口退税或虚开增值税专用发票情形的；

④申请退税前 36 个月未因偷税被税务机关处罚两次及以上的；

⑤自 2019 年 4 月 1 日起未享受即征即退、先征后返（退）政策的。

（2）增量留抵税额，是指与 2019 年 3 月底相比新增加的期末留抵税额。

（3）纳税人当期允许退还的增量留抵税额，按照以下公式计算：

允许退还的增量留抵税额 = 增量留抵税额 × 进项构成比例 × 60%

进项构成比例，为 2019 年 4 月至申请退税前一税款所属期内已抵扣的增值税专用发票（含税控机动车销售统一发票）、海关进口增值税专用缴款书、解缴税款完税凭证注明的增值税税额占同期全部已抵扣进项税额的比重。

（4）纳税人申请办理留抵退税，应于符合留抵退税条件的次月起，在增值税纳税申报期内，向主管税务机关申请退还留抵税额。

（5）纳税人出口货物劳务、发生跨境应税行为，适用免抵退税办法的，办理免抵退税后，仍符合规定条件的，可以申请退还留抵税额；适用免退税办法的，相关进项税额不得用于退还留抵税额。

（6）纳税人取得退还的留抵税额后，应相应调减当期留抵税额。按照规定再次满足退税条件的，可以继续向主管税务机关申请退还留抵税额。

（7）以虚增进项、虚假申报或其他欺骗手段，骗取留抵退税款的，由税务机关追缴其骗取的退税款，并按照《税收征管法》等有关规定处理。

2. 2018 年 1 月 1 日至 2023 年 12 月 31 日，对纳税人从事大型民用客机发动机、中大功率民用涡轴涡桨发动机研制项目而形成的增值税期末留抵税额予以退还。

3. 2019 年 1 月 1 日至 2023 年 12 月 31 日，对纳税人生产销售新支线飞机暂减按 5% 征收增值税，并对其因生产销售新支线飞机而形成的增值税期末留抵税额予以退还。

4. 2019 年 1 月 1 日至 2023 年 12 月 31 日，对纳税人从事大型客机研制项目而形成的增值税期末留抵税额予以退还。

5. 对国家批准的集成电路重大项目企业因购进设备形成的增值税期末留抵税额准予退还。购进的设备应属于《中华人民共和国增值税暂行条例实施细则》第二十一条第二款规定的固定资产范围，即固定资产是指使用期限超过 12 个月的机器、机械、运输工具以及其他与生产经营有关的设备、工具、器具等。

6. 小微企业和制造业、批发零售业等行业期末留抵退税政策。

（1）符合条件的小微企业，可以在 2022 年 4 月纳税申报期至 2022 年 12 月 31 日向主管税务机关申请退还增量留抵税额。其中符合条件的微型企业，可以自 2022 年 4 月纳税申报期起向主管税务机关申请一次性退还存量留抵税额；符合条件的小型企业，可以自 2022 年 5 月纳税申报期起向主管税务机关申请一次性退还存量留抵税额。

（2）符合条件的制造业等行业企业，可以自 2022 年 4 月纳税申报期起向主管税务机关申请退还增量留抵税额。其中符合条件的制造业等行业中型企业，可以自 2022 年 5 月纳税申报期起向主管税务机关申请一次性退还存量留抵税额；符合条件的制造业等行业大型企业，可以自 2022 年 6 月纳税申报期起向主管税务机关申请一次性退还存量留抵税额。

符合条件的制造业等行业企业包括“制造业”“科学研究和技术服务业”“电力、热力、燃气及水生产和供应业”“软件和信息技术服务业”“生态保护和环境治理业”“交通运输、仓储和邮政业”企业（含个体工商户）。

（3）符合条件的批发零售业等行业企业，可以自 2022 年 7 月纳税申报期起向主管税务机关申请退还增量留抵税额。其中符合条件的批发零售业等行业企业，可以自 2022 年 7 月纳税申报期起向主管税务机关申请一次性退还存量留抵税额。

符合条件批发零售业等行业企业包括“批发和零售业”“农、林、牧、渔业”“住宿和餐饮业”“居民服务、修理和其他服务业”“教育”“卫生和社会工作”“文化、体育和娱乐业”企业（含个体工商户）。

（4）纳税人享受退税需同时符合以下条件：

①纳税信用等级为 A 级或者 B 级；

②申请退税前 36 个月未发生骗取留抵退税、骗取出口退税或虚开增值税专用发票情形；

③申请退税前 36 个月未因偷税被税务机关处罚两次及以上；

④自 2019 年 4 月 1 日起未享受即征即退、先征后返（退）政策。

（5）增量留抵税额和存量留抵税额的确定：

增量留抵税额，区分以下情形确定：纳税人获得一次性存量留抵退税前，增量留抵税额为当期期末留抵税额与 2019 年 3 月 31 日相比新增加的留抵税额。纳税人获得一次性存量留抵退税后，增量留抵税额为当期期末留抵税额。

存量留抵税额，区分以下情形确定：纳税人获得一次性存量留抵退税前，当期期末留抵税额大于或等于2019年3月31日期末留抵税额的，存量留抵税额为2019年3月31日期末留抵税额；当期期末留抵税额小于2019年3月31日期末留抵税额的，存量留抵税额为当期期末留抵税额。纳税人获得一次性存量留抵退税后，存量留抵税额为零。

（6）纳税人按照以下公式计算允许退还的留抵税额：

允许退还的增量留抵税额＝增量留抵税额×进项构成比例×100%

允许退还的存量留抵税额＝存量留抵税额×进项构成比例×100%

进项构成比例，为2019年4月至申请退税前一税款所属期已抵扣的增值税专用发票（含带有“增值税专用发票”字样全面数字化的电子发票、税控机动车销售统一发票）、收费公路通行费增值税电子普通发票、海关进口增值税专用缴款书、解缴税款完税凭证注明的增值税税额占同期全部已抵扣进项税额的比重。

（7）纳税人出口货物劳务、发生跨境应税行为，适用免抵退税办法的，应先办理免抵退税。免抵退税办理完毕后，仍符合规定条件的，可以申请退还留抵税额；适用免退税办法的，相关进项税额不得用于退还留抵税额。

纳税人自2019年4月1日起已取得留抵退税款的，不得再申请享受增值税即征即退、先征后返（退）政策。纳税人可以在2022年10月31日前一次性将已取得的留抵退税款全部缴回后，按规定申请享受增值税即征即退、先征后返（退）政策。

纳税人自2019年4月1日起已享受增值税即征即退、先征后返（退）政策的，可以在2022年10月31日前一次性将已退还的增值税即征即退、先征后返（退）税款全部缴回后，按规定申请退还留抵税额。

纳税人可以选择向主管税务机关申请留抵退税，也可以选择结转下期继续抵扣。纳税人应在纳税申报期内，完成当期增值税纳税申报后申请留抵退税。2022年4月至7月的留抵退税申请时间，延长至每月最后一个工作日。

（8）对购买使用进口煤炭的燃煤发电企业，符合《财政部 税务总局关于进一步加大增值税期末留抵退税政策实施力度的公告》（财政部 税务总局公告2022年第14号）规定的，在纳税人自愿申请的基础上，进一步加快留抵退税办理进度，规范高效便捷为其办理留抵退税。各地财政和税务部门要高度重视燃煤发电企业留抵退税工作，密切部门间协作，加强政策宣传辅导，及时掌握企业经营和税收情况，重点做好购买使用进口煤炭的燃煤发电企业留抵退税落实工作。

【知识点5】 小规模纳税人税收优惠

1. 2023年1月1日至2027年12月31日，小规模纳税人发生增值税应税销售行为，合计月销售额未超过10万元（以1个季度为1个纳税期的，季度销售额未超过30万元，下同）的，免征增值税。

2. 2023年1月1日至2027年12月31日，小规模纳税人发生增值税应税销售行为，合计月销售额超过10万元，但扣除本期发生的销售不动产的销售额后未超过10万元的，其销售货物、劳务、服务、无形资产取得的销售额免征增值税。

3. 适用增值税差额征税政策的小规模纳税人，以差额后的销售额确定是否可以享受上述规定的免征增值税政策。

4. 2023年1月1日至2027年12月31日，增值税小规模纳税人适用3%征收率的应税销售收入，减按1%征收率征收增值税；适用3%预征率的预缴增值税项目，减按1%预征率预缴增值税。

【知识点6】 采购国产设备全额退还增值税

1. 2027年12月31日前，对内资研发机构和外资研发中心采购国产设备全额退还增值税。

2. 适用采购国产设备全额退还增值税政策的内资研发机构和外资研发中心包括：

（1）科技部会同财政部、海关总署和税务总局核定的科技体制改革过程中转制为企业和进入企业的主要从事科学研究和技术开发工作的机构。

（2）国家发展改革委会同财政部、海关总署和税务总局核定的国家工程研究中心。

（3）国家发展改革委会同财政部、海关总署、税务总局和科技部核定的企业技术中心。

（4）科技部会同财政部、海关总署和税务总局核定的国家重点实验室（含企业国家重点实验室）和国家工程技术研究中心。

（5）科技部核定的国务院部委、直属机构所属从事科学研究工作的各类科研院所，以及各省、自治区、直辖市、计划单列市科技主管部门核定的本级政府所属从事科学研究工作的各类科研院所。

（6）科技部会同民政部核定或者各省、自治区、直辖市、计划单列市及新疆生产建设兵团科技主管部门会同同级民政部门核定的科技类民办非企业单位。

（7）工业和信息化部会同财政部、海关总署、税务总局核定的国家中小企业公共服务示范平台（技术类）。

（8）国家承认学历的实施专科及以上高等学历教育的高等学校（以教育部门户网站公布名单为准）。

（9）符合本知识点第3项规定的外资研发中心。

（10）财政部会同国务院有关部门核定的其他科学研究机构、技术开发机构和学校。

3. 外资研发中心应同时满足下列条件：

（1）研发费用标准：作为独立法人的，其投资总额不低于 800 万美元；作为公司内设部门或分公司的非独立法人的，其研发总投入不低于 800 万美元。

（2）专职研究与试验发展人员不低于 80 人。

（3）设立以来累计购置的设备原值不低于 2000 万元。

外资研发中心须经商务主管部门会同有关部门按照上述条件进行资格审核认定。

四 增值税征收管理

【知识点 1】 纳税义务发生时间

1. 销售货物或者应税劳务的纳税义务发生时间。

销售货物或者应税劳务，为收讫销售款项或者取得索取销售款项凭据的当天；先开具发票的，为开具发票的当天。收讫销售款项或者取得索取销售款项凭据的当天，按销售结算方式的不同，具体为：

（1）采取直接收款方式销售货物，无论货物是否发出，均为收到销售款或者取得索取销售款凭据的当天。

（2）采取托收承付和委托银行收款方式销售货物，为发出货物并办妥托收手续的当天。

（3）采取赊销和分期收款方式销售货物，为书面合同约定的收款日期的当天，无书面合同的或者书面合同没有约定收款日期的，为货物发出的当天。

（4）采取预收货款方式销售货物，为货物发出的当天，但生产销售生产工期超过 12 个月的大型机械设备、船舶、飞机等货物，为收到预收款或者书面合同约定的收款日期的当天。

（5）委托其他纳税人代销货物，为收到代销单位的代销清单或者收到全部或者部分货款的当天。未收到代销清单及货款的，为发出代销货物满 180 天的当天。

（6）纳税人发生视同销售货物行为（不包括将货物交付其他单位或者个人代销、销售代销货物），为货物移送的当天。

（7）销售应税劳务，为提供劳务同时收讫销售款或者取得索取销售款的凭据的当天。

2. 销售服务、无形资产、不动产的纳税义务发生时间。

（1）纳税人销售服务、无形资产、不动产并收讫销售款项或者取得索取销售款项凭据的当天；先开具发票的，为开具发票的当天。

收讫销售款项，是指纳税人销售服务、无形资产、不动产过程中或者完成后收到款项。取得索取销售款项凭据的当天，是指书面合同确定的付款日期；未签订书面合同或者书面合同未确定付款日期的，为服务、无形资产转让完成的当天或者不动产权属变更的当天。

（2）纳税人提供租赁服务采取预收款方式的，其纳税义务发生时间为收到预收款的当天。

（3）纳税人从事金融商品转让的，为金融商品所有权转移的当天。

（4）纳税人发生视同销售服务、无形资产、不动产情形的，其纳税义务发生时间为服务、无形资产转让完成的当天或者不动产权属变更的当天。

3. 进口货物为报关进口的当天。

4. 增值税扣缴义务发生时间为纳税人增值税纳税义务发生的当天。

【知识点2】 纳税期限

1. 增值税的纳税期限分别为 1 日、3 日、5 日、10 日、15 日、1 个月或者 1 个季度。纳税人的具体纳税期限，由主管税务机关根据纳税人应纳税额的大小分别核定；不能按照固定期限纳税的，可以按次纳税。

以 1 个季度为纳税期限的规定适用于小规模纳税人、银行、财务公司、信托投资公司、信用社，以及财政部和国家税务总局规定的其他纳税人。

纳税人以 1 个月或者 1 个季度为 1 个纳税期的，自期满之日起 15 日内申报纳税；以 1 日、3 日、5 日、10 日或者 15 日为 1 个纳税期的，自期满之日起 5 日内预缴税款，于次月 1 日起 15 日内申报纳税并结清上月应纳税款。

2. 纳税人进口货物，应当自海关填发海关进口增值税专用缴款书之日起 15 日内缴纳税款。

【知识点3】 纳税地点

1. 固定业户的纳税地点。

（1）固定业户应当向其机构所在地主管税务机关申报纳税。总机构和分支机构不在同一县（市）的，应当分别向各自所在地主管税务机关申报纳税；经国务院财政、税务主管部门或者其授权的财政、税务机关批准，可以由总机构汇总向总机构所在地主管税务机关申报纳税。

（2）固定业户到外县（市）销售货物或者应税劳务的，应当向其机构所在地主管税务机关报告外出经营事项，并向其机构所在地主管税务机关申报纳税；未报告的，应当向销售地或者劳务发生地主管税务机关申报纳税；未向销售地或者劳务发生地主管税务机关申报纳税的，由其机构所在地主管税务机关补征税款。

（3）纳税人跨省（自治区、直辖市和计划单列市）临时从事生产经营活动的，向机构所在地的税务机关填报《跨区域涉税事项报告表》。纳税人跨区域经营合同延期的，可以向经营地或机构所在地的税务机关办理报验管理有效期限延期手续。跨区域报验管理事项的报告、报验、延期、反馈等信息，通过信息系统在机构所在地和经营地的税务机关之间传递，实时共享。纳税人首次在经营地办理涉税事宜时，向经营地的税务机关报验跨区域涉税事项。纳税人跨区域经营活动结束后，应当结清经营地税务机关的应纳税款以及其他涉税事项，向经营地的税务机关填报《经营地涉税事项反馈表》。经营地的税务机关核对《经营地涉税事项反馈表》后，及时将相关信息反馈给机构所在地的税务机关。纳税人不需要另行向机构所在地的税务机关反馈。

2. 非固定业户增值税纳税地点。

非固定业户销售货物或者提供应税劳务或者发生销售服务、无形资产、不动产行为（以下简称应税行为），应当向销售地或者劳务、应税行为发生地主管税务机关申报纳税。未向销售地或者劳务、应税行为发生地主管税务机关申报纳税的，由其机构所在地或居住地主管税务机关补征税款。

3. 按照现行规定应在建筑服务发生地预缴增值税的项目，纳税人收到预收款时在建筑服务发生地预缴增值税。按现行规定无需在建筑服务发生地预缴增值税的项目，纳税人收到预收款时在机构所在地预缴增值税。

4. 其他个人提供建筑服务，销售或者租赁不动产，转让自然资源使用权，应向建筑服务发生地、不动产所在地、自然资源所在地主管税务机关申报纳税。

5. 纳税人跨县（市）提供建筑服务，在建筑服务发生地预缴税款后，向机构所在地主管税务机关进行纳税申报。

6. 纳税人销售不动产，在不动产所在地预缴税款后，向机构所在地主管税务机关进行纳税申报。

7. 纳税人租赁不动产，在不动产所在地预缴税款后，向机构所在地主管税务机关进行纳税申报。

一般纳税人跨省（自治区、直辖市或者计划单列市）提供建筑服务或者销售、出租取得的与机构所在地不在同一省（自治区、直辖市或者计划单列市）的不动产，在机构所在地申报纳税时，计算的应纳税额小于已预缴税额，且差额较大的，由国家税务总局通知建筑服务发生地或者不动产所在地省级税务机关，在一定时期内暂停预缴增值税。

8. 进口货物增值税纳税地点。

进口货物，应当由进口人或其代理人向报关地海关申报纳税。

扣缴义务人应当向其机构所在地或者居住地的主管税务机关申报缴纳其扣缴的税款。

【知识点4】 增值税纳税申报表

自2021年8月1日起，增值税、消费税分别与城市维护建设税、教育费附加、地方教育附加申报表整合，启用《增值税及附加税费申报表（一般纳税人适用）》、《增值税及附加税费申报表（小规模纳税人适用）》、《增值税及附加税费预缴表》及其附列资料和《消费税及附加税费申报表》。

扫一扫，查看增值税及附加税费申报表

【知识点5】 小规模纳税人税收优惠政策的征收管理

1. 小规模纳税人取得应税销售收入，适用免征增值税政策的，纳税人可就该笔销售收入选择放弃免税并开具增值税专用发票。小规模纳税人取得应税销售收入，适用减按1%征收率征收增值税政策的，应按照1%征收率开具增值税发票。纳税人可就该笔销售收入选择放弃减税并开具增值税专用发票。

2. 小规模纳税人取得应税销售收入，纳税义务发生时间在2022年12月31日前并已开具增值税发票，如发生销售折让、中止或者退回等情形需要开具红字发票，应开具对应征收率红字发票或免税红字发票；开票有误需要重新开具的，应开具对应征收率红字发票或免税红字发票，再重新开具正确的蓝字发票。

3. 小规模纳税人发生增值税应税销售行为，合计月销售额未超过10万元的，免征增值税的销售额等项目应填写在《增值税及附加税费申报表（小规模纳税人适用）》“小微企业免税销售额”或者“未达起征点销售额”相关栏次；减按1%征收率征收增值税的销售额应填写在《增值税及附加税费申报表（小规模纳税人适用）》“应征增值税不含税销售额（3%征收率）”相应栏次，对应减征的增值税应纳税额按销售额的2%计算填写在《增值税及附加税费申报表（小规模纳税人适用）》“本期应纳税额减征额”及《增值税减免税申报明细表》减税项目相应栏次。

4. 按固定期限纳税的小规模纳税人可以选择以1个月或1个季度为纳税期限，一经选择，一个会计年度内不得变更。

5. 按照现行规定应当预缴增值税税款的小规模纳税人，凡在预缴地实现的月销售额未超过10万元的，当期无需预缴税款。在预缴地实现的月销售额超过10万元的，适用3%预征率的预缴增值税项目，减按1%预征率预缴增值税。

6. 上述规定自2023年1月1日起施行。

【知识点6】 小微企业和制造业、批发零售业等行业期末留抵退税的征收管理

1. 纳税人申请留抵退税，应提交《退（抵）税申请表》。

2. 纳税人应在纳税申报期内，完成当期增值税纳税申报后申请留抵退税。2022 年 4 月至 7 月的留抵退税申请时间，延长至每月最后一个工作日。

3. 纳税人出口货物劳务、发生跨境应税行为，适用免抵退税办法的，可以在同一申报期内，既申报免抵退税又申报办理留抵退税。

4. 申请办理留抵退税的纳税人，出口货物劳务、跨境应税行为适用免抵退税办法的，应当按期申报免抵退税。当期可申报免抵退税的出口销售额为零的，应办理免抵退税零申报。

5. 纳税人既申报免抵退税又申请办理留抵退税的，税务机关应先办理免抵退税。办理免抵退税后，纳税人仍符合留抵退税条件的，再办理留抵退税。

6. 纳税人在办理留抵退税期间，因纳税申报、稽查查补和评估调整等原因，造成期末留抵税额发生变化的，按最近一期《增值税纳税申报表（一般纳税人适用）》期末留抵税额确定允许退还的增量留抵税额。

7. 纳税人在同一申报期既申报免抵退税又申请办理留抵退税的，或者在纳税人申请办理留抵退税时存在尚未经税务机关核准的免抵退税应退税额的，应待税务机关核准免抵退税应退税额后，按最近一期《增值税纳税申报表（一般纳税人适用）》期末留抵税额，扣减税务机关核准的免抵退税应退税额后的余额确定允许退还的增量留抵税额。

税务机关核准的免抵退税应退税额，是指税务机关当期已核准，但纳税人尚未在《增值税纳税申报表（一般纳税人适用）》第 15 栏“免、抵、退应退税额”中填报的免抵退税应退税额。

8. 纳税人既有增值税欠税，又有期末留抵税额的，按最近一期《增值税纳税申报表（一般纳税人适用）》期末留抵税额，抵减增值税欠税后的余额确定允许退还的增量留抵税额。

9. 在纳税人办理增值税纳税申报和免抵退税申报后、税务机关核准其免抵退税应退税额前，核准其前期留抵退税的，以最近一期《增值税纳税申报表（一般纳税人适用）》期末留抵税额，扣减税务机关核准的留抵退税额后的余额，计算当期免抵退税应退税额和免抵税额。税务机关核准的留抵退税额，是指税务机关当期已核准，但纳税人尚未在《增值税纳税申报表附列资料（二）》（本期进项税额明细）第 22 栏“上期留抵税额退税”填报的留抵退税额。

10. 纳税人应在收到税务机关准予留抵退税的《税务事项通知书》当期，以税务机关核准的允许退还的增量留抵税额冲减期末留抵税额，并在办理增值税纳税申报时，

相应填写《增值税纳税申报表附列资料（二）》（本期进项税额明细）第22栏“上期留抵税额退税”。

11. 纳税人按照规定，需要申请缴回已退还的全部留抵退税款的，可通过电子税务局或办税服务厅提交《缴回留抵退税申请表》。纳税人在缴回已退还的全部留抵退税款后，办理增值税纳税申报时，将缴回的全部退税款在《增值税及附加税费申报表附列资料（二）》（本期进项税额明细）第22栏“上期留抵税额退税”填写负数，并可继续按规定抵扣进项税额。

12. 申请留抵退税需同时符合的条件。

①纳税信用等级为A级或者B级；②申请退税前36个月未发生骗取留抵退税、骗取出口退税或虚开增值税专用发票情形；③申请退税前36个月未因偷税被税务机关处罚两次及以上；④自2019年4月1日起未享受即征即退、先征后返（退）政策。

13. 划型标准。

中型企业、小型企业和微型企业，按照《中小企业划型标准规定》（工信部联企业〔2011〕300号）和《金融业企业划型标准规定》（银发〔2015〕309号）中的营业收入指标、资产总额指标确定。除上述中型企业、小型企业和微型企业外的其他企业，属于大型企业。

资产总额指标按照纳税人上一会计年度年末值确定。营业收入指标按照纳税人上一会计年度增值税销售额确定；不满一个会计年度的，按照以下公式计算：

增值税销售额（年）＝上一会计年度企业实际存续期间

增值税销售额÷企业实际存续月数×12

增值税销售额，包括纳税申报销售额、稽查查补销售额、纳税评估调整销售额。适用增值税差额征税政策的，以差额后的销售额确定。

对于工信部联企业〔2011〕300号文件和银发〔2015〕309号文件所列行业以外的纳税人，以及工信部联企业〔2011〕300号文件所列行业但未采用营业收入指标或资产总额指标划型确定的纳税人，微型企业标准为增值税销售额（年）100万元以下（不含100万元）；小型企业标准为增值税销售额（年）2000万元以下（不含2000万元）；中型企业标准为增值税销售额（年）1亿元以下（不含1亿元）。

14. 行业标准。

“制造业等行业”，是指从事《国民经济行业分类》中“制造业”“科学研究和技术服务业”“电力、热力、燃气及水生产和供应业”“软件和信息技术服务业”“生态保护和环境治理业”“交通运输、仓储和邮政业”“批发和零售业”“农、林、牧、渔业”“住宿和餐饮业”“居民服务、修理和其他服务业”“教育”“卫生和社会工作”和“文化、体育和娱乐业”业务相应发生的增值税销售额占全部增值税销售额的比重超过50%的纳税人。

上述销售额比重根据纳税人申请退税前连续12个月的销售额计算确定；申请退税前经营期不满12个月但满3个月的，按照实际经营期的销售额计算确定。

15. 允许退还的留抵税额。

允许退还的留抵税额按照以下公式计算确定：

$$允许退还的增量留抵税额=增量留抵税额\times进项构成比例\times100\%$$

$$允许退还的存量留抵税额=存量留抵税额\times进项构成比例\times100\%$$

进项构成比例，为2019年4月至申请退税前一税款所属期已抵扣的增值税专用发票（含带有“增值税专用发票”字样全面数字化的电子发票、税控机动车销售统一发票）、收费公路通行费增值税电子普通发票、海关进口增值税专用缴款书、解缴税款完税凭证注明的增值税税额占同期全部已抵扣进项税额的比重。

在计算允许退还的留抵税额的进项构成比例时，纳税人在2019年4月至申请退税前一税款所属期内按规定转出的进项税额，无需从已抵扣的增值税专用发票（含带有“增值税专用发票”字样全面数字化的电子发票、税控机动车销售统一发票）、收费公路通行费增值税电子普通发票、海关进口增值税专用缴款书、解缴税款完税凭证注明的增值税税额中扣减。

16. 出口退税与留抵退税的衔接。

纳税人出口货物劳务、发生跨境应税行为，适用免抵退税办法的，应先办理免抵退税。免抵退税办理完毕后，仍符合规定条件的，可以申请退还留抵税额；适用免退税办法的，相关进项税额不得用于退还留抵税额。

17. 增值税即征即退、先征后返（退）与留抵退税的衔接。

纳税人自2019年4月1日起已取得留抵退税款的，不得再申请享受增值税即征即退、先征后返（退）政策。纳税人可以在2022年10月31日前一次性将已取得的留抵退税款全部缴回后，按规定申请享受增值税即征即退、先征后返（退）政策。

纳税人自2019年4月1日起已享受增值税即征即退、先征后返（退）政策的，可以在2022年10月31日前一次性将已退还的增值税即征即退、先征后返（退）税款全部缴回后，按规定申请退还留抵税额。

18. 纳税信用评价。

适用增值税一般计税方法的个体工商户，可自《国家税务总局关于进一步加大增值税期末留抵退税政策实施力度有关征管事项的公告》（国家税务总局公告2022年第4号）发布之日起，自愿向主管税务机关申请参照企业纳税信用评价指标和评价方式参加评价，并在以后的存续期内适用国家税务总局纳税信用管理相关规定。对于已按照省税务机关公布的纳税信用管理办法参加纳税信用评价的，也可选择沿用原纳税信用级别，符合条件的可申请办理留抵退税。

19. 其他规定。

纳税人可以选择向主管税务机关申请留抵退税，也可以选择结转下期继续抵扣。

纳税人可以在规定期限内同时申请增量留抵退税和存量留抵退税。

同时符合小微企业和制造业等行业相关留抵退税政策的纳税人，可任意选择申请适用其中一项留抵退税政策。

20. 税务机关在办理留抵退税期间，发现符合留抵退税条件的纳税人存在以下情形，暂停为其办理留抵退税：

（1）存在增值税涉税风险疑点的；

（2）被税务稽查立案且未结案的；

（3）增值税申报比对异常未处理的；

（4）取得增值税异常扣税凭证未处理的；

（5）国家税务总局规定的其他情形。

上述列举的增值税涉税风险疑点等情形已排除，且相关事项处理完毕后，按以下规定办理：

（1）纳税人仍符合留抵退税条件的，税务机关继续为其办理留抵退税，并自增值税涉税风险疑点等情形排除且相关事项处理完毕之日起 5 个工作日内完成审核，向纳税人出具准予留抵退税的《税务事项通知书》。

（2）纳税人不再符合留抵退税条件的，不予留抵退税。税务机关应自增值税涉税风险疑点等情形排除且相关事项处理完毕之日起 5 个工作日内完成审核，向纳税人出具不予留抵退税的《税务事项通知书》。

税务机关对发现的增值税涉税风险疑点进行排查的具体处理时间，由各省（自治区、直辖市和计划单列市）税务局确定。

21. 税务机关对增值税涉税风险疑点进行排查时，发现纳税人涉嫌骗取出口退税、虚开增值税专用发票等增值税重大税收违法行为的，终止为其办理留抵退税，并自作出终止办理留抵退税决定之日起 5 个工作日内，向纳税人出具终止办理留抵退税的《税务事项通知书》。

税务机关对纳税人涉嫌增值税重大税收违法行为核查处理完毕后，纳税人仍符合留抵退税条件的，可按照规定重新申请办理留抵退税。

22. 纳税人以虚增进项税额、虚假申报或其他欺骗手段骗取留抵退税的，由税务机关追缴其骗取的退税款，并按照《税收征管法》等有关规定处理。

23. 《退（抵）税申请表》自 2022 年 7 月 1 日起使用。

五 增值税发票管理

【知识点1】 增值税发票的种类

1. 增值税专用发票

增值税专用发票由基本联次或者基本联次附加其他联次构成，分为三联版和六联版两种。基本联次为三联：第一联为记账联，是销售方记账凭证；第二联为抵扣联，是购买方扣税凭证；第三联为发票联，是购买方记账凭证。其他联次用途，由纳税人自行确定。纳税人办理产权过户手续需要使用发票的，可以使用增值税专用发票第六联。

（1）专用发票的领购。

①增值税专用发票一般限于增值税一般纳税人领购使用；小规模纳税人和非增值税纳税人一般不得领购使用增值税专用发票。

转登记的小规模纳税人，转登记日前已作增值税专用发票票种核定的，继续通过增值税发票管理系统自行开具增值税专用发票。

②纳税信用 A 级的纳税人可一次领取不超过 3 个月的增值税发票用量；纳税信用 B 级的纳税人可一次领取不超过 2 个月的增值税发票用量。

（2）专用发票的开具。

①一般纳税人发生应税销售行为，应向购买方开具专用发票。

②一般纳税人有下列销售情形之一，不得开具专用发票：

A. 商业企业一般纳税人零售的烟、酒、食品、服装、鞋帽（不包括劳保专用部分）、化妆品等消费品。

B. 发生应税销售行为适用免税规定的。

C. 销售报关出口的货物、在境外销售应税劳务。

D. 将自产货物用于集体福利或个人消费。

E. 将货物无偿赠送他人（如果受赠者为一般纳税人，可根据受赠人的要求开具增值税专用发票）。

F. 向小规模纳税人销售应税项目，可以不开具增值税专用发票。

G. 应税销售行为的购买方为消费者个人的。

H. 城镇公共供水企业缴纳的水资源税对应的水费收入，不计征增值税，按“不征税自来水”项目开具增值税普通发票。

③小规模纳税人需要开具增值税专用发票，可以向主管税务机关申请代开。

自 2020 年 2 月 1 日起，增值税小规模纳税人（其他个人除外）发生增值税应税行为，需要开具增值税专用发票的，可以自愿使用增值税发票管理系统自行开具。选择自行开具增值税专用发票的小规模纳税人，税务机关不再为其代开增值税专用发票。

④补开票或红字专用发票的开具。

自 2019 年 4 月 1 日起，增值税一般纳税人在增值税税率调整前已按原 16%、10% 适用税率开具的增值税发票，发生销售折让、中止或者退回等情形需要开具红字发票的，按照原适用税率开具红字发票；开票有误需要重新开具的，先按照原适用税率开具红字发票后，再重新开具正确的蓝字发票。

增值税一般纳税人在增值税税率调整前未开具增值税发票的增值税应税销售行为，需要补开增值税发票的，应当按照原适用税率补开。

自 2019 年 9 月 20 日起，纳税人需要通过增值税发票管理系统开具 17%、16%、11%、10% 税率蓝字发票的，应向主管税务机关提交《开具原适用税率发票承诺书》，办理临时开票权限。临时开票权限有效期限为 24 小时，纳税人应在获取临时开票权限的规定期限内开具原适用税率发票。纳税人办理临时开票权限，应保留交易合同、红字发票、收讫款项证明等相关材料，以备查验。

2. 增值税普通发票

增值税普通发票包括折叠票和卷票。

增值税普通发票（折叠票）由基本联次或者基本联次附加其他联次构成，分为两联版和五联版两种。基本联次为两联：第一联为记账联，是销售方记账凭证；第二联为发票联，是购买方记账凭证。其他联次用途，由纳税人自行确定。纳税人办理产权过户手续需要使用发票的，可以使用增值税普通发票第三联。

3. 增值税电子普通发票

增值税电子普通发票的开票方和受票方需要纸质发票的，可以自行打印增值税电子普通发票的版式文件，其法律效力、基本用途、基本使用规定等与税务机关监制的增值税普通发票相同。

4. 机动车销售统一发票

从事机动车零售业务的单位和个人，在销售机动车（不包括销售旧机动车）收取款项时，开具机动车销售统一发票。机动车销售统一发票为电脑六联式发票：第一联为发票联，是购货单位付款凭证；第二联为抵扣联，是购货单位扣税凭证；第三联为报税联，车辆购置税征收单位留存；第四联为注册登记联，车辆登记单位留存；第五联为记账联，销货单位记账凭证；第六联为存根联，销货单位留存。

5. 增值税电子专用发票

自 2020 年 12 月 21 日起，在天津、河北、上海、江苏、浙江、安徽、广东、重庆、四川、宁波和深圳等 11 个地区的新办纳税人中实行增值税专用发票电子化（以下简称专票电子化），受票方范围为全国。其中，宁波、石家庄和杭州等 3 个地区已试点纳税人开具增值税电子专用发票的受票方范围扩至全国。

自2021年1月21日起，在北京、山西、内蒙古、辽宁、吉林、黑龙江、福建、江西、山东、河南、湖北、湖南、广西、海南、贵州、云南、西藏、陕西、甘肃、青海、宁夏、新疆、大连、厦门和青岛等25个地区的新办纳税人中实行专票电子化，受票方范围为全国。

实行专票电子化的新办纳税人具体范围由国家税务总局各省、自治区、直辖市和计划单列市税务局确定。

6. 全面数字化的电子发票

全面数字化的电子发票（以下简称数电票）是与纸质发票具有同等法律效力的全新发票，不以纸质形式存在、不用介质支撑、无需申请领用、发票验旧及申请增版增量。纸质发票的票面信息全面数字化，将多个票种集成归并为电子发票单一票种，数电票实行全国统一赋码、自动流转交付。

自2021年12月1日起，广东（广州、佛山、横琴粤澳深度合作区）、上海、内蒙古（呼和浩特）作为全国试点单位，在部分纳税人中开展数电票试点。

关于数电票的更多讲解请见本书第三章第一节中“十二、凭证及证件”知识点5“数电票”和第三章第二节中“一、智慧税务”的相关内容。

【知识点2】 开具发票的基本要求

1. 增值税一般纳税人销售货物、提供加工修理修配劳务和销售服务、无形资产、不动产，使用增值税发票管理新系统开具增值税专用发票、增值税普通发票、机动车销售统一发票、增值税电子普通发票。

2. 销售商品、提供服务以及从事其他经营活动的单位和个人，对外发生经营业务收取款项，收款方应当向付款方开具发票；特殊情况下，由付款方向收款方开具发票。

3. 纳税人应在发生增值税纳税义务时开具发票。

4. 单位和个人在开具发票时，必须做到按照号码顺序填开，填写项目齐全，内容真实，字迹清楚，全部联次一次打印，内容完全一致，并在发票联和抵扣联加盖发票专用章。

5. 增值税纳税人购买货物、劳务、服务、无形资产或不动产，索取增值税专用发票时，需向销售方提供购买方名称（不得为自然人）、纳税人识别号或统一社会信用代码、地址电话、开户行及账号信息，不需要提供营业执照、税务登记证、组织机构代码证、开户许可证、增值税一般纳税人资格登记表等相关证件或其他证明材料。

6. 国家税务总局编写了《商品和服务税收分类与编码表》，并在增值税发票管理新系统中增加了商品和服务税收分类与编码相关功能。使用新系统的增值税纳税人，应使用新系统选择相应的商品和服务税收分类与编码开具增值税发票。

六 增值税出口退（免）税政策

【知识点1】 增值税出口退税的办法

1. 免抵退税办法。生产企业出口自产货物和视同自产货物及对外提供加工修理修配劳务，以及《财政部 国家税务总局关于出口货物劳务增值税和消费税政策的通知》（财税〔2012〕39号）附件中列名生产企业出口非自产货物，免征增值税，相应的进项税额抵减应纳增值税税额（不包括适用增值税即征即退、先征后退政策的应纳增值税税额），未抵减完的部分予以退还。

2. 免退税办法。不具有生产能力的出口企业（外贸企业）或其他单位出口货物劳务，免征增值税，相应的进项税额予以退还。

3. 免税办法。境内的单位和个人提供适用增值税零税率的服务或者无形资产，如果属于适用简易计税方法的，实行免征增值税办法。

如果属于适用增值税一般计税方法的，生产企业实行免抵退税办法，外贸企业外购服务或者无形资产出口实行免退税办法，外贸企业直接将服务或自行研发的无形资产出口，视同生产企业连同其出口货物统一实行免抵退税办法。

【知识点2】 出口退税率

1. 除财政部和国家税务总局根据国务院决定而明确的增值税出口退税率外，出口货物的退税率为其适用税率。国家税务总局根据上述规定将退税率通过出口货物劳务退税率文库予以发布，供征纳双方执行。

2. 服务和无形资产的退税率为其适用的增值税税率。

3. 根据《财政部 税务总局 海关总署关于深化增值税改革有关政策的公告》（财政部 税务总局 海关总署公告2019年第39号），自2019年4月1日起，原适用16%税率且出口退税率为16%的出口货物劳务，出口退税率调整为13%；原适用10%税率且出口退税率为10%的出口货物、跨境应税行为，出口退税率调整为9%。

【知识点3】 免抵退税的计算

1. 当期应纳税额的计算

当期应纳税额＝当期销项税额－（当期进项税额－当期不得免征和抵扣税额）

当期不得免征和抵扣税额＝当期出口货物离岸价×外汇人民币折合率×（出口货物适用税率－出口货物退税率）－当期不得免征和抵扣税额抵减额

当期不得免征和抵扣税额抵减额＝当期免税购进原材料价格×（出口货物适用税率－出口货物退税率）

2. 当期免抵退税额的计算

当期免抵退税额 = 当期出口货物离岸价 × 外汇人民币折合率 × 出口货物退税率 – 当期免抵退税额抵减额

当期免抵退税额抵减额 = 当期免税购进原材料价格 × 出口货物退税率

3. 当期应退税额和免抵税额的计算

（1）当期期末留抵税额≤当期免抵退税额，则：

当期应退税额 = 当期期末留抵税额

当期免抵税额 = 当期免抵退税额 – 当期应退税额

（2）当期期末留抵税额 > 当期免抵退税额，则：

当期应退税额 = 当期免抵退税额

当期免抵税额 = 0

当期期末留抵税额为当期增值税纳税申报表中“期末留抵税额”。

【知识点4】 加大出口退税助企力度

1. 阶段性加快出口退税进度

2022 年6 月20 日至2024 年12 月31 日，税务部门办理一类、二类出口企业正常出口退（免）税的平均时间，压缩在3 个工作日内。到期将视外贸发展和实际执行情况，进一步明确办理时间要求。

一类、二类出口企业，是指出口退税管理类别为一类和二类的出口企业。

正常出口退（免）税，是指经税务机关审核，符合现行规定且不存在涉嫌骗税等疑点的出口退（免）税业务。

2. 完善出口退（免）税企业分类管理（自 2022 年 5 月 1 日起施行）

出口企业管理类别年度评定工作应于企业纳税信用级别评价结果确定后 1 个月内完成。

纳税人发生纳税信用修复情形的，可以书面向税务机关提出重新评定管理类别。因纳税信用修复原因重新评定的纳税人，不受《出口退（免）税企业分类管理办法》（国家税务总局公告 2016 年第46 号发布，2018 年第 31 号修改）第十四条中“四类出口企业自评定之日起，12 个月内不得评定为其他管理类别”规定限制。

3. 优化出口退（免）税备案单证管理（自 2022 年 5 月 1 日起施行）

（1）纳税人应在申报出口退（免）税后 15 日内，将下列备案单证妥善留存，并按照申报退（免）税的时间顺序，制作出口退（免）税备案单证目录，注明单证存放方式，以备税务机关核查。

①出口企业的购销合同（包括出口合同、外贸综合服务合同、外贸企业购货合同、生产企业收购非自产货物出口的购货合同等）；

②出口货物的运输单据（包括海运提单、航空运单、铁路运单、货物承运单据、邮政收据等承运人出具的货物单据，出口企业承付运费的国内运输发票，出口企业承付费用的国际货物运输代理服务费发票等）；

③出口企业委托其他单位报关的单据（包括委托报关协议、受托报关单位为其开具的代理报关服务费发票等）。

纳税人无法取得上述单证的，可用具有相似内容或作用的其他资料进行单证备案。除另有规定外，备案单证由出口企业存放和保管，不得擅自损毁，保存期为5年。

纳税人发生零税率跨境应税行为不实行备案单证管理。

（2）纳税人可以自行选择纸质化、影像化或者数字化方式，留存保管上述备案单证。选择纸质化方式的，还需在出口退（免）税备案单证目录中注明备案单证的存放地点。

（3）税务机关按规定查验备案单证时，纳税人按要求将影像化或者数字化备案单证转换为纸质化备案单证以供查验的，应在纸质化单证上加盖企业印章并签字声明与原数据一致。

4. 完善加工贸易出口退税政策（自2022年5月1日起施行）

实行免抵退税办法的进料加工出口企业，在国家实行出口产品征退税率一致政策后，因前期征退税率不一致等原因，结转未能抵减的免抵退税“不得免征和抵扣税额抵减额”，企业进行核对确认后，可调转为相应数额的增值税进项税额。

5. 精简出口退（免）税报送资料（自2022年6月1日起施行）

（1）纳税人办理委托出口货物退（免）税申报时，停止报送代理出口协议副本、复印件。

（2）纳税人办理融资租赁货物出口退（免）税备案和申报时，停止报送融资租赁合同原件，改为报送融资租赁合同复印件（复印件上应注明“与原件一致”并加盖企业印章）。

（3）纳税人办理来料加工委托加工出口货物的免税核销手续时，停止报送加工企业开具的加工费普通发票原件及复印件。

（4）纳税人申请开具《代理出口货物证明》时，停止报送代理出口协议原件。

（5）纳税人申请开具《代理进口货物证明》时，停止报送加工贸易手册原件、代理进口协议原件。

（6）纳税人申请开具《来料加工免税证明》时，停止报送加工费普通发票原件、进口货物报关单原件。

（7）纳税人申请开具《出口货物转内销证明》时，停止报送《出口货物已补税/未退税证明》原件及复印件。

对于该项政策所述停止报送的资料原件，纳税人应当妥善留存备查。

6. 拓展出口退（免）税提醒服务（自2022年6月1日起施行）

为便于纳税人及时了解出口退（免）税政策及管理要求的更新情况、出口退（免）税业务申报办理进度，税务机关为纳税人免费提供出口退（免）税政策更新、出口退税率文库升级、尚有未用于退（免）税申报的出口货物报关单、已办结出口退（免）税等提醒服务。纳税人可自行选择订阅提醒服务内容。

7. 简化出口退（免）税办理流程（自2022年6月21日起施行）

（1）简化外贸综合服务企业代办退税备案流程。

外贸综合服务企业在生产企业办理委托代办退税备案后，留存以下资料，即可为该生产企业申报代办退税，无需报送《代办退税情况备案表》（国家税务总局公告2017年第35号发布）和企业代办退税风险管控制度：

①与生产企业签订的外贸综合服务合同（协议）；

②每户委托代办退税生产企业的《代办退税情况备案表》；

③外贸综合服务企业代办退税风险管控制度、内部风险管控信息系统建设及应用情况。

生产企业办理委托代办退税备案变更后，外贸综合服务企业将变更后的《代办退税情况备案表》留存备查即可，无需重新报送该表。

（2）推行出口退（免）税实地核查“容缺办理”。

①对于纳税人按照现行规定需实地核查通过方可办理的首次申报的出口退（免）税以及变更退（免）税办法后首次申报的出口退（免）税，税务机关经审核未发现涉嫌骗税等疑点或者已排除涉嫌骗税等疑点的，应按照“容缺办理”的原则办理退（免）税：在该纳税人累计申报的应退（免）税额未超过限额前，可先行按规定审核办理退（免）税再进行实地核查；在该纳税人累计申报的应退（免）税额超过限额后，超过限额的部分需待实地核查通过后再行办理退（免）税。

上述需经实地核查通过方可审核办理的首次申报的出口退（免）税包括：外贸企业首次申报出口退税（含外贸综合服务企业首次申报自营出口业务退税），生产企业首次申报出口退（免）税（含生产企业首次委托外贸综合服务企业申报代办退税），外贸综合服务企业首次申报代办退税。

上述按照“容缺办理”的原则办理退（免）税，包括纳税人出口货物、视同出口货物、对外提供加工修理修配劳务、发生零税率跨境应税行为涉及的出口退（免）税。

上述累计申报应退（免）税额的限额标准为：外贸企业（含外贸综合服务企业自营出口业务）100万元；生产企业（含生产企业委托代办退税业务）200万元；代办退税的外贸综合服务企业100万元。

②税务机关经实地核查发现纳税人已办理退（免）税的业务属于按规定不予办理退（免）税情形的，应追回已退（免）税款。因纳税人拒不配合而无法开展实地核查

的，税务机关应按照实地核查不通过处理相关业务，并追回已退（免）税款，对于该纳税人申报的退（免）税业务，不适用“容缺办理”原则。

③纳税人申请变更退（免）税方法、变更出口退（免）税主管税务机关、撤回出口退（免）税备案时，存在已“容缺办理”但尚未实地核查的退（免）税业务的，税务机关应当先行开展实地核查。经实地核查通过的，按规定办理相关变更、撤回事项；经实地核查发现属于按规定不予办理退（免）税情形的，应追回已退（免）税款后，再行办理相关变更、撤回事项。

8. 简便出口退（免）税办理方式（自2022年6月21日起施行）

（1）推广出口退（免）税证明电子化开具和使用。

纳税人申请开具《代理出口货物证明》《代理进口货物证明》《委托出口货物证明》《出口货物转内销证明》《中标证明通知书》《来料加工免税证明》的，税务机关为其开具电子证明，并通过电子税务局、国际贸易“单一窗口”等网上渠道（以下简称网上渠道）向纳税人反馈。纳税人申报办理出口退（免）税相关涉税事项时，仅需填报上述电子证明编号等信息，无需另行报送证明的纸质件和电子件。其中，纳税人申请开具《中标证明通知书》时，无需再报送中标企业所在地主管税务机关的名称、地址、邮政编码。

纳税人需要作废上述出口退（免）税电子证明的，应先行确认证明使用情况，已用于申报出口退（免）税相关事项的，不得作废证明；未用于申报出口退（免）税相关事项的，应向税务机关提出作废证明申请，税务机关核对无误后，予以作废。

（2）推广出口退（免）税事项“非接触”办理。

纳税人申请办理出口退（免）税备案、证明开具及退（免）税申报等事项时，按照现行规定需要现场报送的纸质表单资料，可选择通过网上渠道，以影像化或者数字化方式提交。纳税人通过网上渠道提交相关电子数据、影像化或者数字化表单资料后，即可完成相关出口退（免）税事项的申请。原需报送的纸质表单资料，以及通过网上渠道提交的影像化或者数字化表单资料，纳税人应妥善留存备查。

税务机关受理上述申请后，按照现行规定为纳税人办理相关事项，并通过网上渠道反馈办理结果。纳税人确需税务机关出具纸质文书的，税务机关应当为纳税人出具。

9. 完善出口退（免）税收汇管理（自2022年6月21日起施行）

纳税人适用出口退（免）税政策的出口货物，有关收汇事项应按照以下规定执行：

（1）纳税人申报退（免）税的出口货物，应当在出口退（免）税申报期截止之日前收汇。未在规定期限内收汇，但符合《视同收汇原因及举证材料清单》所列原因的，纳税人留存《出口货物收汇情况表》及举证材料，即可视同收汇；因出口合同约定全部收汇最终日期在退（免）税申报期截止之日后的，应当在合同约定收汇日期前完成收汇。

（2）出口退（免）税管理类别为四类的纳税人，在申报出口退（免）税时，应当向税务机关报送收汇材料。

纳税人在退（免）税申报期截止之日后申报出口货物退（免）税的，应当在申报退（免）税时报送收汇材料。

纳税人被税务机关发现收汇材料为虚假或冒用的，应自税务机关出具书面通知之日起 24 个月内，在申报出口退（免）税时报送收汇材料。

除上述情形外，纳税人申报出口退（免）税时，无需报送收汇材料，留存举证材料备查即可。税务机关按规定需要查验收汇情况的，纳税人应当按照税务机关要求报送收汇材料。

（3）纳税人申报退（免）税的出口货物，具有下列情形之一，税务机关未办理出口退（免）税的，不得办理出口退（免）税；已办理出口退（免）税的，应在发生相关情形的次月用负数申报冲减原退（免）税申报数据，当期退（免）税额不足冲减的，应补缴差额部分的税款：

①因出口合同约定全部收汇最终日期在退（免）税申报期截止之日后的，未在合同约定收汇日期前完成收汇；

②未在规定期限内收汇，且不符合视同收汇规定；

③未按规定留存收汇材料。

纳税人在《国家税务总局关于进一步便利出口退税办理 促进外贸平稳发展有关事项的公告》（国家税务总局公告 2022 年第 9 号）施行前已发生上述情形但尚未处理的出口货物，应当按照规定进行处理；纳税人已按规定处理的出口货物，待收齐收汇材料、退（免）税凭证及相关电子信息后，即可申报办理出口退（免）税。

（4）纳税人确实无法收汇且不符合视同收汇规定的出口货物，适用增值税免税政策。

（5）税务机关发现纳税人申报退（免）税的出口货物收汇材料为虚假或者冒用的，应当按照《税收征管法》有关规定进行处理，相应的出口货物适用增值税征税政策。

上述收汇材料是指《出口货物收汇情况表》及举证材料。对于已收汇的出口货物，举证材料为银行收汇凭证或者结汇水单等凭证；出口货物为跨境贸易人民币结算、委托出口并由受托方代为收汇，或者委托代办退税并由外贸综合服务企业代为收汇的，可提供收取人民币的收款凭证；对于视同收汇的出口货物，举证材料按照《视同收汇原因及举证材料清单》确定。

上述出口货物，不包括《财政部 国家税务总局关于出口货物劳务增值税和消费税政策的通知》（财税〔2012〕39 号）第一条第二项（第 2 目除外）所列的视同出口货物，以及易货贸易出口货物、边境小额贸易出口货物。

10. 支持跨境电子商务新业态加快发展

对2023年1月30日至2025年12月31日期间在跨境电子商务海关监管代码（1210、9610、9710、9810）项下申报出口，因滞销、退货原因，自出口之日起6个月内原状退运进境的商品（不含食品），免征进口关税和进口环节增值税、消费税；出口时已征收的出口关税准予退还，出口时已征收的增值税、消费税参照内销货物发生退货有关税收规定执行。

>> 第二节 消费税

一 消费税基本政策

【知识点1】 纳税人与扣缴义务人

1. 纳税人

在中华人民共和国境内生产、委托加工和进口《中华人民共和国消费税暂行条例》规定的消费品的单位和个人，以及国务院确定的销售《中华人民共和国消费税暂行条例》规定的消费品的其他单位和个人，为消费税的纳税人。

单位，是指企业、行政单位、事业单位、军事单位、社会团体及其他单位。

个人，是指个体工商户及其他个人。

在中华人民共和国境内，是指生产、委托加工和进口属于应当缴纳消费税的消费品的起运地或者所在地在境内。

2. 扣缴义务人

委托加工的应税消费品，除受托方为个人外，受托方为消费税扣缴义务人，由受托方在向委托方交货时代收代缴消费税税款。

【知识点2】 征税范围及税目税率

依照《中华人民共和国消费税暂行条例》及相关文件规定，目前消费税税目包括烟、酒、小汽车等15个税目，部分税目还进一步划分了若干子目；消费税税率采用比例税率和定额税率两种形式，根据不同的税目或子目确定相应的比例税率或单位税额，具体见表1-1。

表 1－1　消费税税目税率表

税　目	税　率		
	生产（进口）环节	批发环节	零售环节
一、烟			
1. 卷烟		11%加 0.005 元/支	
（1）甲类卷烟［每标准条（200 支，下同）调拨价在 70 元（不含增值税）以上（含 70 元）］	56%加 0.003 元/支		
（2）乙类卷烟［每标准条调拨价在 70 元（不含增值税）以下］	36%加 0.003 元/支		
2. 雪茄烟	36%		
3. 烟丝	30%		
4. 电子烟	36%	11%	
二、酒			
1. 白酒	20%加 0.5 元/500 克（500 毫升）		
2. 黄酒	240 元/吨		
3. 啤酒①			
（1）甲类啤酒 每吨出厂价（含包装物及包装物押金，不包括重复使用的塑料周转箱的押金，下同）在 3000 元（含 3000 元，不含增值税，下同）以上的	250 元/吨		
（2）乙类啤酒 每吨出厂价在 3000 元以下的	220 元/吨		
4. 其他酒	10%		

续表

税目	税率		
	生产（进口）环节	批发环节	零售环节
三、高档化妆品 包括高档美容、修饰类化妆品、高档护肤类化妆品和成套化妆品。高档美容、修饰类化妆品和高档护肤类化妆品是指生产（进口）环节销售（完税）价格（不含增值税）在10元/毫升（克）或15元/片（张）及以上的美容、修饰类化妆品和护肤类化妆品	15%		
四、贵重首饰及珠宝玉石			
1. 金银首饰、铂金首饰和钻石及钻石饰品			5%
2. 其他贵重首饰和珠宝玉石	10%		
五、鞭炮、焰火	15%		
六、成品油			
1. 汽油	1.52元/升		
2. 柴油	1.20元/升		
3. 航空煤油	1.20元/升		
4. 石脑油	1.52元/升		
5. 溶剂油	1.52元/升		
6. 润滑油	1.52元/升		
7. 燃料油	1.20元/升		
七、摩托车			
1. 气缸容量（排气量，下同）为250毫升的	3%		
2. 气缸容量在250毫升（不含）以上的	10%		
八、小汽车			
1. 乘用车			
（1）气缸容量（排气量，下同）在1.0升（含1.0升）以下的	1%		
（2）气缸容量在1.0升以上至1.5升（含1.5升）的	3%		
（3）气缸容量在1.5升以上至2.0升（含2.0升）的	5%		
（4）气缸容量在2.0升以上至2.5升（含2.5升）的	9%		

续表

税　目	税　率		
	生产（进口）环节	批发环节	零售环节
（5）气缸容量在2.5升以上至3.0升（含3.0升）的	12%		
（6）气缸容量在3.0升以上至4.0升（含4.0升）的	25%		
（7）气缸容量在4.0升以上的	40%		
2. 中轻型商用客车	5%		
3. 超豪华小汽车 每辆零售价格130万元（不含增值税）及以上的乘用车和中轻型商用客车	按乘用车或中轻型商用客车的规定征收		10%
九、高尔夫球及球具	10%		
十、高档手表	20%		
十一、游艇	10%		
十二、木制一次性筷子	5%		
十三、实木地板	5%		
十四、电池	4%		
十五、涂料	4%		

注：①无醇啤酒比照啤酒征税。啤酒源、菠萝啤酒应按啤酒征收消费税。果啤属于啤酒，按啤酒征收消费税。对饮食业、商业、娱乐业举办的啤酒屋（啤酒坊）利用啤酒生产设备生产的啤酒应当征收消费税。

消费税采用列举法按具体应税消费品设置税目税率，征税界限清楚，一般不易发生错用税率的情况。但是，存在下列情况时，应按适用税率中最高税率征税：①纳税人兼营不同税率的应税消费品，即生产销售两种税率以上的应税消费品时，应当分别核算不同税率应税消费品的销售额或销售数量，未分别核算的，按最高税率征税；②纳税人将应税消费品与非应税消费品以及适用税率不同的应税消费品组成成套消费品销售时，应根据组合产制品的销售金额按应税消费品中适用最高税率的消费品税率征税。

自2021年6月12日起，对部分成品油征收进口环节消费税。具体包括：

对归入税则号列27075000，且200摄氏度以下时蒸馏出的芳烃以体积计小于95%的进口产品，视同石脑油按1.52元/升的单位税额征收进口环节消费税。

对归入税则号列27079990、27101299的进口产品，视同石脑油按1.52元/升的单位税额征收进口环节消费税。

对归入税则号列27150000，且440摄氏度以下时蒸馏出的矿物油以体积计大于5%的进口产品，视同燃料油按1.2元/升的单位税额征收进口环节消费税。

自2023年6月30日起，对烷基化油（异辛烷）按照汽油征收消费税；对石油醚、粗白油、轻质白油、部分工业白油（5号、7号、10号、15号、22号、32号、46号）按照溶剂油征收消费税；对混合芳烃、重芳烃、混合碳八、稳定轻烃、轻油、轻质煤焦油按照石脑油征收消费税；对航天煤油参照航空煤油暂缓征收消费税。

自2022年11月1日起，对电子烟征收消费税。

【知识点3】 消费税纳税环节

1. 生产销售环节

（1）生产。

纳税人生产的应税消费品，于销售时纳税。销售，是指有偿转让应税消费品的所有权；有偿，是指从购买方取得货币、货物、劳务或者其他经济利益。

纳税人自产的应税消费品，用于连续生产应税消费品的，不纳税；用于其他方面的，于移送使用时纳税。用于连续生产应税消费品，是指纳税人将自产的应税消费品作为直接材料生产最终应税消费品，自产自用应税消费品构成最终应税消费品的实体。用于其他方面，是指纳税人将自产应税消费品用于生产非应税消费品、在建工程、管理部门、非生产机构、提供劳务、馈赠、赞助、集资、广告、样品、职工福利、奖励等方面。

（2）视为生产。

工业企业以外的单位和个人的下列行为视为应税消费品的生产行为，按规定征收消费税：

①将外购的消费税非应税产品以消费税应税产品对外销售的；

②将外购的消费税低税率应税产品以高税率应税产品对外销售的。

2. 委托加工环节

委托加工的应税消费品，除受托方为个人外，由受托方在向委托方交货时代收代缴税款。委托加工的应税消费品，是指由委托方提供原料和主要材料，受托方只收取加工费和代垫部分辅助材料加工的应税消费品。对于由受托方提供原材料生产的应税消费品，或者受托方先将原材料卖给委托方，然后再接受加工的应税消费品，以及由受托方以委托方名义购进原材料生产的应税消费品，无论在财务上是否作销售处理，都不得作为委托加工应税消费品，而应当按照销售自制应税消费品缴纳消费税。

委托加工的应税消费品收回后直接出售的，不再缴纳消费税。这里的直接销售，是指委托方将收回的应税消费品，以不高于受托方的计税价格出售；如委托方以高于受托方的计税价格出售的，则不属于直接出售，需按照规定申报缴纳消费税，在计税时准予扣除受托方已代收代缴的消费税。

3. 进口环节

进口的应税消费品，由进口报关者于报关进口时纳税。

4. 零售环节

零售环节征收消费税的应税消费品范围仅限于：金、银、铂金首饰；金基、银基合金首饰；金、银和金基、银基合金的镶嵌首饰；钻石、钻石饰品；超豪华小汽车。在零售环节征收消费税的金银首饰的范围不包括镀金（银）、包金（银）首饰，以及镀金（银）、包金（银）的镶嵌首饰，凡采用包金、镀金工艺以外的其他工艺制成的含金、银首饰及镶嵌首饰，如锻压金、铸金、复合金首饰等，都应在零售环节征收消费税。

纳税人零售金银首饰，其计税依据有以下两种特殊情况：

（1）纳税人采用以旧换新（含翻新改制）方式销售的金银首饰，应按实际收取的不含增值税的全部价款确定计税依据征收消费税。

（2）金银首饰消费税改变纳税环节后，用外购已税珠宝玉石生产的镶嵌首饰，在计税时一律不得扣除已纳的消费税税款。

自 2016 年 12 月 1 日起，“小汽车”税目下增设“超豪华小汽车”子税目。征收范围为每辆零售价格 130 万元（不含增值税）及以上的乘用车和中轻型商用客车，即乘用车和中轻型商用客车子税目中的超豪华小汽车。对超豪华小汽车，在生产（进口）环节按现行税率征收消费税基础上，在零售环节加征消费税，税率为 10%。

5. 批发环节

自 2009 年 5 月 1 日起，对卷烟，除生产环节外，在批发环节加征一道消费税。自 2015 年 5 月 10 日起，提高卷烟批发环节从价税税率，并加征从量税。

缴纳卷烟批发环节的消费税时不得扣除生产环节的消费税。

【知识点 4】 消费税应纳税额计算

根据税率设定的不同，消费税应纳税额的计算方法分为三种：从价定率法、从量定额法和从价定率加从量定额复合计税法。

1. 从价定率法下应纳税额的计算

（1）计算公式：

$$应纳税额 = 销售额 \times 比例税率$$

（2）销售额确定的一般规定。

实行从价计税办法征税的应税消费品，计税依据为应税消费品的销售额。

销售额为纳税人销售应税消费品向购买方收取的全部价款和价外费用。价外费用，是指价外向购买方收取的手续费、补贴、基金、集资费、返还利润、奖励费、违约金、滞纳金、延期付款利息、赔偿金、代收款项、代垫款项、包装费、包装物租金、储备费、优质费、运输装卸费以及其他各种性质的价外收费。但下列项目不包括在内：

①同时符合以下条件的代垫运输费用：承运部门的运输费用发票开具给购买方的；纳税人将该项发票转交给购买方的。

②同时符合以下条件代为收取的政府性基金或者行政事业性收费：由国务院或者财政部批准设立的政府性基金，由国务院或者省级人民政府及其财政、价格主管部门批准设立的行政事业性收费；收取时开具省级以上财政部门印制的财政票据；所收款项全额上缴财政。

销售额不包括应向购货方收取的增值税税款。如果纳税人应税消费品的销售额中未扣除增值税税款或者因不得开具增值税专用发票而发生价款和增值税税款合并收取的，在计算消费税时，应当换算为不含增值税税款的销售额。其换算公式为：

应税消费品的销售额 = 含增值税的销售额 ÷（1 + 增值税税率或者征收率）

（3）销售额确定的特殊情形。

①连同包装物销售的。

应税消费品连同包装物销售的，无论包装物是否单独计价以及在会计上如何核算，均应并入应税消费品的销售额中缴纳消费税。

如果包装物不作价随同产品销售，而是收取押金，此项押金不应并入应税消费品的销售额中征税。但对因逾期未收回的包装物不再退还的或者已收取的时间超过 12 个月的押金，应并入应税消费品的销售额，按照应税消费品的适用税率缴纳消费税。

对既作价随同应税消费品销售，又另外收取押金的包装物的押金，凡纳税人在规定的期限内没有退还的，均应并入应税消费品的销售额，按照应税消费品的适用税率缴纳消费税。

对销售除啤酒、黄酒外的其他酒类产品而收取的包装物押金，无论是否返还以及会计上如何核算，均应并入当期销售额征税。

②通过非独立核算部门销售的。

纳税人通过自设非独立核算门市部销售的自产应税消费品，应当按照门市部对外销售额计算征收消费税。

白酒生产企业销售给销售单位的白酒，生产企业消费税计税价格低于销售单位对外销售价格（不含增值税）70% 以下的，税务机关应核定消费税最低计税价格。

③特殊交易方式的。

纳税人自产的应税消费品用于换取生产资料和消费资料、投资入股和抵偿债务等方面，应当以纳税人同类应税消费品最高销售价格作为计税依据计算消费税。

④计税价格明显偏低且无正当理由的。

纳税人应税消费品的计税价格明显偏低且无正当理由的，由主管税务机关核定其计税价格。计税价格的核定权限规定如下：

A. 卷烟、白酒和小汽车的计税价格由国家税务总局核定，送财政部备案；

B. 其他应税消费品的计税价格由省、自治区和直辖市税务局核定；

C. 进口的应税消费品的计税价格由海关核定。

⑤以外币结算的。

纳税人销售的应税消费品，以人民币以外的货币结算销售额的，其销售额的人民币折合率可以选择销售额发生的当天或者当月 1 日的人民币汇率中间价。纳税人应事先确定采用何种折合率，确定后一年内不得变更。

2. 从量定额法下应纳税额的计算

（1）计算公式：

应纳税额 = 销售数量 × 定额税率

（2）销售数量的确定。

销售数量是指应税消费品的数量。具体规定为：

①销售应税消费品的，为应税消费品的销售数量；

②自产自用应税消费品的，为应税消费品的移送数量；

③委托加工应税消费品的，为纳税人收回的应税消费品数量；

④进口应税消费品的，为海关核定的应税消费品进口征税数量；

⑤纳税人通过自设非独立核算门市部销售的自产应税消费品，应当按照门市部对外销售数量计算征收消费税。

（3）从量定额的换算标准。

在实际销售过程中，一些纳税人往往将计量单位混用。为了规范不同产品的计量单位，《中华人民共和国消费税暂行条例实施细则》中具体规定了吨与升两个计量单位的换算标准，具体见表 1 - 2。

表 1 - 2　　从量定额法下应税消费品计量单位换算标准

应税消费品	换算标准	应税消费品	换算标准	应税消费品	换算标准
黄酒	1 吨 = 962 升	石脑油	1 吨 = 1385 升	啤酒	1 吨 = 988 升
溶剂油	1 吨 = 1282 升	汽油	1 吨 = 1388 升	润滑油	1 吨 = 1126 升
柴油	1 吨 = 1176 升	燃料油	1 吨 = 1015 升	航空煤油	1 吨 = 1246 升

3. 复合计税法下应纳税额的计算

在现行消费税征税范围中，只有卷烟、白酒采用复合计征方法。

计算公式：

应纳税额 = 销售额 × 比例税率 + 销售数量 × 定额税率

4. 应纳税额计算的特殊规定

（1）生产销售环节应纳消费税的计算。

①直接对外销售应纳消费税的计算。

②自产自用应纳消费税的计算。

A. 用于连续生产应税消费品的，不纳税；

B. 用于其他方面的，于移送使用时纳税。有同类消费品销售价格的，按照纳税人生产的同类消费品销售价格计算纳税，没有同类消费品销售价格的，按组成计税价格计算纳税。

③组成计税价格及税额计算。

A. 实行从价定率办法计算纳税的组成计税价格计算公式：

$$组成计税价格=（成本+利润）\div（1-比例税率）$$

$$应纳税额=组成计税价格\times比例税率$$

B. 实行复合计税办法计算纳税的组成计税价格计算公式：

$$组成计税价格=（成本+利润+自产自用数量\times定额税率）\div（1-比例税率）$$

$$应纳税额=组成计税价格\times适用税率+自产自用数量\times定额税率$$

式中，成本是指应税消费品的生产成本，利润是指根据应税消费品的全国平均成本利润率计算的利润。应税消费品的全国平均成本利润率由国家税务总局确定。

应税消费品全国平均成本利润率规定如下：

甲类卷烟为10%、乙类卷烟为5%、雪茄烟为5%、烟丝为5%；粮食白酒为10%、薯类白酒为5%、其他酒为5%；化妆品为5%；鞭炮、焰火为5%；贵重首饰及珠宝玉石为6%；摩托车为6%；高尔夫球及球具为10%；高档手表为20%；游艇为10%；木制一次性筷子为5%；实木地板为5%；乘用车为8%、中轻型商用客车为5%；电池为4%；涂料为7%。

（2）委托加工环节应税消费品应纳消费税的计算。

委托加工应税消费品的，由受托方交货时代扣代缴消费税。按照受托方的同类消费品销售价格计算纳税，没有同类消费品销售价格的，按组成计税价格计算纳税。

①从价定率应纳税额计算。

$$组成计税价格=（材料成本+加工费）\div（1-比例税率）$$

$$应纳税额=组成计税价格\times比例税率$$

②复合计税应纳税额计算。

$$组成计税价格=（材料成本+加工费+委托加工数量\times定额税率）\div（1-比例税率）$$

$$应纳税额=组成计税价格\times适用税率+委托加工数量\times定额税率$$

（3）进口环节应纳消费税的计算。

进口的应税消费品，于报关进口时缴纳消费税；进口的应税消费品的消费税由海关代征。纳税人进口应税消费品，按照组成计税价格和规定的税率计算应纳税额。

①从价定率计征应纳税额的计算。

组成计税价格 =（关税完税价格 + 关税）÷（1 − 比例税率）

应纳税额 = 组成计税价格 × 比例税率

②从量定额计征应纳税额的计算。

应纳税额 = 应税消费品进口数量 × 定额税率

③复合计税办法应纳税额的计算。

组成计税价格 =（关税完税价格 + 关税 + 进口数量 × 定额税率）÷（1 − 比例税率）

应纳税额 = 组成计税价格 × 适用税率 + 应税消费品进口数量 × 定额税率

5. 消费税税额的扣除

对外购应税消费品和委托加工收回的应税消费品连续生产应税消费品销售的，可将外购应税消费品和委托加工收回的应税消费品已缴纳的消费税给予扣除。

（1）外购应税消费品已纳税款的扣除。

外购应税消费品用于连续生产应税消费品的，应按当期生产领用数量计算准予扣除外购的应税消费品已纳的消费税。扣除范围包括以下方面：

①外购已税烟丝生产的卷烟；

②外购已税高档化妆品生产的高档化妆品；

③外购已税珠宝玉石生产的贵重首饰及珠宝玉石；

④外购已税鞭炮焰火生产的鞭炮焰火；

⑤外购已税杆头、杆身和握把为原料生产的高尔夫球杆；

⑥外购已税木制一次性筷子为原料生产的木制一次性筷子；

⑦外购已税实木地板为原料生产的实木地板；

⑧外购已税汽油、柴油、石脑油、燃料油、润滑油连续生产的应税成品油；

⑨外购已税葡萄酒生产的葡萄酒。

准予从消费税应纳税额中扣除耗用原料已纳消费税税款的计算公式按照不同行为分别规定如下：

①外购应税消费品实行从价定率计税办法的。

当期准予扣除的外购应税消费品已纳税款 = 当期准予扣除的外购应税消费品买价 × 外购应税消费品适用税率

当期准予扣除的外购应税消费品买价 = 期初库存的外购应税消费品买价 + 当期购进的外购应税消费品买价 − 期末库存的外购应税消费品买价

外购应税消费品买价为纳税人取得的增值税专用发票（含销货清单）注明的应税消费品的销售额。

②外购应税消费品实行从量定额计税办法的。

当期准予扣除的外购应税消费品已纳税款 = 当期准予扣除的外购应税消费品数量 × 外购应税消费品单位税额

当期准予扣除的外购应税消费品数量 = 期初库存的外购应税消费品数量 + 当期购进的外购应税消费品数量 − 期末库存的外购应税消费品数量

外购应税消费品数量为纳税人取得的增值税专用发票（含销货清单）注明的应税消费品的销售数量。

（2）委托加工收回的应税消费品已纳税款的扣除。

委托方收回应税消费品用于连续生产应税消费品的，其已纳税款准予按照规定从连续生产的应税消费品应纳消费税税额中抵扣。按照相关规定，下列连续生产的应税消费品准予从应纳消费税税额中按当期生产领用数量计算准予扣除委托加工收回的应税消费品已纳消费税税款：

①以委托加工收回的已税烟丝为原料生产的卷烟；

②以委托加工收回的已税高档化妆品为原料生产的高档化妆品；

③以委托加工收回的已税珠宝玉石为原料生产的贵重首饰及珠宝玉石；

④以委托加工收回的已税鞭炮、焰火为原料生产的鞭炮、焰火；

⑤以委托加工收回的已税杆头、杆身和握把为原料生产的高尔夫球杆；

⑥以委托加工收回的已税木制一次性筷子为原料生产的木制一次性筷子；

⑦以委托加工收回的已税实木地板为原料生产的实木地板；

⑧以委托加工收回的已税汽油、柴油、石脑油、燃料油、润滑油为原料连续生产的应税成品油。

上述当期准予扣除委托加工收回的应税消费品已纳消费税税款的计算公式为：

当期准予扣除的委托加工应税消费品已纳税款 = 期初库存的委托加工应税消费品已纳税款 + 当期收回的委托加工应税消费品已纳税款 − 期末库存的委托加工应税消费品已纳税款

二 消费税优惠政策

【知识点 1】 对出口应税消费品免征消费税

1. 对纳税人出口应税消费品，免征消费税；国务院另有规定的除外。出口应税消费品的免税办法，由国务院财政、税务主管部门规定。

2. 内地销往横琴、平潭与生产有关的货物，视同出口，实行增值税和消费税退税政策。但下列货物不包括在内：

（1）财政部和国家税务总局规定不适用增值税退（免）税和免税政策的出口货物。

（2）横琴、平潭的商业性房地产开发项目采购的货物。

（3）内地销往横琴、平潭不予退税的其他货物。

（4）因主管税务机关发现未按规定单独核算退税或免税的货物，被取消退税或免税资格的企业购进的货物。

横琴、平潭各自的区内企业之间销售其在本区内的货物，免征增值税和消费税。

【知识点2】 对进口部分应税消费品免征消费税

对部分电池和涂料进口环节免征消费税。

自2015年2月1日起，对无汞原电池、金属氢化物镍蓄电池（又称氢镍蓄电池或镍氢蓄电池）、锂原电池、锂离子蓄电池、太阳能电池、燃料电池、全钒液流电池以及施工状态下挥发性有机物含量低于420克/升（含）的涂料免征进口环节消费税。

【知识点3】 成品油税收优惠政策

1. 航空煤油暂缓征收消费税。

2. 对用外购或委托加工收回的已税汽油生产的乙醇汽油免税。用自产汽油生产的乙醇汽油，按照生产乙醇汽油所耗用的汽油数量申报纳税。

3. 自2009年1月1日起，对成品油生产企业在生产成品油过程中，作为燃料、动力及原料消耗掉的自产成品油，免征消费税。对用于其他用途或直接对外销售的成品油照章征收消费税。

4. 利用废弃的动植物油生产纯生物柴油免征消费税。

自2009年1月1日起，对同时符合下列条件的纯生物柴油免征消费税：

（1）生产原料中废弃的动物油和植物油用量所占比重不低于70%。

（2）生产的纯生物柴油符合国家《柴油机燃料调合用生物柴油（BD100）》标准。

5. 对油（气）田生产自用成品油先征后返消费税。

自2019年1月1日起，对油（气）田企业在开采原油过程中耗用的内购成品油，暂按实际缴纳成品油消费税的税额，全额返还所含消费税。

6. 部分石脑油、燃料油消费税政策。

（1）自2011年10月1日起，对生产石脑油、燃料油的企业对外销售的用于生产乙烯、芳烃类化工产品的石脑油、燃料油，恢复征收消费税。

（2）自2011年10月1日起，对生产石脑油、燃料油的企业自产石脑油、燃料油用于生产乙烯、芳烃类化工产品的，按实际耗用数量暂免征消费税。

（3）自2011年10月1日起，对使用石脑油、燃料油生产乙烯、芳烃的企业购进并用于生产乙烯、芳烃类化工产品的石脑油、燃料油，按实际耗用数量暂退还所含消费税。

退还石脑油、燃料油所含消费税计算公式为：

应退还消费税税额 = 石脑油、燃料油实际耗用数量 ×
石脑油、燃料油消费税单位税额

7. 对废矿物油再生油品免征消费税。

2013 年 11 月 1 日至 2027 年 12 月 31 日，对以回收的废矿物油为原料生产的润滑油基础油、汽油、柴油等工业油料免征消费税。

三 消费税征收管理

【知识点 1】 纳税义务发生时间

1. 纳税人销售的应税消费品，其纳税义务发生时间为：

（1）纳税人采取赊销和分期收款结算方式的，其纳税义务的发生时间为书面合同规定的收款日期的当天。书面合同没有约定收款日期或者无书面合同的，为发出应税消费品的当天。

（2）纳税人采取预收货款结算方式的，其纳税义务的发生时间，为发出应税消费品的当天。

（3）纳税人采取托收承付和委托银行收款方式的，其纳税义务的发生时间，为发出应税消费品并办妥托收手续的当天。

（4）纳税人采取其他结算方式的，其纳税义务的发生时间，为收讫销售款或者取得索取销售款凭据的当天。

2. 纳税人自产自用的应税消费品，其纳税义务的发生时间为移送使用的当天。

3. 纳税人委托加工的应税消费品，其纳税义务的发生时间为纳税人提货的当天。

4. 纳税人进口的应税消费品，其纳税义务的发生时间为报关进口的当天。

【知识点 2】 纳税期限

消费税的纳税期限分别为 1 日、3 日、5 日、10 日、15 日、1 个月或者1 个季度。纳税人的具体纳税期限，由主管税务机关根据纳税人应纳税额的大小分别核定；不能按照固定期限纳税的，可以按次纳税。

纳税人以 1 个月或者 1 个季度为 1 个纳税期的，自期满之日起 15 日内申报纳税；以 1 日、3 日、5 日、10 日或者 15 日为 1 个纳税期的，自期满之日起 5 日内预缴税款，于次月 1 日起 15 日内申报纳税并结清上月应纳税款。

纳税人进口应税消费品，应当自海关填发海关进口消费税专用缴款书之日起 15 日内缴纳税款。

【知识点3】 纳税地点

1. 纳税人销售的应税消费品，以及自产自用的应税消费品，除国务院财政、税务主管部门另有规定外，应当向纳税人机构所在地或者居住地的主管税务机关申报纳税。

纳税人到外县（市）销售或者委托外县（市）代销自产应税消费品的，于应税消费品销售后，向机构所在地或者居住地主管税务机关申报纳税。

纳税人的总、分支机构不在同一县（市）的，应在各自机构所在地主管税务机关申报缴纳消费税；纳税人的总机构与分支机构不在同一县（市），但在同一省（自治区、直辖市）范围内，经省（自治区、直辖市）财政厅（局）、税务局审批同意，可以由总机构汇总向总机构所在地的主管税务机关申报纳税。

2. 委托加工的应税消费品，除委托个人加工以外，由受托方向机构所在地或者居住地主管税务机关解缴消费税税款。

3. 进口的应税消费品，由进口人或者其代理人向报关地海关申报纳税。

4. 纳税人销售的应税消费品，如因质量等原因发生退货的，其已缴纳的消费税税款可予以退还。纳税人办理退税手续时，应将开具的红字增值税发票、退税证明等资料报主管税务机关备案。主管税务机关核对无误后办理退税。

【知识点4】 消费税纳税申报表

自2021年8月1日起，启用《消费税及附加税费申报表》。

扫一扫，查看消费税及附加税费申报表

四 消费税出口退（免）税政策

【知识点1】 消费税出口退税政策

1. 基本政策

（1）出口企业出口或视同出口适用增值税退（免）税的货物，免征消费税，如果属于购进出口的货物，退还前一环节对其已征的消费税。

（2）出口企业出口或视同出口适用增值税免税政策的货物，免征消费税，但不退还其以前环节已征的消费税，且不允许在内销应税消费品应纳消费税款中抵扣。

（3）出口企业出口或视同出口适用增值税征税政策的货物，应按规定缴纳消费税，不退还其以前环节已征的消费税，且不允许在内销应税消费品应纳消费税款中抵扣。

2. 用于生产乙烯、芳烃类化工产品的石脑油、燃料油消费税退（免）税政策

（1）生产石脑油、燃料油的企业自产石脑油、燃料油用于生产乙烯、芳烃类化工产品的，按实际耗用数量暂免征消费税。

（2）对使用石脑油、燃料油生产乙烯、芳烃的企业（以下简称使用企业）购进并用于生产乙烯、芳烃类化工产品的石脑油、燃料油，按实际耗用数量暂退还所含消费税。退还石脑油、燃料油所含消费税计算公式为：

应退还消费税税额 = 石脑油、燃料油实际耗用数量 × 石脑油、燃料油消费税单位税额

（3）使用企业生产乙烯、芳烃类化工产品过程中所生产的消费税应税产品，照章缴纳消费税。

（4）根据《财政部 中国人民银行 海关总署 国家税务总局关于完善石脑油 燃料油生产乙烯 芳烃类化工产品消费税退税政策的通知》（财税〔2013〕2 号），消费税退税政策调整如下：

①我国境内使用石脑油、燃料油（以下简称油品）生产乙烯、芳烃类化工产品（以下简称化工产品）的企业，仅以自营或委托方式进口油品生产化工产品，向进口消费税纳税地海关（以下简称海关）申请退还已缴纳的消费税（以下简称退税）。

办理退税时，海关根据使用企业生产化工产品实际耗用的油品数量核定应退税金额，开具收入退还书，使用“进口成品油消费税退税”科目（101020221）退税。

②使用企业仅以国产油品生产化工产品，向主管税务机关申请退税。

办理退税时，主管税务机关根据使用企业生产化工产品实际耗用的油品数量核定应退税金额，开具收入退还书，使用“成品油消费税退税”科目（101020121）退税。

③使用企业既购进国产油品又购进进口油品生产化工产品的，应分别核算国产与进口油品的购进量及其用于生产化工产品的实际耗用量，向主管税务机关提出退税申请。主管税务机关负责对企业退税资料进行审核。对进口油品退税，主管税务机关出具初审意见，连同进口货物报关单、海关专用缴款书和自动进口许可证等材料，送交海关复审。

使用企业未分别核算国产与进口油品的购进量和实际耗用量的，不予办理退税。

④主管税务机关和海关应向相关国库部门提供收入退还书，后附退税审批表、退税申请书等相关资料；国库部门经审核无误后，从相应预算科目中退付税款给申请企业。

【知识点2】 消费税退税的计算

消费税应退税额 = 从价定率计征消费税的退税计税依据 × 比例税率 +
从量定额计征消费税的退税计税依据 × 定额税率

纳税人直接出口的应税消费品办理免税后，发生退关或国外退货，复进口时已予以免税的，可暂不办理补税，待其转为国内销售的当月申报缴纳消费税。

>>第三节 企业所得税

一 企业所得税基本政策

【知识点1】 纳税人与扣缴义务人

企业所得税是对我国境内的企业和其他取得收入的组织的生产经营所得和其他所得征收的一种税。

企业所得税纳税人分为居民企业纳税人和非居民企业纳税人。

个人独资企业、合伙企业不属于企业所得税纳税人。

1. 居民企业

居民企业，是指依法在中国境内成立，或者依照外国（地区）法律成立但实际管理机构在中国境内的企业。居民企业采用登记注册地和实际管理机构所在地两个标准认定。

依法在中国境内成立的企业，包括依照中国法律、行政法规在中国境内成立的企业、事业单位、社会团体以及其他取得收入的组织。

依照外国（地区）法律成立的企业，包括依照外国（地区）法律成立的企业和其他取得收入的组织。

实际管理机构，是指对企业的生产经营、人员、账务、财产等实施实质性全面管理和控制的机构。

2. 非居民企业

非居民企业，是指依照外国（地区）法律成立且实际管理机构不在中国境内，但在中国境内设立机构、场所，或者在中国境内未设立机构、场所，但有来源于中国境内所得的企业。

所谓机构、场所，是指在中国境内从事生产经营活动的机构、场所。

3. 扣缴义务人

对非居民企业取得《中华人民共和国企业所得税法》（以下简称《企业所得税法》）第三条第三款规定的所得应缴纳的所得税，实行源泉扣缴，以支付人为扣缴义务人。税款由扣缴义务人在每次支付或者到期应支付时，从支付或者到期应支付的款项中扣缴。

对非居民企业在中国境内取得工程作业和劳务所得应缴纳的所得税，税务机关可以指定工程价款或者劳务费的支付人为扣缴义务人。

【知识点2】 征税对象

企业所得税的征税对象是企业的应纳税所得。包括销售货物所得、提供劳务所得、转让财产所得、股息红利等权益性投资所得、利息所得、租金所得、特许权使用费所得、接受捐赠所得和其他所得。

1. 居民企业的征税对象

居民企业的征税对象是来源于中国境内、境外的所得。

2. 非居民企业的征税对象

（1）非居民企业在中国境内设立机构、场所的，征税对象是所设机构、场所取得的来源于中国境内的所得，以及发生在中国境外但与其所设机构、场所有实际联系的所得。

实际联系，是指非居民企业在中国境内设立的机构、场所拥有据以取得所得的股权、债权，以及拥有、管理、控制据以取得所得的财产。

（2）非居民企业在中国境内未设立机构、场所的，或者虽设立机构、场所但取得的所得与其所设机构、场所没有实际联系的，征税对象是来源于中国境内的所得。

3. 境内、境外的所得的确定原则

来源于中国境内、境外的所得，按照以下原则确定：

（1）销售货物所得，按照交易活动发生地确定；

（2）提供劳务所得，按照劳务发生地确定；

（3）转让财产所得，不动产转让所得按照不动产所在地确定，动产转让所得按照转让动产的企业或者机构、场所所在地确定，权益性投资资产转让所得按照被投资企业所在地确定；

（4）股息、红利等权益性投资所得，按照分配所得的企业所在地确定；

（5）利息所得、租金所得、特许权使用费所得，按照负担、支付所得的企业或者机构、场所所在地确定，或者按照负担、支付所得的个人的住所地确定；

（6）其他所得，由国务院财政、税务主管部门确定。

【知识点3】 税率

1. 企业所得税的基本税率为25%。

2. 符合条件的小型微利企业，非居民企业在中国境内未设立机构、场所的，或者虽设立机构、场所但取得的所得与其所设机构、场所没有实际联系的，其来源于中国境内的所得，适用税率为20%。

【知识点4】 应纳税所得额

1. 一般规定

企业所得税的计税依据是应纳税所得额。

企业每一纳税年度的收入总额，减除不征税收入、免税收入、各项扣除以及允许弥补的以前年度亏损后的余额，为应纳税所得额。企业应纳税所得额的计算，以权责发生制为原则，属于当期的收入和费用，无论款项是否收付，均作为当期的收入和费用；不属于当期的收入和费用，即使款项已经在当期收付，均不作为当期的收入和费用。

应纳税所得额的计算公式为：

应纳税所得额 = 收入总额 − 不征税收入 − 免税收入 −
各项扣除 − 允许弥补的以前年度亏损

在计算应纳税所得额时，企业财务、会计处理办法与税收法律、行政法规的规定不一致的，应当依照税收法律、行政法规的规定计算。

2. 收入总额的确定

企业收入总额包括以货币形式和非货币形式从各种来源取得的收入。

企业取得收入的货币形式，包括现金、存款、应收账款、应收票据、准备持有至到期的债券投资以及债务的豁免等。

企业取得收入的非货币形式，包括固定资产、生物资产、无形资产、股权投资、存货、不准备持有至到期的债券投资、劳务以及有关权益等。企业以非货币形式取得的收入，应当按照公允价值确定收入额。公允价值，是指按照市场价格确定的价值。

（1）收入范围。

①销售货物收入。

销售货物收入，是指企业销售商品、产品、原材料、包装物、低值易耗品以及其他存货取得的收入。

②提供劳务收入。

提供劳务收入，是指企业从事建筑安装、修理修配、交通运输、仓储租赁、金融保险、邮电通信、咨询经纪、文化体育、科学研究、技术服务、教育培训、餐饮住宿、中介代理、卫生保健、社区服务、旅游、娱乐、加工以及其他劳务服务活动取得的收入。

③转让财产收入。

转让财产收入，是指企业转让固定资产、生物资产、无形资产、股权、债权等财产取得的收入。

④股息、红利等权益性投资收益。

股息、红利等权益性投资收益，是指企业因权益性投资从被投资方取得的收入。

⑤利息收入。

利息收入，是指企业将资金提供给他人使用但不构成权益性投资，或者因他人占用本企业资金取得的收入，包括存款利息、贷款利息、债券利息、欠款利息等收入。

⑥租金收入。

租金收入，是指企业提供固定资产、包装物或者其他有形资产的使用权取得的收入。

⑦特许权使用费收入。

特许权使用费收入，是指企业提供专利权、非专利技术、商标权、著作权以及其他特许权的使用权取得的收入。

⑧接受捐赠收入。

接受捐赠收入，是指企业接受的来自其他企业、组织或者个人无偿给予的货币性资产、非货币性资产。

⑨其他收入。

其他收入，是指企业取得的除以上收入外的其他收入，包括企业资产溢余收入、逾期未退包装物押金收入、确实无法偿付的应付款项、已作坏账损失处理后又收回的应收款项、债务重组收入、补贴收入、违约金收入、汇兑收益等。

⑩视同销售货物、转让财产或者提供劳务收入。

企业发生非货币性资产交换，以及将货物、财产、劳务用于捐赠、偿债、赞助、集资、广告、样品、职工福利或者利润分配等用途的，应当视同销售货物、转让财产或者提供劳务，但国务院财政、税务主管部门另有规定的除外。

（2）收入的确认。

①销售货物收入。

除《企业所得税法》及其实施条例另有规定外，企业销售收入的确认遵循权责发生制原则和实质重于形式原则。

A. 企业销售商品同时满足下列条件的，应确认收入的实现：

a. 商品销售合同已经签订，企业已将商品所有权相关的主要风险和报酬转移给购货方。

b. 企业对已售出的商品既没有保留通常与所有权相联系的继续管理权，也没有实施有效控制。

c. 收入的金额能够可靠地计量。

d. 已发生或将发生的销售方的成本能够可靠地核算。

B. 符合上述收入确认条件，采取下列商品销售方式的，应按以下规定确认收入实现时间：

a. 销售商品采用托收承付方式的，在办妥托收手续时确认收入。

b. 销售商品采取预收款方式的，在发出商品时确认收入。

c. 销售商品需要安装和检验的，在购买方接受商品以及安装和检验完毕时确认收入；如果安装程序比较简单，可在发出商品时确认收入。

d. 销售商品采用支付手续费方式委托代销的，在收到代销清单时确认收入。

C. 采用售后回购方式销售商品的，销售的商品按售价确认收入，回购的商品作为购进商品处理。有证据表明不符合销售收入确认条件的，如以销售商品方式进行融资，收到的款项应确认为负债，回购价格大于原售价的，差额应在回购期间确认为利息费用。

D. 销售商品以旧换新的，销售商品应当按照销售商品收入确认条件确认收入，回收的商品作为购进商品处理。

E. 企业为促进商品销售而在商品价格上给予的价格扣除属于商业折扣。商品销售涉及商业折扣的，应当按照扣除商业折扣后的金额确定销售商品收入金额。

债权人为鼓励债务人在规定的期限内付款而向债务人提供的债务扣除属于现金折扣。销售商品涉及现金折扣的，应当按扣除现金折扣前的金额确定销售商品收入金额，现金折扣在实际发生时作为财务费用扣除。

企业因售出商品的质量不合格等原因而在售价上给予的减让属于销售折让；企业因售出商品质量、品种不符合要求等原因而发生的退货属于销售退回。企业已经确认销售收入的售出商品发生销售折让和销售退回，应当在发生当期冲减当期销售商品收入。

F. 企业以“买一赠一”等方式组合销售本企业商品的，不属于捐赠，应将总的销售金额按各项商品的公允价值的比例来分摊确认各项商品的销售收入。

G. 销售货物收入确认的特殊规定：

a. 以分期收款方式销售货物的，按照合同约定的收款日期确认收入的实现。

b. 采取产品分成方式取得收入的，按照企业分得产品的日期确认收入的实现，其收入额按照产品的公允价值确定。

②提供劳务收入。

企业在各个纳税期末，提供劳务交易的结果能够可靠估计的，应采用完工进度（完工百分比）法确认提供劳务收入。

A. 提供劳务交易的结果能够可靠估计，是指同时满足下列条件：

a. 收入的金额能够可靠地计量。

b. 交易的完工进度能够可靠地确定。

c. 交易中已发生和将发生的成本能够可靠地核算。

B. 企业提供劳务完工进度的确定，可选用下列方法：

a. 已完工作的测量。

b. 已提供劳务占劳务总量的比例。

c. 发生成本占总成本的比例。

C. 企业应按照从接受劳务方已收或应收的合同或协议价款确定劳务收入总额，根据纳税期末提供劳务收入总额乘以完工进度扣除以前纳税年度累计已确认提供劳务收入后的金额，确认为当期劳务收入；同时，按照提供劳务估计总成本乘以完工进度扣除以前纳税期间累计已确认劳务成本后的金额，结转为当期劳务成本。

D. 企业受托加工制造大型机械设备、船舶、飞机，以及从事建筑、安装、装配工程业务或者提供其他劳务等，持续时间超过 12 个月的，按照纳税年度内完工进度或者完成的工作量确认收入的实现。

③财产转让收入。

企业转让股权收入，应于转让协议生效且完成股权变更手续时，确认收入的实现；企业转让国债应在转让国债合同、协议生效的日期，或者国债移交时确认转让收入的实现；企业投资购买国债，到期兑付的，应在国债发行时约定的应付利息的日期，确认国债转让收入的实现。企业取得财产转让收入，无论是以货币形式，还是非货币形式体现，除另有规定外，均应一次性计入确认收入的年度计算缴纳企业所得税。

④股息、红利等权益性投资收益。

除国务院财政、税务主管部门另有规定外，按照被投资方作出利润分配决定的日期确认收入的实现。

⑤利息收入。

按照合同约定的债务人应付利息的日期确认收入的实现。

⑥租金收入。

按照合同约定的承租人应付租金的日期确认收入的实现。

⑦特许权使用费收入。

按照合同约定的特许权使用人应付特许权使用费的日期确认收入的实现。

⑧接受捐赠收入。

按照实际收到捐赠资产的日期确认收入的实现。

⑨财政资金。

2021 年及以后年度汇算清缴，企业按照市场价格销售货物、提供劳务服务等，凡由政府财政部门根据企业销售货物、提供劳务服务的数量、金额的一定比例给予全部或部分资金支付的，应当按照权责发生制原则确认收入。

除上述情形外，企业取得的各种政府财政支付，如财政补贴、补助、补偿、退税等，应当按照实际取得收入的时间确认收入。

（3）视同销售收入。

企业发生非货币性资产交换，以及将货物、财产、劳务用于捐赠、偿债、赞助、集资、广告、样品、职工福利或者利润分配等用途的，应当视同销售货物、转让财产或者提供劳务，但国务院财政、税务主管部门另有规定的除外。

企业将资产移送他人的下列情形，因资产所有权属已发生改变而不属于内部处置资产，应按规定视同销售确定收入。

①用于市场推广或销售；

②用于交际应酬；

③用于职工奖励或福利；

④用于股息分配；

⑤用于对外捐赠；

⑥其他改变资产所有权属的用途。

（4）不征税收入。

收入总额中的下列收入为不征税收入：

①财政拨款。

财政拨款，是指各级人民政府对纳入预算管理的事业单位、社会团体等组织拨付的财政资金，但国务院和国务院财政、税务主管部门另有规定的除外。

②依法收取并纳入财政管理的行政事业性收费、政府性基金。

行政事业性收费，是指依照法律法规等有关规定，按照国务院规定程序批准，在实施社会公共管理，以及在向公民、法人或者其他组织提供特定公共服务过程中，向特定对象收取并纳入财政管理的费用。

政府性基金，是指企业依照法律、行政法规等有关规定，代政府收取的具有专项用途的财政资金。

③国务院规定的其他不征税收入。

国务院规定的其他不征税收入，是指企业取得的，由国务院财政、税务主管部门规定专项用途并经国务院批准的财政性资金。

3. 扣除项目及金额确定

（1）准予扣除项目的范围和标准。

①准予扣除项目的范围。

企业实际发生的与取得收入有关的、合理的支出，包括成本、费用、税金、损失和其他支出，准予在计算应纳税所得额时扣除。

有关的支出，是指与取得收入直接相关的支出。

合理的支出，是指符合生产经营活动常规，应当计入当期损益或者有关资产成本的必要和正常的支出。

企业发生的支出应当区分收益性支出和资本性支出。收益性支出在发生当期直接扣除；资本性支出应当分期扣除或者计入有关资产成本，不得在发生当期直接扣除。

A. 成本。

成本，是指企业在生产经营活动中发生的销售成本、销货成本、业务支出以及其他耗费。

B. 费用。

费用，是指企业在生产经营活动中发生的销售费用、管理费用和财务费用，已经计入成本的有关费用除外。

C. 税金及附加。

在企业所得税税前扣除的税金及附加，是指企业发生的除企业所得税和允许抵扣的增值税以外的各项税金及其附加，具体包括企业按规定缴纳的消费税、城市维护建设税、关税、资源税、土地增值税、房产税、车船税、城镇土地使用税、印花税、教育费附加等。

D. 损失。

损失，是指企业在生产经营活动中发生的固定资产和存货的盘亏、毁损、报废损失，转让财产损失，呆账损失，坏账损失，自然灾害等不可抗力因素造成的损失以及其他损失。

企业发生的损失，减除责任人赔偿和保险赔款后的余额，依照国务院财政、税务主管部门的规定扣除。

企业已经作为损失处理的资产，在以后纳税年度又全部收回或者部分收回时，应当计入当期收入。

E. 其他支出。

其他支出，是指除成本、费用、税金、损失外，企业在生产经营活动中发生的与生产经营活动有关的、合理的支出。

除《企业所得税法》及其实施条例另有规定外，企业实际发生的成本、费用、税金、损失和其他支出，不得重复扣除。

②准予扣除项目的标准。

A. 工资、薪金支出。

企业发生的合理的工资、薪金支出，准予扣除。

工资、薪金，是指企业每一纳税年度支付给在本企业任职或者受雇的员工的所有现金形式或者非现金形式的劳动报酬，包括基本工资、奖金、津贴、补贴、年终加薪、加班工资，以及与员工任职或者受雇有关的其他支出。

B. 职工福利费支出。

企业发生的职工福利费支出，不超过工资、薪金总额14%的部分，准予扣除。

工资、薪金总额，是指企业按照规定实际发放的工资、薪金总和，不包括企业的职工福利费、职工教育经费、工会经费以及养老保险费、医疗保险费、失业保险费、工伤保险费、生育保险费等社会保险费和住房公积金。属于国有性质的企业，其工资、薪金，不得超过政府有关部门给予的限定数额；超过部分，不得计入企业工资、薪金总额，也不得在计算企业应纳税所得额时扣除。

C. 工会经费。

企业拨缴的工会经费，不超过工资、薪金总额2%的部分，准予扣除。

D. 职工教育经费。

除国务院财政、税务主管部门另有规定外，企业发生的职工教育经费支出，不超过工资、薪金总额8%的部分，准予扣除；超过部分，准予在以后纳税年度结转扣除。

集成电路设计企业和符合条件的软件企业的职工培训费用，应单独进行核算并按实际发生额在计算应纳税所得额时扣除。

航空企业实际发生的飞行员养成费、飞行训练费、乘务训练费、空中保卫员训练费等空勤训练费用，可以作为航空企业运输成本在税前扣除。

核力发电企业为培养核电厂操纵员发生的培养费用，可作为企业的发电成本在税前扣除。企业应将核电厂操纵员培养费与员工的职工教育经费严格区分，单独核算，员工实际发生的职工教育经费支出不得计入核电厂操纵员培养费直接扣除。

E. 保险费和住房公积金。

企业依照国务院有关主管部门或者省级人民政府规定的范围和标准为职工缴纳的基本养老保险费、基本医疗保险费、失业保险费、工伤保险费、生育保险费等社会保险费和住房公积金，准予扣除。

企业根据国家有关政策规定，为在本企业任职或者受雇的全体员工支付的补充养老保险费、补充医疗保险费，分别在不超过职工工资总额5%标准内的部分，在计算应纳税所得额时准予扣除；超过的部分，不予扣除。

允许扣除的保险费还包括企业依照国家有关规定为特殊工种职工支付的人身安全保险费和国务院财政、税务主管部门规定可以扣除的其他商业保险费。企业职工因公出差乘坐交通工具发生的人身意外保险费支出，准予企业在计算应纳税所得额时扣除。

企业参加财产保险，按照规定缴纳的保险费，准予扣除。

F. 借款费用、利息支出及汇兑损失。

a. 企业在生产经营活动中发生的合理的不需要资本化的借款费用，准予扣除。

企业为购置、建造固定资产、无形资产和经过 12 个月以上的建造才能达到预定可销售状态的存货发生借款的，在有关资产购置、建造期间发生的合理的借款费用，应当作为资本性支出计入有关资产的成本，并按规定扣除。

b. 企业在生产经营活动中发生的下列利息支出，准予扣除：

非金融企业向金融企业借款的利息支出、金融企业的各项存款利息支出和同业拆借利息支出、企业经批准发行债券的利息支出；非金融企业向非金融企业借款的利息支出，不超过按照金融企业同期同类贷款利率计算的数额的部分。

c. 企业实际支付给关联方的利息支出，不超过规定比例和有关规定计算的部分，准予扣除，超过的部分不得在发生当期和以后年度扣除。

企业实际支付给关联方的利息支出，其接受关联方债权性投资与其权益性投资比例为：金融企业为 5∶1；其他企业为 2∶1。

d. 企业投资者在规定期限内未缴足其应缴资本额的，该企业对外借款所发生的利息，相当于投资者实缴资本额与在规定期限内应缴资本额的差额应计付的利息，不属于企业合理的支出，应由企业投资者负担，不得在计算企业应纳税所得额时扣除。

e. 企业发行的永续债，可以适用股息、红利企业所得税政策，即投资方取得的永续债利息收入属于股息、红利性质，按照现行企业所得税政策相关规定进行处理。其中，发行方和投资方均为居民企业的，永续债利息收入可以适用企业所得税法规定的居民企业之间的股息、红利等权益性投资收益免征企业所得税规定；同时发行方支付的永续债利息支出不得在企业所得税税前扣除。

企业发行符合规定条件的永续债，也可以按照债券利息适用企业所得税政策，即发行方支付的永续债利息支出准予在其企业所得税税前扣除；投资方取得的永续债利息收入应当依法纳税。

发行永续债的企业对每一永续债产品的税收处理方法一经确定，不得变更。企业对永续债采取的税收处理办法与会计核算方式不一致的，发行方、投资方在进行税收处理时须作出相应的纳税调整。

f. 企业在货币交易中，以及纳税年度终了时将人民币以外的货币性资产、负债按照期末即期人民币汇率中间价折算为人民币时产生的汇兑损失，除已经计入有关资产成本以及与向所有者进行利润分配相关的部分外，准予扣除。

G. 业务招待费。

企业发生的与生产经营活动有关的业务招待费支出，按照发生额的 60% 扣除，但最高不得超过当年销售（营业）收入的 5‰。

H. 广告费和业务宣传费。

企业发生的符合条件的广告费和业务宣传费支出，除国务院财政、税务主管部门另有规定外，不超过当年销售（营业）收入15%的部分，准予扣除；超过部分，准予在以后纳税年度结转扣除。

对化妆品制造或销售、医药制造和饮料制造（不含酒类制造）企业发生的广告费和业务宣传费支出，不超过当年销售（营业）收入30%的部分，准予扣除；超过部分，准予在以后纳税年度结转扣除。

对签订广告费和业务宣传费分摊协议（以下简称分摊协议）的关联企业，其中一方发生的不超过当年销售（营业）收入税前扣除限额比例内的广告费和业务宣传费支出可以在本企业扣除，也可以将其中的部分或全部按照分摊协议归集至另一方扣除。另一方在计算本企业广告费和业务宣传费支出企业所得税税前扣除限额时，可将按照上述办法归集至本企业的广告费和业务宣传费不计算在内。

烟草企业的烟草广告费和业务宣传费支出，一律不得在计算应纳税所得额时扣除。

I. 手续费及佣金支出。

保险企业发生与其经营活动有关的手续费及佣金支出，不超过当年全部保费收入扣除退保金等后余额的18%（含本数）的部分，在计算应纳税所得额时准予扣除；超过部分，允许结转以后年度扣除。

其他企业，按与具有合法经营资格中介服务机构或个人（不含交易双方及其雇员、代理人和代表人等）所签订服务协议或合同确认的收入金额的5%计算限额。

J. 环境保护、生态恢复专项资金。

企业依照法律、行政法规有关规定提取的用于环境保护、生态恢复等方面的专项资金，准予扣除。上述专项资金提取后改变用途的，不得扣除。

K. 租赁费。

企业根据生产经营活动的需要租入固定资产支付的租赁费，按照以下方法扣除：

a. 以经营租赁方式租入固定资产发生的租赁费支出，按照租赁期限均匀扣除。

b. 以融资租赁方式租入固定资产发生的租赁费支出，按照规定构成融资租入固定资产价值的部分应当提取折旧费用，分期扣除。

L. 劳动保护费。

企业发生的合理的劳动保护支出，准予扣除。

M. 公益性捐赠支出。

企业发生的公益性捐赠支出，在年度利润总额12%以内的部分，准予在计算应纳税所得额时扣除；超过年度利润总额12%的部分，准予结转以后3年内在计算应纳税所得额时扣除。

公益性捐赠，是指企业通过公益性社会组织或者县级以上人民政府及其部门，用于符合法律规定的慈善活动、公益事业的捐赠。

年度利润总额，是指企业依照国家统一会计制度的规定计算的年度会计利润。

2019 年 1 月 1 日至 2025 年 12 月 31 日，企业通过公益性社会组织或者县级（含县级）以上人民政府及其组成部门和直属机构，用于目标脱贫地区的扶贫捐赠支出，准予在计算企业所得税应纳税所得额时据实扣除。在政策执行期限内，目标脱贫地区实现脱贫的，可继续适用上述政策。企业在 2015 年 1 月 1 日至 2018 年 12 月 31 日已发生的符合上述条件的扶贫捐赠支出，尚未在计算企业所得税应纳税所得额时扣除的部分，可执行上述企业所得税政策。

“目标脱贫地区”包括 832 个国家扶贫开发工作重点县、集中连片特困地区县（新疆阿克苏地区 6 县 1 市享受片区政策）和建档立卡贫困村。

企业同时发生扶贫捐赠支出和其他公益性捐赠支出，在计算公益性捐赠支出年度扣除限额时，符合上述条件的扶贫捐赠支出不计算在内。

2021 年及以后年度汇算清缴，企业在非货币性资产捐赠过程中发生的运费、保险费、人工费用等相关支出，凡纳入国家机关、公益性社会组织开具的公益捐赠票据记载的数额中的，作为公益性捐赠支出按照规定在税前扣除；上述费用未纳入公益性捐赠票据记载的数额中的，作为企业相关费用按照规定在税前扣除。

2019 年 1 月 1 日至 2025 年 12 月 31 日，企事业单位、社会团体以及其他组织捐赠住房作为公租房，符合税收法律法规规定的，对其公益性捐赠支出在年度利润总额 12% 以内的部分，准予在计算应纳税所得额时扣除，超过年度利润总额 12% 的部分，准予结转以后三年内在计算应纳税所得额时扣除。

N. 开（筹）办费。

企业可以在开始经营之日的当年一次性扣除，也可以按照有关长期待摊费用的处理规定处理，但一经选定，不得改变。

企业在筹建期间，发生的与筹办活动有关的业务招待费支出，可按实际发生额的 60% 计入企业筹办费，并按有关规定在税前扣除；发生的广告费和业务宣传费，可按实际发生额计入企业筹办费，并按有关规定在税前扣除。

O. 非公有制企业党组织工作经费。

非公有制企业党组织工作经费纳入企业管理费列支，不超过职工年度工资、薪金总额 1% 的部分，可以据实在企业所得税税前扣除。

（2）不得扣除的项目。

①在计算应纳税所得额时，下列支出不得扣除：

A. 向投资者支付的股息、红利等权益性投资收益款项；

B. 企业所得税税款；

C. 税收滞纳金；

D. 罚金、罚款和被没收财物的损失；

E. 准予在计算应纳税所得额时扣除的公益性捐赠以外的捐赠支出；

F. 赞助支出（是指企业发生的与生产经营活动无关的各种非广告性质支出）；

G. 未经核定的准备金支出（是指不符合国务院财政、税务主管部门规定的各项资产减值准备、风险准备等准备金支出）；

H. 与取得收入无关的其他支出。

②企业之间支付的管理费、企业内营业机构之间支付的租金和特许权使用费，以及非银行企业内营业机构之间支付的利息，不得扣除。

③除企业依照国家有关规定为特殊工种职工支付的人身安全保险费和国务院财政、税务主管部门规定可以扣除的其他商业保险费外，企业为投资者或者职工支付的商业保险费，不得扣除。

④企业的不征税收入用于支出所形成的费用，不得在计算应纳税所得额时扣除；企业的不征税收入用于支出所形成的资产，其计算的折旧、摊销不得在计算应纳税所得额时扣除。

⑤除《企业所得税法》及其实施条例另有规定外，企业实际发生的成本、费用、税金、损失和其他支出，不得重复扣除。

4. 税前扣除凭证

（1）税前扣除凭证的概念。

税前扣除凭证，是指企业（包括居民企业和非居民企业）在计算企业所得税应纳税所得额时，证明与取得收入有关的、合理的支出实际发生，并据以税前扣除的各类凭证。

（2）税前扣除凭证管理原则。

税前扣除凭证在管理中遵循真实性、合法性、关联性原则。

真实性，是指税前扣除凭证反映的经济业务真实，且支出已经实际发生。企业应将与税前扣除凭证相关的资料，包括合同协议、支出依据、付款凭证等留存备查，以证实税前扣除凭证的真实性；合法性，是指税前扣除凭证的形式、来源符合国家法律、法规等相关规定；关联性，是指税前扣除凭证与其反映的支出相关联且有证明力。

（3）税前扣除凭证的种类。

税前扣除凭证按照来源分为内部凭证和外部凭证。

A. 内部凭证。

内部凭证，是指企业自制用于成本、费用、损失和其他支出核算的会计原始凭证。如企业支付给员工工资时，工资表等会计原始凭证即为内部凭证。内部凭证的填制和使用应当符合国家会计法律、法规等相关规定。

B. 外部凭证。

外部凭证，是指企业发生经营活动和其他事项时，从其他单位、个人取得的用于证明其支出发生的凭证，包括但不限于发票（包括纸质发票和电子发票）、财政票据、完税凭证、收款凭证、分割单等。

（4）取得税前扣除凭证的时间要求。

企业应在当年度企业所得税法规定的汇算清缴期结束前取得税前扣除凭证。

汇算清缴期结束后，税务机关发现企业应当取得而未取得发票、其他外部凭证或者取得不合规发票、不合规其他外部凭证并且告知企业的，企业应当自被告知之日起60日内补开、换开符合规定的发票、其他外部凭证。

企业在补开、换开发票、其他外部凭证过程中，因对方注销、撤销、依法被吊销营业执照、被税务机关认定为非正常户等特殊原因无法补开、换开发票、其他外部凭证的，可凭以下资料证实支出真实性后，其支出允许税前扣除：

①无法补开、换开发票、其他外部凭证原因的证明资料（包括工商注销、机构撤销、列入非正常经营户、破产公告等证明资料）；

②相关业务活动的合同或者协议；

③采用非现金方式支付的付款凭证；

④货物运输的证明资料；

⑤货物入库、出库内部凭证；

⑥企业会计核算记录以及其他资料。

其中，第①项至第③项为必备资料。

企业在规定的期限未能补开、换开符合规定的发票、其他外部凭证，并且未能按照规定提供相关资料证实其支出真实性的，相应支出不得在发生年度税前扣除。

除发生上述需提供可以证实其支出真实性的相关资料的情形外，企业以前年度应当取得而未取得发票、其他外部凭证，且相应支出在该年度没有税前扣除的，在以后年度取得符合规定的发票、其他外部凭证或者按照规定提供可以证实其支出真实性的相关资料，相应支出可以追补至该支出发生年度税前扣除，但追补年限不得超过5年。

5. 资产的税务处理

企业的各项资产，包括固定资产、生物资产、无形资产、长期待摊费用、投资资产、存货等，以历史成本为计税基础。

历史成本，是指企业取得该项资产时实际发生的支出。

企业持有各项资产期间资产增值或者减值，除国务院财政、税务主管部门规定可以确认损益外，不得调整该资产的计税基础。

企业转让资产，该项资产的净值，准予在计算应纳税所得额时扣除。资产的净值，是指有关资产的计税基础减除已经按照规定扣除的折旧、折耗、摊销、准备金等后的余额。

除国务院财政、税务主管部门另有规定外，企业在重组过程中，应当在交易发生时确认有关资产的转让所得或者损失，相关资产应当按照交易价格重新确定计税基础。

（1）固定资产的税务处理。

①固定资产的概念。

固定资产，是指企业为生产产品、提供劳务、出租或者经营管理而持有的、使用时间超过 12 个月的非货币性资产，包括房屋、建筑物、机器、机械、运输工具以及其他与生产经营活动有关的设备、器具、工具等。

②固定资产的计税基础。

A. 外购的固定资产，以购买价款和支付的相关税费以及直接归属于使该资产达到预定用途发生的其他支出为计税基础；

B. 自行建造的固定资产，以竣工结算前发生的支出为计税基础；

C. 融资租入的固定资产，以租赁合同约定的付款总额和承租人在签订租赁合同过程中发生的相关费用为计税基础，租赁合同未约定付款总额的，以该资产的公允价值和承租人在签订租赁合同过程中发生的相关费用为计税基础；

D. 盘盈的固定资产，以同类固定资产的重置完全价值为计税基础；

E. 通过捐赠、投资、非货币性资产交换、债务重组等方式取得的固定资产，以该资产的公允价值和支付的相关税费为计税基础；

F. 改建的固定资产，除已足额提取折旧的固定资产的改建支出和租入固定资产的改建支出外，以改建过程中发生的改建支出增加计税基础。

③固定资产折旧的计提方法。

固定资产按照直线法计算的折旧，准予扣除。企业应当自固定资产投入使用月份的次月起计算折旧；停止使用的固定资产，应当自停止使用月份的次月起停止计算折旧。企业应当根据固定资产的性质和使用情况，合理确定固定资产的预计净残值。固定资产的预计净残值一经确定，不得变更。

④固定资产折旧的计提年限。

除国务院财政、税务主管部门另有规定外，固定资产计算折旧的最低年限如下：

A. 房屋、建筑物，为 20 年；

B. 飞机、火车、轮船、机器、机械和其他生产设备，为 10 年；

C. 与生产经营活动有关的器具、工具、家具等，为 5 年；

D. 飞机、火车、轮船以外的运输工具，为 4 年；

E. 电子设备，为 3 年。

⑤不得计算折旧扣除的固定资产。

A. 房屋、建筑物以外未投入使用的固定资产；

B. 以经营租赁方式租入的固定资产；

C. 以融资租赁方式租出的固定资产；

D. 已足额提取折旧仍继续使用的固定资产；

E. 与经营活动无关的固定资产；

F. 单独估价作为固定资产入账的土地；

G. 其他不得计算折旧扣除的固定资产。

（2）生物资产的税务处理。

①生物资产的概念。

生物资产，是指有生命的动物和植物。生物资产分为消耗性生物资产、生产性生物资产和公益性生物资产。

②生产性生物资产的计税基础。

生产性生物资产，是指企业为生产农产品、提供劳务或者出租等而持有的生物资产，包括经济林、薪炭林、产畜和役畜等。

A. 外购的生产性生物资产，以购买价款和支付的相关税费为计税基础；

B. 通过捐赠、投资、非货币性资产交换、债务重组等方式取得的生产性生物资产，以该资产的公允价值和支付的相关税费为计税基础。

③生产性生物资产折旧的计提方法。

生产性生物资产按照直线法计算的折旧，准予扣除。企业应当自生产性生物资产投入使用月份的次月起计算折旧；停止使用的生产性生物资产，应当自停止使用月份的次月起停止计算折旧。企业应当根据生产性生物资产的性质和使用情况，合理确定生产性生物资产的预计净残值。生产性生物资产的预计净残值一经确定，不得变更。

④生产性生物资产计算折旧的最低年限。

A. 林木类生产性生物资产，为 10 年；

B. 畜类生产性生物资产，为 3 年。

（3）无形资产的税务处理。

①无形资产的概念。

无形资产，是指企业为生产产品、提供劳务、出租或者经营管理而持有的、没有实物形态的非货币性长期资产，包括专利权、商标权、著作权、土地使用权、非专利技术、商誉等。

②无形资产的计税基础。

A. 外购无形资产，以购买价款和支付的相关税费以及直接归属于使该资产达到预定用途发生的其他支出为计税基础；

B. 自行开发的无形资产，以开发过程中该资产符合资本化条件后至达到预定用途前发生的支出为计税基础；

C. 通过捐赠、投资、非货币性资产交换、债务重组等方式取得的无形资产，以该资产的公允价值和支付的相关税费为计税基础。

③无形资产的摊销方法。

无形资产按照直线法计算的摊销费用，准予扣除。外购商誉的支出，在企业整体转让或者清算时，准予扣除。

④无形资产的摊销年限。

无形资产的摊销年限不得低于10年。作为投资或者受让的无形资产，有关法律规定或者合同约定了使用年限的，可以按照规定或者约定的使用年限分期摊销。

⑤不得计算摊销费用扣除的无形资产。

A. 自行开发的支出已在计算应纳税所得额时扣除的无形资产；

B. 自创商誉；

C. 与经营活动无关的无形资产；

D. 其他不得计算摊销费用扣除的无形资产。

（4）长期待摊费用的税务处理。

企业发生的下列支出作为长期待摊费用，按照规定摊销的，准予扣除：

①已足额提取折旧的固定资产的改建支出，按照固定资产预计尚可使用年限分期摊销。

②租入固定资产的改建支出，按照合同约定的剩余租赁期限分期摊销；改建的固定资产延长使用年限的，除上述两种情况外，应当适当延长折旧年限。

③固定资产的大修理支出，按照固定资产尚可使用年限分期摊销。大修理支出，是指同时符合下列条件的支出：

A. 修理支出达到取得固定资产时的计税基础50%以上；

B. 修理后固定资产的使用年限延长2年以上。

④其他应当作为长期待摊费用的支出，自支出发生月份的次月起，分期摊销，摊销年限不得低于3年。

（5）投资资产的税务处理。

①投资资产的概念。

投资资产，是指企业对外进行权益性投资和债权性投资形成的资产。

②投资资产的成本。

A. 通过支付现金方式取得的投资资产，以购买价款为成本；

B. 通过支付现金以外的方式取得的投资资产，以该资产的公允价值和支付的相关税费为成本。

③投资资产成本的扣除方法。

企业在转让或者处置投资资产时，投资资产的成本准予扣除。企业对外投资期间，投资资产的成本在计算应纳税所得额时不得扣除。

2021 年及以后年度汇算清缴，企业购买的文物、艺术品用于收藏、展示、保值增值的，作为投资资产进行税务处理。文物、艺术品资产在持有期间，计提的折旧、摊销费用，不得税前扣除。

（6）存货的税务处理。

①存货的概念。

存货，是指企业持有以备出售的产品或者商品、处在生产过程中的在产品、在生产或者提供劳务过程中耗用的材料和物料等。

②存货的成本。

A. 通过支付现金方式取得的存货，以购买价款和支付的相关税费为成本；

B. 通过支付现金以外的方式取得的存货，以该存货的公允价值和支付的相关税费为成本；

C. 生产性生物资产收获的农产品，以产出或者采收过程中发生的材料费、人工费和分摊的间接费用等必要支出为成本。

③存货成本的计算方法。

企业使用或者销售的存货的成本计算方法，可在先进先出法、加权平均法、个别计价法中选用一种。计价方法一经选用，不得随意变更。

④企业使用或者销售存货，按照规定计算的存货成本，准予在计算应纳税所得额时扣除。

6. 特别纳税调整

企业与其关联方之间的业务往来，不符合独立交易原则而减少企业或者其关联方应纳税收入或者所得额的，税务机关有权按照合理方法调整。

企业与其关联方共同开发、受让无形资产，或者共同提供、接受劳务发生的成本，在计算应纳税所得额时应当按照独立交易原则进行分摊。

关联方，是指与企业有下列关联关系之一的企业、其他组织或者个人：

（1）在资金、经营、购销等方面存在直接或者间接的控制关系；

（2）直接或间接地同为第三者控制；

（3）在利益上具有相关联的其他关系。

独立交易原则，是指没有关联关系的交易各方，按照公平成交价格和营业常规进行业务往来遵循的原则。

特别纳税调整管理内容有：

（1）转让定价管理。

转让定价管理，是指税务机关按照有关规定，对企业与其关联方之间的业务往来（以下简称关联交易）是否符合独立交易原则进行审核评估和调查调整等工作的总称。

（2）预约定价安排管理。

预约定价安排管理，是指税务机关按照有关规定，对企业提出的未来年度关联交易的定价原则和计算方法进行审核评估，并与企业协商达成预约定价安排等工作的总称。

（3）成本分摊协议管理。

成本分摊协议管理，是指税务机关按照有关规定，对企业与其关联方签署的成本分摊协议是否符合独立交易原则进行审核评估和调查调整等工作的总称。

（4）资本弱化管理。

资本弱化管理，是指税务机关按照有关规定，对企业接受关联方债权性投资与企业接受的权益性投资的比例是否符合规定比例或独立交易原则进行审核评估和调查调整等工作的总称。

（5）受控外国企业管理。

受控外国企业管理，是指税务机关按照有关规定，对受控外国企业不作利润分配或减少分配进行审核评估和调查，并对归属于中国居民企业所得进行调整等工作的总称。

（6）一般反避税管理。

一般反避税管理，是指税务机关按照有关规定，对企业实施其他不具有合理商业目的的安排而减少其应纳税收入或所得额进行审核评估和调查调整等工作的总称。

7. 境外所得抵免

（1）直接抵免。

直接抵免，是指已在境外缴纳的所得税税额，不超过抵免限额的部分，可以从当期应纳税额中抵免；超过抵免限额的部分，可以在以后 5 个年度内，用每年度未使用的抵免限额抵免。

企业可以选择按国（地区）别分别计算［即“分国（地区）不分项”］，或者不按国（地区）别汇总计算［即“不分国（地区）不分项”］其来源于境外的应纳税所得额，并按照有关规定分别计算其可抵免境外所得税税额和抵免限额。上述方式一经选择，5 年内不得改变。

（2）间接抵免。

间接抵免，是指居民企业从其直接或者间接控制的外国企业分得的来源于中国境外的股息、红利等权益性投资收益，外国企业在境外实际缴纳的所得税税额中属于该项所得负担的部分，可以作为该居民企业的可抵免境外所得税税额，在税法规定的抵免限额内抵免。

间接抵免的适用范围为居民企业从其符合规定的境外子公司取得的股息、红利等权益性投资收益所得。在按规定计算该企业境外股息所得的可抵免所得税税额和抵免限额时，从最低一层外国企业起逐层计算属于由上一层企业负担的企业所得税。由企业直接或间接持有 20% 以上股份的外国企业，限于按照规定的持股方式确定的五层外国企业，即：

第一层：企业直接持有 20% 以上股份的外国企业。

第二层至第五层：单一上一层外国企业直接持有 20% 以上股份，且由该企业直接持有或通过一个或多个符合规定持股方式的外国企业间接持有总和达到 20% 以上股份的外国企业。

（3）税收饶让制度。

税收饶让，是指居住国政府对其居民在国外得到减免税优惠的那一部分税额，视同已经缴纳，同样给予税收抵免待遇，不再按居住国税法规定的税率予以补征。

税收饶让是配合抵免方法的一种特殊方式，是为贯彻某种经济政策而采取的优惠措施。税收饶让这种优惠措施的实行，通常需要通过签订双边税收协定的方式予以确定。

（4）海南自由贸易港设立的旅游业、现代服务业、高新技术产业企业新增境外直接投资所得。

对在海南自由贸易港设立的旅游业、现代服务业、高新技术产业企业新增境外直接投资取得的所得，免征企业所得税。

新增境外直接投资所得应当符合以下条件：

①从境外新设分支机构取得的营业利润；或从持股比例超过 20%（含）的境外子公司分回的，与新增境外直接投资相对应的股息所得。

②被投资国（地区）的企业所得税法定税率不低于 5%。

旅游业、现代服务业、高新技术产业，按照海南自由贸易港鼓励类产业目录执行。

8. 亏损弥补

亏损，是指企业每一纳税年度的收入总额减除不征税收入、免税收入和各项扣除后小于零的数额。

企业纳税年度发生的亏损，准予向以后年度结转，用以后年度的所得弥补，但结转年限最长不得超过 5 年。

自 2018 年 1 月 1 日起，当年具备高新技术企业或科技型中小企业资格（以下称资格）的企业，其具备资格年度之前 5 个年度发生的尚未弥补完的亏损，准予结转以后年度弥补，最长结转年限由 5 年延长至 10 年。

高新技术企业，是指按照《科技部 财政部 国家税务总局关于修订印发〈高新技术企业认定管理办法〉的通知》（国科发火〔2016〕32 号）规定认定的高新技术企业；科技型中小企业，是指按照《科技部 财政部 国家税务总局关于印发〈科技型中小企业评价办法〉的通知》（国科发政〔2017〕115 号）规定取得科技型中小企业登记编号的企业。

企业在汇总计算缴纳企业所得税时，其境外营业机构的亏损不得抵减境内营业机构的盈利。

受新冠疫情影响较大的困难行业企业2020年度发生的亏损，最长结转年限由5年延长至8年。

困难行业企业，包括交通运输、餐饮、住宿、旅游（指旅行社及相关服务、游览景区管理两类）四大类，具体判断标准按照现行《国民经济行业分类》执行。困难行业企业2020年度主营业务收入须占收入总额（剔除不征税收入和投资收益）的50%以上。

对电影行业企业2020年度发生的亏损，最长结转年限由5年延长至8年。

9. 清算所得

《中华人民共和国企业所得税法实施条例》（以下简称《企业所得税法实施条例》）明确，清算所得是指企业的全部资产可变现价值或者交易价格减除资产净值、清算费用以及相关税费等后的余额。企业清算的所得税处理，是指企业在不再持续经营，发生结束自身业务、处置资产、偿还债务以及向所有者分配剩余财产等经济行为时，对清算所得、清算所得税、股息分配等事项的处理。被清算企业的股东分得的剩余资产的金额，其中相当于被清算企业累计未分配利润和累计盈余公积中按该股东所占股份比例计算的部分，应确认为股息所得；剩余资产减除股息所得后的余额，超过或低于股东投资成本的部分，应确认为股东的投资转让所得或损失。

企业清算的所得税处理包括以下内容：①全部资产均应按可变现价值或交易价格，确认资产转让所得或损失；②确认债权清理、债务清偿的所得或损失；③改变持续经营核算原则，对预提或待摊性质的费用进行处理；④依法弥补亏损，确定清算所得；⑤计算并缴纳清算所得税；⑥确定可向股东分配的剩余财产、应付股息等。

清算所得＝企业的全部资产可变现价值或交易价格－资产的计税基础－清算费用－相关税费＋债务清偿损益－弥补以前年度亏损

债务清偿损益＝债务的计税基础－债务的实际偿还金额

公式中的相关税费为企业在清算过程中发生的相关税费，不包含企业以前年度欠税。

【知识点5】 应纳税额的计算

企业所得税的征收方式分为查账征收和核定征收两种。企业财务制度健全，能按规定设置、保管账簿、记账凭证，能准确计算收入、成本、费用，并据此按照税法规定正确计算应纳税所得额的，实行查账征收的方式。企业因会计账簿不健全，资料残缺难以查账，或者其他原因不能准确计算并据实申报其应纳税所得额的，实行核定征收的方式。征收方式不同，应纳税额的计算思路和过程也不同。

1. 查账征收企业所得税应纳税额的计算

实行查账征收的企业，在持续经营的状态下，应在企业会计利润的基础上，根据税法的规定计算出应纳税所得额，并据此申报缴纳企业所得税。企业所得税年度纳税申报表包括三部分。第一部分“利润总额计算”，按照国家统一会计制度口径计算。第二部分“应纳税所得额计算”，在“利润总额”基础上，对会计制度与税法规定的差异等项目进行调整，由此得出企业所得税的计税依据“应纳税所得额”。第三部分“应纳税额计算”，“应纳税所得额”乘以适用税率，减除减免和抵免的税额等项目后的余额，为应纳税额。

2. 核定征收企业所得税应纳税额的计算

居民企业、非居民企业实行核定征收的，应纳税额的计算有一些差别。非居民企业核定征收的，可以按收入总额、按成本费用、按经费支出换算收入三种方法核定应纳税所得额来计算应纳税额。居民企业核定征收的，可采用核定应税所得率和核定应纳所得税额两种方法。居民企业的核定征收的具体做法如下：

（1）核定应税所得率。

①核定应税所得率的情形。

能够核算（查实）或者通过合理方法能计算或推定企业的收入总额或成本费用总额，则可以以收入总额或成本费用总额作为依据，根据应税所得率计算应纳税所得额。因此，企业具有下列情形之一的，核定其应纳税所得率：

A. 能正确核算（查实）收入总额，但不能正确核算（查实）成本费用总额的；

B. 能正确核算（查实）成本费用总额，但不能正确核算（查实）收入总额的；

C. 通过合理方法，能计算和推定纳税人收入总额或成本费用总额的。

②应税所得率。

国家税务总局规定了不同行业的应税所得率幅度标准。实行应税所得率核定征收的企业，经营多业的，无论其经营项目是否单独核算，均由税务机关根据其主营项目确定适用的应税所得率。主营项目应为企业所有经营项目中，收入总额或者成本（费用）支出额或者耗用原材料、燃料、动力数量所占比重最大的项目。

③应纳税所得额的计算。

A. 企业能正确核算（查实）收入总额，但不能正确核算（查实）成本费用总额，或者通过合理方法，能计算和推定企业收入总额的，按下列公式计算应纳税所得额：

$$应纳税所得额=应税收入额\times应税所得率$$

$$应税收入额=收入总额-不征税收入-免税收入$$

免税收入包括国债利息收入、符合条件的居民企业之间的股息（红利）等权益性投资收益、地方政府债券利息收入等。

B. 企业能正确核算（查实）成本费用总额，但不能正确核算（查实）收入总额，或者通过合理方法，能计算和推定纳税人成本费用总额的，按下列公式计算应纳税所得额：

应纳税所得额 = 成本（费用）支出额 ÷（1 − 应税所得率）× 应税所得率

④应纳税额的计算。

企业计算出应纳税所得额后，按下列公式计算应纳税额：

应纳所得税税额 = 应纳税所得额 × 适用税率

核定征收方式的小型微利企业可以享受小型微利企业税收优惠。

（2）核定应纳所得税额。

对于不符合核定应税所得率情形的企业，采取核定应纳所得税额的方法征收企业所得税。

二 特殊业务所得税政策

【知识点1】 非货币性资产投资的所得税政策

非货币性资产，是指现金、银行存款、应收账款、应收票据以及准备持有至到期的债券投资等货币性资产以外的资产。

非货币性资产投资，限于以非货币性资产出资设立新的居民企业，或将非货币性资产注入现存的居民企业。

企业以非货币性资产对外投资确认的非货币性资产转让所得，可在不超过 5 年期限内，分期均匀计入相应年度的应纳税所得额，按规定计算缴纳企业所得税。

企业以非货币性资产对外投资，应对非货币性资产进行评估并按评估后的公允价值扣除计税基础后的余额，计算确认非货币性资产转让所得。

企业以非货币性资产对外投资而取得被投资企业的股权，应以非货币性资产的原计税成本为计税基础，加上每年确认的非货币性资产转让所得，逐年进行调整。

被投资企业取得非货币性资产的计税基础，应按非货币性资产的公允价值确定。

企业在对外投资 5 年内转让上述股权或投资收回的，应停止执行递延纳税政策，并就递延期内尚未确认的非货币性资产转让所得，在转让股权或投资收回当年的企业所得税年度汇算清缴时，一次性计算缴纳企业所得税；企业在计算股权转让所得时，可按规定将股权的计税基础一次调整到位。

企业在对外投资 5 年内注销的，应停止执行递延纳税政策，并就递延期内尚未确认的非货币性资产转让所得，在注销当年的企业所得税年度汇算清缴时，一次性计算缴纳企业所得税。

【知识点2】 企业重组的所得税处理

企业重组，是指企业在日常经营活动以外发生的法律结构或经济结构重大改变的交易，包括企业法律形式改变、债务重组、股权收购、资产收购、合并、分立等。

企业重组的税务处理区分不同条件分别适用一般性税务处理规定和特殊性税务处理规定。

同一重组业务的当事各方应采取一致税务处理原则，即统一按一般性或特殊性税务处理。

1. 一般性税务处理

（1）企业法律形式改变一般性税务处理。

企业由法人转变为个人独资企业、合伙企业等非法人组织，或将登记注册地转移至中华人民共和国境外（包括港澳台地区），应视同企业进行清算、分配，股东重新投资成立新企业。企业的全部资产以及股东投资的计税基础均应以公允价值为基础确定。

企业发生其他法律形式简单改变的，可直接变更税务登记，除另有规定外，有关企业所得税纳税事项（包括亏损结转、税收优惠等权益和义务）由变更后企业承继，但因住所发生变化而不符合税收优惠条件的除外。

（2）债务重组一般性税务处理。

企业债务重组，相关交易应按以下规定处理：

①以非货币资产清偿债务，应当分解为转让相关非货币性资产、按非货币性资产公允价值清偿债务两项业务，确认相关资产的所得或损失。

②发生债权转股权的，应当分解为债务清偿和股权投资两项业务，确认有关债务清偿所得或损失。

③债务人应当按照支付的债务清偿额低于债务计税基础的差额，确认债务重组所得；债权人应当按照收到的债务清偿额低于债权计税基础的差额，确认债务重组损失。

④债务人的相关所得税纳税事项原则上保持不变。

（3）股权收购、资产收购一般性税务处理。

企业股权收购、资产收购重组交易，相关交易应按以下规定处理：

①被收购方应确认股权、资产转让所得或损失。

②收购方取得股权或资产的计税基础应以公允价值为基础确定。

③被收购企业的相关所得税事项原则上保持不变。

（4）企业合并一般性税务处理。

企业合并，当事各方应按下列规定处理：

①合并企业应按公允价值确定接受被合并企业各项资产和负债的计税基础。

②被合并企业及其股东都应按清算进行所得税处理。

③被合并企业的亏损不得在合并企业结转弥补。

（5）企业分立一般性税务处理。

企业分立，当事各方应按下列规定处理：

①被分立企业对分立出去的资产应按公允价值确认资产转让所得或损失。

②分立企业应按公允价值确认接受资产的计税基础。

③被分立企业继续存在时，其股东取得的对价应视同被分立企业分配进行处理。

④被分立企业不再继续存在时，被分立企业及其股东都应按清算进行所得税处理。

⑤企业分立相关企业的亏损不得相互结转弥补。

2. 特殊性税务处理

（1）特殊性税务处理条件。

企业重组同时符合下列条件的，适用特殊性税务处理规定：

①具有合理的商业目的，且不以减少、免除或者推迟缴纳税款为主要目的。

②被收购、合并或分立部分的资产或股权比例符合规定的比例。

③企业重组后的连续12个月内不改变重组资产原来的实质性经营活动。

④重组交易对价中涉及股权支付金额符合规定比例。

⑤企业重组中取得股权支付的原主要股东，在重组后连续12个月内，不得转让所取得的股权。

（2）债务重组特殊性税务处理。

企业债务重组确认的应纳税所得额占该企业当年应纳税所得额50%以上，可以在5个纳税年度的期间内，均匀计入各年度的应纳税所得额。

企业发生债权转股权业务，对债务清偿和股权投资两项业务暂不确认有关债务清偿所得或损失，股权投资的计税基础以原债权的计税基础确定。企业的其他相关所得税事项保持不变。

（3）股权收购特殊性税务处理。

股权收购，收购企业购买的股权不低于被收购企业全部股权的50%，且收购企业在该股权收购发生时的股权支付金额不低于其交易支付总额的85%，可以选择按以下规定处理：

①被收购企业的股东取得收购企业股权的计税基础，以被收购股权的原有计税基础确定。

②收购企业取得被收购企业股权的计税基础，以被收购股权的原有计税基础确定。

③收购企业、被收购企业的原有各项资产、负债的计税基础和其他相关所得税事项保持不变。

（4）资产收购特殊性税务处理。

资产收购，受让企业收购的资产不低于转让企业全部资产的50%，且受让企业在该资产收购发生时的股权支付金额不低于其交易支付总额的85%，可以选择按以下规定处理：

①转让企业取得受让企业股权的计税基础，以被转让资产的原有计税基础确定。

②受让企业取得转让企业资产的计税基础，以被转让资产的原有计税基础确定。

（5）企业合并特殊性税务处理。

企业合并，企业股东在该企业合并发生时取得的股权支付金额不低于其交易支付总额的85%，以及同一控制下且不需要支付对价，可以选择按以下规定处理：

①合并企业接受被合并企业资产和负债的计税基础，以被合并企业的原有计税基础确定。

②被合并企业合并前的相关所得税事项由合并企业承继。

③可由合并企业弥补的被合并企业亏损的限额 = 被合并企业净资产公允价值 × 截至合并业务发生当年年末国家发行的最长期限的国债利率。

④被合并企业股东取得合并企业股权的计税基础，以其原持有的被合并企业股权的计税基础确定。

（6）企业分立特殊性税务处理。

企业分立，被分立企业所有股东按原持股比例取得分立企业的股权，分立企业和被分立企业均不改变原来的实质经营活动，且被分立企业股东在该企业分立发生时取得的股权支付金额不低于其交易支付总额的85%，可以选择按以下规定处理：

①分立企业接受被分立企业资产和负债的计税基础，以被分立企业的原有计税基础确定。

②被分立企业已分立出去资产相应的所得税事项由分立企业承继。

③被分立企业未超过法定弥补期限的亏损额可按分立资产占全部资产的比例进行分配，由分立企业继续弥补。

④被分立企业的股东取得分立企业的股权（以下简称“新股”），如需部分或全部放弃原持有的被分立企业的股权（以下简称“旧股”），“新股”的计税基础应以放弃“旧股”的计税基础确定。如无需放弃“旧股”，则其取得“新股”的计税基础可从以下两种方法中选择确定：直接将“新股”的计税基础确定为零；或者以被分立企业分立出去的净资产占被分立企业全部净资产的比例先调减原持有的“旧股”的计税基础，再将调减的计税基础平均分配到“新股”上。

（7）非股权支付所得确认。

重组交易各方选择适用特殊性税务处理，对交易中股权支付暂不确认有关资产的转让所得或损失的，其非股权支付仍应在交易当期确认相应的资产转让所得或损失，并调整相应资产的计税基础。

非股权支付对应的资产转让所得或损失＝（被转让资产的公允价值－被转让资产的计税基础）×（非股权支付金额÷被转让资产的公允价值）

（8）企业发生涉及中国境内与境外之间（包括港澳台地区）的股权和资产收购交易，除应符合特殊性税务处理规定的条件外，还应同时符合下列条件，才可选择适用特殊性税务处理规定：

①非居民企业向其100%直接控股的另一非居民企业转让其拥有的居民企业股权，没有因此造成以后该项股权转让所得预提税负担变化，且转让方非居民企业向主管税务机关书面承诺在3年内（含3年）不转让其拥有受让方非居民企业的股权；

②非居民企业向与其具有100%直接控股关系的居民企业转让其拥有的另一居民企业股权；

③居民企业以其拥有的资产或股权向其100%直接控股的非居民企业进行投资；

④财政部、国家税务总局核准的其他情形。

【知识点3】 房地产企业的所得税处理

1. 收入的税务处理

企业通过正式签订《房地产销售合同》或《房地产预售合同》所取得的收入，应确认为销售收入的实现，具体按以下规定确认：

（1）采取一次性全额收款方式销售开发产品的，应于实际收讫价款或取得索取价款凭据（权利）之日，确认收入的实现。

（2）采取分期收款方式销售开发产品的，应按销售合同或协议约定的价款和付款日确认收入的实现。付款方提前付款的，在实际付款日确认收入的实现。

（3）采取银行按揭方式销售开发产品的，应按销售合同或协议约定的价款确定收入额，其首付款应于实际收到日确认收入的实现，余款在银行按揭贷款办理转账之日确认收入的实现。

（4）采取委托方式销售开发产品的，应按以下原则确认收入的实现：

①采取支付手续费方式委托销售开发产品的，应按销售合同或协议中约定的价款于收到受托方已销开发产品清单之日确认收入的实现。

②采取视同买断方式委托销售开发产品的，属于企业与购买方签订销售合同或协议，或企业、受托方、购买方三方共同签订销售合同或协议的，如果销售合同或协议中约定的价格高于买断价格，则应按销售合同或协议中约定的价格计算的价款于收到受托方已销开发产品清单之日确认收入的实现；如果属于前两种情况中销售合同或协议中约定的价格低于买断价格，以及属于受托方与购买方签订销售合同或协议的，则应按买断价格计算的价款于收到受托方已销开发产品清单之日确认收入的实现。

③采取基价（保底价）并实行超基价双方分成方式委托销售开发产品的，属于由企业与购买方签订销售合同或协议，或企业、受托方、购买方三方共同签订销售合同或协议的，如果销售合同或协议中约定的价格高于基价，则应按销售合同或协议中约定的价格计算的价款于收到受托方已销开发产品清单之日确认收入的实现，企业按规定支付受托方的分成额，不得直接从销售收入中减除；如果销售合同或协议约定的价格低于基价的，则应按基价计算的价款于收到受托方已销开发产品清单之日确认收入的实现。属于由受托方与购买方直接签订销售合同的，则应按基价加上按规定取得的分成额于收到受托方已销开发产品清单之日确认收入的实现。

④采取包销方式委托销售开发产品的，包销期内可根据包销合同的有关约定，参照上述①至③项规定确认收入的实现；包销期满后尚未出售的开发产品，企业应根据包销合同或协议约定的价款和付款方式确认收入的实现。

企业将开发产品用于捐赠、赞助、职工福利、奖励、对外投资、分配给股东或投资人、抵偿债务、换取其他企事业单位和个人的非货币性资产等行为，应视同销售，于开发产品所有权或使用权转移，或于实际取得利益权利时确认收入（或利润）的实现。确认收入（或利润）的方法和顺序为：

（1）按本企业近期或本年度最近月份同类开发产品市场销售价格确定；

（2）由主管税务机关参照当地同类开发产品市场公允价值确定；

（3）按开发产品的成本利润率确定。开发产品的成本利润率不得低于15%，具体比例由主管税务机关确定。

企业销售未完工开发产品取得的收入，应先按预计计税毛利率分季（或月）计算出预计毛利额，计入当期应纳税所得额。开发产品完工后，企业应及时结算其计税成本并计算此前销售收入的实际毛利额，同时将其实际毛利额与其对应的预计毛利额之间的差额，计入当年度企业本项目与其他项目合并计算的应纳税所得额。

在年度纳税申报时，企业须出具对该项开发产品实际毛利额与预计毛利额之间差异调整情况的报告以及税务机关需要的其他相关资料。

企业销售未完工开发产品的计税毛利率由各省、自治区、直辖市税务局按下列规定进行确定：

（1）开发项目位于省、自治区、直辖市和计划单列市人民政府所在地城市城区和郊区的，不得低于15%。

（2）开发项目位于地及地级市城区及郊区的，不得低于10%。

（3）开发项目位于其他地区的，不得低于5%。

（4）属于经济适用房、限价房和危改房的，不得低于3%。

2. 成本、费用扣除的税务处理

企业在进行成本、费用的核算与扣除时，必须按规定区分期间费用和开发产品计税成本、已销开发产品计税成本与未销开发产品计税成本。

企业发生的期间费用、已销开发产品计税成本、税金及附加、土地增值税准予当期按规定扣除。

已销开发产品的计税成本，按当期已实现销售的可售面积和可售面积单位工程成本确认。可售面积单位工程成本和已销开发产品的计税成本按下列公式计算确定：

可售面积单位工程成本 = 成本对象总成本 ÷ 成本对象总可售面积

已销开发产品的计税成本 = 已实现销售的可售面积 × 可售面积单位工程成本

企业对尚未出售的已完工开发产品和按照有关法律、法规或合同规定对已售开发产品（包括共用部位、共用设施设备）进行日常维护、保养、修理等实际发生的维修费用，准予在当期据实扣除。

企业将已计入销售收入的共用部位、共用设施设备维修基金按规定移交给有关部门、单位的，应于移交时扣除。

企业在开发区内建造的会所、物业管理场所、电站、热力站、水厂、文体场馆、幼儿园等配套设施，按以下规定进行处理：

（1）属于非营利性且产权属于全体业主的，或无偿赠与地方政府、公用事业单位的，可将其视为公共配套设施，其建造费用按公共配套设施费的有关规定进行处理。

（2）属于营利性的，或产权归企业所有的，或未明确产权归属的，或无偿赠与地方政府、公用事业单位以外其他单位的，应当单独核算其成本。除企业自用应按建造固定资产进行处理外，其他一律按建造开发产品进行处理。

企业委托境外机构销售开发产品的，其支付境外机构的销售费用（含佣金或手续费）不超过委托销售收入10%的部分，准予据实扣除。

企业的利息支出按以下规定进行处理：

（1）企业为建造开发产品借入资金而发生的符合税法规定的借款费用，可按企业会计准则的规定进行归集和分配，其中属于财务费用性质的借款费用，可直接在税前扣除。

（2）企业集团或其成员企业统一向金融机构借款分摊集团内部其他成员企业使用的，借入方凡能出具从金融机构取得借款的证明文件，可以在使用借款的企业间合理地分摊利息费用，使用借款的企业分摊的合理利息准予在税前扣除。

3. 计税成本的内容

开发产品计税成本的内容包括：

（1）土地征用费及拆迁补偿费，指为取得土地开发使用权（或开发权）而发生的各项费用，主要包括土地买价或出让金、大市政配套费、契税、耕地占用税、土地使用费、土地闲置费、土地变更用途和超面积补交的地价及相关税费、拆迁补偿支出、安置及动迁支出、回迁房建造支出、农作物补偿费、危房补偿费等。

（2）前期工程费，指项目开发前期发生的水文地质勘查、测绘、规划、设计、可行性研究、筹建、场地通平等前期费用。

（3）建筑安装工程费，指开发项目开发过程中发生的各项建筑安装费用。主要包括开发项目建筑工程费和开发项目安装工程费等。

（4）基础设施建设费，指开发项目在开发过程中所发生的各项基础设施支出，主要包括开发项目内道路、供水、供电、供气、排污、排洪、通信、照明等社区管网工程费和环境卫生、园林绿化等园林环境工程费。

（5）公共配套设施费，指开发项目内发生的、独立的、非营利性的，且产权属于全体业主的，或无偿赠与地方政府、政府公用事业单位的公共配套设施支出。

（6）开发间接费，指企业为直接组织和管理开发项目所发生的，且不能将其归属于特定成本对象的成本费用性支出。主要包括管理人员工资、职工福利费、折旧费、修理费、办公费、水电费、劳动保护费、工程管理费、周转房摊销以及项目营销设施建造费等。

除以下几项预提（应付）费用外，计税成本均应为实际发生的成本：

（1）出包工程未最终办理结算而未取得全额发票的，在证明资料充分的前提下，其发票不足金额可以预提，但最高不得超过合同总金额的10%。

（2）公共配套设施尚未建造或尚未完工的，可按预算造价合理预提建造费用。此类公共配套设施必须符合已在售房合同、协议或广告、模型中明确承诺建造且不可撤销，或按照法律法规规定必须配套建造的条件。

（3）应向政府上交但尚未上交的报批报建费用、物业完善费用可以按规定预提。物业完善费用，是指按规定应由企业承担的物业管理基金、公建维修基金或其他专项基金。

【知识点4】 企业政策性搬迁的所得税政策

1. 搬迁收入

企业取得的搬迁补偿收入，是指企业由于搬迁取得的货币性和非货币性补偿收入。具体包括：

（1）对被征用资产价值的补偿；

（2）因搬迁、安置而给予的补偿；

（3）对停产停业形成的损失而给予的补偿；

（4）资产搬迁过程中遭到毁损而取得的保险赔款；

（5）其他补偿收入。

2. 搬迁支出

企业的搬迁支出，包括搬迁费用支出以及由于搬迁所发生的企业资产处置支出。

搬迁费用支出，是指企业搬迁期间所发生的各项费用，包括安置职工实际发生的费用、停工期间支付给职工的工资及福利费、临时存放搬迁资产而发生的费用、各类资产搬迁安装费用以及其他与搬迁相关的费用。

资产处置支出，是指企业由于搬迁而处置各类资产所发生的支出，包括变卖及处置各类资产的净值、处置过程中所发生的税费等支出。

企业由于搬迁而报废的资产，如无转让价值，其净值作为企业的资产处置支出。

3. 搬迁资产的税务处理

企业搬迁的资产，简单安装或不需要安装即可继续使用的，在该项资产重新投入使用后，就其净值按《企业所得税法》及其实施条例规定的该资产尚未折旧或摊销的年限，继续计提折旧或摊销。

企业搬迁的资产，需要进行大修理后才能重新使用的，应就该资产的净值，加上大修理过程所发生的支出，为该资产的计税成本。在该项资产重新投入使用后，按该资产尚可使用的年限，计提折旧或摊销。

企业搬迁中被征用的土地，采取土地置换的，换入土地的计税成本按被征用土地的净值，以及该换入土地投入使用前所发生的各项费用支出，为该换入土地的计税成本，在该换入土地投入使用后，按《企业所得税法》及其实施条例规定年限摊销。

企业搬迁期间新购置的各类资产，应按《企业所得税法》及其实施条例等有关规定，计算确定资产的计税成本及折旧或摊销年限。

企业发生的购置资产支出，不得从搬迁收入中扣除。

4. 应税所得

企业在搬迁期间发生的搬迁收入和搬迁支出，可以暂不计入当期应纳税所得额，而在完成搬迁的年度，对搬迁收入和支出进行汇总清算。

下列情形之一的，为搬迁完成年度，企业应进行搬迁清算，计算搬迁所得：

（1）从搬迁开始，5 年内（包括搬迁当年度）任何一年完成搬迁的。

（2）从搬迁开始，搬迁时间满 5 年（包括搬迁当年度）的年度。

企业同时符合下列条件的，视为已经完成搬迁：

（1）搬迁规划已基本完成。

（2）当年生产经营收入占规划搬迁前年度生产经营收入 50% 以上。

企业边搬迁、边生产的，搬迁年度应从实际开始搬迁的年度计算。

企业的搬迁收入，扣除搬迁支出后的余额，为企业的搬迁所得。企业应在搬迁完成年度，将搬迁所得计入当年度企业应纳税所得额计算纳税。

企业搬迁收入扣除搬迁支出后为负数的，应为搬迁损失。搬迁损失可在下列方法中选择其一进行税务处理：

（1）在搬迁完成年度，一次性作为损失进行扣除。

（2）自搬迁完成年度起分3个年度，均匀在税前扣除。

上述方法由企业自行选择，但一经选定，不得改变。

企业以前年度发生尚未弥补的亏损的，凡企业由于搬迁停止生产经营无所得的，从搬迁年度次年起，至搬迁完成年度前一年度止，可作为停止生产经营活动年度，从法定亏损结转弥补年限中减除；企业边搬迁、边生产的，其亏损结转年度应连续计算。

三 企业所得税优惠政策

企业所得税优惠的主要类型包括税率优惠、税基优惠和税额优惠三大类。

【知识点1】 税率优惠

1. 符合条件的小型微利企业，减按20%的税率征收企业所得税。

根据《财政部 国家税务总局关于实施小微企业普惠性税收减免政策的通知》（财税〔2019〕13号）规定，符合条件的小型微利企业，是指从事国家非限制和禁止行业，并符合下列条件的企业：年应纳税所得额不超过300万元、从业人数不超过300人和资产总额不超过5000万元的企业。

2019年1月1日至2020年12月31日，对年应纳税所得额100万元以内部分，减按25%计入应纳税所得额，按20%的税率计算缴纳企业所得税。对超过100万元但不超过300万元的部分，减按50%计入应纳税所得额，按20%的税率计算缴纳企业所得税。2021年1月1日至2022年12月31日，对年应纳税所得额不超过100万元的部分，减按12.5%计入应纳税所得额，按20%的税率缴纳企业所得税。2023年1月1日至2027年12月31日，对小型微利企业年应纳税所得额不超过100万元的部分，减按25%计入应纳税所得额，按20%的税率缴纳企业所得税。

2019年1月1日至2021年12月31日，对超过100万元但不超过300万元的部分，减按50%计入应纳税所得额，按20%的税率计算缴纳企业所得税。2022年1月1日至2027年12月31日，对年应纳税所得额超过100万元但不超过300万元的部分，减按25%计入应纳税所得额，按20%的税率缴纳企业所得税。

2. 国家需要重点扶持的高新技术企业，减按15%的税率征收企业所得税。

国家需要重点扶持的高新技术企业，是指拥有核心自主知识产权，并同时符合下列条件的企业：

（1）产品（服务）属于《国家重点支持的高新技术领域》规定的范围；

（2）研究开发费用占销售收入的比例不低于规定比例；

（3）高新技术产品（服务）收入占企业总收入的比例不低于规定比例；

（4）科技人员占企业职工总数的比例不低于规定比例；

（5）高新技术企业认定管理办法规定的其他条件。

3. 对经认定的服务外包类和服务贸易类技术先进型服务企业，减按 15% 的税率征收企业所得税。

4. 非居民企业在中国境内未设立机构、场所的，或者虽设立机构、场所但取得的所得与其所设机构、场所没有实际联系的，来源于中国境内的所得，减按 10% 的税率征收企业所得税。

5. 中、西部地区的鼓励类产业企业。

（1）2011 年 1 月 1 日至 2030 年 12 月 31 日，对设在西部地区的鼓励类产业企业减按 15% 的税率征收企业所得税。

鼓励类产业企业是指以《西部地区鼓励类产业目录》中规定的产业项目为主营业务，且其当年度主营业务收入占企业收入总额 70% 以上的企业。

收入总额，是指《企业所得税法》第六条规定的收入总额即收入总额是指企业以货币形式和非货币形式从各种来源取得的收入，包括销售货物收入；提供劳务收入；转让财产收入；股息、红利等权益性投资收益；利息收入；租金收入；特许权使用费收入；接受捐赠收入；其他收入。

企业主营业务属于《西部地区鼓励类产业目录》范围的，经主管税务机关确认，可按照 15% 税率预缴企业所得税。年度汇算清缴时，其当年度主营业务收入占企业总收入的比例达不到规定标准的，应按税法规定的税率计算申报并进行汇算清缴。

总机构设在西部大开发税收优惠地区的企业，仅就设在优惠地区的总机构和分支机构（不含优惠地区外设立的二级分支机构在优惠地区内设立的三级以下分支机构）的所得确定适用 15% 优惠税率。

总机构设在西部大开发税收优惠地区外的企业，其在优惠地区内设立的分支机构（不含仅在优惠地区内设立的三级以下分支机构），仅就该分支机构所得确定适用 15% 优惠税率。

（2）2012 年 1 月 1 日至 2023 年 12 月 31 日，对设在赣州市的鼓励类产业的内资企业和外商投资企业减按 15% 的税率征收企业所得税。

（3）西部地区包括内蒙古自治区、广西壮族自治区、重庆市、四川省、贵州省、云南省、西藏自治区、陕西省、甘肃省、青海省、宁夏回族自治区、新疆维吾尔自治区和新疆生产建设兵团。2021 年 1 月 1 日至 2030 年 12 月 31 日，湖南省湘西土家族苗族自治州、湖北省恩施土家族苗族自治州、吉林省延边朝鲜族自治州和江西省赣州市，可以比照西部地区的企业所得税政策执行。

6. 广东横琴、福建平潭、深圳前海等地区的鼓励类产业企业。

对设在横琴新区、平潭综合实验区和前海深港现代服务业合作区的鼓励类产业企业减按 15% 的税率征收企业所得税。

7. 从事污染防治的第三方企业。

2019 年 1 月 1 日至 2027 年 12 月 31 日，对符合条件的从事污染防治的第三方企业减按 15% 的税率征收企业所得税。

8. 海南自由贸易港企业所得税优惠。

对注册在海南自由贸易港并实质性运营的鼓励类产业企业，减按 15% 的税率征收企业所得税。

鼓励类产业企业，是指以海南自由贸易港鼓励类产业目录中规定的产业项目为主营业务，且其主营业务收入占企业收入总额 60% 以上的企业。所称实质性运营，是指企业的实际管理机构设在海南自由贸易港，并对企业生产经营、人员、账务、财产等实施实质性全面管理和控制。对不符合实质性运营的企业，不得享受优惠。

海南自由贸易港鼓励类产业目录包括《产业结构调整指导目录（2019 年本）》、《鼓励外商投资产业目录（2019 年版）》和海南自由贸易港新增鼓励类产业目录。

对总机构设在海南自由贸易港的符合条件的企业，仅就其设在海南自由贸易港的总机构和分支机构的所得，适用 15% 税率；对总机构设在海南自由贸易港以外的企业，仅就其设在海南自由贸易港内的符合条件的分支机构的所得，适用 15% 税率。

【知识点 2】 税基优惠

1. 免税收入

免税收入，是指对企业的某些收入免予征税，即允许企业计算应纳税所得额时将这些收入从收入总额中减除。

（1）国债利息收入，是指企业持有国务院财政部门发行的国债取得的利息收入。

（2）符合条件的居民企业之间的股息、红利等权益性投资收益，是指居民企业直接投资于其他居民企业取得的投资收益。不包括连续持有居民企业公开发行并上市流通的股票不足 12 个月取得的投资收益。

对内地企业投资者通过沪港通、深港通投资香港联交所上市股票取得的股息红利所得，计入其收入总额，依法计征企业所得税。其中，内地居民企业连续持有 H 股满 12 个月取得的股息红利所得，依法免征企业所得税。

（3）在中国境内设立机构、场所的非居民企业从居民企业取得与该机构、场所有实际联系的股息、红利等权益性投资收益。不包括连续持有居民企业公开发行并上市流通的股票不足 12 个月取得的投资收益。

（4）符合条件的非营利组织的收入（不包括非营利组织从事营利性活动取得的收入）。非营利组织的下列收入为免税收入：

①接受其他单位或者个人捐赠的收入；

②除《企业所得税法》第七条规定的财政拨款以外的其他政府补助收入，但不包

括因政府购买服务取得的收入；

③按照省级以上民政、财政部门规定收取的会费；

④不征税收入和免税收入孳生的银行存款利息收入；

⑤财政部、国家税务总局规定的其他收入。

符合条件的非营利组织，是指同时符合下列条件的组织：

①依照国家有关法律法规设立或登记的事业单位、社会团体、基金会、社会服务机构、宗教活动场所、宗教院校以及财政部、税务总局认定的其他非营利组织；

②从事公益性或者非营利性活动；

③取得的收入除用于与该组织有关的、合理的支出外，全部用于登记核定或者章程规定的公益性或者非营利性事业；

④财产及其孳息不用于分配，但不包括合理的工资薪金支出；

⑤按照登记核定或者章程规定，该组织注销后的剩余财产用于公益性或者非营利性目的，或者由登记管理机关转赠给与该组织性质、宗旨相同的组织，并向社会公告；

⑥投入人对投入该组织的财产不保留或者享有任何财产权利；

⑦工作人员工资福利开支控制在规定的比例内，不变相分配该组织的财产；

⑧对取得的应纳税收入及其有关的成本、费用、损失应与免税收入及其有关的成本、费用、损失分别核算。

（5）对企业投资者转让创新企业境内发行存托凭证（即创新企业 CDR）取得的差价所得和持有创新企业 CDR 取得的股息红利所得，按转让股票差价所得和持有股票的股息红利所得政策规定征免企业所得税。

（6）对公募证券投资基金（封闭式证券投资基金、开放式证券投资基金）转让创新企业 CDR 取得的差价所得和持有创新企业 CDR 取得的股息红利所得，按公募证券投资基金税收政策规定暂不征收企业所得税。

（7）对合格境外机构投资者（QFII）、人民币合格境外机构投资者（RQFII）转让创新企业 CDR 取得的差价所得和持有创新企业 CDR 取得的股息红利所得，视同转让或持有据以发行创新企业 CDR 的基础股票取得的权益性资产转让所得和股息红利所得征免企业所得税。

2. 减计收入

（1）综合利用资源生产产品取得的收入。

企业综合利用资源，生产符合国家产业政策规定的产品所取得的收入，可以在计算应纳税所得额时减计收入。企业以《资源综合利用企业所得税优惠目录》规定的资源作为主要原材料，生产国家非限制和禁止并符合国家和行业相关标准的产品取得的收入，减按 90% 计入收入总额。

（2）金融机构取得的涉农贷款利息收入。

2017 年 1 月 1 日至 2027 年 12 月 31 日，对金融机构农户小额贷款的利息收入，在计算应纳税所得额时，按 90% 计入收入总额。

（3）保险机构取得的涉农保费收入。

2017 年 1 月 1 日至 2027 年 12 月 31 日，对保险公司为种植业、养殖业提供保险业务取得的保费收入，在计算应纳税所得额时，按 90% 计入收入总额。

保费收入是指原保险保费收入加上分保费收入减去分出保费后的余额。

（4）小额贷款公司取得的农户小额贷款利息收入。

2027 年 12 月 31 日前，对经省级地方金融监督管理部门批准成立的小额贷款公司取得的农户小额贷款利息收入，在计算应纳税所得额时，按 90% 计入收入总额。

（5）铁路债券利息收入。

企业持有 2011—2027 年发行的铁路债券取得的利息收入，减半征收企业所得税。

铁路债券，原称为中国铁路建设债券，在不同时期的规定有所差异：2011—2013 年，称为中国铁路建设债券，是指经国家发展改革委核准，以铁道部[①]为发行和偿还主体的债券；根据《国务院关于组建中国铁路总公司有关问题的批复》（国函〔2013〕47 号）规定，中国铁路总公司组建后，继续享有国家对原铁道部的税收优惠政策，国务院及有关部门、地方政府对铁路实行的原有优惠政策继续执行，继续明确铁路建设债券为政府支持债券，因此 2014 年和 2015 年发行的中国铁路建设债券是指经国家发展改革委核准，以中国铁路总公司为发行和偿还主体的债券；自 2016 年起，使用铁路债券名称，其是指以中国铁路总公司为发行和偿还主体的债券，包括中国铁路建设债券、中期票据、短期融资券等债务融资工具。

（6）提供社区养老、托育、家政相关服务的收入。

2019 年 6 月 1 日至 2025 年 12 月 31 日，提供社区养老、托育、家政服务取得的收入，在计算应纳税所得额时，减按 90% 计入收入总额。

（7）保险保障基金公司收入。

2018 年 1 月 1 日至 2027 年 12 月 31 日，对中国保险保障基金有限责任公司根据《保险保障基金管理办法》取得的下列收入，免征企业所得税：

①境内保险公司依法缴纳的保险保障基金；

②依法从撤销或破产保险公司清算财产中获得的受偿收入和向有关责任方追偿所得，以及依法从保险公司风险处置中获得的财产转让所得；

---

① 2013 年 3 月，第十二届全国人大审议通过《国务院机构改革和职能转变方案》，决定撤销铁道部，重新组建中国铁路总公司和国家铁路局，实行铁路政企分开。2019 年 6 月，经国务院批准同意，中国铁路总公司改制成立中国国家铁路集团有限公司。为确保内容准确，本书中铁路涉税内容均按照法律、法规及规范性文件原文表述。

③接受捐赠收入；

④银行存款利息收入；

⑤购买政府债券、中央银行、中央企业和中央级金融机构发行债券的利息收入；

⑥国务院批准的其他资金运用取得的收入。

（8）中国清洁发展机制基金收入。

中国清洁发展机制基金取得的 CDM 项目温室气体减排量转让收入上缴国家的部分，国际金融组织赠款收入，基金资金的存款利息收入、购买国债的利息收入，国内外机构、组织和个人的捐赠收入，免征企业所得税。

3. 免征、减征所得

企业的下列所得，可以免征、减征企业所得税：

（1）企业从事下列项目的所得，免征企业所得税：

①蔬菜、谷物、薯类、油料、豆类、棉花、麻类、糖料、水果、坚果的种植；

②农作物新品种的选育；

③中药材的种植；

④林木的培育和种植；

⑤牲畜、家禽的饲养；

⑥林产品的采集；

⑦灌溉、农产品初加工、兽医、农技推广、农机作业和维修等农、林、牧、渔服务业项目；

⑧远洋捕捞。

（2）企业从事下列项目的所得，减半征收企业所得税：

①花卉、茶以及其他饮料作物和香料作物的种植；

②海水养殖、内陆养殖。

企业从事国家限制和禁止发展的项目，不得享受上述规定的免征和减半征收企业所得税优惠。

（3）从事国家重点扶持的公共基础设施项目投资经营的所得。

国家重点扶持的公共基础设施项目，是指《公共基础设施项目企业所得税优惠目录》规定的港口码头、机场、铁路、公路、城市公共交通、电力、水利等项目。

企业从事上述规定的国家重点扶持的公共基础设施项目的投资经营的所得，自项目取得第一笔生产经营收入所属纳税年度起，第一年至第三年免征企业所得税，第四年至第六年减半征收企业所得税。企业承包经营、承包建设和内部自建自用的上述项目，不得享受上述规定的企业所得税优惠。

按上述规定享受减免税优惠的项目，在减免税期限内转让的，受让方自受让之日起，可以在剩余期限内享受规定的减免税优惠；减免税期限届满后转让的，受让方不得就该项目重复享受减免税优惠。

（4）从事符合条件的环境保护、节能节水项目的所得。

符合条件的环境保护、节能节水项目，包括公共污水处理、公共垃圾处理、沼气综合开发利用、节能减排技术改造、海水淡化等。

企业从事上述规定的符合条件的环境保护、节能节水项目的所得，自项目取得第一笔生产经营收入所属纳税年度起，第一年至第三年免征企业所得税，第四年至第六年减半征收企业所得税。

按上述规定享受减免税优惠的项目，在减免税期限内转让的，受让方自受让之日起，可以在剩余期限内享受规定的减免税优惠；减免税期限届满后转让的，受让方不得就该项目重复享受减免税优惠。

（5）符合条件的技术转让所得。

符合条件的技术转让所得免征、减征企业所得税，是指一个纳税年度内，居民企业技术转让所得不超过500万元的部分，免征企业所得税；超过500万元的部分，减半征收企业所得税。

（6）非居民企业下列所得可以免征企业所得税：

①外国政府向中国政府提供贷款取得的利息所得；

②国际金融组织向中国政府和居民企业提供优惠贷款取得的利息所得；

③经国务院批准的其他所得。

（7）证券投资基金收入。

①对证券投资基金从证券市场中取得的收入，包括买卖股票、债券的差价收入，股权的股息、红利收入，债券的利息收入及其他收入，暂不征收企业所得税；

②对投资者从证券投资基金分配中取得的收入，暂不征收企业所得税；

③对证券投资基金管理人运用基金买卖股票、债券的差价收入，暂不征收企业所得税。

（8）节能服务公司实施合同能源管理项目。

对符合条件的节能服务公司实施合同能源管理项目，符合企业所得税法有关规定的，自项目取得第一笔生产经营收入所属纳税年度起，第一年至第三年免征企业所得税，第四年至第六年按照25%的法定税率减半征收企业所得税。

（9）软件企业。

依法成立且符合条件的软件企业，在2018年12月31日前自获利年度起计算优惠期，第一年至第二年免征企业所得税，第三年至第五年按照25%的法定税率减半征收企业所得税，并享受至期满为止。

国家规划布局内的重点软件企业，如当年未享受免税优惠的，可减按10%的税率征收企业所得税。自2020年1月1日起，该条停止执行。

自 2020 年起，国家鼓励的重点软件企业，自获利年度起，第一年至第五年免征企业所得税，接续年度减按 10% 的税率征收企业所得税。国家鼓励的软件企业，自获利年度起，第一年至第二年免征企业所得税，第三年至第五年按照 25% 的法定税率减半征收企业所得税。

（10）集成电路生产企业。

①集成电路线宽小于 0.8 微米（含）的集成电路生产企业，经认定后，在 2017 年 12 月 31 日前自获利年度起计算优惠期，第一年至第二年免征企业所得税，第三年至第五年按照 25% 的法定税率减半征收企业所得税，并享受至期满为止。

2017 年 12 月 31 日前设立但未获利的集成电路线宽小于 0.8 微米（含）的集成电路生产企业，自获利年度起第一年至第二年免征企业所得税，第三年至第五年按照 25% 的法定税率减半征收企业所得税，并享受至期满为止。

②集成电路线宽小于 0.25 微米或投资额超过 80 亿元的集成电路生产企业，经认定后，减按 15% 的税率征收企业所得税，其中经营期在 15 年以上的，在 2017 年 12 月 31 日前自获利年度起计算优惠期，第一年至第五年免征企业所得税，第六年至第十年按照 25% 的法定税率减半征收企业所得税，并享受至期满为止。

2017 年 12 月 31 日前设立但未获利的集成电路线宽小于 0.25 微米或投资额超过 80 亿元，且经营期在 15 年以上的集成电路生产企业，自获利年度起第一年至第五年免征企业所得税，第六年至第十年按照 25% 的法定税率减半征收企业所得税，并享受至期满为止。自 2020 年 1 月 1 日起，该条停止执行。

③投资新设的集成电路线宽小于 130 纳米，且经营期在 10 年以上的集成电路生产企业或项目，第一年至第二年免征企业所得税，第三年至第五年按照 25% 的法定税率减半征收企业所得税，并享受至期满为止。

④投资新设的集成电路线宽小于 65 纳米或投资额超过 150 亿元，且经营期在 15 年以上的集成电路生产企业或项目，第一年至第五年免征企业所得税，第六年至第十年按照 25% 的法定税率减半征收企业所得税，并享受至期满为止。

对于按照集成电路生产企业享受第③项、第④项税收优惠政策的，优惠期自企业获利年度起计算。

⑤国家鼓励的集成电路线宽小于 28 纳米（含），且经营期在 15 年以上的集成电路生产企业或项目，第一年至第十年免征企业所得税；国家鼓励的集成电路线宽小于 65 纳米（含），且经营期在 15 年以上的集成电路生产企业或项目，第一年至第五年免征企业所得税，第六年至第十年按照 25% 的法定税率减半征收企业所得税；国家鼓励的集成电路线宽小于 130 纳米（含），且经营期在 10 年以上的集成电路生产企业或项目，第一年至第二年免征企业所得税，第三年至第五年按照 25% 的法定税率减半征收企业所得税。

对于按照集成电路生产企业享受税收优惠政策的，优惠期自获利年度起计算；对于按照集成电路生产项目享受税收优惠政策的，优惠期自项目取得第一笔生产经营收入所属纳税年度起计算，集成电路生产项目需单独进行会计核算、计算所得，并合理分摊期间费用。

国家鼓励的集成电路生产企业或项目清单由国家发展改革委、工业和信息化部会同财政部、税务总局等相关部门制定。

⑥国家鼓励的线宽小于 130 纳米（含）的集成电路生产企业，属于国家鼓励的集成电路生产企业清单年度之前 5 个纳税年度发生的尚未弥补完的亏损，准予向以后年度结转，总结转年限最长不得超过 10 年。

（11）集成电路设计企业。

依法成立且符合条件的集成电路设计企业，在 2018 年 12 月 31 日前自获利年度起计算优惠期，第一年至第二年免征企业所得税，第三年至第五年按照 25% 的法定税率减半征收企业所得税，并享受至期满为止。

国家规划布局内的重点集成电路设计企业，如当年未享受免税优惠的，可减按 10% 的税率征收企业所得税。自 2020 年 1 月 1 日起，该条停止执行。

自 2020 年起，国家鼓励的重点集成电路设计企业，自获利年度起，第一年至第五年免征企业所得税，接续年度减按 10% 的税率征收企业所得税。国家鼓励的集成电路设计企业，自获利年度起，第一年至第二年免征企业所得税，第三年至第五年按照 25% 的法定税率减半征收企业所得税。

（12）集成电路封装、测试企业。

在 2017 年（含 2017 年）前实现获利的，自获利年度起，第一年至第二年免征企业所得税，第三年至第五年按照 25% 的法定税率减半征收企业所得税，并享受至期满为止；2017 年前未实现获利的，自 2017 年起计算优惠期，享受至期满为止。

自 2020 年起，国家鼓励的封装、测试企业和自获利年度起，第一年至第二年免征企业所得税，第三年至第五年按照 25% 的法定税率减半征收企业所得税。

（13）集成电路关键专用材料生产企业、集成电路专用设备生产企业。

在 2017 年前（含 2017 年）实现获利的，自获利年度起，第一年至第二年免征企业所得税，第三年至第五年按照 25% 的法定税率减半征收企业所得税，并享受至期满为止；2017 年前未实现获利的，自 2017 年起计算优惠期，享受至期满为止。

自 2020 年起，国家鼓励的集成电路装备、材料自获利年度起，第一年至第二年免征企业所得税，第三年至第五年按照 25% 的法定税率减半征收企业所得税。

（14）动漫企业。

经认定的动漫企业自主开发、生产动漫产品，可申请享受国家现行鼓励软件产业发展的所得税优惠政策。

在 2017 年 12 月 31 日前自获利年度起，第一年至第二年免征所得税，第三年至第五年按照 25% 的法定税率减半征收所得税，并享受至期满为止。

（15）新疆困难地区和新疆喀什、霍尔果斯两个特殊经济开发区。

①2010 年 1 月 1 日至 2030 年 12 月 31 日，对在新疆困难地区新办的属于《新疆困难地区重点鼓励发展产业企业所得税优惠目录（试行）（2016 版本）》（以下简称《目录》）范围内的企业，自取得第一笔生产经营收入所属纳税年度起，第一年至第二年免征企业所得税，第三年至第五年减半征收企业所得税。在减半期内，按照企业所得税 25% 的法定税率计算的应纳税额减半征税。

新疆困难地区包括南疆三地州、其他国家扶贫开发重点县和边境县市。

第一笔生产经营收入，是指产业项目已建成并投入运营后所取得的第一笔收入。

属于《目录》范围内的企业是指以《目录》中规定的产业项目为主营业务，其当年度主营业务收入占企业收入总额 70% 以上的企业。

②2010 年 1 月 1 日至 2030 年 12 月 31 日，对在新疆喀什、霍尔果斯两个特殊经济开发区内新办的属于《目录》范围内的企业，自取得第一笔生产经营收入所属纳税年度起，5 年内免征企业所得税。

第一笔生产经营收入，是指产业项目已建成并投入运营后所取得的第一笔收入。

企业在优惠区域内、外分别设有机构的，仅就其设在优惠区域内的机构的所得确定适用 15% 的企业所得税优惠税率。

鼓励类产业企业是指以所在区域《目录》中规定的产业项目为主营业务，且其当年度主营业务收入占企业收入总额 70% 以上的企业。

（16）经营性文化事业单位转制为企业。

经营性文化事业单位转制为企业，自转制注册之日起 5 年内免征企业所得税。2018 年 12 月 31 日之前已完成转制的企业，自 2019 年 1 月 1 日起可继续免征五年企业所得税。

经营性文化事业单位，是指从事新闻出版、广播影视和文化艺术的事业单位。转制包括整体转制和剥离转制。其中，整体转制包括：（图书、音像、电子）出版社、非时政类报刊出版单位、新华书店、艺术院团、电影制片厂、电影（发行放映）公司、影剧院、重点新闻网站等整体转制为企业；剥离转制包括：新闻媒体中的广告、印刷、发行、传输网络等部分，以及影视剧等节目制作与销售机构，从事业体制中剥离出来转制为企业。

转制注册之日，是指经营性文化事业单位转制为企业并进行企业法人登记之日。对于经营性文化事业单位转制前已进行企业法人登记，则按注销事业单位法人登记之日，或核销事业编制的批复之日（转制前未进行事业单位法人登记的）确定转制完成并享受相关文件所规定的税收优惠政策。

2018 年 12 月 31 日之前已完成转制，是指经营性文化事业单位在 2018 年 12 月 31 日及以前已转制为企业、进行企业法人登记，并注销事业单位法人登记或批复核销事业编制（转制前未进行事业单位法人登记的）。

（17）扶持自主就业退役士兵创业就业的企业。

2019 年 1 月 1 日至 2027 年 12 月 31 日，企业招用自主就业退役士兵，与其签订 1 年以上期限劳动合同并依法缴纳社会保险费的，自签订劳动合同并缴纳社会保险当月起，在 3 年内按实际招用人数予以定额依次扣减增值税、城市维护建设税、教育费附加、地方教育附加和企业所得税优惠。定额标准为每人每年 6000 元，最高可上浮 50%。

税收扣减额应在企业当年实际应缴纳的增值税、城市维护建设税、教育费附加、地方教育附加和企业所得税税额中扣减，当年扣减不完的，不得结转下年使用。

（18）生产和装配伤残人员专门用品企业。

2021 年 1 月 1 日至 2027 年 12 月 31 日，对符合下列条件的居民企业，免征企业所得税：

①生产和装配伤残人员专门用品，且在民政部发布的《中国伤残人员专门用品目录》范围之内。

②以销售本企业生产或者装配的伤残人员专门用品为主，其所取得的年度伤残人员专门用品销售收入（不含出口取得的收入）占企业收入总额 60% 以上。

收入总额，是指《企业所得税法》第六条规定的收入总额。

③企业账证健全，能够准确、完整地向主管税务机关提供纳税资料，且本企业生产或者装配的伤残人员专门用品所取得的收入能够单独、准确核算。

④企业拥有假肢制作师、矫形器制作师资格证书的专业技术人员不得少于 1 人；其企业生产人员如超过 20 人，则其拥有假肢制作师、矫形器制作师资格证书的专业技术人员不得少于全部生产人员的 1/6。

⑤具有与业务相适应的测量取型、模型加工、接受腔成型、打磨、对线组装、功能训练等生产装配专用设备和工具。

⑥具有独立的接待室、假肢或者矫形器（辅助器具）制作室和假肢功能训练室，使用面积不少于 115 平方米。

（19）农村饮水安全工程运营管理单位。

对农村饮水安全工程运营管理单位从事《公共基础设施项目企业所得税优惠目录》规定的农村饮水安全工程新建项目投资经营的所得，自项目取得第一笔生产经营收入所属纳税年度起，第一年至第三年免征企业所得税，第四年至第六年减半征收企业所得税。

4. 加计扣除

（1）研发费用加计扣除。

①一般企业加计扣除政策。

企业为开发新技术、新产品、新工艺发生的研究开发费用，未形成无形资产计入当期损益的，在按照规定据实扣除的基础上，按照研究开发费用的50%加计扣除；形成无形资产的，按照无形资产成本150%摊销。适用研发费用加计扣除政策的行业不包括烟草制造业、住宿和餐饮业、批发和零售业、房地产业、租赁和商务服务业、娱乐业。

在2018年1月1日至2022年9月30日期间，企业开展研发活动中实际发生的研发费用，未形成无形资产计入当期损益的，在按规定据实扣除的基础上，再按照实际发生额的75%在税前加计扣除；形成无形资产的，在上述期间按照无形资产成本的175%在税前摊销。

2022年10月1日前适用研发费用税前加计扣除比例75%的企业，在2022年10月1日至2022年12月31日期间，税前加计扣除比例提高至100%。企业在2022年度企业所得税汇算清缴计算享受研发费用加计扣除优惠时，四季度研发费用可由企业自行选择按实际发生数计算，或者按全年实际发生的研发费用乘以2022年10月1日后的经营月份数占其2022年度实际经营月份数的比例计算。

自2023年1月1日起，除烟草制造业、住宿和餐饮业、批发和零售业、房地产业、租赁和商务服务业、娱乐业外，企业开展研发活动中实际发生的研发费用，未形成无形资产计入当期损益的，在按规定据实扣除的基础上，再按照实际发生额的100%在税前加计扣除；形成无形资产的，按照无形资产成本的200%在税前摊销。

自2018年1月1日起，企业委托境内的外部机构或个人进行研发活动发生的费用，按照费用实际发生额的80%计入委托方研发费用并按规定计算加计扣除；委托境外（不包括境外个人）进行研发活动所发生的费用，按照费用实际发生额的80%计入委托方的委托境外研发费用。委托境外研发费用不超过境内符合条件的研发费用2/3的部分，可按规定在企业所得税税前加计扣除。

企业共同合作开发的项目，由合作各方就自身实际承担的研发费用分别计算加计扣除。

企业集团根据生产经营和科技开发的实际情况，对技术要求高、投资数额大，需要集中研发的项目，其实际发生的研发费用，可以按照权利和义务相一致、费用支出和收益分享相配比的原则，合理确定研发费用的分摊方法，在受益成员企业之间进行分摊，由相关成员企业分别计算加计扣除。

企业既符合享受研发费用加计扣除政策条件，又符合享受其他优惠政策条件的，可以同时享受有关优惠政策。

企业为获得创新性、创意性、突破性的产品进行创意设计活动而发生的相关费用，可按照规定进行税前加计扣除。创意设计活动是指多媒体软件、动漫游戏软件开发，数字动漫、游戏设计制作；房屋建筑工程设计（绿色建筑评价标准为三星）、风景园林工程专项设计；工业设计、多媒体设计、动漫及衍生产品设计、模型设计等。

②制造业企业加计扣除政策。

自 2021 年 1 月 1 日起，制造业企业开展研发活动中实际发生的研发费用，未形成无形资产计入当期损益的，在按规定据实扣除的基础上，再按照实际发生额的 100% 在税前加计扣除；形成无形资产的，按照无形资产成本的 200% 在税前摊销。

③科技型中小企业加计扣除政策。

除烟草制造业、住宿和餐饮业、批发和零售业、房地产业、租赁和商务服务业、娱乐业以外的科技型中小企业，开展研发活动中实际发生的研发费用，未形成无形资产计入当期损益的，在按规定据实扣除的基础上，2017 年 1 月 1 日至 2021 年 12 月 31 日，再按照实际发生额的 75% 在税前加计扣除；形成无形资产的，在此期间按照无形资产成本的 175% 在税前摊销。自 2022 年 1 月 1 日起，按照实际发生额的 100% 在税前加计扣除；形成无形资产的，自 2022 年 1 月 1 日起，按照无形资产成本的 200% 在税前摊销。

科技型中小企业是指依托一定数量的科技人员从事科学技术研究开发活动，取得自主知识产权并将其转化为高新技术产品或服务，从而实现可持续发展的中小企业。

科技型中小企业需同时满足以下条件：

A. 在中国境内（不包括港、澳、台地区）注册的居民企业。

B. 职工总数不超过 500 人、年销售收入不超过 2 亿元、资产总额不超过 2 亿元。

C. 企业提供的产品和服务不属于国家规定的禁止、限制和淘汰类。

D. 企业在填报上一年及当年内未发生重大安全、重大质量事故和严重环境违法、科研严重失信行为，且企业未列入经营异常名录和严重违法失信企业名单。

E. 企业根据科技型中小企业评价指标进行综合评价所得分值不低于 60 分，且科技人员指标得分不得为 0 分。

符合以上第 A ~ D 项条件的企业，若同时符合下列条件中的一项，则可直接确认符合科技型中小企业条件：

A. 企业拥有有效期内高新技术企业资格证书。

B. 企业近 5 年内获得过国家级科技奖励，并在获奖单位中排在前三名。

C. 企业拥有经认定的省部级以上研发机构。

D. 企业近 5 年内主导制定过国际标准、国家标准或行业标准。

企业可按照上述条件进行自主评价，并按照自愿原则到全国科技型中小企业信息服务平台填报企业信息，经公示无异议的，纳入全国科技型中小企业信息库，取得科技型中小企业入库登记编号。

各省级科技管理部门按企业成立日期和提交自评信息日期，在科技型中小企业入库登记编号上进行标识。其中，入库年度之前成立且5月31日前提交自评信息的，其登记编号第11位为0；入库年度之前成立但6月1日（含）以后提交自评信息的，其登记编号第11位为A；入库年度当年成立的，其登记编号第11位为B。入库登记编号第11位为0的企业，可在上年度汇算清缴中享受科技型中小企业研发费用加计扣除政策。

④集成电路企业和工业母机企业加计扣除政策。

集成电路企业和工业母机企业开展研发活动中实际发生的研发费用，未形成无形资产计入当期损益的，在按规定据实扣除的基础上，在2023年1月1日至2027年12月31日期间，再按照实际发生额的120%在税前扣除；形成无形资产的，在上述期间按照无形资产成本的220%在税前摊销。

（2）安置残疾人员所支付的工资加计扣除。

企业安置残疾人员的，在按照支付给残疾职工工资据实扣除的基础上，可以在计算应纳税所得额时按照支付给残疾职工工资的100%加计扣除。

（3）出资给非营利性科学技术研究开发机构等用于基础研究的支出。

对企业出资给非营利性科学技术研究开发机构（科学技术研究开发机构以下简称科研机构）、高等学校和政府性自然科学基金用于基础研究的支出，在计算应纳税所得额时可按实际发生额在税前扣除，并可按100%在税前加计扣除。

（4）加速折旧。

①法定优惠。

企业的固定资产由于技术进步等原因，确需加速折旧的，可以缩短折旧年限或者采取加速折旧的方法。包括：

A. 由于技术进步，产品更新换代较快的固定资产。

B. 常年处于强震动、高腐蚀状态的固定资产。

采取缩短折旧年限方法的，最低折旧年限不得低于《企业所得税法实施条例》规定折旧年限的60%；采取加速折旧方法的，可以采取双倍余额递减法或者年数总和法。

②特定优惠。

A. 鼓励软件与集成电路产业发展的加速折旧。

a. 企业外购的软件，凡符合固定资产或无形资产确认条件的，可以按照固定资产或无形资产进行核算，其折旧或摊销年限可以适当缩短，最短可为2年（含）。

b. 集成电路生产企业的生产设备其折旧年限可以适当缩短，最短可为3年（含）。

B. 特定行业新购进固定资产的加速折旧。

a. 6个行业固定资产加速折旧。

对生物药品制造业，专用设备制造业、铁路、船舶、航空航天和其他运输设备制造业，计算机、通信和其他电子设备制造业，仪器仪表制造业，信息传输、软件和信息技术服务业等6个行业的企业2014年1月1日后新购进的固定资产，可缩短折旧年限或采取加速折旧的方法。

对上述6个行业的小型微利企业，在2014年1月1日后新购进的研发和生产经营共用的仪器、设备，单位价值不超过100万元的，允许一次性计入当期成本费用，在计算应纳税所得额时扣除，不再分年度计算折旧；单位价值超过100万元的，可缩短折旧年限或采取加速折旧的方法。

b. 四个领域重点行业固定资产加速折旧。

对轻工、纺织、机械、汽车等四个领域重点行业的企业在2015年1月1日后新购进的固定资产，可由企业选择缩短折旧年限或采取加速折旧的方法。

对上述行业的小型微利企业2015年1月1日后新购进的研发和生产经营共用的仪器、设备，单位价值不超过100万元的，允许一次性计入当期成本费用在计算应纳税所得额时扣除，不再分年度计算折旧；单位价值超过100万元的，可由企业选择缩短折旧年限或采取加速折旧的方法。

c. 自2019年1月1日起，上述两项固定资产加速折旧优惠的行业范围扩大至全部制造业领域。制造业按照国家统计局《国民经济行业分类与代码》（GB/T 4754—2017）确定。

C. 固定资产一次性扣除。

企业在2018年1月1日至2027年12月31日新购进的设备、器具，单位价值不超过500万元的，允许一次性计入当期成本费用在计算应纳税所得额时扣除，不再分年度计算折旧。

设备、器具，是指除房屋、建筑物以外的固定资产。

购进，包括以货币形式购进或自行建造。

固定资产购进时点按以下原则确认：以货币形式购进的固定资产，除采取分期付款或赊销方式购进外，按发票开具时间确认；以分期付款或赊销方式购进的固定资产，按固定资产到货时间确认；自行建造的固定资产，按竣工结算时间确认。

企业根据自身生产经营核算需要，可自行选择享受一次性税前扣除政策。未选择享受一次性税前扣除政策的，以后年度不得再变更。企业选择享受一次性税前扣除政策的，其资产的税务处理可与会计处理不一致。

2020年1月1日至2024年12月31日，对在海南自由贸易港设立的企业，新购置（含自建、自行开发）固定资产或无形资产，单位价值不超过500万元（含）的，允许一次性计入当期成本费用在计算应纳税所得额时扣除，不再分年度计算折旧和摊销；新购置（含自建、自行开发）固定资产或无形资产，单位价值超过500万元的，可以缩短折旧、摊销年限或采取加速折旧、摊销的方法。固定资产，是指除房屋、建筑物以外的固定资产。

5. 创业投资企业优惠

企业从事国家需要重点扶持和鼓励的创业投资，可以按投资额的一定比例抵扣应纳税所得额。创业投资企业采取股权投资方式投资于未上市的中小高新技术企业 2 年（24 个月）以上的，可以按照其投资额的 70% 在股权持有满 2 年（24 个月）的当年抵扣该创业投资企业的应纳税所得额；当年不足抵扣的，可以在以后纳税年度结转抵扣。

6. 抵扣应纳税所得额

（1）公司制创业投资企业投资未上市中小高新技术企业。

公司制创业投资企业采取股权投资方式直接投资于中小高新技术企业满2 年（24 个月，下同）的，可以按照投资额的 70% 在股权持有满 2 年的当年抵扣该公司制创业投资企业的应纳税所得额；当年不足抵扣的，可以在以后纳税年度结转抵扣。

（2）公司制创业投资企业投资初创科技型企业。

公司制创业投资企业采取股权投资方式直接投资于种子期、初创期科技型企业（以下简称初创科技型企业）满 2 年的，可以按照投资额的 70% 在股权持有满 2 年的当年抵扣该公司制创业投资企业的应纳税所得额；当年不足抵扣的，可以在以后纳税年度结转抵扣。

满 2 年是指投资时间从初创科技型企业接受投资并完成工商变更登记的日期算起。

（3）有限合伙制创业投资企业投资未上市中小高新技术企业。

自 2015 年 10 月 1 日起，有限合伙制创业投资企业采取股权投资方式投资于未上市的中小高新技术企业满 2 年的，其法人合伙人可按照对未上市中小高新技术企业投资额的 70% 抵扣该法人合伙人从该有限合伙制创业投资企业分得的应纳税所得额，当年不足抵扣的，可以在以后纳税年度结转抵扣。

满 2 年是指自 2015 年 10 月 1 日起，有限合伙制创业投资企业投资于未上市中小高新技术企业的实缴投资满 2 年，同时，法人合伙人对该有限合伙制创业投资企业的实缴出资也应满 2 年。

如果法人合伙人投资于多个符合条件的有限合伙制创业投资企业，可合并计算其可抵扣的投资额和应分得的应纳税所得额。当年不足抵扣的，可结转以后纳税年度继续抵扣；当年抵扣后有结余的，应按照企业所得税法的规定计算缴纳企业所得税。

（4）有限合伙制创业投资企业投资初创科技型企业。

自 2018 年 1 月 1 日起，有限合伙制创业投资企业采取股权投资方式直接投资于初创科技型企业满 2 年的，法人合伙人可以按照对初创科技型企业投资额的 70% 抵扣法人合伙人从合伙创投企业分得的所得；当年不足抵扣的，可以在以后纳税年度结转抵扣。

【知识点3】 税额优惠

1. 专用设备投资额抵免税额

企业购置并实际使用《环境保护专用设备企业所得税优惠目录》、《节能节水专用设备企业所得税优惠目录》和《安全生产专用设备企业所得税优惠目录》规定的环境保护、节能节水、安全生产等专用设备的，该专用设备的投资额的10%可以从企业当年的应纳税额中抵免；当年不足抵免的，可以在以后5个纳税年度结转抵免。自2009年1月1日起，在进行税额抵免时，如增值税进项税额允许抵扣，其专用设备投资额不再包括增值税进项税额；如增值税进项税额不允许抵扣，其专用设备投资额应为增值税专用发票上注明的价税合计金额。企业购买专用设备取得普通发票的，其专用设备投资额为普通发票上注明的金额。

享受上述优惠的企业，应当实际购置并自身实际投入使用上述规定的专用设备；企业购置上述专用设备从购置之日起在5个纳税年度年内转让、出租的，在该专用设备停止使用当月停止享受该优惠，并补缴已经抵免的企业所得税税款。

2. 民族自治地方企业优惠

民族自治地方的自治机关对本民族自治地方的企业应缴纳的企业所得税中属于地方分享的部分，可以决定减征或者免征。自治州、自治县决定减征或者免征的，须报省、自治区、直辖市人民政府批准。民族自治地方，是指依照《中华人民共和国民族区域自治法》的规定，实行民族区域自治的自治区、自治州、自治县。对民族自治地方内国家限制和禁止行业的企业，不得减征或者免征企业所得税。

3. 节能节水、环境保护、安全生产专用设备数字化、智能化改造投入抵免税额

企业在2024年1月1日至2027年12月31日期间发生的节能节水、环境保护和安全生产专用设备数字化、智能化改造投入，不超过该专用设备购置时原计税基础50%的部分，可按照10%比例抵免企业当年应纳税额。企业当年应纳税额不足抵免的，可以向以后年度结转，但结转年限最长不得超过五年。

四 企业所得税征收管理

【知识点1】 纳税期限

企业所得税按纳税年度计算。纳税年度自公历1月1日起至12月31日止。

企业在一个纳税年度中间开业，或者终止经营活动，使该纳税年度的实际经营期不足12个月的，应当以其实际经营期为一个纳税年度。

企业依法清算时，应当以清算期间作为一个纳税年度。

【知识点2】 纳税地点

1. 居民企业的纳税地点

除税收法律、行政法规另有规定外，居民企业以企业登记注册地为纳税地点；但居民企业登记注册地在境外的，以实际管理机构所在地为纳税地点。

企业登记注册地，是指企业依照国家有关规定登记注册的住所地。

居民企业在中国境内设立不具有法人资格的营业机构的，应当汇总计算并缴纳企业所得税。企业汇总计算并缴纳企业所得税时，应当统一核算应纳税所得额。跨地区（指跨省、自治区、直辖市和计划单列市）设立不具有法人资格分支机构的，总机构和具有主体生产经营职能的二级分支机构，就地分摊缴纳企业所得税，分月或分季分别向所在地主管税务机关申报预缴企业所得税。

2. 非居民企业的纳税地点

（1）非居民企业在中国境内设立机构、场所的，其所设机构、场所取得的来源于中国境内的所得，以及发生在中国境外但与其所设机构、场所有实际联系的所得，以机构、场所所在地为纳税地点。

非居民企业在中国境内设立两个或者两个以上机构、场所的，经各机构、场所所在地税务机关的共同上级税务机关审核批准，可以选择由其主要机构、场所汇总缴纳企业所得税。非居民企业经批准汇总缴纳企业所得税后，需要增设、合并、迁移、关闭机构、场所或者停止机构、场所业务的，应当事先由负责汇总申报缴纳企业所得税的主要机构、场所向其所在地税务机关报告，需要变更汇总缴纳企业所得税的主要机构、场所的，经各机构、场所所在地税务机关的共同上级税务机关审核批准。

主要机构、场所，应当同时符合下列条件：

①对其他各机构、场所的生产经营活动负有监督管理责任；

②设有完整的账簿、凭证，能够准确反映各机构、场所的收入、成本、费用和盈亏情况。

（2）非居民企业在中国境内未设立机构、场所的，或者虽设立机构、场所但取得的所得与其所设机构、场所没有实际联系的，其来源于中国境内的所得，以扣缴义务人所在地为纳税地点。

【知识点3】 申报缴纳

企业所得税分月或者分季预缴，由税务机关具体核定，年终汇算清缴。

1. 预缴税款

企业应当自月份或者季度终了之日起 15 日内，向税务机关报送预缴企业所得税纳税申报表，预缴税款。

分月或者分季预缴企业所得税时，应当按照月度或者季度的实际利润额预缴；按照月度或者季度的实际利润额预缴有困难的，可以按照上一纳税年度应纳税所得额的月度或者季度平均额预缴，或者按照经税务机关认可的其他方法预缴。预缴方法一经确定，该纳税年度内不得随意变更。

2. 汇算清缴

企业应当自年度终了之日起 5 个月内，向税务机关报送年度企业所得税纳税申报表。

企业在报送企业所得税纳税申报表时，应当按照规定附送财务会计报告和其他有关资料。

企业在纳税年度内无论盈利或者亏损，都应当依照上述规定的期限，向税务机关报送预缴企业所得税纳税申报表、年度企业所得税纳税申报表、财务会计报告和税务机关规定应当报送的其他有关资料。

3. 汇总纳税

除国务院另有规定外，企业之间不得合并缴纳企业所得税。

居民企业在中国境内跨地区（指跨省、自治区、直辖市和计划单列市）设立不具有法人资格分支机构的，该居民企业为跨地区经营汇总纳税企业（以下简称汇总纳税企业）。

汇总纳税企业实行“统一计算、分级管理、就地预缴、汇总清算、财政调库”的企业所得税征收管理办法。

总机构和具有主体生产经营职能的二级分支机构，就地分摊缴纳企业所得税。

汇总纳税企业按照《企业所得税法》规定汇总计算的企业所得税，包括预缴税款和汇算清缴应缴应退税款，50% 在各分支机构间分摊，各分支机构根据分摊税款就地办理缴库或退库；50% 由总机构分摊缴纳，其中 25% 就地办理缴库或退库，25% 就地全额缴入中央国库或退库。

【知识点 4】 源泉扣缴

1. 法定扣缴

非居民企业在中国境内未设立机构、场所的，或者虽设立机构、场所但取得的所得与其所设机构、场所没有实际联系的，应当就其来源于中国境内的所得缴纳企业所得税。应缴纳的所得税，实行源泉扣缴，以支付人为扣缴义务人。税款由扣缴义务人在每次支付或者到期应支付时，从支付或者到期应支付的款项中扣缴。

支付人，是指依照有关法律规定或者合同约定对非居民企业直接负有支付相关款项义务的单位或者个人。

支付，包括现金支付、汇拨支付、转账支付和权益兑价支付等货币支付和非货币支付。

到期应支付的款项，是指支付人按照权责发生制原则应当计入相关成本、费用的应付款项。

2. 指定扣缴

对非居民企业在中国境内取得工程作业和劳务所得应缴纳的所得税，税务机关可以指定工程价款或者劳务费的支付人为扣缴义务人。可以指定扣缴义务人的情形，包括：

（1）预计工程作业或者提供劳务期限不足一个纳税年度，且有证据表明不履行纳税义务的；

（2）没有办理税务登记或者临时税务登记，且未委托中国境内的代理人履行纳税义务的；

（3）未按照规定期限办理企业所得税纳税申报或者预缴申报的。

扣缴义务人，由县级以上税务机关指定，并同时告知扣缴义务人所扣税款的计算依据、计算方法、扣缴期限和扣缴方式。

3. 特定扣缴

应当扣缴的所得税，扣缴义务人未依法扣缴或者无法履行扣缴义务的，由纳税人在所得发生地缴纳。纳税人未依法缴纳的，税务机关可以从该纳税人在中国境内其他收入项目的支付人应付的款项中，追缴该纳税人的应纳税款。

所得发生地，是指依照来源于中国境内、境外的所得规定的原则确定的所得发生地。在中国境内存在多处所得发生地的，由纳税人选择其中之一申报缴纳企业所得税。

其他收入，是指该纳税人在中国境内取得的其他各种来源的收入。

税务机关在追缴该纳税人应纳税款时，应当将追缴理由、追缴数额、缴纳期限和缴纳方式等告知该纳税人。

4. 扣缴期限

扣缴义务人每次代扣的税款，应当自代扣之日起 7 日内缴入国库，并向所在地的税务机关报送扣缴企业所得税报告表。

【知识点5】 计量货币

依照企业所得税法缴纳的企业所得税，以人民币计算。所得以人民币以外的货币计算的，应当折合成人民币计算并缴纳税款。预缴企业所得税时，应当按照月度或者季度最后一日的人民币汇率中间价，折合成人民币计算应纳税所得额。年度终了汇算清缴时，对已经按照月度或者季度预缴税款的，不再重新折合计算，只就该纳税年度内未缴纳企业所得税的部分，按照纳税年度最后一日的人民币汇率中间价，折合成人民币计算应纳税所得额。

经税务机关检查确认，企业少计或者多计所得的，应当按照检查确认补税或者退税时的上一个月最后一日的人民币汇率中间价，将少计或者多计的所得折合成人民币计算应纳税所得额，再计算应补缴或者应退的税款。

【知识点6】 企业所得税纳税申报表

《中华人民共和国企业所得税年度纳税申报表（A类，2017年版）(2022年修订)》为企业所得税年度纳税申报表主表。

扫一扫，查看企业所得税年度纳税申报表（A类，2017年版）

《中华人民共和国企业所得税月（季）度预缴纳税申报表（A类）》适用于实行查账征收企业所得税的居民企业纳税人在月（季）度预缴纳税申报时填报。

扫一扫，查看企业所得税月（季）度预缴纳税申报表（A类）

《中华人民共和国企业所得税月（季）度预缴和年度纳税申报表（B类，2018年版）(2020年修订)》适用于实行核定征收企业所得税的居民企业纳税人在月（季）度预缴纳税申报时填报。此外，实行核定应税所得率方式的纳税人在年度纳税申报时填报该表。

扫一扫，查看企业所得税月（季）度
预缴和年度纳税申报表（B类，2018年版）

2022年12月，税务总局对《中华人民共和国企业所得税年度纳税申报表（A类，2017年版)》部分表单和填报说明进行修订，具体如下：对《资产折旧、摊销及纳税调整明细表》(A105080)、《企业重组及递延纳税事项纳税调整明细表》(A105100)、《免税、减计收入及加计扣除优惠明细表》(A107010)、《研发费用加计扣除优惠明细表》(A107012)、《减免所得税优惠明细表》(A107040) 的表单样式及填报说明进行修订；对《纳税调整项目明细表》（A105000）的填报说明进行修订。

企业搬迁完成当年，向主管税务机关报送企业所得税年度纳税申报表时，不再报送《企业政策性搬迁清算损益表》。

>>第四节 个人所得税

一 个人所得税基本政策

【知识点1】纳税人和扣缴义务人

1. 居民个人

在中国境内有住所，或者无住所而一个纳税年度内在中国境内居住累计满183天的个人，为居民个人。

居民个人从中国境内和境外取得的所得，依法缴纳个人所得税。

2. 非居民个人

在中国境内无住所又不居住，或者无住所而一个纳税年度内在中国境内居住累计不满183天的个人，为非居民个人。

非居民个人从中国境内取得的所得，依法缴纳个人所得税。

在中国境内有住所，是指因户籍、家庭、经济利益关系而在中国境内习惯性居住；所称从中国境内和境外取得的所得，分别是指来源于中国境内的所得和来源于中国境外的所得。

纳税年度，自公历1月1日起至12月31日止。

除国务院财政、税务主管部门另有规定外，下列所得，不论支付地点是否在中国境内，均为来源于中国境内的所得：

（1）因任职、受雇、履约等在中国境内提供劳务取得的所得；

（2）将财产出租给承租人在中国境内使用而取得的所得；

（3）许可各种特许权在中国境内使用而取得的所得；

（4）转让中国境内的不动产等财产或者在中国境内转让其他财产取得的所得；

（5）从中国境内企业、事业单位、其他组织以及居民个人取得的利息、股息、红利所得。

3. 扣缴义务人

扣缴义务人，是指法律、行政法规规定负有代扣代缴、代收代缴税款等义务的单位和个人。扣缴义务人既非纯粹意义上的纳税人，也非实际负担税款的负税人，只是负有代为扣税并缴纳税款法定职责的义务人。

【知识点2】 征税范围

1. 工资、薪金所得

工资、薪金所得，是指个人因任职或者受雇取得的工资、薪金、奖金、年终加薪、劳动分红、津贴、补贴以及与任职或者受雇有关的其他所得。

2. 劳务报酬所得

劳务报酬所得，是指个人从事劳务取得的所得，包括从事设计、装潢、安装、制图、化验、测试、医疗、法律、会计、咨询、讲学、翻译、审稿、书画、雕刻、影视、录音、录像、演出、表演、广告、展览、技术服务、介绍服务、经纪服务、代办服务以及其他劳务取得的所得。

3. 稿酬所得

稿酬所得，是指个人因其作品以图书、报刊等形式出版、发表而取得的所得。

4. 特许权使用费所得

特许权使用费所得，是指个人提供专利权、商标权、著作权、非专利技术以及其他特许权的使用权取得的所得；提供著作权的使用权取得的所得，不包括稿酬所得。

5. 经营所得

经营所得，是指：

（1）个体工商户从事生产、经营活动取得的所得，个人独资企业投资人、合伙企业的个人合伙人来源于境内注册的个人独资企业、合伙企业生产、经营的所得；

（2）个人依法从事办学、医疗、咨询以及其他有偿服务活动取得的所得；

（3）个人对企业、事业单位承包经营、承租经营以及转包、转租取得的所得；

（4）个人从事其他生产、经营活动取得的所得。

6. 利息、股息、红利所得

利息、股息、红利所得，是指个人拥有债权、股权等而取得的利息、股息、红利所得。

2023 年 9 月 21 日至 2025 年 12 月 31 日，对个人投资者持有创新企业 CDR 取得的股息红利所得，实施股息红利差别化个人所得税政策。

7. 财产租赁所得

财产租赁所得，是指个人出租不动产、机器设备、车船以及其他财产取得的所得。

8. 财产转让所得

财产转让所得，是指个人转让有价证券、股权、合伙企业中的财产份额、不动产、机器设备、车船以及其他财产取得的所得。

9. 偶然所得

偶然所得，是指个人得奖、中奖、中彩以及其他偶然性质的所得。

（1）个人为单位或他人提供担保获得收入，按照“偶然所得”项目计算缴纳个人所得税。

（2）除按照《财政部 国家税务总局关于个人无偿受赠房屋有关个人所得税问题的通知》（财税〔2009〕78 号）第一条规定，对当事双方不征收个人所得税外，房屋产权所有人将房屋产权无偿赠与他人的，受赠人因无偿受赠房屋取得的受赠收入，按照“偶然所得”项目计算缴纳个人所得税。

（3）企业在业务宣传、广告等活动中，随机向本单位以外的个人赠送礼品（包括网络红包，下同），以及企业在年会、座谈会、庆典以及其他活动中向本单位以外的个人赠送礼品，个人取得的礼品收入，按照“偶然所得”项目计算缴纳个人所得税，但企业赠送的具有价格折扣或折让性质的消费券、代金券、抵用券、优惠券等礼品除外。

【知识点 3】 税率

个人所得税分不同个人所得项目，规定了超额累进税率和比例税率两种形式。

1. 超额累进税率

（1）综合所得，适用 3%~45% 的超额累进税率，见表 1－3。

表 1－3　　个人所得税税率表一（综合所得适用）

级　数	全年应纳税所得额	税率（%）
1	不超过 36000 元的部分	3
2	超过 36000 元至 144000 元的部分	10
3	超过 144000 元至 300000 元的部分	20
4	超过 300000 元至 420000 元的部分	25
5	超过 420000 元至 660000 元的部分	30
6	超过 660000 元至 960000 元的部分	35
7	超过 960000 元的部分	45

注：1. 本表所称全年应纳税所得额，是指居民个人取得综合所得以每一纳税年度收入额减除费用 6 万元以及专项扣除、专项附加扣除和依法确定的其他扣除后的余额。

2. 非居民个人取得工资、薪金所得，劳务报酬所得，稿酬所得和特许权使用费所得，依照本表按月换算后计算应纳税额。

（2）经营所得，适用5%~35%的超额累进税率，见表1－4。

表1－4　　个人所得税税率表二（经营所得适用）

级数	全年应纳税所得额	税率（%）
1	不超过30000元的部分	5
2	超过30000元至90000元的部分	10
3	超过90000元至300000元的部分	20
4	超过300000元至500000元的部分	30
5	超过500000元的部分	35

注：本表所称全年应纳税所得额，是指以每一纳税年度的收入总额减除成本、费用以及损失后的余额。

2. 比例税率

利息、股息、红利所得，财产租赁所得，财产转让所得和偶然所得，适用比例税率，税率为20%。

【知识点4】 应纳税所得额的计算

1. 居民个人的综合所得

居民个人的综合所得以每一纳税年度的收入额减除费用6万元以及专项扣除、专项附加扣除和依法确定的其他扣除后的余额，为应纳税所得额。

劳务报酬所得、稿酬所得、特许权使用费所得以收入减除20%的费用后的余额为收入额。稿酬所得的收入额减按70%计算。

专项扣除、专项附加扣除和依法确定的其他扣除，以居民个人一个纳税年度的应纳税所得额为限额；一个纳税年度扣除不完的，不结转以后年度扣除。

（1）专项扣除。

专项扣除，包括居民个人按照国家规定的范围和标准缴纳的基本养老保险、基本医疗保险、失业保险等社会保险费和住房公积金等。

（2）专项附加扣除。

专项附加扣除，包括子女教育、继续教育、大病医疗、住房贷款利息或者住房租金、赡养老人等支出。

①子女教育。

A. 扣除标准。

自2023年1月1日起，纳税人的子女接受全日制学历教育的相关支出，按照每个子女每月 2000 元的标准定额扣除。

学历教育包括义务教育（小学、初中教育）、高中阶段教育（普通高中、中等职业、技工教育）、高等教育（大学专科、大学本科、硕士研究生、博士研究生教育）。

B. 扣除时间。

学前教育阶段，为子女年满 3 周岁当月至小学入学前一月。学历教育，为子女接受全日制学历教育入学的当月至全日制学历教育结束的当月。

学历教育期间，包含因病或其他非主观原因休学但学籍继续保留的休学期间，以及施教机构按规定组织实施的寒暑假等假期。

C. 扣除方式。

父母可以选择由其中一方按扣除标准的 100% 扣除，也可以选择由双方分别按扣除标准的 50% 扣除，具体扣除方式在一个纳税年度内不能变更。

D. 资料准备。

纳税人子女在中国境外接受教育的，纳税人应当留存境外学校录取通知书、留学签证等相关教育的证明资料备查。

②继续教育。

A. 扣除标准。

纳税人在中国境内接受学历（学位）继续教育的支出，在学历（学位）教育期间按照每月 400 元定额扣除。同一学历（学位）继续教育的扣除期限不能超过 48 个月。纳税人接受技能人员职业资格继续教育、专业技术人员职业资格继续教育的支出，在取得相关证书的当年，按照 3600 元定额扣除。

B. 扣除时间。

学历（学位）继续教育，为在中国境内接受学历（学位）继续教育入学的当月至学历（学位）继续教育结束的当月，同一学历（学位）继续教育的扣除期限最长不得超过 48 个月。技能人员职业资格继续教育、专业技术人员职业资格继续教育，为取得相关证书的当年。

学历（学位）继续教育的期间，包含因病或其他非主观原因休学但学籍继续保留的休学期间，以及施教机构按规定组织实施的寒暑假等假期。

C. 扣除方式。

个人接受本科及以下学历（学位）继续教育，符合规定扣除条件的，可以选择由其父母扣除，也可以选择由本人扣除。

D. 资料准备。

纳税人接受技能人员职业资格继续教育、专业技术人员职业资格继续教育的，应当留存相关证书等资料备查。

③大病医疗。

A. 扣除标准。

在一个纳税年度内，纳税人发生的与基本医保相关的医药费用支出，扣除医保报销后个人负担（指医保目录范围内的自付部分）累计超过 15000 元的部分，由纳税人在办理年度汇算清缴时，在 80000 元限额内据实扣除。

B. 扣除时间。

医疗保障信息系统记录的医药费用实际支出的当年。

C. 扣除方式。

纳税人发生的医药费用支出可以选择由本人或者其配偶扣除；未成年子女发生的医药费用支出可以选择由其父母一方扣除。

纳税人及其配偶、未成年子女发生的医药费用支出，按规定分别计算扣除额。

D. 资料准备。

纳税人应当留存医药服务收费及医保报销相关票据原件（或者复印件）等资料备查。医疗保障部门应当向患者提供在医疗保障信息系统记录的本人年度医药费用信息查询服务。

④住房贷款利息。

A. 扣除标准。

纳税人本人或者配偶单独或者共同使用商业银行或者住房公积金个人住房贷款为本人或者其配偶购买中国境内住房，发生的首套住房贷款利息支出，在实际发生贷款利息的年度，按照每月 1000 元的标准定额扣除，扣除期限最长不超过 240 个月。纳税人只能享受一次首套住房贷款的利息扣除。

首套住房贷款是指购买住房享受首套住房贷款利率的住房贷款。

B. 扣除时间。

贷款合同约定开始还款的当月至贷款全部归还或贷款合同终止的当月，扣除期限最长不得超过 240 个月。

C. 扣除方式。

经夫妻双方约定，可以选择由其中一方扣除，具体扣除方式在一个纳税年度内不能变更。

夫妻双方婚前分别购买住房发生的首套住房贷款，其贷款利息支出，婚后可以选择其中一套购买的住房，由购买方按扣除标准的 100% 扣除，也可以由夫妻双方对各自购买的住房分别按扣除标准的 50% 扣除，具体扣除方式在一个纳税年度内不能变更。

D. 资料准备。

纳税人应当留存住房贷款合同、贷款还款支出凭证备查。

⑤住房租金。

A. 扣除标准。

纳税人在主要工作城市没有自有住房而发生的住房租金支出，可以按照以下标准定额扣除：

直辖市、省会（首府）城市、计划单列市以及国务院确定的其他城市，扣除标准为每月 1500 元。

除上述所列城市以外，市辖区户籍人口超过 100 万的城市，扣除标准为每月 1100 元；市辖区户籍人口不超过 100 万的城市，扣除标准为每月 800 元。

纳税人的配偶在纳税人的主要工作城市有自有住房的，视同纳税人在主要工作城市有自有住房。

市辖区户籍人口，以国家统计局公布的数据为准。

B. 扣除时间。

租赁合同（协议）约定的房屋租赁期开始的当月至租赁期结束的当月。提前终止合同（协议）的，以实际租赁期限为准。

C. 扣除方式。

主要工作城市是指纳税人任职受雇的直辖市、计划单列市、副省级城市、地级市（地区、州、盟）全部行政区域范围；纳税人无任职受雇单位的，为受理其综合所得汇算清缴的税务机关所在城市。

夫妻双方主要工作城市相同的，只能由一方扣除住房租金支出。

住房租金支出由签订租赁住房合同的承租人扣除。

纳税人及其配偶在一个纳税年度内不能同时分别享受住房贷款利息和住房租金专项附加扣除。

D. 资料准备。

纳税人应当留存住房租赁合同、协议等有关资料备查。

⑥赡养老人。

A. 扣除标准。

自 2023 年 1 月 1 日起，纳税人赡养一位及以上被赡养人的赡养支出，统一按照以下标准定额扣除：

纳税人为独生子女的，按照每月 3000 元的标准定额扣除。

纳税人为非独生子女的，由其与兄弟姐妹分摊每月 3000 元的扣除额度，每人分摊的额度不能超过每月 1500 元。

被赡养人是指年满 60 岁的父母，以及子女均已去世的年满 60 岁的祖父母、外祖父母。

B. 扣除时间。

被赡养人年满 60 周岁的当月至赡养义务终止的年末。

C. 扣除方式。

纳税人为非独生子女的，可以由赡养人均摊或者约定分摊，也可以由被赡养人指定分摊。约定或者指定分摊的须签订书面分摊协议，指定分摊优先于约定分摊。具体分摊方式和额度在一个纳税年度内不能变更。

D. 资料准备。

采取约定或指定分摊的，需留存分摊协议。

⑦ 3 岁以下婴幼儿照护。

A. 扣除标准。

自 2022 年 1 月 1 日起实施 3 岁以下婴幼儿照护个人所得税专项附加扣除政策。自 2023 年 1 月 1 日起，纳税人照护 3 岁以下婴幼儿子女的相关支出，按照每个婴幼儿每月 2000 元的标准定额扣除。

B. 扣除时间。

从婴幼儿出生的当月至年满 3 周岁的前一个月，纳税人可以享受该项专项附加扣除。

C. 扣除方式。

父母可以选择由其中一方按扣除标准的 100% 扣除，也可以选择由双方分别按扣除标准的 50% 扣除，具体扣除方式在一个纳税年度内不能变更。

D. 资料准备。

纳税人需要留存备查的资料包括子女的出生医学证明等。

（3）依法确定的其他扣除。

依法确定的其他扣除，包括个人缴付符合国家规定的企业年金、职业年金，个人购买符合国家规定的商业健康保险、税收递延型商业养老保险的支出，以及国务院规定可以扣除的其他项目。

①年金。

A. 企业和事业单位（以下统称单位）根据国家有关政策规定的办法和标准，为在本单位任职或者受雇的全体职工缴付的企业年金或职业年金（以下统称年金）单位缴费部分，在计入个人账户时，个人暂不缴纳个人所得税。

B. 个人根据国家有关政策规定缴付的年金个人缴费部分，在不超过本人缴费工资计税基数的 4% 标准内的部分，暂从个人当期的应纳税所得额中扣除。

C. 超过前面 A 和 B 规定的标准缴付的年金单位缴费和个人缴费部分，应并入个人当期的工资、薪金所得，依法计征个人所得税。税款由建立年金的单位代扣代缴，并向主管税务机关申报解缴。

D. 年金基金投资运营收益分配计入个人账户时，个人暂不缴纳个人所得税。

②商业健康保险。

A. 扣除标准。

对个人购买符合规定的商业健康保险产品的支出，允许在当年（月）计算应纳税所得额时予以税前扣除，扣除限额为2400元/年（200元/月）。单位统一为员工购买符合规定的商业健康保险产品的支出，应分别计入员工个人工资薪金，视同个人购买，按上述限额予以扣除。

2400元/年（200元/月）的限额扣除为《中华人民共和国个人所得税法》（以下简称《个人所得税法》）规定减除费用标准之外的扣除。

B. 扣除方式。

适用商业健康保险税收优惠政策的纳税人，是指取得工资薪金所得、连续性劳务报酬所得的个人，以及取得个体工商户生产经营所得、对企事业单位的承包承租经营所得的个体工商户业主、个人独资企业投资者、合伙企业合伙人和承包承租经营者。

取得工资薪金所得或连续性劳务报酬所得的个人，自行购买符合规定的商业健康保险产品的，应当及时向代扣代缴单位提供保单凭证。扣缴单位自个人提交保单凭证的次月起，在不超过200元/月的标准内按月扣除。一年内保费金额超过2400元的部分，不得税前扣除。以后年度续保时，按上述规定执行。个人自行退保时，应及时告知扣缴义务人。

个体工商户业主、企事业单位承包承租经营者、个人独资和合伙企业投资者自行购买符合条件的商业健康保险产品的，在不超过2400元/年的标准内据实扣除。一年内保费金额超过2400元的部分，不得税前扣除。以后年度续保时，按上述规定执行。

③税收递延型商业养老保险。

取得工资薪金、连续性劳务报酬所得的个人，其缴纳的保费准予在申报扣除当月计算应纳税所得额时予以限额据实扣除，扣除限额按照当月工资薪金、连续性劳务报酬收入的6%和1000元孰低办法确定。

取得个体工商户生产经营所得、对企事业单位的承包承租经营所得的个体工商户业主、个人独资企业投资者、合伙企业自然人合伙人和承包承租经营者，其缴纳的保费准予在申报扣除当年计算应纳税所得额时予以限额据实扣除，扣除限额按照不超过当年应税收入的6%和12000元孰低办法确定。

2. 非居民个人的工资、薪金所得

非居民个人的工资、薪金所得，以每月收入额减除费用5000元后的余额为应纳税所得额；劳务报酬所得、稿酬所得、特许权使用费所得，以每次收入额为应纳税所得额。

劳务报酬所得、稿酬所得、特许权使用费所得以收入减除20%的费用后的余额为收入额。稿酬所得的收入额减按70%计算。

劳务报酬所得、稿酬所得、特许权使用费所得，属于一次性收入的，以取得该项收入为一次；属于同一项目连续性收入的，以一个月内取得的收入为一次。

3. 经营所得

经营所得，以每一纳税年度的收入总额减除成本、费用以及损失后的余额，为应纳税所得额。

成本、费用，是指生产、经营活动中发生的各项直接支出和分配计入成本的间接费用以及销售费用、管理费用、财务费用；所称损失，是指生产、经营活动中发生的固定资产和存货的盘亏、毁损、报废损失，转让财产损失，坏账损失，自然灾害等不可抗力因素造成的损失以及其他损失。

取得经营所得的个人，没有综合所得的，计算其每一纳税年度的应纳税所得额时，应当减除费用6万元、专项扣除、专项附加扣除以及依法确定的其他扣除。专项附加扣除在办理汇算清缴时减除。

从事生产、经营活动，未提供完整、准确的纳税资料，不能正确计算应纳税所得额的，由主管税务机关核定应纳税所得额或者应纳税额。

4. 财产租赁所得

财产租赁所得，每次收入不超过4000元的，减除费用800元；4000元以上的，减除20%的费用，其余额为应纳税所得额。

财产租赁所得，以一个月内取得的收入为一次。

5. 财产转让所得

财产转让所得，以转让财产的收入额减除财产原值和合理费用后的余额，为应纳税所得额。

财产转让所得，按照一次转让财产的收入额减除财产原值和合理费用后的余额计算纳税。

财产原值，按照下列方法确定：

①有价证券，为买入价以及买入时按照规定交纳的有关费用；

②建筑物，为建造费或者购进价格以及其他有关费用；

③土地使用权，为取得土地使用权所支付的金额、开发土地的费用以及其他有关费用；

④机器设备、车船，为购进价格、运输费、安装费以及其他有关费用。

其他财产，参照上述规定的方法确定财产原值。

纳税人未提供完整、准确的财产原值凭证，不能按照上述规定的方法确定财产原值的，由主管税务机关核定财产原值。

合理费用，是指卖出财产时按照规定支付的有关税费。

6. 利息、股息、红利所得和偶然所得

利息、股息、红利所得和偶然所得，以每次收入额为应纳税所得额。

利息、股息、红利所得，以支付利息、股息、红利时取得的收入为一次。

偶然所得，以每次取得该项收入为一次。

7. 扣除捐赠款的计税方法

个人将其所得对教育、扶贫、济困等公益慈善事业进行捐赠，捐赠额未超过纳税人申报的应纳税所得额30%的部分，可以从其应纳税所得额中扣除；国务院规定对公益慈善事业捐赠实行全额税前扣除的，从其规定。

个人将其所得对教育、扶贫、济困等公益慈善事业进行捐赠，是指个人将其所得通过中国境内的公益性社会组织、国家机关向教育、扶贫、济困等公益慈善事业的捐赠；所称应纳税所得额，是指计算扣除捐赠额之前的应纳税所得额。

个人直接向承担疫情防治任务的医院捐赠用于应对新冠疫情的物品，允许在计算应纳税所得额时全额扣除。

2019年1月1日至2025年12月31日，个人捐赠住房作为公租房，符合税收法律法规规定的，对其公益性捐赠支出未超过其申报的应纳税所得额30%的部分，准予从其应纳税所得额中扣除。

【知识点5】 税额抵免

居民个人从中国境外取得的所得，可以从其应纳税额中抵免已在境外缴纳的个人所得税税额，但抵免额不得超过该纳税人境外所得依照税法规定计算的应纳税额。

【知识点6】 无住所个人所得税政策与管理

1. 无住所个人的纳税义务

在中国境内无住所又不居住，或者无住所而一个纳税年度内在中国境内居住累计不满183天的个人为非居民个人。

无住所个人一个纳税年度内在中国境内累计居住满183天的，如果此前六年在中国境内每年累计居住天数都满183天而且没有任何一年单次离境超过30天，该纳税年度来源于中国境内、境外所得应当缴纳个人所得税；如果此前六年的任一年在中国境内累计居住天数不满183天或者单次离境超过30天，该纳税年度来源于中国境外且由境外单位或者个人支付的所得，免予缴纳个人所得税。

此前六年，是指该纳税年度的前一年至前六年的连续六个年度，此前六年的起始年度自2019年（含）以后年度开始计算。

无住所个人一个纳税年度内在中国境内累计居住天数，按照个人在中国境内累计停留的天数计算。在中国境内停留的当天满24小时的，计入中国境内居住天数，在中国境内停留的当天不足 24 小时的，不计入中国境内居住天数。

2. 无住所个人所得的界定以及与协定的综合运用

（1）关于所得来源地。

①关于工资薪金所得来源地的规定。

个人取得归属于中国境内工作期间的工资薪金所得为来源于境内的工资薪金所得。境内工作期间按照个人在境内工作天数计算，包括其在境内的实际工作日以及境内工作期间在境内、境外享受的公休假、个人休假、接受培训的天数。在境内、境外单位同时担任职务或者仅在境外单位任职的个人，在境内停留的当天不足 24 小时的，按照半天计算境内工作天数。

无住所个人在境内、境外单位同时担任职务或者仅在境外单位任职，且当期同时在境内、境外工作的，按照工资薪金所属境内、境外工作天数占当期公历天数的比例计算确定来源于境内、境外工资薪金所得的收入额。境外工作天数按照当期公历天数减去当期境内工作天数计算。

②关于数月奖金以及股权激励所得来源地的规定。

无住所个人取得的数月奖金或者股权激励所得按照上述规定确定所得来源地的，无住所个人在境内履职或者执行职务时收到的数月奖金或者股权激励所得，归属于境外工作期间的部分，为来源于境外的工资薪金所得；无住所个人停止在境内履约或者执行职务离境后收到的数月奖金或者股权激励所得，对属于境内工作期间的部分，为来源于境内的工资薪金所得。具体计算方法为：数月奖金或者股权激励乘以数月奖金或者股权激励所属工作期间境内工作天数与所属工作期间公历天数之比。

无住所个人一个月内取得的境内外数月奖金或者股权激励包含归属于不同期间的多笔所得的，应当先分别按照规定计算不同归属期间来源于境内的所得，然后再加总计算当月来源于境内的数月奖金或者股权激励收入额。

数月奖金是指一次取得归属于数月的奖金、年终加薪、分红等工资薪金所得，不包括每月固定发放的奖金及一次性发放的数月工资。股权激励包括股票期权、股权期权、限制性股票、股票增值权、股权奖励以及其他因认购股票等有价证券而从雇主取得的折扣或者补贴。

③关于董事、监事及高层管理人员取得报酬所得来源地的规定。

对于担任境内居民企业的董事、监事及高层管理职务的个人（以下统称高管人员），无论是否在境内履行职务，取得由境内居民企业支付或者负担的董事费、监事费、工资薪金或者其他类似报酬（以下统称高管人员报酬，包含数月奖金和股权激励），属于来源于境内的所得。

高层管理职务包括企业正、副（总）经理、各职能总师、总监及其他类似公司管理层的职务。

④关于稿酬所得来源地的规定。

由境内企业、事业单位、其他组织支付或者负担的稿酬所得，为来源于境内的所得。

（2）关于无住所个人工资薪金所得收入额计算。

无住所个人取得工资薪金所得，按以下规定计算在境内应纳税的工资薪金所得的收入额（以下简称工资薪金收入额）：

①无住所个人为非居民个人的情形。

非居民个人取得工资薪金所得，除下文“③无住所个人为高管人员的情形”以外，当月工资薪金收入额分别按照以下两种情形计算：

A. 非居民个人境内居住时间累计不超过 90 天的情形。

在一个纳税年度内，在境内累计居住不超过 90 天的非居民个人，仅就归属于境内工作期间并由境内雇主支付或者负担的工资薪金所得计算缴纳个人所得税。当月工资薪金收入额的计算公式如下（公式 1 －1）：

$$\text{当月工资薪金收入额} = \text{当月境内外工资薪金总额} \times \frac{\text{当月境内支付工资薪金数额}}{\text{当月境内外工资薪金总额}} \times \frac{\text{当月工资薪金所属工作期间境内工作天数}}{\text{当月工资薪金所属工作期间公历天数}}$$

（公式 1 －1）

境内雇主包括雇佣员工的境内单位和个人以及境外单位或者个人在境内的机构、场所。凡境内雇主采取核定征收所得税或者无营业收入未征收所得税的，无住所个人为其工作取得工资薪金所得，无论是否在该境内雇主会计账簿中记载，均视为由该境内雇主支付或者负担。工资薪金所属工作期间的公历天数，是指无住所个人取得工资薪金所属工作期间按公历计算的天数。

当月境内外工资薪金包含归属于不同期间的多笔工资薪金的，应当先分别按照相关规定计算不同归属期间工资薪金收入额，然后再加总计算当月工资薪金收入额。

B. 非居民个人境内居住时间累计超过 90 天不满 183 天的情形。

在一个纳税年度内，在境内累计居住超过 90 天但不满 183 天的非居民个人，取得归属于境内工作期间的工资薪金所得，均应当计算缴纳个人所得税；其取得归属于境外工作期间的工资薪金所得，不征收个人所得税。当月工资薪金收入额的计算公式如下（公式 1 －2）：

$$\text{当月工资薪金收入额} = \text{当月境内外工资薪金总额} \times \frac{\text{当月工资薪金所属工作期间境内工作天数}}{\text{当月工资薪金所属工作期间公历天数}}$$

（公式 1 －2）

②无住所个人为居民个人的情形。

在一个纳税年度内，在境内累计居住满 183 天的无住所居民个人取得工资薪金所得，当月工资薪金收入额按照以下规定计算：

A. 无住所居民个人在境内居住累计满 183 天的年度连续不满六年的情形。

在境内居住累计满 183 天的年度连续不满六年的无住所居民个人，符合《中华人民共和国个人所得税法实施条例》（以下简称《个人所得税法实施条例》）第四条优惠条件的，其取得的全部工资薪金所得，除归属于境外工作期间且由境外单位或者个人支付的工资薪金所得部分外，均应计算缴纳个人所得税。工资薪金所得收入额的计算公式如下（公式 1－3）：

$$\text{当月工资薪金收入额} = \text{当月境内外工资薪金总额} \times \left(1 - \frac{\text{当月境外支付工资薪金数额}}{\text{当月境内外工资薪金总额}} \times \frac{\text{当月工资薪金所属工作期间境外工作天数}}{\text{当月工资薪金所属工作期间公历天数}}\right)$$

（公式 1－3）

B. 无住所居民个人在境内居住累计满 183 天的年度连续满 6 年的情形。

在境内居住累计满 183 天的年度连续满 6 年后，不符合《个人所得税法实施条例》第四条优惠条件的无住所居民个人，其从境内、境外取得的全部工资薪金所得均应计算缴纳个人所得税。

③无住所个人为高管人员的情形。

无住所居民个人为高管人员的，工资薪金收入额按照上文“②无住所个人为居民个人的情形”的规定计算纳税。非居民个人为高管人员的，按照以下规定处理：

A. 高管人员在境内居住时间累计不超过 90 天的情形。

在一个纳税年度内，在境内累计居住不超过 90 天的高管人员，其取得由境内雇主支付或者负担的工资薪金所得应当计算缴纳个人所得税；不是由境内雇主支付或者负担的工资薪金所得，不缴纳个人所得税。当月工资薪金收入额为当月境内支付或者负担的工资薪金收入额。

B. 高管人员在境内居住时间累计超过 90 天不满 183 天的情形。

在一个纳税年度内，在境内居住累计超过 90 天但不满 183 天的高管人员，其取得的工资薪金所得，除归属于境外工作期间且不是由境内雇主支付或者负担的部分外，应当计算缴纳个人所得税。当月工资薪金收入额计算适用公式 1－3。

（3）关于无住所个人税款计算。

①关于无住所居民个人税款计算的规定。

无住所居民个人取得综合所得，年度终了后，应按年计算个人所得税；有扣缴义务人的，由扣缴义务人按月或者按次预扣预缴税款；需要办理汇算清缴的，按照规定办理汇算清缴，年度综合所得应纳税额计算公式如下（公式1－4）：

年度综合所得应纳税额＝（年度工资薪金收入额＋年度劳务报酬收入额＋年度稿酬收入额＋年度特许权使用费收入额－减除费用－专项扣除－专项附加扣除－依法确定的其他扣除）×适用税率－速算扣除数 （公式1－4）

无住所居民个人为外籍个人的，2022年1月1日前计算工资薪金收入额时，已经按规定减除住房补贴、子女教育费、语言训练费等八项津补贴的，不能同时享受专项附加扣除。

年度工资薪金、劳务报酬、稿酬、特许权使用费收入额分别按年度内每月工资薪金以及每次劳务报酬、稿酬、特许权使用费收入额合计数额计算。

②关于非居民个人税款计算的规定。

A. 非居民个人当月取得工资薪金所得，以按照上述关于无住所个人工资薪金所得收入额计算的规定计算的当月收入额，减去税法规定的减除费用后的余额，为应纳税所得额，适用按月换算后的综合所得税率表（以下称月度税率表）计算应纳税额。

B. 非居民个人一个月内取得数月奖金，单独按照上述关于无住所个人工资薪金所得收入额计算的规定计算当月收入额，不与当月其他工资薪金合并，按6个月分摊计税，不减除费用，适用月度税率表计算应纳税额，在一个公历年度内，对每一个非居民个人，该计税办法只允许适用一次。计算公式如下（公式1－5）：

当月数月奖金应纳税额＝［（数月奖金收入额÷6）×适用税率－速算扣除数］×6 （公式1－5）

C. 非居民个人一个月内取得股权激励所得，单独按照上述关于无住所个人工资薪金所得收入额计算的规定计算当月收入额，不与当月其他工资薪金合并，按6个月分摊计税（一个公历年度内的股权激励所得应合并计算），不减除费用，适用月度税率表计算应纳税额，计算公式如下（公式1－6）：

当月股权激励所得应纳税额＝［（本公历年度内股权激励所得合计额÷6）×适用税率－速算扣除数］×6－本公历年度内股权激励所得已纳税额 （公式1－6）

D. 非居民个人取得来源于境内的劳务报酬所得、稿酬所得、特许权使用费所得，以税法规定的每次收入额为应纳税所得额，适用月度税率表计算应纳税额。

（4）关于无住所个人适用税收协定。

按照我国政府签订的避免双重征税协定，内地与香港、澳门签订的避免双重征税安排（以下简称税收协定）居民条款规定为缔约对方税收居民的个人（以下简称对方税收居民个人），可以按照税收协定及财政部、国家税务总局有关规定享受税收协定待遇，也可以选择不享受税收协定待遇计算纳税。除税收协定及财政部、国家税务总局另有规定外，无住所个人适用税收协定的，按照以下规定执行：

①关于无住所个人适用受雇所得条款的规定。

A. 无住所个人享受境外受雇所得协定待遇。

境外受雇所得协定待遇，是指按照税收协定受雇所得条款规定，对方税收居民个人在境外从事受雇活动取得的受雇所得，可不缴纳个人所得税。

无住所个人为对方税收居民个人，其取得的工资薪金所得可享受境外受雇所得协定待遇的，可不缴纳个人所得税。工资薪金收入额计算适用公式 1 – 2。

无住所居民个人为对方税收居民个人的，可在预扣预缴和汇算清缴时按“无住所个人享受境外受雇所得协定待遇”的规定享受协定待遇；非居民个人为对方税收居民个人的，可在取得所得时按“无住所个人享受境外受雇所得协定待遇”的规定享受协定待遇。

B. 无住所个人享受境内受雇所得协定待遇。

境内受雇所得协定待遇，是指按照税收协定受雇所得条款规定，在税收协定规定的期间内境内停留天数不超过 183 天的对方税收居民个人，在境内从事受雇活动取得受雇所得，不是由境内居民雇主支付或者代其支付的，也不是由雇主在境内常设机构负担的，可不缴纳个人所得税。

无住所个人为对方税收居民个人，其取得的工资薪金所得可享受境内受雇所得协定待遇的，可不缴纳个人所得税。工资薪金收入额计算适用公式 1 – 1。

无住所居民个人为对方税收居民个人的，可在预扣预缴和汇算清缴时按“无住所个人享受境内受雇所得协定待遇”的规定享受协定待遇；非居民个人为对方税收居民个人的，可在取得所得时按“无住所个人享受境内受雇所得协定待遇”的规定享受协定待遇。

②关于无住所个人适用独立个人劳务或者营业利润条款的规定。

独立个人劳务或者营业利润协定待遇，是指按照税收协定独立个人劳务或者营业利润条款规定，对方税收居民个人取得的独立个人劳务所得或者营业利润符合税收协定规定条件的，可不缴纳个人所得税。

无住所居民个人为对方税收居民个人，其取得的劳务报酬所得、稿酬所得可享受独立个人劳务或者营业利润协定待遇的，在预扣预缴和汇算清缴时，可不缴纳个人所得税。

非居民个人为对方税收居民个人，其取得的劳务报酬所得、稿酬所得可享受独立个人劳务或者营业利润协定待遇的，在取得所得时可不缴纳个人所得税。

③关于无住所个人适用董事费条款的规定。

对方税收居民个人为高管人员，该个人适用的税收协定未纳入董事费条款，或者虽然纳入董事费条款但该个人不适用董事费条款，且该个人取得的高管人员报酬可享受税收协定受雇所得、独立个人劳务或者营业利润条款规定待遇的，该个人取得的高管人员报酬可不适用上述关于无住所个人为高管人员的情形的规定，分别按照上述关于无住所个人适用受雇所得条款的规定、关于无住所个人享受境内受雇所得协定待遇的规定执行。

对方税收居民个人为高管人员，该个人取得的高管人员报酬按照税收协定董事费条款规定可以在境内征收个人所得税的，应按照有关工资薪金所得或者劳务报酬所得规定缴纳个人所得税。

④关于无住所个人适用特许权使用费或者技术服务费条款的规定。

特许权使用费或者技术服务费协定待遇，是指按照税收协定特许权使用费或者技术服务费条款规定，对方税收居民个人取得符合规定的特许权使用费或者技术服务费，可按照税收协定规定的计税所得额和征税比例计算纳税。

无住所居民个人为对方税收居民个人，其取得的特许权使用费所得、稿酬所得或者劳务报酬所得可享受特许权使用费或者技术服务费协定待遇的，可不纳入综合所得，在取得当月按照税收协定规定的计税所得额和征税比例计算应纳税额，并预扣预缴税款。年度汇算清缴时，该个人取得的已享受特许权使用费或者技术服务费协定待遇的所得不纳入年度综合所得，单独按照税收协定规定的计税所得额和征税比例计算年度应纳税额及补退税额。

非居民个人为对方税收居民个人，其取得的特许权使用费所得、稿酬所得或者劳务报酬所得可享受特许权使用费或者技术服务费协定待遇的，可按照税收协定规定的计税所得额和征税比例计算应纳税额。

（5）关于无住所个人相关征管规定。

①关于无住所个人预计境内居住时间的规定。

无住所个人在一个纳税年度内首次申报时，应当根据合同约定等情况预计一个纳税年度内境内居住天数以及在税收协定规定的期间内境内停留天数，按照预计情况计算缴纳税款。实际情况与预计情况不符的，分别按照以下规定处理：

A. 无住所个人预先判定为非居民个人，因延长居住天数达到居民个人条件的，一个纳税年度内税款扣缴方法保持不变，年度终了后按照居民个人有关规定办理汇算清缴，但该个人在当年离境且预计年度内不再入境的，可以选择在离境之前办理汇算清缴。

B. 无住所个人预先判定为居民个人，因缩短居住天数不能达到居民个人条件的，在不能达到居民个人条件之日起至年度终了 15 天内，应当向主管税务机关报告，按照非居民个人重新计算应纳税额，申报补缴税款，不加收税收滞纳金。需要退税的，按照规定办理。

C. 无住所个人预计一个纳税年度境内居住天数累计不超过 90 天，但实际累计居住天数超过 90 天的，或者对方税收居民个人预计在税收协定规定的期间内境内停留天数不超过 183 天，但实际停留天数超过 183 天的，待达到 90 天或者 183 天的月度终了后 15 天内，应当向主管税务机关报告，就以前月份工资薪金所得重新计算应纳税款，并补缴税款，不加收税收滞纳金。

②关于无住所个人境内雇主报告境外关联方支付工资薪金所得的规定。

无住所个人在境内任职、受雇取得来源于境内的工资薪金所得，凡境内雇主与境外单位或者个人存在关联关系，将本应由境内雇主支付的工资薪金所得，部分或者全部由境外关联方支付的，无住所个人可以自行申报缴纳税款，也可以委托境内雇主代为缴纳税款。无住所个人未委托境内雇主代为缴纳税款的，境内雇主应当在相关所得支付当月终了后 15 天内向主管税务机关报告相关信息，包括境内雇主与境外关联方对无住所个人的工作安排、境外支付情况以及无住所个人的联系方式等信息。

二 个人所得税优惠政策

【知识点 1】 免征个人所得税

下列各项个人所得，免征个人所得税：

1. 省级人民政府、国务院部委和中国人民解放军军以上单位，以及外国组织、国际组织颁发的科学、教育、技术、文化、卫生、体育、环境保护等方面的奖金。

2. 国债和国家发行的金融债券利息。

国债利息，是指个人持有中华人民共和国财政部发行的债券而取得的利息；国家发行的金融债券利息，是指个人持有经国务院批准发行的金融债券而取得的利息。

3. 按照国家统一规定发给的补贴、津贴。

按照国家统一规定发给的补贴、津贴，是指按照国务院规定发给的政府特殊津贴、院士津贴，以及国务院规定免予缴纳个人所得税的其他补贴、津贴。

4. 福利费、抚恤金、救济金。

福利费，是指根据国家有关规定，从企业、事业单位、国家机关、社会组织提留的福利费或者工会经费中支付给个人的生活补助费；救济金，是指各级人民政府民政部门支付给个人的生活困难补助费。

5. 保险赔款。

6. 军人的转业费、复员费、退役金。

7. 按照国家统一规定发给干部、职工的安家费、退职费、基本养老金或者退休费、离休费、离休生活补助费。

8. 依照有关法律规定应予免税的各国驻华使馆、领事馆的外交代表、领事官员和其他人员的所得。

9. 中国政府参加的国际公约、签订的协议中规定免税的所得。

10. 国务院规定的其他免税所得，由国务院报全国人民代表大会常务委员会备案。

11. 2020 年 1 月 1 日至 2023 年 12 月 31 日，对参加疫情防治工作的医务人员和防疫工作者按照政府规定标准取得的临时性工作补助和奖金，免征个人所得税。政府规定标准包括各级政府规定的补助和奖金标准。

12. 2020 年 1 月 1 日至 2023 年 12 月 31 日，对省级及省级以上人民政府规定的对参与疫情防控人员的临时性工作补助和奖金，免征个人所得税。单位发给个人用于预防新型冠状病毒感染的肺炎的药品、医疗用品和防护用品等实物（不包括现金），不计入工资、薪金收入，免征个人所得税。

13. 自 2022 年 1 月 1 日起，对法律援助人员按照《中华人民共和国法律援助法》规定获得的法律援助补贴，免征个人所得税。法律援助机构向法律援助人员支付法律援助补贴时，应当为获得补贴的法律援助人员办理个人所得税劳务报酬所得免税申报。

司法行政部门与税务部门建立信息共享机制，每一年度个人所得税综合所得汇算清缴开始前，交换法律援助补贴获得人员的涉税信息。

所称法律援助机构是指按照《中华人民共和国法律援助法》第十二条规定设立的法律援助机构。群团组织参照《中华人民共和国法律援助法》第六十八条规定开展法律援助工作的，按照规定为法律援助人员办理免税申报，并将法律援助补贴获得人员的相关信息报送司法行政部门。

按照《财政部 税务总局关于法律援助补贴有关税收政策的公告》（财政部 税务总局公告 2022 年第 25 号）应予免征的个人所得税，在公告下发前已征收的，由扣缴单位依法申请退税。

14. 2019 年 12 月 5 日至 2027 年 12 月 31 日，对内地个人投资者通过沪港通、深港通投资香港联交所上市股票取得的转让差价所得和通过基金互认买卖香港基金份额取得的转让差价所得，暂免征收个人所得税。

15. 2019 年 1 月 1 日至 2025 年 12 月 31 日，对符合地方政府规定条件的城镇住房保障家庭从地方政府领取的住房租赁补贴，免征个人所得税。

16. 2018 年 3 月 13 日至 2027 年 12 月 31 日，对境外个人投资者投资经国务院批准对外开放的中国境内原油等货物期货品种取得的所得，暂免征收个人所得税。

17. 2023 年 9 月 21 日至 2025 年 12 月 31 日，对个人投资者转让创新企业 CDR 取得的差价所得，暂免征收个人所得税。

18. 2019 年 1 月 1 日至 2027 年 12 月 31 日，广东省、深圳市按内地与香港个人所得税税负差额，对在大湾区工作的境外（含港澳台，下同）高端人才和紧缺人才给予补贴，该补贴免征个人所得税。

【知识点2】 减征个人所得税

1. 有下列情形之一的，可以减征个人所得税，具体幅度和期限，由省、自治区、直辖市人民政府规定，并报同级人民代表大会常务委员会备案：

（1）残疾、孤老人员和烈属的所得；

（2）因自然灾害遭受重大损失的。

国务院可以规定其他减税情形，报全国人民代表大会常务委员会备案。

2. 2023 年 1 月 1 日至 2027 年 12 月 31 日，对个体工商户年应纳税所得额不超过 200 万元的部分，减半征收个人所得税。个体工商户在享受现行其他个人所得税优惠政策的基础上，可叠加享受本条优惠政策。

3. 一个纳税年度内在船航行时间累计满 183 天的远洋船员，其取得的工资薪金收入减按 50% 计入应纳税所得额，依法缴纳个人所得税。

4. 对个人投资者持有 2024—2027 年发行的铁路债券取得的利息收入，减按 50% 计入应纳税所得额计算征收个人所得税。

【知识点3】 关于全年一次性奖金、中央企业负责人年度绩效薪金延期兑现收入和任期奖励的政策

1. 居民个人取得全年一次性奖金，符合《国家税务总局关于调整个人取得全年一次性奖金等计算征收个人所得税方法问题的通知》（国税发〔2005〕9 号）规定的，在 2027 年 12 月 31 日前，不并入当年综合所得，以全年一次性奖金收入除以 12 个月得到的数额，按照按月换算后的综合所得税率表，确定适用税率和速算扣除数，单独计算纳税。计算公式为：

$$应纳税额 = 全年一次性奖金收入 \times 适用税率 - 速算扣除数$$

居民个人取得全年一次性奖金，也可以选择并入当年综合所得计算纳税。

2. 中央企业负责人取得年度绩效薪金延期兑现收入和任期奖励，符合《国家税务总局关于中央企业负责人年度绩效薪金延期兑现收入和任期奖励征收个人所得税问题的通知》（国税发〔2007〕118 号）规定的，在 2023 年 12 月 31 日前，参照居民个人取得全年一次性奖金执行；2024 年 1 月 1 日之后的政策另行明确。

【知识点4】 关于上市公司股权激励的政策

1. 居民个人取得股票期权、股票增值权、限制性股票、股权奖励等股权激励（以下简称股权激励），符合《财政部 国家税务总局关于个人股票期权所得征收个人所得税问题的通知》（财税〔2005〕35 号）、《财政部 国家税务总局关于股票增值权所得和限制性股票所得征收个人所得税有关问题的通知》（财税〔2009〕5 号）、《财政部 国家税务总局关于将国家自主创新示范区有关税收试点政策推广到全国范围实施的通知》（财税〔2015〕116号）第四条、《财政部 国家税务总局关于完善股权激励和技术入股有关所得税政策的通知》（财税〔2016〕101号）第四条第（一）项规定的相关条件的，在2027年12月31日前，不并入当年综合所得，全额单独适用综合所得税率表，计算纳税。计算公式为：

应纳税额＝股权激励收入×适用税率－速算扣除数

2. 居民个人一个纳税年度内取得两次以上（含两次）股权激励的，应合并计算纳税。

【知识点5】关于保险营销员、证券经纪人佣金收入的政策

保险营销员、证券经纪人取得的佣金收入，属于劳务报酬所得，以不含增值税的收入减除20%的费用后的余额为收入额，收入额减去展业成本以及附加税费后，并入当年综合所得，计算缴纳个人所得税。保险营销员、证券经纪人展业成本按照收入额的25%计算。

扣缴义务人向保险营销员、证券经纪人支付佣金收入时，应按照《个人所得税扣缴申报管理办法（试行）》（国家税务总局公告2018年第61号）规定的累计预扣法计算预扣税款。

【知识点6】关于个人领取企业年金、职业年金的政策

个人达到国家规定的退休年龄，领取的企业年金、职业年金，符合《财政部 人力资源社会保障部 国家税务总局关于企业年金 职业年金个人所得税有关问题的通知》（财税〔2013〕103号）规定的，不并入综合所得，全额单独计算应纳税款。其中按月领取的，适用月度税率表计算纳税；按季领取的，平均分摊计入各月，按每月领取额适用月度税率表计算纳税；按年领取的，适用综合所得税率表计算纳税。

个人因出境定居而一次性领取的年金个人账户资金，或个人死亡后，其指定的受益人或法定继承人一次性领取的年金个人账户余额，适用综合所得税率表计算纳税。对个人除上述特殊原因外一次性领取年金个人账户资金或余额的，适用月度税率表计算纳税。

【知识点7】关于解除劳动关系、提前退休、内部退养的一次性补偿收入的政策

1. 个人与用人单位解除劳动关系取得一次性补偿收入（包括用人单位发放的经济补偿金、生活补助费和其他补助费），在当地上年职工平均工资3倍数额以内的部分，免征个人所得税；超过3倍数额的部分，不并入当年综合所得，单独适用综合所得税

率表，计算纳税。

2. 个人办理提前退休手续而取得的一次性补贴收入，应按照办理提前退休手续至法定离退休年龄之间实际年度数平均分摊，确定适用税率和速算扣除数，单独适用综合所得税率表，计算纳税。计算公式为：

应纳税额＝｛［（一次性补贴收入÷办理提前退休手续至法定退休年龄的实际年度数）－费用扣除标准］×适用税率－速算扣除数｝×办理提前退休手续至法定退休年龄的实际年度数

3. 个人办理内部退养手续而取得的一次性补贴收入，按照《国家税务总局关于个人所得税有关政策问题的通知》（国税发〔1999〕58号）的规定计算纳税。

【知识点8】 关于单位低价向职工售房的政策

单位按低于购置或建造成本价格出售住房给职工，职工因此而少支出的差价部分，符合《财政部 国家税务总局关于单位低价向职工售房有关个人所得税问题的通知》（财税〔2007〕13号）第二条规定的，不并入当年综合所得，以差价收入除以12个月得到的数额，按照月度税率表确定适用税率和速算扣除数，单独计算纳税。计算公式为：

应纳税额＝职工实际支付的购房价款低于该房屋的购置或建造成本价格的差额×适用税率－速算扣除数

【知识点9】 关于外籍个人有关津补贴的政策

2019年1月1日至2027年12月31日，外籍个人符合居民个人条件的，可以选择享受个人所得税专项附加扣除，也可以选择按照《财政部 国家税务总局关于个人所得税若干政策问题的通知》（财税〔1994〕20号）、《国家税务总局关于外籍个人取得有关补贴征免个人所得税执行问题的通知》（国税发〔1997〕54号）和《财政部 国家税务总局关于外籍个人取得港澳地区住房等补贴征免个人所得税的通知》（财税〔2004〕29号）的规定，享受住房补贴、语言训练费、子女教育费等津补贴免税优惠政策，但不得同时享受。外籍个人一经选择，在一个纳税年度内不得变更。

【知识点10】 在中国境内无住所的个人的优惠

1. 在中国境内无住所的个人，在一个纳税年度内在中国境内居住累计不超过90天的，其来源于中国境内的所得，由境外雇主支付并且不由该雇主在中国境内的机构、场所负担的部分，免予缴纳个人所得税。

2. 在中国境内无住所的个人，在中国境内居住累计满183天的年度连续不满六年的，经向主管税务机关备案，其来源于中国境外且由境外单位或者个人支付的所得，免予缴纳个人所得税；在中国境内居住累计满 183 天的任一年度中有一次离境超过 30 天的，其在中国境内居住累计满 183 天的年度的连续年限重新起算。

【知识点 11】 个人转让全国中小企业股份转让系统挂牌公司股票有关个人所得税政策

1. 自 2018 年 11 月 1 日（含）起，对个人转让全国中小企业股份转让系统（以下简称新三板）挂牌公司非原始股取得的所得，暂免征收个人所得税。

非原始股是指个人在新三板挂牌公司挂牌后取得的股票，以及由上述股票孳生的送、转股。

2. 对个人转让新三板挂牌公司原始股取得的所得，按照“财产转让所得”，适用 20% 的比例税率征收个人所得税。

原始股是指个人在新三板挂牌公司挂牌前取得的股票，以及在该公司挂牌前和挂牌后由上述股票孳生的送、转股。

3. 2019 年 7 月 1 日至 2027 年 12 月 31 日，个人持有新三板挂牌公司的股票，持股期限超过 1 年的，对股息红利所得暂免征收个人所得税。

个人持有新三板挂牌公司的股票，持股期限在 1 个月以内（含 1 个月）的，其股息红利所得全额计入应纳税所得额；持股期限在 1 个月以上至 1 年（含 1 年）的，其股息红利所得暂减按 50% 计入应纳税所得额；上述所得统一适用 20% 的税率计征个人所得税。

【知识点 12】 代开货物运输业发票预征个人所得税

自 2021 年 4 月 1 日起，对个体工商户、个人独资企业、合伙企业和个人，代开货物运输业增值税发票时，不再预征个人所得税。个体工商户业主、个人独资企业投资者、合伙企业个人合伙人和其他从事货物运输经营活动的个人，应依法自行申报缴纳经营所得个人所得税。

【知识点 13】 创业投资企业和天使投资个人有关税收优惠政策

1. 公司制创业投资企业采取股权投资方式直接投资于种子期、初创期科技型企业（以下简称初创科技型企业）满 2 年（24 个月，下同）的，可以按照投资额的 70% 在股权持有满 2 年的当年抵扣该公司制创业投资企业的应纳税所得额；当年不足抵扣的，可以在以后纳税年度结转抵扣。

有限合伙制创业投资企业（以下简称合伙创投企业）采取股权投资方式直接投资于初创科技型企业满 2 年的，该合伙创投企业的合伙人分别按以下方式处理：

法人合伙人可以按照对初创科技型企业投资额的 70% 抵扣法人合伙人从合伙创投

企业分得的所得；当年不足抵扣的，可以在以后纳税年度结转抵扣。

个人合伙人可以按照对初创科技型企业投资额的 70% 抵扣个人合伙人从合伙创投企业分得的经营所得；当年不足抵扣的，可以在以后纳税年度结转抵扣。

2. 天使投资个人采取股权投资方式直接投资于初创科技型企业满 2 年的，可以按照投资额的 70% 抵扣转让该初创科技型企业股权取得的应纳税所得额；当期不足抵扣的，可以在以后取得转让该初创科技型企业股权的应纳税所得额时结转抵扣。

天使投资个人投资多个初创科技型企业的，对其中办理注销清算的初创科技型企业，天使投资个人对其投资额的 70% 尚未抵扣完的，可自注销清算之日起 36 个月内抵扣天使投资个人转让其他初创科技型企业股权取得的应纳税所得额。

3. 初创科技型企业，应同时符合以下条件：

（1）在中国境内（不含港、澳、台地区）注册成立、实行查账征收的居民企业或合伙创投企业，且不属于被投资初创科技型企业的发起人；

（2）接受投资时，从业人数不超过 300 人，其中具有大学本科以上学历的从业人数不低于 30%；资产总额和年销售收入均不超过 5000 万元；

（3）接受投资时设立时间不超过 5 年（60 个月）；

（4）接受投资时以及接受投资后 2 年内未在境内外证券交易所上市；

（5）接受投资当年及下一纳税年度，研发费用总额占成本费用支出的比例不低于 20%。

4. 创业投资企业，应同时符合以下条件：

（1）在中国境内（不含港、澳、台地区）注册成立、实行查账征收的居民企业或合伙创投企业，且不属于被投资初创科技型企业的发起人；

（2）符合《创业投资企业管理暂行办法》（发展改革委等 10 部门令第 39 号）规定或者《私募投资基金监督管理暂行办法》（证监会令第 105 号）关于创业投资基金的特别规定，按照规定完成备案且规范运作；

（3）投资后 2 年内，创业投资企业及其关联方持有被投资初创科技型企业的股权比例合计应低于 50%。

5. 天使投资个人，应同时符合以下条件：

（1）不属于被投资初创科技型企业的发起人、雇员或其亲属（包括配偶、父母、子女、祖父母、外祖父母、孙子女、外孙子女、兄弟姐妹，下同），且与被投资初创科技型企业不存在劳务派遣等关系；

（2）投资后 2 年内，本人及其亲属持有被投资初创科技型企业股权比例合计应低于 50%。

6. 享受该政策的投资，仅限于通过向被投资初创科技型企业直接支付现金方式取得的股权投资，不包括受让其他股东的存量股权。

7. 2019 年 1 月 1 日至 2027 年 12 月 31 日已投资满 2 年及新发生的投资，可按《财政部 税务总局关于创业投资企业和天使投资个人有关税收政策的通知》（财税〔2018〕55 号）、《财政部 税务总局关于实施小微企业普惠性税收减免政策的通知》（财税〔2019〕13 号）以及《财政部 税务总局关于延续执行创业投资企业和天使投资个人投资初创科技型企业有关政策条件的公告》（财政部 税务总局公告 2022 年第 6 号）的规定适用税收政策。

【知识点 14】 支持居民换购住房有关个人所得税政策

2022 年 10 月 1 日至 2025 年 12 月 31 日，对出售自有住房并在现住房出售后 1 年内在市场重新购买住房的纳税人，对其出售现住房已缴纳的个人所得税予以退税优惠。其中，新购住房金额大于或等于现住房转让金额的，全部退还已缴纳的个人所得税；新购住房金额小于现住房转让金额的，按新购住房金额占现住房转让金额的比例退还出售现住房已缴纳的个人所得税。

所称现住房转让金额为该房屋转让的市场成交价格。新购住房为新房的，购房金额为纳税人在住房城乡建设部门网签备案的购房合同中注明的成交价格；新购住房为二手房的，购房金额为房屋的成交价格。

享受该项优惠政策的纳税人须同时满足以下条件：

（1）纳税人出售和重新购买的住房应在同一城市范围内。同一城市范围是指同一直辖市、副省级城市、地级市（地区、州、盟）所辖全部行政区划范围。

（2）出售自有住房的纳税人与新购住房之间须直接相关，应为新购住房产权人或产权人之一。

符合退税优惠政策条件的纳税人应向主管税务机关提供合法、有效的售房、购房合同和主管税务机关要求提供的其他有关材料，经主管税务机关审核后办理退税。

【知识点 15】 个人养老金有关个人所得税政策

自 2022 年 1 月 1 日起，对个人养老金实施递延纳税优惠政策。在缴费环节，个人向个人养老金资金账户的缴费，按照 12000 元/年的限额标准，在综合所得或经营所得中据实扣除；在投资环节，计入个人养老金资金账户的投资收益暂不征收个人所得税；在领取环节，个人领取的个人养老金，不并入综合所得，单独按照 3% 的税率计算缴纳个人所得税，其缴纳的税款计入“工资、薪金所得”项目。

该规定自 2022 年 1 月 1 日起在个人养老金先行城市实施。上海市、福建省、苏州工业园区等已实施个人税收递延型商业养老保险试点的地区，自 2022 年 1 月 1 日起统一按照本规定的税收政策执行。

三 个人所得税征收管理

【知识点1】 申报缴纳方式

1. 代扣代缴税款

个人所得税以所得人为纳税人，以支付所得的单位或者个人为扣缴义务人。

（1）纳税人识别号管理。

纳税人有中国公民身份号码的，以中国公民身份号码为纳税人识别号；纳税人没有中国公民身份号码的，由税务机关赋予其纳税人识别号。扣缴义务人扣缴税款时，纳税人应当向扣缴义务人提供纳税人识别号。

（2）扣缴义务人全员全额扣缴义务。

扣缴义务人应当按照国家规定办理全员全额扣缴申报，并向纳税人提供其个人所得和已扣缴税款等信息。

实行个人所得税全员全额扣缴申报的应税所得包括：

①工资、薪金所得；

②劳务报酬所得；

③稿酬所得；

④特许权使用费所得；

⑤利息、股息、红利所得；

⑥财产租赁所得；

⑦财产转让所得；

⑧偶然所得。

（3）居民个人工资、薪金所得的预扣预缴。

扣缴义务人向居民个人支付工资、薪金所得时，应当按照累计预扣法计算预扣税款，并按月办理扣缴申报。

累计预扣法，是指扣缴义务人在一个纳税年度内预扣预缴税款时，以纳税人在本单位截至当前月份工资、薪金所得累计收入减除累计免税收入、累计减除费用、累计专项扣除、累计专项附加扣除和累计依法确定的其他扣除后的余额为累计预扣预缴应纳税所得额，适用个人所得税预扣率表一（见表1－5），计算累计应预扣预缴税额，再减除累计减免税额和累计已预扣预缴税额，其余额为本期应预扣预缴税额。余额为负值时，暂不退税。纳税年度终了后余额仍为负值时，由纳税人通过办理综合所得年度汇算清缴，税款多退少补。

表 1－5　个人所得税预扣率表一（居民个人工资、薪金所得预扣预缴适用）

级　数	累计预扣预缴应纳税所得额	预扣率（%）	速算扣除数
1	不超过 36000 元的部分	3	0
2	超过 36000 元至 144000 元的部分	10	2520
3	超过 144000 元至 300000 元的部分	20	16920
4	超过 300000 元至 420000 元的部分	25	31920
5	超过 420000 元至 660000 元的部分	30	52920
6	超过 660000 元至 960000 元的部分	35	85920
7	超过 960000 元的部分	45	181920

具体计算公式如下：

本期应预扣预缴税额＝（累计预扣预缴应纳税所得额×预扣率－速算扣除数）－累计减免税额－累计已预扣预缴税额

累计预扣预缴应纳税所得额＝累计收入－累计免税收入－累计减除费用－累计专项扣除－累计专项附加扣除－累计依法确定的其他扣除

其中：累计减除费用，按照 5000 元/月乘以纳税人当年截至本月在本单位的任职受雇月份数计算。

纳税人同时从两处以上取得工资、薪金所得，并由扣缴义务人减除专项附加扣除的，对同一专项附加扣除项目，在一个纳税年度内只能选择从一处取得的所得中减除。

自 2020 年 7 月 1 日起，对一个纳税年度内首次取得工资、薪金所得的居民个人（指自纳税年度首月起至新入职时，未取得工资、薪金所得或者未按照累计预扣法预扣预缴过连续性劳务报酬所得个人所得税的居民个人），扣缴义务人在预扣预缴个人所得税时，可按照 5000 元/月乘以纳税人当年截至本月月份数计算累计减除费用。

自 2021 年 1 月 1 日起，对上一完整纳税年度内每月均在同一单位预扣预缴工资、薪金所得个人所得税且全年工资、薪金收入不超过 6 万元的居民个人，扣缴义务人在预扣预缴本年度工资、薪金所得个人所得税时，累计减除费用自 1 月起直接按照全年 6 万元计算扣除。即，在纳税人累计收入不超过 6 万元的月份，暂不预扣预缴个人所得税；在其累计收入超过 6 万元的当月及年内后续月份，再预扣预缴个人所得税。

扣缴义务人应当按规定办理全员全额扣缴申报，并在《个人所得税扣缴申报表》相应纳税人的备注栏注明“上年各月均有申报且全年收入不超过 6 万元”字样。

对按照累计预扣法预扣预缴劳务报酬所得个人所得税的居民个人，扣缴义务人比照上述规定执行。

（4）居民个人的劳务报酬所得、稿酬所得、特许权使用费所得预扣预缴。

扣缴义务人向居民个人支付劳务报酬所得、稿酬所得、特许权使用费所得时，应当按照以下方法按次或者按月预扣预缴税款：

劳务报酬所得、稿酬所得、特许权使用费所得以收入减除费用后的余额为收入额；其中，稿酬所得的收入额减按70%计算。

减除费用：预扣预缴税款时，劳务报酬所得、稿酬所得、特许权使用费所得每次收入不超过4000元的，减除费用按800元计算；每次收入4000元以上的，减除费用按收入的20%计算。

应纳税所得额：劳务报酬所得、稿酬所得、特许权使用费所得，以每次收入额为预扣预缴应纳税所得额，计算应预扣预缴税额。劳务报酬所得适用个人所得税预扣率表二（见表1－6），稿酬所得、特许权使用费所得适用20%的比例预扣率。

表1－6　　个人所得税预扣率表二（居民个人劳务报酬所得预扣预缴适用）

级　数	预扣预缴应纳税所得额	预扣率（%）	速算扣除数
1	不超过20000元的部分	20	0
2	超过20000元至50000元的部分	30	2000
3	超过50000元的部分	40	7000

居民个人办理年度综合所得汇算清缴时，应当依法计算劳务报酬所得、稿酬所得、特许权使用费所得的收入额，并入年度综合所得计算应纳税款，税款多退少补。

正在接受全日制学历教育的学生因实习取得劳务报酬所得的，扣缴义务人预扣预缴个人所得税时，可按照《个人所得税扣缴申报管理办法（试行）》（国家税务总局公告2018年第61号）规定的累计预扣法计算并预扣预缴税款。

支付工资、薪金所得的扣缴义务人应当于年度终了后两个月内，向纳税人提供其个人所得和已扣缴税款等信息。

（5）非居民个人工资、薪金所得，劳务报酬所得，稿酬所得和特许权使用费所得的代扣代缴。

扣缴义务人向非居民个人支付工资、薪金所得，劳务报酬所得，稿酬所得和特许权使用费所得时，应当按照以下方法按月或者按次代扣代缴税款：

非居民个人的工资、薪金所得，以每月收入额减除费用5000元后的余额为应纳税所得额；劳务报酬所得、稿酬所得、特许权使用费所得，以每次收入额为应纳税所得额，适用个人所得税税率表三（见表1－7），计算应纳税额。劳务报酬所得、稿酬所得、特许权使用费所得以收入减除20%的费用后的余额为收入额；其中，稿酬所得的收入额减按70%计算。

表1-7　　个人所得税税率表三（非居民个人工资、薪金所得，劳务报酬所得，稿酬所得，特许权使用费所得适用）

级　数	应纳税所得额	税率（%）	速算扣除数
1	不超过3000元的部分	3	0
2	超过3000元至12000元的部分	10	210
3	超过12000元至25000元的部分	20	1410
4	超过25000元至35000元的部分	25	2660
5	超过35000元至55000元的部分	30	4410
6	超过55000元至80000元的部分	35	7160
7	超过80000元的部分	45	15160

（6）利息、股息、红利所得，财产租赁所得，财产转让所得或者偶然所得的代扣代缴。

扣缴义务人支付利息、股息、红利所得，财产租赁所得，财产转让所得或者偶然所得时，应当依法按次或者按月代扣代缴税款。

2. 自行纳税申报

（1）需要自行纳税申报的情形。

有下列情形之一的，纳税人应当依法办理纳税申报：

①取得综合所得需要办理汇算清缴；

②取得应税所得没有扣缴义务人；

③取得应税所得，扣缴义务人未扣缴税款；

④取得境外所得；

⑤因移居境外注销中国户籍；

⑥非居民个人在中国境内从两处以上取得工资、薪金所得；

⑦国务院规定的其他情形。

（2）取得综合所得需要办理汇算清缴的纳税申报。

取得综合所得且符合下列情形之一的纳税人，应当依法办理汇算清缴：

①从两处以上取得综合所得，且综合所得年收入额减除专项扣除后的余额超过6万元；

②取得劳务报酬所得、稿酬所得、特许权使用费所得中一项或者多项所得，且综

合所得年收入额减除专项扣除的余额超过6万元；

③纳税年度内预缴税额低于应纳税额；

④纳税人申请退税。

（3）取得经营所得的纳税申报。

个体工商户业主、个人独资企业投资者、合伙企业个人合伙人、承包承租经营者个人以及其他从事生产、经营活动的个人取得经营所得，包括以下情形：

①个体工商户从事生产、经营活动取得的所得，个人独资企业投资人、合伙企业的个人合伙人来源于境内注册的个人独资企业、合伙企业生产、经营的所得；

②个人依法从事办学、医疗、咨询以及其他有偿服务活动取得的所得；

③个人对企业、事业单位承包经营、承租经营以及转包、转租取得的所得；

④个人从事其他生产、经营活动取得的所得。

（4）权益性投资经营所得的纳税申报。

自2022年1月1日起，持有股权、股票、合伙企业财产份额等权益性投资的个人独资企业、合伙企业（以下简称独资合伙企业），一律适用查账征收方式计征个人所得税。

独资合伙企业应自持有上述权益性投资之日起30日内，主动向税务机关报送持有权益性投资的情况；2022年1月1日前独资合伙企业已持有权益性投资的，应当在2022年1月30日前向税务机关报送持有权益性投资的情况。税务机关接到核定征收独资合伙企业报送持有权益性投资情况的，调整其征收方式为查账征收。独资合伙企业未如实报送持有权益性投资情况的，依据《税收征管法》相关规定处理。

（5）股票期权行权、限制性股票解禁或取得股权奖励的纳税申报。

2024年1月1日至2027年12月31日，境内上市公司授予个人的股票期权、限制性股票和股权奖励，经向主管税务机关备案，个人可自股票期权行权、限制性股票解禁或取得股权奖励（以下简称行权）之日起，在不超过36个月的期限内缴纳个人所得税。纳税人在此期间内离职的，应在离职前缴清全部税款。纳税人在2023年1月1日后行权且尚未缴纳全部税款的，可按上述规定执行，分期缴纳税款的期限自行权日起计算。

【知识点2】 纳税期限和纳税地点

1. 综合所得

居民个人取得综合所得，按年计算个人所得税；有扣缴义务人的，由扣缴义务人按月或者按次预扣预缴税款；需要办理汇算清缴的，应当在取得所得的次年3月1日至6月30日内向任职、受雇单位所在地主管税务机关办理汇算清缴。纳税人有两处以上任职、受雇单位的，选择向其中一处任职、受雇单位所在地主管税务机关办理纳税申报；纳税人没有任职、受雇单位的，向户籍所在地或经常居住地主管税务机关办理纳税申报。

居民个人向扣缴义务人提供专项附加扣除信息的，扣缴义务人按月预扣预缴税款时应当按照规定予以扣除，不得拒绝。

非居民个人取得工资、薪金所得，劳务报酬所得，稿酬所得和特许权使用费所得，有扣缴义务人的，由扣缴义务人按月或者按次代扣代缴税款，不办理汇算清缴。

2. 经营所得

纳税人取得经营所得，按年计算个人所得税，由纳税人在月度或者季度终了后15日内向经营管理所在地主管税务机关报送纳税申报表，并预缴税款；在取得所得的次年3月31日前向经营管理所在地主管税务机关办理汇算清缴。

纳税人取得利息、股息、红利所得，财产租赁所得，财产转让所得和偶然所得，按月或者按次计算个人所得税，有扣缴义务人的，由扣缴义务人按月或者按次代扣代缴税款。

3. 应税所得没有扣缴义务人的

纳税人取得应税所得没有扣缴义务人的，应当在取得所得的次月15日内向税务机关报送纳税申报表，并缴纳税款。

纳税人取得应税所得，扣缴义务人未扣缴税款的，纳税人应当在取得所得的次年6月30日前，缴纳税款；税务机关通知限期缴纳的，纳税人应当按照期限缴纳税款。

居民个人从中国境外取得所得的，应当在取得所得的次年3月1日至6月30日内申报纳税。

非居民个人在中国境内从两处以上取得工资、薪金所得的，应当在取得所得的次月15日内申报纳税。

纳税人因移居境外注销中国户籍的，应当在注销中国户籍前办理税款清算。

4. 扣缴义务人

扣缴义务人每月或者每次预扣、代扣的税款，应当在次月15日内缴入国库，并向税务机关报送扣缴个人所得税申报表。

纳税人办理汇算清缴退税或者扣缴义务人为纳税人办理汇算清缴退税的，税务机关审核后，按照国库管理的有关规定办理退税。

【知识点3】2023年度个人所得税综合所得汇算清缴制度

1. 年度汇算的内容

2023年度终了后，居民个人（以下称纳税人）需要汇总2023年1月1日至12月31日（以下称纳税年度）取得的工资薪金、劳务报酬、稿酬、特许权使用费等四项所得（以下称综合所得）的收入额，减除费用6万元以及专项扣除、专项附加扣除、依法确定的其他扣除和符合条件的公益慈善事业捐赠后，适用综合所得个人所得税税率并减去速算扣除数，计算年度汇算最终应纳税额，再减去纳税年度已预缴税额，得出应退或应补税额，向税务机关申报并办理退税或补税。计算公式如下：

应退或应补税额＝［（综合所得收入额－60000 元－“三险一金”等专项扣除－子女教育等专项附加扣除－依法确定的其他扣除－符合条件的公益慈善事业捐赠）×适用税率－速算扣除数］－已预缴税额

年度汇算不涉及财产租赁等分类所得，以及纳税人按规定选择不并入综合所得计算纳税的所得。

2. 无需办理年度汇算的情形

纳税人在纳税年度内已依法预缴个人所得税且符合下列情形之一的，无需办理年度汇算：

（1）年度汇算需补税但综合所得收入全年不超过 12 万元的；

（2）年度汇算需补税金额不超过 400 元的；

（3）已预缴税额与年度汇算应纳税额一致的；

（4）符合年度汇算退税条件但不申请退税的。

3. 需要办理年度汇算的情形

符合下列情形之一的，纳税人需办理年度汇算：

（1）已预缴税额大于年度汇算应纳税额且申请退税的；

（2）纳税年度内取得的综合所得收入超过 12 万元且需要补税金额超过 400 元的。

因适用所得项目错误或者扣缴义务人未依法履行扣缴义务，造成纳税年度内少申报或者未申报综合所得的，纳税人应当依法据实办理年度汇算。

4. 可享受的税前扣除

下列在 2023 年发生的税前扣除，纳税人可在汇算期间填报或补充扣除：

（1）减除费用 6 万元，以及符合条件的基本养老保险、基本医疗保险、失业保险等社会保险费和住房公积金等专项扣除；

（2）符合条件的 3 岁以下婴幼儿照护、子女教育、继续教育、大病医疗、住房贷款利息或住房租金、赡养老人专项附加扣除；

（3）符合条件的企业年金和职业年金、商业健康保险、个人养老金等其他扣除；

（4）符合条件的公益慈善事业捐赠。

同时取得综合所得和经营所得的纳税人，可在综合所得或经营所得中申报减除费用 6 万元、专项扣除、专项附加扣除以及依法确定的其他扣除，但不得重复申报减除。

5. 办理时间

年度汇算办理时间为 2024 年 3 月 1 日至 6 月 30 日。在中国境内无住所的纳税人在

3 月 1 日前离境的，可以在离境前办理年度汇算。

6. 办理方式

纳税人可自主选择下列办理方式：

（1）自行办理。

（2）通过任职受雇单位（含按累计预扣法预扣预缴其劳务报酬所得个人所得税的单位）代为办理。

纳税人提出代办要求的，单位应当代为办理，或者培训、辅导纳税人通过手机个人所得税 App、自然人电子税务局网站完成年度汇算申报和退（补）税。

由单位代为办理的，纳税人应提前与单位以书面或者电子等方式进行确认，补充提供 2023 年在本单位以外取得的综合所得收入、相关扣除、享受税收优惠等信息资料，并对所提交信息的真实性、准确性、完整性负责。纳税人未与单位确认请其代为办理的，单位不得代办。

（3）委托涉税专业服务机构或其他单位及个人（以下称受托人）办理，纳税人需与受托人签订授权书。

单位或受托人为纳税人办理年度汇算后，应当及时将办理情况告知纳税人。纳税人发现年度汇算申报信息存在错误的，可以要求单位或受托人办理更正申报，也可自行办理更正申报。

7. 办理渠道

为便利纳税人，税务机关为纳税人提供高效、快捷的网络办税渠道。纳税人可优先通过手机个人所得税 App 和自然人电子税务局网站办理年度汇算，税务机关将为纳税人提供申报表项目预填服务；不方便通过上述方式办理的，也可以通过邮寄方式或到办税服务厅办理。

选择邮寄申报的，纳税人需将申报表寄送至按《国家税务总局关于办理 2023 年度个人所得税综合所得汇算清缴事项的公告》（国家税务总局公告 2024 年第 2 号）第九条确定的主管税务机关所在省、自治区、直辖市和计划单列市税务局公告的地址。

8. 申报信息及资料留存

纳税人办理年度汇算，适用个人所得税年度自行纳税申报表，如需修改本人相关基础信息，新增享受扣除或者税收优惠的，还应按规定一并填报相关信息、提供佐证材料。纳税人需仔细核对，确保所填信息真实、准确、完整。

纳税人、代办年度汇算的单位，需各自将专项附加扣除、税收优惠材料等汇算相关资料，自汇算期结束之日起留存 5 年。

存在股权（股票）激励（含境内企业以境外企业股权为标的对员工进行的股权激励）、职务科技成果转化现金奖励等情况的单位，应当按照相关规定进行报告、备案。

同时，纳税人在一个纳税年度内从同一单位多次取得股权激励的，由该单位合并计算扣缴税款。纳税人在一个纳税年度内从不同单位取得股权激励的，可将之前单位取得的股权激励有关信息提供给现单位并由其合并计算扣缴税款，也可在次年 3 月 1 日至 6 月 30 日自行向税务机关办理合并申报。

9. 受理申报的税务机关

按照方便就近原则，纳税人自行办理或受托人为纳税人代为办理年度汇算的，向纳税人任职受雇单位的主管税务机关申报；有两处及以上任职受雇单位的，可自主选择向其中一处申报。

纳税人没有任职受雇单位的，向其户籍所在地、经常居住地或者主要收入来源地的主管税务机关申报。主要收入来源地，是指 2023 年向纳税人累计发放劳务报酬、稿酬及特许权使用费金额最大的扣缴义务人所在地。

单位为纳税人代办年度汇算的，向单位的主管税务机关申报。

为方便纳税服务和征收管理，年度汇算期结束后，税务部门将为尚未办理年度汇算申报、多次股权激励合并申报的纳税人确定主管税务机关。

10. 年度汇算的退税、补税

（1）办理退税。

纳税人申请年度汇算退税，应当提供其在中国境内开设的符合条件的银行账户。税务机关按规定审核后，按照国库管理有关规定办理税款退库。纳税人未提供本人有效银行账户，或者提供的信息资料有误的，税务机关将通知纳税人更正，纳税人按要求更正后依法办理退税。

为方便办理退税，综合所得全年收入额不超过 6 万元且已预缴个人所得税的纳税人，可选择使用手机个人所得税 App、自然人电子税务局网站提供的简易申报功能，便捷办理年度汇算退税。

申请 2023 年度汇算退税的纳税人，如存在应当办理 2022 年及以前年度汇算补税但未办理，或者经税务机关通知 2022 年及以前年度汇算申报存在疑点但未更正或说明情况的，需在办理 2022 年及以前年度汇算申报补税、更正申报或者说明有关情况后依法申请退税。

（2）办理补税。

纳税人办理年度汇算补税的，可以通过网上银行、办税服务厅 POS 机刷卡、银行柜台、非银行支付机构等方式缴纳。邮寄申报并补税的，纳税人需通过手机个人所得税 App、自然人电子税务局网站或者主管税务机关办税服务厅及时关注申报进度并缴纳税款。

年度汇算需补税的纳税人，汇算期结束后未申报补税或未足额补税的，一经发现，税务机关将依法责令限期改正并向纳税人送达有关税务文书，对已签订《税务文书电子送达确认书》的，通过手机个人所得税 App、自然人电子税务局网站等渠道进行电子文书送达；对未签订《税务文书电子送达确认书》的，以其他方式送达。同时，税务机关将依法加收滞纳金，并在其个人所得税《纳税记录》中予以标注。

纳税人因申报信息填写错误造成汇算多退或少缴税款的，纳税人主动或经税务机关提醒后及时改正的，税务机关可以按照“首违不罚”原则免予处罚。

11. 汇算服务

税务机关推出系列优化服务措施，加强年度汇算的政策解读和操作辅导力度，分类编制办税指引，通俗解释政策口径、专业术语和操作流程，多渠道、多形式开展提示提醒服务，并通过手机个人所得税 App、自然人电子税务局网站、12366 纳税缴费服务平台等渠道提供涉税咨询，帮助纳税人解决疑难问题，积极回应纳税人诉求。

年度汇算开始前，纳税人可登录手机个人所得税 App、自然人电子税务局网站，查看自己的综合所得和纳税情况，核对银行卡、专项附加扣除涉及人员身份信息等基础资料，为年度汇算做好准备。

为合理有序引导纳税人办理年度汇算，提升纳税人办理体验，主管税务机关将分批分期通知提醒纳税人在确定的时间段内办理。同时，税务部门推出预约办理服务，有汇算初期（3 月 1 日至 3 月 20 日）有办理需求的纳税人，可以根据自身情况，在 2 月 21 日后通过手机个人所得税 App 预约上述时间段中的任意一天办理。3 月 21 日至 6 月 30 日，纳税人无需预约，可以随时办理。

对符合年度汇算退税条件且生活负担较重的纳税人，税务机关提供优先退税服务。独立完成年度汇算存在困难的年长、行动不便等特殊人群提出申请，税务机关可提供个性化便民服务。

12. 其他事项

《国家税务总局关于个人所得税自行纳税申报有关问题的公告》（国家税务总局公告 2018 年第 62 号）第一条、第四条与上述规定不一致的，依照上述规定执行。

根据《财政部 税务总局 住房城乡建设部关于延续实施支持居民换购住房有关个人所得税政策的公告》（财政部 税务总局 住房城乡建设部公告 2023 年第 28 号）规定，在 2024 年 1 月 1 日至 2025 年 12 月 31 日期间，纳税人出售自有住房并在现住房出售后 1 年内，在同一城市重新购买住房的，可按规定申请退还其出售现住房已缴纳的个人所得税，具体服务与征管规定参照《国家税务总局关于支持居民换购住房个人所得税政策有关征管事项的公告》（国家税务总局公告 2022 年第 21 号）执行。

【知识点 4】 社会配套制度

公安、人民银行、金融监督管理等相关部门应当协助税务机关确认纳税人的身份、金融账户信息。教育、卫生、医疗保障、民政、人力资源社会保障、住房城乡建设、公安、人民银行、金融监督管理等相关部门应当向税务机关提供纳税人子女教育、继续教育、大病医疗、住房贷款利息、住房租金、赡养老人等专项附加扣除信息。

个人转让不动产的，税务机关应当根据不动产登记等相关信息核验应缴的个人所得税，登记机构办理转移登记时，应当查验与该不动产转让相关的个人所得税的完税凭证。个人转让股权办理变更登记的，市场主体登记机关应当查验与该股权交易相关的个人所得税的完税凭证。

有关部门依法将纳税人、扣缴义务人遵守税法的情况纳入信用信息系统，并实施联合激励或者惩戒。

扫一扫，查看个人所得税纳税申报表

>>第五节 土地增值税

一 土地增值税基本政策

【知识点1】 纳税人

土地增值税的纳税义务人是转让国有土地使用权、地上建筑物及其附着物（即本节所简称的房地产）并取得收入的单位和个人。

【知识点2】 征税范围

1. 基本征税范围

土地增值税是对转让国有土地使用权及其地上建筑物和附着物的行为征税，不包括国有土地使用权出让所取得的收入。

（1）转让国有土地使用权，不包括国有土地使用权出让所取得的收入；

（2）地上建筑物及其附着物连同国有土地使用权一并转让；

（3）存量房地产的买卖。

2. 特殊征税范围

土地增值税征税范围的特殊规定见表1－8。

表 1－8　土地增值税征税范围特殊规定

行　为	征免规定
企业重组改制时以国有土地、房屋进行投资	符合规定的暂不征税，但不适用于房地产开发企业
合作建房	建成后分房自用的，暂免征税；建成后转让的，征税
房地产交换	征税；但个人互换自有居住用房，免税
房地产抵押	抵押期间，不征税；抵押期满转移产权的，征税
房地产出租	不征税
企业进行重组制改造、分立、合并	暂不征税，但不适用于房地产开发企业
房地产评估增值	不征税
国家收回或征用	免征
代建房	不征税

【知识点3】 税率

土地增值税实行四级超率累进税率，对土地增值率高的多征，增值率低的少征，无增值的不征，见表 1－9。

表 1－9　土地增值税税率表

级　数	增值额与扣除项目金额的比率	税率（%）	速算扣除系数（%）
1	不超过 50% 的部分	30	0
2	超过 50% 至 100% 的部分	40	5
3	超过 100% 至 200% 的部分	50	15
4	超过 200% 的部分	60	35

【知识点4】 应纳税额的计算

1. 收入额确定

（1）纳税人转让房地产所取得的收入，是指包括货币收入、实物收入和其他收入在内的全部价款及有关的经济利益。营改增以后的房屋销售收入，不含增值税。

所取得的收入为外国货币的，应以取得收入当天或当月 1 日国家公布的市场汇价折合成人民币，据以计算应纳土地增值税税额。

（2）县级及县级以上人民政府要求房地产开发企业在售房时代收的各项费用：

①如计入房价向购买方一并收取的，作计税收入；

②如未计入房价，在房价之外单独收取的，不作计税收入。

（3）非直接销售和自用房地产的收入确定。

房地产开发企业将开发产品用于职工福利、奖励、对外投资、分配给股东或投资人、抵偿债务、换取其他单位和个人的非货币性资产等，发生所有权转移时应视同销售房地产，其收入按下列方法和顺序确认：

按本企业在同一地区、同一年度销售的同类房地产的平均价格确定；

由主管税务机关参照当地当年、同类房地产的市场价格或评估价值确定。

2. 扣除项目的确定

（1）房地产开发企业出售开发的房地产扣除项目及其金额确定。

房地产开发企业出售开发的房地产，在计算土地增值税时，允许扣除的项目及其金额主要有：

①取得土地使用权所支付的金额。

取得土地使用权所支付的金额，是指纳税人为取得土地使用权所支付的地价款和按国家统一规定交纳的有关费用。

取得土地使用权所支付的地价款有以下三种形式：

A. 以出让方式取得土地使用权的，为支付的土地出让金；

B. 以行政划拨方式取得土地使用权的，为转让土地使用权时按规定补缴的出让金；

C. 以转让方式取得土地使用权的，为支付的地价款。

按国家统一规定交纳的有关费用，是指纳税人在取得土地使用权过程中为办理有关手续，按国家统一规定缴纳的有关登记费、过户手续费、契税等。房地产开发企业逾期开发缴纳的土地闲置费不得扣除。

②开发土地和新建房及配套设施的成本（以下简称房地产开发成本）。

房地产开发成本，是指纳税人开发房地产项目实际发生的成本。主要包括土地征用及拆迁补偿费、前期工程费、建筑安装工程费、基础设施费、公共配套设施费、开发间接费用等。这些成本允许按实际发生数扣除。

已经计入房地产开发成本的利息支出，应调整至财务费用中计算扣除。

③开发土地和新建房及配套设施的费用（以下简称房地产开发费用）。

房地产开发费用，是指与房地产开发项目有关的销售费用、管理费用、财务费用。在计算扣除项目金额时，房地产开发费用不是按照纳税人实际发生额进行扣除，而是计算扣除。依据财务费用中利息支出的情况不同具体分为以下两种办法：

A. 凡能够按转让房地产项目计算分摊并提供金融机构证明的，利息支出允许据实扣除，但最高不能超过按商业银行同类同期贷款利率计算的金额，利息的上浮幅度按国家的有关规定执行，超过上浮幅度的部分不允许扣除；对于超过贷款期限的利息部分和加罚的利息不允许扣除。其他房地产开发费用，按取得土地使用权所支付的金额与房地产开发成本之和的5%以内计算扣除。

B. 凡不能按转让房地产项目计算分摊利息支出或不能提供金融机构证明的，房地产开发费用按取得土地使用权所支付的金额与房地产开发成本之和的10%以内计算扣除。

上述计算扣除的具体比例，由各省、自治区、直辖市人民政府规定。

房地产开发企业既向金融机构借款，又有其他借款的，其房地产开发费用计算扣除时不能同时适用上述两种办法。

④与转让房地产有关的税金。

与转让房地产有关的税金，是指在转让房地产时缴纳的城市维护建设税、印花税，因转让房地产缴纳的教育费附加，也可视同税金予以扣除。

房地产开发企业按照有关规定，其缴纳的印花税列入营业税金及附加，通过“房地产开发费”项目进行计算扣除。非房地产开发企业转让房地产缴纳的印花税作为“与转让房地产有关的税金”在计算土地增值税时扣除。

⑤财政部确定的其他扣除项目。

从事房地产开发的纳税人可加计20%的扣除。

加计扣除费用＝（取得土地使用权时所支付的金额＋房地产开发成本）×20%

（2）旧房及建筑物扣除项目。

①房屋及建筑物的评估价格。

纳税人有下列情形之一的，则按照房地产评估价格计算征收土地增值税：

A. 隐瞒、虚报房地产成交价格的；

B. 提供扣除项目金额不实的；

C. 转让房地产的成交价格低于房地产评估价格，又无正当理由的。

评估价格＝房地产重置成本价×成新度折扣率

②纳税人转让旧房及建筑物，凡不能取得评估价格，但能提供购房发票的，扣除项目的金额按照下列方法计算：

A. 提供的购房凭据为营改增前取得的营业税发票的，按照发票所载金额（不扣减营业税）并从购买年度起至转让年度止每年加计5%计算。

B. 提供的购房凭据为营改增后取得的增值税普通发票的，按照发票所载价税合计金额从购买年度起至转让年度止每年加计5%计算。

C. 提供的购房发票为营改增后取得的增值税专用发票的，按照发票所载不含增值税金额加上不允许抵扣的增值税进项税额之和，并从购买年度起至转让年度止每年加计5%计算。

计算扣除项目时“每年”按购房发票所载日期起至售房发票开具之日止，每满12个月计一年；超过一年，未满12个月但超过6个月的，可以视同为一年。

对于转让旧房及建筑物，既没有评估价格，又不能提供购房发票的，税务机关可以根据《税收征管法》第三十五条的规定，实行核定征收。

③对取得土地使用权时未支付地价款或不能提供已支付的地价款凭据的，不允许扣除取得土地使用权所支付的金额。

④与转让房地产有关的税金。

与转让房地产有关的税金，是指转让环节缴纳的城市维护建设税、教育费附加、地方教育附加、印花税。

对于个人购入房地产再转让的，其在购入环节缴纳的契税，由于已经包含在旧房及建筑物的评估价格之中，故计征土地增值税时，不另作为与转让房地产有关的税金予以扣除。

⑤评估费用。

纳税人为对房地产进行评估而支付的评估费用允许在计算土地增值税时予以扣除。但对纳税人因隐瞒、虚报房地产成交价格等情形而按房地产评估价格计算征收土地增值税所发生的评估费用，则不允许在计算土地增值税时予以扣除。

3. 应纳税额的计算

应纳税额 = 增值额 × 适用税率 − 扣除项目金额 × 速算扣除系数

第一步，确定应税收入；

第二步，确定扣除项目；

第三步，计算土地增值额；

第四步，计算增值额占扣除项目金额的百分比，确定适用税率和速算扣除系数；

第五步，计算应纳税额。

二 土地增值税优惠政策

【知识点】 土地增值税优惠政策

1. 建造普通标准住宅出售，其增值率未超过 20% 的，免征土地增值税。增值率超过 20% 的，应就其全部增值额按规定计税。

2. 因国家建设的需要而被政府征用、收回的房地产，免征土地增值税。

3. 因城市规划、国家建设需要而搬迁，由纳税人自行转让原房地产的，免征土地增值税。

4. 2019 年 1 月 1 日至 2025 年 12 月 31 日，对企事业单位、社会团体以及其他组织转让旧房作为公租房房源，且增值额未超过扣除项目金额 20% 的，免征土地增值税。

5. 自 2023 年 10 月 1 日起，企事业单位、社会团体以及其他组织转让旧房作为保障性住房房源且增值额未超过扣除项目金额 20% 的，免征土地增值税。

6. 对个人之间互换自有居住用房地产的，经当地税务机关核实，可以免征土地增值税。

7. 自2008年11月1日起，对居民个人销售住房，一律免征土地增值税。

8. 关于改制重组，2021年1月1日至2027年12月31日，执行以下政策：

（1）企业按照《中华人民共和国公司法》有关规定整体改制，包括非公司制企业改制为有限责任公司或股份有限公司，有限责任公司变更为股份有限公司，股份有限公司变更为有限责任公司，对改制前的企业将国有土地使用权、地上的建筑物及其附着物（以下简称房地产）转移、变更到改制后的企业，暂不征土地增值税。

整体改制是指不改变原企业的投资主体，并承继原企业权利、义务的行为。

（2）按照法律规定或者合同约定，两个或两个以上企业合并为一个企业，且原企业投资主体存续的，对原企业将房地产转移、变更到合并后的企业，暂不征土地增值税。

（3）按照法律规定或者合同约定，企业分设为两个或两个以上与原企业投资主体相同的企业，对原企业将房地产转移、变更到分立后的企业，暂不征土地增值税。

（4）单位、个人在改制重组时以房地产作价入股进行投资，对其将房地产转移、变更到被投资的企业，暂不征土地增值税。

（5）上述改制重组有关土地增值税政策不适用于房地产转移任意一方为房地产开发企业的情形。

（6）改制重组后再转让房地产并申报缴纳土地增值税时，对“取得土地使用权所支付的金额”，按照改制重组前取得该宗国有土地使用权所支付的地价款和按国家统一规定缴纳的有关费用确定；经批准以国有土地使用权作价出资入股的，为作价入股时县级及以上自然资源部门批准的评估价格。按购房发票确定扣除项目金额的，按照改制重组前购房发票所载金额并从购买年度起至本次转让年度止每年加计5%计算扣除项目金额，购买年度是指购房发票所载日期的当年。

（7）纳税人享受上述税收政策，应按税务机关规定办理。

（8）不改变原企业投资主体、投资主体相同，是指企业改制重组前后出资人不发生变动，出资人的出资比例可以发生变动；投资主体存续，是指原企业出资人必须存在于改制重组后的企业，出资人的出资比例可以发生变动。

9. 自2024年1月1日起，村民委员会、村民小组按照农村集体产权制度改革要求，将国有土地使用权、地上的建筑物及其附着物转移、变更到农村集体经济组织名下的，暂不征收土地增值税。

三　土地增值税征收管理

【知识点1】纳税申报表

自2021年6月1日起，纳税人申报缴纳城镇土地使用税、房产税、车船税、印花税、耕地占用税、资源税、土地增值税、契税、环境保护税、烟叶税中一个或多个税种时，使用《财产和行为税纳税申报表》。

【知识点2】 纳税地点

1. 房地产所在地（坐落地）。

2. 房地产坐落在两个或两个以上地区的，分别申报纳税。

【知识点3】 征收机关

1. 土地增值税由税务机关征收。

2. 土地管理部门、房产管理部门应当向税务机关提供有关资料，并协助税务机关依法征收土地增值税。

3. 纳税人未按照规定缴纳土地增值税的，土地管理部门、房产管理部门不得办理有关的权属变更手续。

【知识点4】 预征与清算

1. 预征

纳税人在项目全部竣工结算前转让房地产取得的收入，由于涉及成本确定或其他原因，而无法据以计算土地增值税的，可以预征土地增值税，待该项目全部竣工办理结算后再进行清算，多退少补。具体办法由各省、自治区、直辖市税务局根据当地情况制定。

预征的计税依据 = 预收款 − 应预缴增值税税款

预征率：除保障性住房外，东部地区省份预征率不得低于2%，中部和东北地区省份不得低于1.5%，西部地区省份不得低于1%。

2. 清算

（1）土地增值税的清算单位。

土地增值税以国家有关部门审批的房地产开发项目为单位进行清算，对于分期开发的项目，以分期项目为单位清算。

开发项目中同时包含普通住宅和非普通住宅的，应分别计算增值额。

（2）土地增值税清算的条件。

①应进行清算。

纳税人符合下列条件之一的，应进行土地增值税的清算：

A. 房地产开发项目全部竣工、完成销售的；

B. 整体转让未竣工决算房地产开发项目的；

C. 直接转让土地使用权的。

②主管税务机关可要求纳税人进行清算。

对符合以下条件的，主管税务机关可要求纳税人进行土地增值税清算：

A. 已竣工验收的房地产开发项目，已转让的房地产建筑面积占整个项目可售建筑面积的比例在85%以上，或该比例虽未超过85%，但剩余的可售建筑面积已经出租或自用的；

B. 取得销售（预售）许可证满三年仍未销售完毕的；

C. 纳税人申请注销税务登记但未办理土地增值税清算手续的，应在办理注销登记前进行土地增值税清算；

D. 省（自治区、直辖市、计划单列市）税务机关规定的其他情况。

（3）清算审核。

主管税务机关受理纳税人清算资料后，应在一定期限内及时组织清算审核。主要审核纳税人清算单位收入情况、扣除项目情况、关联方交易行为等内容。

清算审核结束，主管税务机关应当将审核结果通知纳税人，并确定办理补、退税期限。

案头审核，是指对纳税人报送的清算资料进行数据、逻辑审核，重点审核项目归集的一致性、数据计算准确性等。

实地审核，是指在案头审核的基础上，通过对房地产开发项目实地查验等方式，对纳税人申报情况的客观性、真实性、合理性进行审核。

（4）清算方式。

①正常清算。

土地增值税清算一般应按照下列方法进行清算：

应纳土地增值税税额 = 转让房地产增值额 × 适用税率 − 扣除项目金额 × 速算扣除率

②核定征收。

在清算过程中，发现纳税人符合以下条件之一的，应按核定征收方式对房地产项目进行清算。

A. 依照法律、行政法规的规定应当设置但未设置账簿的；

B. 擅自销毁账簿或者拒不提供纳税资料的；

C. 虽设置账簿，但账目混乱或者成本资料、收入凭证、费用凭证残缺不全，难以确定转让收入或扣除项目金额的；

D. 符合土地增值税清算条件，企业未按照规定的期限办理清算手续，经税务机关责令限期清算，逾期仍不清算的；

E. 申报的计税依据明显偏低，又无正当理由的。

符合上述核定征收条件的，由主管税务机关发出核定征收的税务事项告知书后，税务人员对房地产项目开展土地增值税核定征收核查，经主管税务机关审核合议，通知纳税人申报缴纳应补缴税款或办理退税。

③核定征收中的注意事项。

核定征收率原则上不得低于5%，各省级税务机关要结合本地实际，区分不同房地产类型制定核定征收率。

（5）清算后再转让房地产的处理。

在土地增值税清算时未转让的房地产，清算后销售或有偿转让的，纳税人应按规定进行土地增值税的纳税申报，扣除项目金额按清算时的单位建筑面积成本费用乘以销售或转让面积计算。

单位建筑面积成本费用＝清算时的扣除项目总金额÷清算的总建筑面积

>>第六节 其他税种

一 车辆购置税政策与管理

【知识点1】 车辆购置税基本政策

1. 纳税人

在中华人民共和国境内购置汽车、有轨电车、汽车挂车、排气量超过150毫升的摩托车的单位和个人，为车辆购置税的纳税人。

购置，是指以购买、进口、自产、受赠、获奖或者其他方式取得并自用应税车辆的行为。

免税、减税车辆因转让、改变用途等原因不再属于免税、减税范围的，纳税人应当在办理车辆转移登记或者变更登记前缴纳车辆购置税。发生转让行为的，受让人为车辆购置税纳税人；未发生转让行为的，车辆所有人为车辆购置税纳税人。

2. 征税范围

车辆购置税的应税车辆包括汽车、有轨电车、汽车挂车、排气量超过150毫升的摩托车。

地铁、轻轨等城市轨道交通车辆，装载机、平地机、挖掘机、推土机等轮式专用机械车，以及起重机（吊车）、叉车、电动摩托车，不属于车辆购置税应税车辆。

车辆购置税实行一次性征收。购置已征车辆购置税的车辆，不再征收车辆购置税。

3. 税率

车辆购置税的税率为10%。

4. 计税依据

（1）纳税人购买自用应税车辆的计税价格，为纳税人实际支付给销售者的全部价款，不包括增值税税款。

纳税人购买自用应税车辆实际支付给销售者的全部价款，依据纳税人购买应税车辆时相关凭证载明的价格确定，不包括增值税税款。

（2）纳税人进口自用应税车辆的计税价格，为关税完税价格加上关税和消费税。

纳税人进口自用应税车辆，是指纳税人直接从境外进口或者委托代理进口自用的应税车辆，不包括在境内购买的进口车辆。

（3）纳税人自产自用应税车辆的计税价格，按照同类应税车辆（即车辆配置序列号相同的车辆）的销售价格确定，不包括增值税税款；没有同类应税车辆销售价格的，按照组成计税价格确定。组成计税价格计算公式如下：

组成计税价格 = 成本 ×（1 + 成本利润率）

属于应征消费税的应税车辆，其组成计税价格中应加计消费税税额。

上述公式中的成本利润率，由国家税务总局各省、自治区、直辖市和计划单列市税务局确定。

（4）纳税人以受赠、获奖或者其他方式取得自用应税车辆的计税价格，按照购置应税车辆时相关凭证载明的价格确定，不包括增值税税款。

（5）纳税人申报的应税车辆计税价格明显偏低，又无正当理由的，由税务机关依照《税收征管法》的规定核定其应纳税额。

（6）纳税人以外汇结算应税车辆价款的，按照申报纳税之日的人民币汇率中间价折合成人民币计算缴纳税款。

5. 应纳税额的计算

车辆购置税的应纳税额 = 应税车辆的计税价格 × 税率

免税、减税车辆因转让、改变用途等原因不再属于免税、减税范围的，纳税人应当在办理车辆转移登记或者变更登记前缴纳车辆购置税。计税价格以免税、减税车辆初次办理纳税申报时确定的计税价格为基准，每满1年扣减10%。计算公式为：

应纳税额 = 初次办理纳税申报时确定的计税价格 ×（1 − 使用年限 × 10%）× 10% − 已纳税额

应纳税额不得为负数。

使用年限的计算方法是，自纳税人初次办理纳税申报之日起至不再属于免税、减税范围的情形发生之日止。使用年限取整计算，不满1年的不计算在内。

纳税人将已征车辆购置税的车辆退回车辆生产企业或者销售企业的，可以向主管税务机关申请退还车辆购置税。退税额以已缴税款为基准，自缴纳税款之日至申请退税之日，每满 1 年扣减 10%。应退税额计算公式为：

$$应退税额 = 已纳税额 \times (1 - 使用年限 \times 10\%)$$

应退税额不得为负数。

使用年限的计算方法是，自纳税人缴纳税款之日起至申请退税之日止。

【知识点 2】 车辆购置税优惠政策

1. 下列车辆免征车辆购置税：

（1）依照法律规定应当予以免税的外国驻华使馆、领事馆和国际组织驻华机构及其有关人员自用的车辆；

（2）中国人民解放军和中国人民武装警察部队列入装备订货计划的车辆；

（3）悬挂应急救援专用号牌的国家综合性消防救援车辆；

（4）设有固定装置的非运输专用作业车辆；

（5）城市公交企业购置的公共汽电车辆。

城市公交企业，是指由县级以上（含县级）人民政府交通运输主管部门认定的，依法取得城市公交经营资格，为公众提供公交出行服务，并纳入《城市公共交通管理部门与城市公交企业名录》的企业；公共汽电车辆是指按规定的线路、站点票价营运，用于公共交通服务，为运输乘客设计和制造的车辆，包括公共汽车、无轨电车和有轨电车。

2. 回国服务的在外留学人员用现汇购买 1 辆个人自用国产小汽车免征车辆购置税。

3. 长期来华定居专家进口 1 辆自用小汽车免征车辆购置税。

4. 防汛部门和森林消防部门用于指挥、检查、调度、报汛（警）、联络的由指定厂家生产的设有固定装置的指定型号的车辆免征车辆购置税。

5. 2018 年 1 月 1 日至 2023 年 12 月 31 日，对购置新能源汽车免征车辆购置税。

对购置日期在 2024 年 1 月 1 日至 2025 年 12 月 31 日期间的新能源汽车免征车辆购置税，其中，每辆新能源乘用车免税额不超过 3 万元；对购置日期在 2026 年 1 月 1 日至 2027 年 12 月 31 日期间的新能源汽车减半征收车辆购置税，其中，每辆新能源乘用车减税额不超过 1.5 万元。

购置日期按照机动车销售统一发票或海关关税专用缴款书等有效凭证的开具日期确定。

6. 2018 年 7 月 1 日至 2027 年 12 月 31 日，对购置挂车减半征收车辆购置税。

7. 中国妇女发展基金会“母亲健康快车”项目的流动医疗车免征车辆购置税。

8. 原公安现役部队和原武警黄金、森林、水电部队改制后换发地方机动车牌证的车辆（公安消防、武警森林部队执行灭火救援任务的车辆除外），一次性免征车辆购置税。

【知识点3】 车辆购置税征收管理

1. 纳税义务发生时间

车辆购置税的纳税义务发生时间为纳税人购置应税车辆的当日。

车辆购置税的纳税义务发生时间以纳税人购置应税车辆所取得的车辆相关凭证上注明的时间为准。

免税、减税车辆因转让、改变用途等原因不再属于免税、减税范围的，纳税人应当在办理车辆转移登记或者变更登记前缴纳车辆购置税。纳税义务发生时间为车辆转让或者用途改变等情形发生之日。

2. 纳税期限

纳税人应当自纳税义务发生之日起60日内申报缴纳车辆购置税。

纳税人应当在向公安机关交通管理部门办理车辆注册登记前，缴纳车辆购置税。

3. 纳税地点

纳税人购置应税车辆，应当向车辆登记地的主管税务机关申报缴纳车辆购置税；购置不需要办理车辆登记的应税车辆的，应当向纳税人所在地的主管税务机关申报缴纳车辆购置税。

4. 税源管理

（1）税务机关和公安、商务、海关、工业和信息化等部门应当建立应税车辆信息共享和工作配合机制，及时交换应税车辆和纳税信息资料。

公安机关交通管理部门办理车辆注册登记，应当根据税务机关提供的应税车辆完税或者免税电子信息对纳税人申请登记的车辆信息进行核对，核对无误后依法办理车辆注册登记。

（2）自2020年2月1日起，在上海市、江苏省、浙江省、宁波市四个地区试点应用机动车销售统一发票电子信息办理车辆购置税业务；自2020年6月1日起，将应用发票电子信息办理车辆购置税业务的机制扩大到全国其他地区。

试点地区自2020年2月1日起、其他地区自2020年6月1日起，纳税人购置应税车辆办理车辆购置税纳税申报时，以发票电子信息中的不含税价作为申报计税价格。纳税人依据相关规定提供其他有效价格凭证的情形除外。

应税车辆存在多条发票电子信息或者没有发票电子信息的，纳税人应当持机动车销售统一发票、购车合同及其他能够反映真实交易的材料到税务机关办理车辆购置税纳税申报，按照购置应税车辆实际支付给销售方的全部价款（不包括增值税税款）申报纳税。

发票电子信息与纳税人提供的机动车销售统一发票的内容不一致、纳税人提供的机动车销售统一发票已经作废或者开具了红字发票的，纳税人应换取合规的发票后申报纳税。

试点地区自2020年2月1日起、其他地区自2020年6月1日起，纳税人购置并已完税的应税车辆，纳税人申请车辆购置税退税时，税务机关核对纳税人提供的退车发票与发票电子信息无误后，按规定办理退税；核对不一致的，纳税人换取合规的发票后，依法办理退税申报；没有发票电子信息的，销售方向税务机关传输有效发票电子信息后，纳税人依法办理退税申报。

试点地区纳税人2020年2月1日后办理于2020年1月31日前购置应税车辆的车辆购置税纳税申报、其他地区纳税人2020年6月1日后办理于2020年5月31日前购置应税车辆的车辆购置税纳税申报，税务机关能够调取发票电子信息的，按照应税车辆存在多条信息和发票电子信息与纳税人提供的机动车销售统一发票的内容不一致的流程办理；税务机关无法调取发票电子信息的，按原流程办理。

【知识点4】 关于搞活汽车流通、扩大汽车消费的措施

（1）自2022年10月1日起，对已备案汽车销售企业从自然人处购进二手车的，允许企业反向开具二手车销售统一发票并凭此办理转移登记手续。

（2）自2023年1月1日起，对自然人在一个自然年度内出售持有时间少于1年的二手车达到3辆及以上的，汽车销售企业、二手车交易市场、拍卖企业等不得为其开具二手车销售统一发票，不予办理交易登记手续，有关部门按规定处理。公安机关、税务部门共享核查信息，税务部门充分运用共享信息，为有关企业开具发票提供信息支撑。

二 资源税政策与管理

【知识点1】 资源税基本政策

1. 纳税人

在中华人民共和国领域和中华人民共和国管辖的其他海域开发应税资源的单位和个人，为资源税的纳税人，应当依照规定缴纳资源税。

购买未税矿产品的单位，应当主动向主管税务机关办理扣缴税款登记，依法代扣代缴资源税。

根据《财政部 国家税务总局 水利部关于印发〈水资源税改革试点暂行办法〉的通知》（财税〔2016〕55号），自2016年7月1日起在河北省实施水资源税改革试点。利用取水工程或者设施直接从江河、湖泊（含水库）和地下取用地表水、地下水的单位和个人，为水资源税纳税人。

根据《财政部 税务总局 水利部关于印发〈扩大水资源税改革试点实施办法〉的通知》(财税〔2017〕80号)，自2017年12月1日起在北京、天津、山西、内蒙古、山东、河南、四川、陕西、宁夏9个省（自治区、直辖市）扩大水资源税改革试点。除该文件第四条规定的情形外，其他直接取用地表水、地下水的试点省份的单位和个人，为水资源税纳税人。

2. 征税范围

应税资源的具体范围，由《中华人民共和国资源税法》所附《资源税税目税率表》确定，具体包括：能源矿产、金属矿产、非金属矿产、水气矿产和盐。

试点省份水资源税的征税范围包括地表水和地下水。

下列情形不缴纳水资源税：

（1）农村集体经济组织及其成员从本集体经济组织的水塘、水库中取用水的；

（2）家庭生活和零星散养、圈养畜禽饮用等少量取用水的；

（3）水利工程管理单位为配置或者调度水资源取水的；

（4）为保障矿井等地下工程施工安全和生产安全必须进行临时应急取用（排）水的；

（5）为消除对公共安全或者公共利益的危害临时应急取水的；

（6）为农业抗旱和维护生态与环境必须临时应急取水的。

3. 税目税率

（1）资源税税目税率，见表1-10。

表1-10　　资源税税目税率表

税目		征税对象	税率
能源矿产	原油	原矿	6%
	天然气、页岩气、天然气水合物	原矿	6%
	煤	原矿或者选矿	2%～10%
	煤成（层）气	原矿	1%～2%
	铀、钍	原矿	4%
	油页岩、油砂、天然沥青、石煤	原矿或者选矿	1%～4%
	地热	原矿	1%～20%或者每立方米1～30元

续表

税目			征税对象	税率
金属矿产	黑色金属	铁、锰、铬、钒、钛	原矿或者选矿	1% ~9%
	有色金属	铜、铅、锌、锡、镍、锑、镁、钴、铋、汞	原矿或者选矿	2% ~10%
		铝土矿	原矿或者选矿	2% ~9%
		钨	选矿	6.5%
		钼	选矿	8%
		金、银	原矿或者选矿	2% ~6%
		铂、钯、钌、锇、铱、铑	原矿或者选矿	5% ~10%
		轻稀土	选矿	7% ~12%
		中重稀土	选矿	20%
		铍、锂、锆、锶、铷、铯、铌、钽、锗、镓、铟、铊、铪、铼、镉、硒、碲	原矿或者选矿	2% ~10%
非金属矿产	矿物类	高岭土	原矿或者选矿	1% ~6%
		石灰岩	原矿或者选矿	1% ~6%或者每吨（或者每立方米）1 ~10 元
		磷	原矿或者选矿	3% ~8%
		石墨	原矿或者选矿	3% ~12%
		萤石、硫铁矿、自然硫	原矿或者选矿	1% ~8%
		天然石英砂、脉石英、粉石英、水晶、工业用金刚石、冰洲石、蓝晶石、硅线石（矽线石）、长石、滑石、刚玉、菱镁矿、颜料矿物、天然碱、芒硝、钠硝石、明矾石、砷、硼、碘、溴、膨润土、硅藻土、陶瓷土、耐火粘土、铁矾土、凹凸棒石粘土、海泡石粘土、伊利石粘土、累托石粘土	原矿或者选矿	1% ~12%

续表

税目			征税对象	税率
非金属矿产	矿物类	叶蜡石、硅灰石、透辉石、珍珠岩、云母、沸石、重晶石、毒重石、方解石、蛭石、透闪石、工业用电气石、白垩、石棉、蓝石棉、红柱石、石榴子石、石膏	原矿或者选矿	2%~12%
		其他粘土（铸型用粘土、砖瓦用粘土、陶粒用粘土、水泥配料用粘土、水泥配料用红土、水泥配料用黄土、水泥配料用泥岩、保温材料用粘土）	原矿或者选矿	1%~5%或者每吨（或者每立方米）0.1~5元
	岩石类	大理岩、花岗岩、白云岩、石英岩、砂岩、辉绿岩、安山岩、闪长岩、板岩、玄武岩、片麻岩、角闪岩、页岩、浮石、凝灰岩、黑曜岩、霞石正长岩、蛇纹岩、麦饭石、泥灰岩、含钾岩石、含钾砂页岩、天然油石、橄榄岩、松脂岩、粗面岩、辉长岩、辉石岩、正长岩、火山灰、火山渣、泥炭	原矿或者选矿	1%~10%
	宝玉石类	砂石	原矿或者选矿	1%~5%或者每吨（或者每立方米）0.1~5元
		宝石、玉石、宝石级金刚石、玛瑙、黄玉、碧玺	原矿或者选矿	4%~20%
水气矿产	二氧化碳气、硫化氢气、氦气、氡气		原矿	2%~5%
	矿泉水		原矿	1%~20%或者每立方米1~30元

续表

税目		征税对象	税率
盐	钠盐、钾盐、镁盐、锂盐	选矿	3% ~15%
	天然卤水	原矿	3% ~15% 或者每吨（或者每立方米） 1 ~ 10 元
	海盐		2% ~5%

《资源税税目税率表》中规定实行幅度税率的，其具体适用税率由省、自治区、直辖市人民政府统筹考虑该应税资源的品位、开采条件以及对生态环境的影响等情况，在《资源税税目税率表》规定的税率幅度内提出，报同级人民代表大会常务委员会决定，并报全国人民代表大会常务委员会和国务院备案。《资源税税目税率表》中规定征税对象为原矿或者选矿的，应当分别确定具体适用税率。

纳税人开采或者生产不同税目应税产品的，应当分别核算不同税目应税产品的销售额或者销售数量；未分别核算或者不能准确提供不同税目应税产品的销售额或者销售数量的，从高适用税率。

（2）水资源税税目税率，见表 1 – 11。

除中央直属和跨省（区、市）水力发电取用水外，由试点省份省级人民政府统筹考虑本地区水资源状况、经济社会发展水平和水资源节约保护要求，在《试点省份水资源税最低平均税额表》规定的最低平均税额基础上，分类确定具体适用税额。

表 1 – 11　　试点省份水资源税最低平均税额表　　单位：元/立方米

省（区、市）	地表水最低平均税额	地下水最低平均税额
北京	1.6	4
天津	0.8	4
山西	0.5	2
内蒙古	0.5	2
山东	0.4	1.5
河南	0.4	1.5
四川	0.1	0.2
陕西	0.3	0.7
宁夏	0.3	0.7

试点省份的中央直属和跨省（区、市）水力发电取用水税额为每千瓦时0.005元。跨省（区、市）界河水电站水力发电取用水水资源税税额，与涉及的非试点省份水资源费征收标准不一致的，按较高一方标准执行。

为严格控制地下水过量开采，对取用地下水从高确定税额，同一类型取用水，地下水税额要高于地表水，水资源紧缺地区地下水税额要大幅高于地表水。

超采地区的地下水税额要高于非超采地区，严重超采地区的地下水税额要大幅高于非超采地区。在超采地区和严重超采地区取用地下水的具体适用税额，由试点省份省级人民政府按照非超采地区税额的2～5倍确定。

在城镇公共供水管网覆盖地区取用地下水的，其税额要高于城镇公共供水管网未覆盖地区，原则上要高于当地同类用途的城镇公共供水价格。

除特种行业和农业生产取用水外，对其他取用地下水的纳税人，原则上应当统一税额。试点省份可根据实际情况分步实施到位。

对特种行业取用水，从高确定税额。特种行业取用水，是指洗车、洗浴、高尔夫球场、滑雪场等取用水。

纳税人超过水行政主管部门规定的计划（定额）取用水量，在原税额基础上加征1～3倍，具体办法由试点省份省级人民政府确定。

4. 计税依据

资源税的计税依据为应税产品的销售额或销售数量。

计税销售额或者销售数量，包括应税产品实际销售和视同销售两部分。

自2020年9月1日起，资源税应税产品的销售额，按照纳税人销售应税产品向购买方收取的全部价款确定，不包括增值税税款。

计入销售额中的相关运杂费用，凡取得增值税发票或者其他合法有效凭据的，准予从销售额中扣除。相关运杂费用是指应税产品从坑口或者洗选（加工）地到车站、码头或者购买方指定地点的运输费用、建设基金以及随运销产生的装卸、仓储、港杂费用。

纳税人自用应税产品应当缴纳资源税的情形，包括纳税人以应税产品用于非货币性资产交换、捐赠、偿债、赞助、集资、投资、广告、样品、职工福利、利润分配或者连续生产非应税产品等。

纳税人申报的应税产品销售额明显偏低且无正当理由的，或者有自用应税产品行为而无销售额的，主管税务机关可以按下列方法和顺序确定其应税产品销售额：

（1）按纳税人最近时期同类产品的平均销售价格确定。

（2）按其他纳税人最近时期同类产品的平均销售价格确定。

（3）按后续加工非应税产品销售价格，减去后续加工环节的成本利润后确定。

（4）按应税产品组成计税价格确定。

组成计税价格 = 成本 ×（1 + 成本利润率）÷（1 − 资源税税率）

上述公式中的成本利润率由省、自治区、直辖市税务机关确定。

（5）按其他合理方法确定。

纳税人以外购原矿与自采原矿混合为原矿销售，或者以外购选矿产品与自产选矿产品混合为选矿产品销售的，在计算应税产品销售额或者销售数量时，直接扣减外购原矿或者外购选矿产品的购进金额或者购进数量。

纳税人以外购原矿与自采原矿混合洗选加工为选矿产品销售的，在计算应税产品销售额或者销售数量时，按照下列方法进行扣减：

准予扣减的外购应税产品购进金额（数量）= 外购原矿购进金额（数量）× 本地区原矿适用税率 ÷ 本地区选矿产品适用税率

不能按照上述方法计算扣减的，按照主管税务机关确定的其他合理方法进行扣减。

应税产品的销售数量，包括纳税人开采或者生产应税产品的实际销售数量和自用于应当缴纳资源税情形的应税产品数量。

纳税人外购应税产品与自采应税产品混合销售或者混合加工为应税产品销售的，在计算应税产品销售额或者销售数量时，准予扣减外购应税产品的购进金额或者购进数量；当期不足扣减的，可结转下期扣减。纳税人应当准确核算外购应税产品的购进金额或者购进数量，未准确核算的，一并计算缴纳资源税。

纳税人核算并扣减当期外购应税产品购进金额、购进数量，应当依据外购应税产品的增值税发票、海关进口增值税专用缴款书或者其他合法有效凭据。

纳税人开采或者生产同一税目下适用不同税率应税产品的，应当分别核算不同税率应税产品的销售额或者销售数量；未分别核算或者不能准确提供不同税率应税产品的销售额或者销售数量的，从高适用税率。

纳税人以自采原矿（经过采矿过程采出后未进行选矿或者加工的矿石）直接销售，或者自用于应当缴纳资源税情形的，按照原矿计征资源税。

纳税人以自采原矿洗选加工为选矿产品（通过破碎、切割、洗选、筛分、磨矿、分级、提纯、脱水、干燥等过程形成的产品，包括富集的精矿和研磨成粉、粒级成型、切割成型的原矿加工品）销售，或者将选矿产品自用于应当缴纳资源税情形的，按照选矿产品计征资源税，在原矿移送环节不缴纳资源税。对于无法区分原生岩石矿种的粒级成型砂石颗粒，按照砂石税目征收资源税。

纳税人开采或者生产同一应税产品，其中既有享受减免税政策的，又有不享受减免税政策的，按照免税、减税项目的产量占比等方法分别核算确定免税、减税项目的销售额或者销售数量。

纳税人开采或者生产同一应税产品同时符合两项或者两项以上减征资源税优惠政策的，除另有规定外，只能选择其中一项执行。

纳税人应当在矿产品的开采地或者海盐的生产地缴纳资源税。

海上开采的原油和天然气资源税由海洋石油税务管理机构征收管理。

5. 应纳税额的计算

（1）资源税应纳税额的计算。

资源税的应纳税额，按照从价定率或者从量定额的办法，分别以应税产品的销售额乘以纳税人具体适用的比例税率或者以应税产品的销售数量乘以纳税人具体适用的定额税率计算。

（2）水资源税应纳税额的计算。

水资源税实行从量计征，应纳税额的计算公式为：

$$应纳税额 = 实际取用水量 \times 适用税额$$

城镇公共供水企业实际取用水量应当考虑合理损耗因素。

疏干排水的实际取用水量按照排水量确定。疏干排水，是指在采矿和工程建设过程中破坏地下水层、发生地下涌水的活动。

水力发电和火力发电贯流式（不含循环式）冷却取用水应纳税额的计算公式为：

$$应纳税额 = 实际发电量 \times 适用税额$$

火力发电贯流式冷却取用水，是指火力发电企业从江河、湖泊（含水库）等水源取水，并对机组冷却后将水直接排入水源的取用水方式。火力发电循环式冷却取用水，是指火力发电企业从江河、湖泊（含水库）、地下等水源取水并引入自建冷却水塔，对机组冷却后返回冷却水塔循环利用的取用水方式。

【知识点2】 资源税优惠政策

1. 有下列情形之一的，免征资源税：

（1）开采原油以及在油田范围内运输原油过程中用于加热的原油、天然气；

（2）煤炭开采企业因安全生产需要抽采的煤成（层）气。

2. 有下列情形之一的，减征资源税：

（1）从低丰度油气田开采的原油、天然气，减征20%资源税；

（2）高含硫天然气、三次采油和从深水油气田开采的原油、天然气，减征30%资源税；

（3）稠油、高凝油减征40%资源税；

（4）从衰竭期矿山开采的矿产品，减征30%资源税。

低丰度油气田，包括陆上低丰度油田、陆上低丰度气田、海上低丰度油田、海上低丰度气田。陆上低丰度油田是指每平方公里原油可开采储量丰度低于25万立方米的油田，陆上低丰度气田是指每平方公里天然气可开采储量丰度低于2.5亿立方米的气田，海上低丰度油田是指每平方公里原油可开采储量丰度低于60万立方米的油田，海上低丰度气田是指每平方公里天然气可开采储量丰度低于 6 亿立方米的气田。

高含硫天然气，是指硫化氢含量在每立方米 30 克以上的天然气。

三次采油，是指二次采油后继续以聚合物驱、复合驱、泡沫驱、气水交替驱、二氧化碳驱、微生物驱等方式进行采油。

深水油气田，是指水深超过 300 米的油气田。

稠油，是指地层原油粘度大于或等于每秒 50 毫帕或原油密度大于或等于每立方厘米 0. 92 克的原油。

高凝油，是指凝固点高于 40 摄氏度的原油。

衰竭期矿山，是指设计开采年限超过 15 年，且剩余可开采储量下降到原设计可开采储量的 20% 以下或者剩余开采年限不超过 5 年的矿山。衰竭期矿山以开采企业下属的单个矿山为单位确定。

根据国民经济和社会发展需要，国务院对有利于促进资源节约集约利用、保护环境等情形可以规定免征或者减征资源税，报全国人民代表大会常务委员会备案。

3. 有下列情形之一的，省、自治区、直辖市可以决定免征或者减征资源税：

（1）纳税人开采或者生产应税产品过程中，因意外事故或者自然灾害等原因遭受重大损失；

（2）纳税人开采共伴生矿、低品位矿、尾矿。

上述规定的免征或者减征资源税的具体办法，由省、自治区、直辖市人民政府提出，报同级人民代表大会常务委员会决定，并报全国人民代表大会常务委员会和国务院备案。

4. 2018 年 4 月 1 日至 2027 年 12 月 31 日，对页岩气资源税（按 6% 的规定税率）减征 30%。具体操作按照《财政部 国家税务总局关于对页岩气减征资源税的通知》（财税〔2018〕26 号）规定执行。

5. 2023 年 1 月 1 日至 2027 年 12 月 31 日，对增值税小规模纳税人、小型微利企业和个体工商户减半征收资源税（不含水资源税）、城市维护建设税、房产税、城镇土地使用税、印花税（不含证券交易印花税）、耕地占用税和教育费附加、地方教育附加。已依法享受资源税、城市维护建设税、房产税、城镇土地使用税、印花税、耕地占用税、教育费附加、地方教育附加等其他优惠政策的，可叠加享受该条优惠政策。

小型微利企业，是指从事国家非限制和禁止行业，且同时符合年度应纳税所得额不超过 300 万元、从业人数不超过 300 人、资产总额不超过 5000 万元等三个条件的企业。

从业人数，包括与企业建立劳动关系的职工人数和企业接受的劳务派遣用工人数。所称从业人数和资产总额指标，应按企业全年的季度平均值确定。具体计算公式如下：

季度平均值 =（季初值 + 季末值）÷2

全年季度平均值 = 全年各季度平均值之和 ÷4

年度中间开业或者终止经营活动的，以其实际经营期作为一个纳税年度确定上述相关指标。

小型微利企业的判定以企业所得税年度汇算清缴结果为准。登记为增值税一般纳税人的新设立的企业，从事国家非限制和禁止行业，且同时符合申报期上月末从业人数不超过 300 人、资产总额不超过 5000 万元等两个条件的，可在首次办理汇算清缴前按照小型微利企业申报享受《财政部 税务总局关于进一步支持小微企业和个体工商户发展有关税费政策的公告》（财政部 税务总局公告 2023 年第 12 号）第二条规定的优惠政策。

6. 2014 年 12 月 1 日至 2027 年 12 月 31 日，对充填开采置换出来的煤炭，资源税减征 50%。

7. 下列情形，予以免征或者减征水资源税：

（1）规定限额内的农业生产取用水，免征水资源税；

（2）取用污水处理再生水，免征水资源税；

（3）除接入城镇公共供水管网以外，军队、武警部队通过其他方式取用水的，免征水资源税；

（4）抽水蓄能发电取用水，免征水资源税；

（5）采油排水经分离净化后在封闭管道回注的，免征水资源税；

（6）财政部、税务总局规定的其他免征或者减征水资源税情形。

8. 纳税人的免税、减税项目，应当单独核算销售额或者销售数量；未单独核算或者不能准确提供销售额或者销售数量的，不予免税或者减税。

【知识点 3】 资源税征收管理

1. 纳税义务发生时间

（1）纳税人销售应税产品，纳税义务发生时间为收讫销售款或者取得索取销售款凭据的当日。

（2）自用应税产品的，纳税义务发生时间为移送应税产品的当日。

资源税在应税产品的销售或自用环节计算缴纳。以自采原矿加工精矿产品的，在原矿移送使用时不缴纳资源税，在精矿销售或自用时缴纳资源税。

纳税人以自采原矿加工金锭的，在金锭销售或自用时缴纳资源税。纳税人销售自采原矿或者自采原矿加工的金精矿、粗金，在原矿或者金精矿、粗金销售时缴纳资源税，在移送使用时不缴纳资源税。

以应税产品投资、分配、抵债、赠与、以物易物等，在应税产品所有权转移时计算缴纳资源税。

（3）扣缴义务人代扣代缴税款的纳税义务发生时间，为支付货款的当天。

（4）水资源税的纳税义务发生时间为纳税人取用水资源的当日。

2. 纳税期限

资源税按月或者按季申报缴纳；不能按固定期限计算缴纳的，可以按次申报缴纳。

纳税人按月或者按季申报缴纳的，应当自月度或者季度终止之日起 15 日内，向税务机关办理纳税申报并缴纳税款；按次申报缴纳的，应当自纳税义务发生之日起 15 日内，向税务机关办理纳税申报并缴纳税款。

除农业生产取用水外，水资源税按季或者按月征收，由主管税务机关根据实际情况确定。对超过规定限额的农业生产取用水水资源税可按年征收。不能按固定期限计算纳税的，可以按次申报纳税。

水资源税纳税人应当自纳税期满或者纳税义务发生之日起 15 日内申报纳税。

3. 纳税地点

纳税人应当向应税产品开采地或者生产地的税务机关申报缴纳资源税。

购买未税矿产品的单位，应当主动向主管税务机关办理扣缴税款登记，依法代扣代缴资源税。

资源税代扣代缴的适用范围应限定在除原油、天然气、煤炭以外的，税源小、零散、不定期开采等难以在采矿地申报缴纳资源税的矿产品。对已纳入开采地正常税务管理或者在销售矿产品时开具增值税发票的纳税人，不采用代扣代缴的征管方式。

跨省、自治区、直辖市开采或者生产资源税应税产品的纳税人，其下属生产单位与核算单位不在同一省、自治区、直辖市的，对其开采或者生产的应税产品，一律在开采地或者生产地纳税。实行从量计征的应税产品，其应纳税款一律由独立核算的单位按照每个开采地或者生产地的销售量及适用税率计算划拨；实行从价计征的应税产品，其应纳税款一律由独立核算的单位按照每个开采地或者生产地的销售量、单位销售价格及适用税率计算划拨。

水资源税纳税人应当向生产经营所在地的税务机关申报缴纳水资源税。跨省（区、市）调度的水资源，由调入区域所在地的税务机关征收水资源税。

跨省（区、市）水力发电取用水的水资源税在相关省份之间的分配比例，比照《财政部关于跨省区水电项目税收分配的指导意见》（财预〔2008〕84 号）明确的增值税、企业所得税等税收分配办法确定。

试点省份主管税务机关应当按照上述规定比例分配的水力发电量和税额，分别向跨省（区、市）水电站征收水资源税。

跨省（区、市）水力发电取用水涉及非试点省份水资源费征收和分配的，比照试点省份水资源税管理办法执行。

4. 税源管理

主管税务机关要加强资源税申报数据质量管理，定期评估纳税人申报数据质量，重点审核从量计征税目计税单位是否正确，从价计征税目申报单价是否合理，数据有无缺项等。

主管税务机关可以通过矿产品增值税发票比对、外部信息采集和部门协作等方式，探索创新以票控税、信息管税、综合治税的新内容、新途径，强化资源税源泉控管。

主管税务机关可通过查询纳税人增值税发票存根联、记账联和发票领购簿等记载的信息与纳税人资源税申报信息进行关联比对，以识别纳税人在申报增值税的同时是否相应申报了资源税，或者其申报的计征资源税销售量、销售价格是否存在少报等风险问题，辅导纳税人不断提高纳税申报质量，防范或化解涉税风险。

各级税务机关要主动与矿业管理部门、行业协会等有关部门沟通协作，实现信息共享，加强资源税事前、事中、事后管理。

各省、自治区、直辖市税务机关应当依托信息化管理技术，参照全国性或主要矿产品价格指数即时信息，以及当地相关主管部门矿产品即时价格信息，建立本地矿产资源价格监控体系。

三 印花税政策与管理

【知识点1】 印花税基本政策

1. 纳税人

在中华人民共和国境内书立应税凭证、进行证券交易的单位和个人为印花税的纳税人，应当依法缴纳印花税。在中华人民共和国境外书立在境内使用的应税凭证的单位和个人，应当依法缴纳印花税。证券交易印花税对证券交易的出让方征收，不对受让方征收。

（1）书立应税凭证的纳税人，为对应税凭证有直接权利义务关系的单位和个人。

（2）采用委托贷款方式书立的借款合同纳税人，为受托人和借款人，不包括委托人。

（3）按买卖合同或者产权转移书据税目缴纳印花税的拍卖成交确认书纳税人，为拍卖标的的产权人和买受人，不包括拍卖人。

2. 扣缴义务人

纳税人为境外单位或者个人，在境内有代理人的，以其境内代理人为扣缴义务人；在境内没有代理人的，由纳税人自行申报缴纳印花税。证券登记结算机构为证券交易印花税的扣缴义务人，应当向其机构所在地的主管税务机关申报解缴税款以及银行结算的利息。

3. 征税范围

应税凭证，是指《印花税税目税率表》列明的合同、产权转移书据和营业账簿。

证券交易，是指转让在依法设立的证券交易所、国务院批准的其他全国性证券交易场所交易的股票和以股票为基础的存托凭证。

（1）在中华人民共和国境外书立在境内使用的应税凭证，应当按规定缴纳印花税。包括以下几种情形：

①应税凭证的标的为不动产的，该不动产在境内；

②应税凭证的标的为股权的，该股权为中国居民企业的股权；

③应税凭证的标的为动产或者商标专用权、著作权、专利权、专有技术使用权的，其销售方或者购买方在境内，但不包括境外单位或者个人向境内单位或者个人销售完全在境外使用的动产或者商标专用权、著作权、专利权、专有技术使用权；

④应税凭证的标的为服务的，其提供方或者接受方在境内，但不包括境外单位或者个人向境内单位或者个人提供完全在境外发生的服务。

（2）企业之间书立的确定买卖关系、明确买卖双方权利义务的订单、要货单等单据，且未另外书立买卖合同的，应当按规定缴纳印花税。

（3）发电厂与电网之间、电网与电网之间书立的购售电合同，应当按买卖合同税目缴纳印花税。

（4）下列情形的凭证，不属于印花税征收范围：

①人民法院的生效法律文书，仲裁机构的仲裁文书，监察机关的监察文书。

②县级以上人民政府及其所属部门按照行政管理权限征收、收回或者补偿安置房地产书立的合同、协议或者行政类文书。

③总公司与分公司、分公司与分公司之间书立的作为执行计划使用的凭证。

4. 税目税率

印花税税目分为4类：书面合同、产权转移书据、营业账簿、证券交易。《印花税税目税率表》见表1－12。

《中华人民共和国民法典》第四百六十九条规定，当事人订立合同，可以采用书面形式、口头形式或者其他形式。书面形式是合同书、信件、电报、电传、传真等可以有形地表现所载内容的形式。以电子数据交换、电子邮件等方式能够有形地表现所载内容，并可以随时调取查用的数据电文，视为书面形式。

表 1－12　　印花税税目税率表

税目		税率	备注
合同（指书面合同）	借款合同	借款金额的万分之零点五	指银行业金融机构、经国务院银行业监督管理机构批准设立的其他金融机构与借款人（不包括同业拆借）的借款合同
	融资租赁合同	租金的万分之零点五	
	买卖合同	价款的万分之三	指动产买卖合同（不包括个人书立的动产买卖合同）
	承揽合同	报酬的万分之三	
	建设工程合同	价款的万分之三	
	运输合同	运输费用的万分之三	指货运合同和多式联运合同（不包括管道运输合同）
	技术合同	价款、报酬或者使用费的万分之三	不包括专利权、专有技术使用权转让书据
	租赁合同	租金的千分之一	
	保管合同	保管费的千分之一	
	仓储合同	仓储费的千分之一	
	财产保险合同	保险费的千分之一	不包括再保险合同
产权转移书据	土地使用权出让书据	价款的万分之五	转让包括买卖（出售）、继承、赠与、互换、分割
	土地使用权、房屋等建筑物和构筑物所有权转让书据（不包括土地承包经营权和土地经营权转移）	价款的万分之五	
	股权转让书据（不包括应缴纳证券交易印花税的）	价款的万分之五	
	商标专用权、著作权、专利权、专有技术使用权转让书据	价款的万分之三	
营业账簿		实收资本（股本）、资本公积合计金额的万分之二点五	
证券交易		成交金额的千分之一	

5. 计税依据

印花税的计税依据如下：

（1）应税合同的计税依据，为合同所列的金额，不包括列明的增值税税款；应税产权转移书据的计税依据，为产权转移书据所列的金额，不包括列明的增值税税款；应税合同、产权转移书据未列明金额的，印花税的计税依据按照实际结算的金额确定；按上述规定仍不能确定的，按照书立合同、产权转移书据时的市场价格确定；依法应当执行政府定价或者政府指导价的，按照国家有关规定确定。

同一应税合同、应税产权转移书据中涉及两方以上纳税人，且未列明纳税人各自涉及金额的，以纳税人平均分摊的应税凭证所列金额（不包括列明的增值税税款）确定计税依据。

应税合同、应税产权转移书据所列的金额与实际结算金额不一致，不变更应税凭证所列金额的，以所列金额为计税依据；变更应税凭证所列金额的，以变更后的所列金额为计税依据。已缴纳印花税的应税凭证，变更后所列金额增加的，纳税人应当就增加部分的金额补缴印花税；变更后所列金额减少的，纳税人可以就减少部分的金额向税务机关申请退还或者抵缴印花税。

纳税人转让股权的印花税计税依据，按照产权转移书据所列的金额（不包括列明的认缴后尚未实际出资权益部分）确定。

境内的货物多式联运，采用在起运地统一结算全程运费的，以全程运费作为运输合同的计税依据，由起运地运费结算双方缴纳印花税；采用分程结算运费的，以分程的运费作为计税依据，分别由办理运费结算的各方缴纳印花税。

（2）应税营业账簿的计税依据，为账簿记载的实收资本（股本）、资本公积合计金额。

（3）证券交易的计税依据，为成交金额。证券交易无转让价格的，按照办理过户登记手续时该证券前一个交易日收盘价计算确定计税依据；无收盘价的，按照证券面值计算确定计税依据。

（4）纳税人因应税凭证列明的增值税税款计算错误导致应税凭证的计税依据减少或者增加的，纳税人应当按规定调整应税凭证列明的增值税税款，重新确定应税凭证计税依据。已缴纳印花税的应税凭证，调整后计税依据增加的，纳税人应当就增加部分的金额补缴印花税；调整后计税依据减少的，纳税人可以就减少部分的金额向税务机关申请退还或者抵缴印花税。

（5）应税凭证金额为人民币以外的货币的，应当按照凭证书立当日的人民币汇率中间价折合人民币确定计税依据。

6. 应纳税额的计算

印花税的应纳税额按照计税依据乘以适用税率计算。

同一应税凭证由两方以上当事人书立的，按照各自涉及的金额分别计算应纳税额。

同一应税凭证载有两个以上税目事项并分别列明金额的，按照各自适用的税目税率分别计算应纳税额；未分别列明金额的，从高适用税率。

已缴纳印花税的营业账簿，以后年度记载的实收资本（股本）、资本公积合计金额比已缴纳印花税的实收资本（股本）、资本公积合计金额增加的，按照增加部分计算应纳税额。

【知识点2】 印花税征收管理

1. 纳税地点

纳税人为单位的，应当向其机构所在地的主管税务机关申报缴纳印花税；纳税人为个人的，应当向应税凭证书立地或者纳税人居住地的主管税务机关申报缴纳印花税。

不动产产权发生转移的，纳税人应当向不动产所在地的主管税务机关申报缴纳印花税。

2. 纳税义务发生时间

印花税的纳税义务发生时间为纳税人书立应税凭证或者完成证券交易的当日。

证券交易印花税扣缴义务发生时间为证券交易完成的当日。

3. 纳税期限

印花税按季、按年或者按次计征。实行按季、按年计征的，纳税人应当自季度、年度终了之日起15日内申报缴纳税款；实行按次计征的，纳税人应当自纳税义务发生之日起15日内申报缴纳税款。

证券交易印花税按周解缴。证券交易印花税扣缴义务人应当自每周终了之日起5日内申报解缴税款以及银行结算的利息。

【知识点3】 印花税优惠政策

1. 对应税凭证适用印花税减免优惠的，书立该应税凭证的纳税人均可享受印花税减免政策，明确特定纳税人适用印花税减免优惠的除外。

2. 下列凭证免征印花税：

（1）应税凭证的副本或者抄本。

（2）依照法律规定应当予以免税的外国驻华使馆、领事馆和国际组织驻华代表机构为获得馆舍书立的应税凭证。

（3）中国人民解放军、中国人民武装警察部队书立的应税凭证。

（4）农民、家庭农场、农民专业合作社、农村集体经济组织、村民委员会购买农业生产资料或者销售农产品书立的买卖合同和农业保险合同。

享受印花税免税优惠的家庭农场，具体范围为以家庭为基本经营单元，以农场生产经营为主业，以农场经营收入为家庭主要收入来源，从事农业规模化、标准化、集约化生产经营，纳入全国家庭农场名录系统的家庭农场。

（5）无息或者贴息借款合同、国际金融组织向中国提供优惠贷款书立的借款合同。

（6）财产所有权人将财产赠与政府、学校、社会福利机构、慈善组织书立的产权转移书据。

享受印花税免税优惠的学校，具体范围为经县级以上人民政府或者其教育行政部门批准成立的大学、中学、小学、幼儿园，实施学历教育的职业教育学校、特殊教育学校、专门学校，以及经省级人民政府或者其人力资源社会保障行政部门批准成立的技工院校。

享受印花税免税优惠的社会福利机构，具体范围为依法登记的养老服务机构、残疾人服务机构、儿童福利机构、救助管理机构、未成年人救助保护机构。

享受印花税免税优惠的慈善组织，具体范围为依法设立、符合《中华人民共和国慈善法》规定，以面向社会开展慈善活动为宗旨的非营利性组织。

享受印花税免税优惠的非营利性医疗卫生机构，具体范围为经县级以上人民政府卫生健康行政部门批准或者备案设立的非营利性医疗卫生机构。

（7）非营利性医疗卫生机构采购药品或者卫生材料书立的买卖合同。

（8）个人与电子商务经营者订立的电子订单。

享受印花税免税优惠的电子商务经营者，具体范围按《中华人民共和国电子商务法》有关规定执行。

《中华人民共和国电子商务法》第九条规定，所称电子商务经营者，是指通过互联网等信息网络从事销售商品或者提供服务的经营活动的自然人、法人和非法人组织，包括电子商务平台经营者、平台内经营者以及通过自建网站、其他网络服务销售商品或者提供服务的电子商务经营者。

所称电子商务平台经营者，是指在电子商务中为交易双方或者多方提供网络经营场所、交易撮合、信息发布等服务，供交易双方或者多方独立开展交易活动的法人或者非法人组织。

所称平台内经营者，是指通过电子商务平台销售商品或者提供服务的电子商务经营者。

3. 根据国民经济和社会发展的需要，国务院对居民住房需求保障、企业改制重组、破产、支持小型微型企业发展等情形可以规定减征或者免征印花税，报全国人民代表大会常务委员会备案。

4. 对应税凭证适用印花税减免优惠的，书立该应税凭证的纳税人均可享受印花税减免政策，明确特定纳税人适用印花税减免优惠的除外。

5. 阶段性减免政策。2023 年 1 月 1 日至 2027 年 12 月 31 日，对增值税小规模纳税人、小型微利企业和个体工商户减半征收资源税（不含水资源税）、城市维护建设税、房产税、城镇土地使用税、印花税（不含证券交易印花税）、耕地占用税和教育费附加、地方教育附加。已依法享受资源税、城市维护建设税、房产税、城镇土地使用税、印花税、耕地占用税、教育费附加、地方教育附加等其他优惠政策的，可叠加享受本条优惠政策。

6. 对哈尔滨2025年第九届亚洲冬季运动会组委会使用的营业账簿和签订的各类合同等应税凭证，免征组委会应缴纳的印花税。对财产所有人将财产捐赠给组委会所书立的产权转移书据，免征印花税。

7. 继续执行的印花税优惠政策。

（1）2024年1月1日至2027年12月31日，对商品储备管理公司及其直属库营业账簿免征印花税；对其承担商品储备业务过程中书立的买卖合同免征印花税，对合同其他各方当事人应缴纳的印花税照章征收。

（2）2018年1月1日至2027年12月31日，对金融机构与小型企业、微型企业签订的借款合同免征印花税。

（3）在2025年12月31日前，对项目实施主体购买商品住房或者回购保障性住房作为安置住房房源的，免征契税、印花税。

（4）青藏铁路公司签订的货物运输合同免征印花税，对合同其他各方当事人应缴纳的印花税照章征收。

（5）对青藏铁路公司及其所属单位营业账簿免征印花税。

（6）对农林作物、牧业畜类保险合同免征印花税。

（7）国家指定的收购部门与村民委员会、农民个人书立的农副产品收购合同，免纳印花税。

（8）对铁路、公路、航运、水路承运快件行李、包裹开具的托运单据，暂免贴花印花。

（9）关于财产保险合同的贴花问题。目前，保险公司的财产保险分为企业财产保险、机动车辆保险、货物运输保险、家庭财产保险和农牧业保险五大类。为了支持农村保险事业的发展，照顾农牧业生产的负担，除对农林作物、牧业畜类保险合同暂不贴花外，对其他几类财产保险合同均应按照规定计税贴花。其中，家庭财产保险由单位集体办理的，可分别按个人投保金额计税。

（10）各类发行单位之间，以及发行单位与订阅单位或个人之间书立的征订凭证，暂免征印花税。

（11）军事物资运输。凡附有军事运输命令或使用专用的军事物资运费结算凭证，免纳印花税。

（12）抢险救灾物资运输。凡附有县级以上（含县级）人民政府抢险救灾物资运输证明文件的运费结算凭证，免纳印花税。

（13）铁道部层层下达的基建计划，不属于应税合同，不应纳税；铁道部所属各建设单位与施工企业之间签订的建筑安装工程承包合同属于应税合同，应按规定纳税；但企业内部签订的有关铁路生产经营设施基建、更新改造、大修、维修的协议或责任书，不在征收范围之内。

（14）铁道部所属各企业之间签订的购销合同或作为合同使用的调拨单，应按规定贴花；属于企业内部的物资调拨单，不应贴花。

（15）凡在铁路内部无偿调拨的固定资产，其调拨单据不属于产权转移书据，不应贴花。

（16）对中国信达资产管理公司、中国华融资产管理公司、中国长城资产管理公司和中国东方资产管理公司（以下简称金融资产管理公司）成立时设立的资金账簿免征印花税。对金融资产管理公司收购、承接和处置不良资产，免征购销合同和产权转移书据应缴纳的印花税。财政部从中国建设银行、中国工商银行、中国农业银行、中国银行（以下简称国有商业银行）无偿划转了部分资产给金融资产管理公司，作为其组建时的资本金。金融资产管理公司按财政部核定的资本金数额，接收国有商业银行的资产，在办理过户手续时，免征印花税。国有商业银行按财政部核定的数额，划转给金融资产管理公司的资产，在办理过户手续时，免征印花税。

（17）对中国石油天然气集团和中国石油化工集团（以下简称两大集团）之间、两大集团内部各子公司之间、中国石油天然气股份公司的各子公司之间、中国石油化工股份公司的各子公司之间、中国石油天然气股份公司的分公司与子公司之间、中国石油化工股份公司的分公司与子公司之间互供石油和石油制品所使用的“成品油配置计划表”（或其他名称的表、证、单、书），暂不征收印花税。中国海油集团与中国石油天然气集团、中国石油化工集团之间，中国海油集团内部各子公司之间，中国海油集团的各分公司和子公司之间互供石油和石油制品所使用的“成品油配置计划表”（或其他名称的表、证、单、书），暂不征收印花税。

（18）关于全国社会保障基金理事会（以下简称社保理事会）管理的全国社会保障基金（以下简称社保基金）的有关证券（股票）交易印花税政策：对社保理事会委托社保基金投资管理人运用社保基金买卖证券应缴纳的印花税实行先征后返。社保理事会定期向财政部、上海市和深圳市财政局提出返还印花税的申请，即按照中央与地方印花税分享比例，属于中央收入部分，向财政部提出申请；属于地方收入部分，向上海市和深圳市财政局提出申请。对社保基金持有的证券，在社保基金证券账户之间的划拨过户，不属于印花税的征税范围，不征收印花税。

（19）对被撤销金融机构接收债权、清偿债务过程中签订的产权转移书据，免征印花税。

（20）实行公司制改造的企业在改制过程中成立的新企业（重新办理法人登记的），其新启用的资金账簿记载的资金或因企业建立资本纽带关系而增加的资金，凡原已贴花的部分可不再贴花，未贴花的部分和以后新增加的资金按规定贴花。公司制改造包括国有企业依《中华人民共和国公司法》整体改造成国有独资有限责任公司；企业通过增资扩股或者转让部分产权，实现他人对企业的参股，将企业改造成有限责任公司或股份有限公司；企业以其部分财产和相应债务与他人组建新公司；企业将债务留在原企业，而以其优质财产与他人组建的新公司。

（21）以合并或分立方式成立的新企业，其新启用的资金账簿记载的资金，凡原已贴花的部分可不再贴花，未贴花的部分和以后新增加的资金按规定贴花。合并包括吸收合并和新设合并。分立包括存续分立和新设分立。

（22）企业改制前签订但尚未履行完的各类应税合同，改制后需要变更执行主体的，对仅改变执行主体、其余条款未作变动且改制前已贴花的，不再贴花。

（23）企业因改制签订的产权转移书据免予贴花。

（24）对东方资产管理公司在接收和处置港澳国际（集团）有限公司资产过程中签订的产权转移书据，免征东方资产管理公司应缴纳的印花税。

（25）对港澳国际（集团）内地公司在催收债权、清偿债务过程中签订的产权转移书据，免征港澳国际（集团）内地公司应缴纳的印花税。对港澳国际（集团）香港公司在中国境内催收债权、清偿债务过程中签订的产权转移书据，免征港澳国际（集团）香港公司应承担的印花税。

（26）对经国务院和省级人民政府决定或批准进行的国有（含国有控股）企业改组改制而发生的上市公司国有股权无偿转让行为，暂不征收证券（股票）交易印花税。对不属于上述情况的上市公司国有股权无偿转让行为，仍应征收证券（股票）交易印花税。

（27）股权分置改革过程中因非流通股股东向流通股股东支付对价而发生的股权转让，暂免征收印花税。

①发起机构、受托机构在信贷资产证券化过程中，与资金保管机构（指接受受托机构委托，负责保管信托项目财产账户资金的机构，下同）、证券登记托管机构（指中央国债登记结算有限责任公司）以及其他为证券化交易提供服务的机构签订的其他应税合同，暂免征收发起机构、受托机构应缴纳的印花税。

②受托机构发售信贷资产支持证券以及投资者买卖信贷资产支持证券暂免征收印花税。

③发起机构、受托机构因开展信贷资产证券化业务而专门设立的资金账簿暂免征收印花税。

（28）证券投资者保护基金有限责任公司（以下简称保护基金公司）及其管理的证

券投资者保护基金（以下简称保护基金）的有关印花税政策：

①对保护基金公司新设立的资金账簿免征印花税。

②对保护基金公司与中国人民银行签订的再贷款合同、与证券公司行政清算机构签订的借款合同，免征印花税。

③对保护基金公司接收被处置证券公司财产签订的产权转移书据，免征印花税。

④对保护基金公司以保护基金自有财产和接收的受偿资产与保险公司签订的财产保险合同，免征印花税。

（29）对发电厂与电网之间、电网与电网之间（国家电网公司系统、南方电网公司系统内部各级电网互供电量除外）签订的购售电合同按购销合同征收印花税。电网与用户之间签订的供用电合同不属于印花税列举征税的凭证，不征收印花税。

（30）外国银行分行改制为外商独资银行（或其分行）后，其在外国银行分行已经贴花的资金账簿、应税合同，在改制后的外商独资银行（或其分行）不再重新贴花。

（31）对廉租住房、经济适用住房经营管理单位与廉租住房、经济适用住房相关的印花税以及廉租住房承租人、经济适用住房购买人涉及的印花税予以免征。开发商在经济适用住房、商品住房项目中配套建造廉租住房，在商品住房项目中配套建造经济适用住房，如能提供政府部门出具的相关材料，可按廉租住房、经济适用住房建筑面积占总建筑面积的比例免征开发商应缴纳的印花税。

（32）对个人出租、承租住房签订的租赁合同，免征印花税。对个人销售或购买住房暂免征收印花税。

（33）经国务院批准，对有关国有股东按照《境内证券市场转持部分国有股充实全国社会保障基金实施办法》（财企〔2009〕94 号）向全国社会保障基金理事会转持国有股，免征证券（股票）交易印花税。

（34）对改造安置住房建设用地免征城镇土地使用税。对改造安置住房经营管理单位、开发商与改造安置住房相关的印花税以及购买安置住房的个人涉及的印花税予以免征。

（35）在商品住房等开发项目中配套建造安置住房的，依据政府部门出具的相关材料、房屋征收（拆迁）补偿协议或棚户区改造合同（协议），按改造安置住房建筑面积占总建筑面积的比例免征城镇土地使用税、印花税。在融资性售后回租业务中，对承租人、出租人因出售租赁资产及购回租赁资产所签订的合同，不征收印花税。

（36）对因农村集体经济组织以及代行集体经济组织职能的村民委员会、村民小组进行清产核资收回集体资产而签订的产权转移书据，免征印花税。

（37）2018 年 1 月 1 日至 2027 年 12 月 31 日，对金融机构与小型企业、微型企业签订的借款合同免征印花税。

（38）对社保基金会、社保基金投资管理人管理的社保基金转让非上市公司股权，免征社保基金会、社保基金投资管理人应缴纳的印花税。

（39）对社保基金会及养老基金投资管理机构运用养老基金买卖证券应缴纳的印花税实行先征后返；养老基金持有的证券，在养老基金证券账户之间的划拨过户，不属于印花税的征收范围，不征收印花税。对社保基金会及养老基金投资管理机构管理的养老基金转让非上市公司股权，免征社保基金会及养老基金投资管理机构应缴纳的印花税。

（40）关于易地扶贫搬迁安置住房税收政策。

①对易地扶贫搬迁项目实施主体（以下简称项目实施主体）取得用于建设安置住房的土地，免征契税、印花税。

②对安置住房建设和分配过程中应由项目实施主体、项目单位缴纳的印花税，予以免征。

③在商品住房等开发项目中配套建设安置住房的，按安置住房建筑面积占总建筑面积的比例，计算应予免征的安置住房用地相关的契税、城镇土地使用税，以及项目实施主体、项目单位相关的印花税。

④对项目实施主体购买商品住房或者回购保障性住房作为安置住房房源的，免征契税、印花税。

（41）对经营性文化事业单位转制中资产评估增值、资产转让或划转涉及的企业所得税、增值税、城市维护建设税、契税、印花税等，符合现行规定的享受相应税收优惠政策。

上述所称“经营性文化事业单位”，是指从事新闻出版、广播影视和文化艺术的事业单位。转制包括整体转制和剥离转制。其中，整体转制包括：（图书、音像、电子）出版社、非时政类报刊出版单位、新华书店、艺术院团、电影制片厂、电影（发行放映）公司、影剧院、重点新闻网站等整体转制为企业。剥离转制包括：新闻媒体中的广告、印刷、发行、传输网络等部分，以及影视剧等节目制作与销售机构，从事业体制中剥离出来转制为企业。

（42）在国有股权划转和接收过程中，划转非上市公司股份的，对划出方与划入方签订的产权转移书据免征印花税；划转上市公司股份和全国中小企业股份转让系统挂牌公司股份的，免征证券交易印花税；对划入方因承接划转股权而增加的实收资本和资本公积，免征印花税；涉及境内上市公司、全国中小企业股份转让系统挂牌的公司和境外上市公司非境外上市股份的，免收过户费。2019 年 9 月 10 日前，划转双方已缴纳的上述税费由征收单位予以退还。

（43）2019 年 1 月 1 日至 2025 年 12 月 31 日，对公租房经营管理单位免征建设、管理公租房涉及的印花税。在其他住房项目中配套建设公租房，按公租房建筑面积占总建筑面积的比例免征建设、管理公租房涉及的印花税。对公租房经营管理单位购买住房作为公租房，免征契税、印花税；对公租房租赁双方免征签订租赁协议涉及的印花税。

（44）2019 年 1 月 1 日至 2027 年 12 月 31 日，对农村饮水安全工程运营管理单位为建设农村饮水安全工程取得土地使用权而签订的产权转移书据，以及与施工单位签订的建设工程合同，免征印花税。

（45）自 2023 年 10 月 1 日起，对保障性住房经营管理单位与保障性住房相关的印花税，以及保障性住房购买人涉及的印花税予以免征。

（46）自 2023 年 10 月 1 日起，在商品住房等开发项目中配套建造保障性住房的，依据政府部门出具的相关材料，可按保障性住房建筑面积占总建筑面积的比例免征城镇土地使用税、印花税。

（47）对个人出租、承租住房签订的租赁合同，免征印花税。

（48）2019 年 1 月 1 日至 2027 年 12 月 31 日，对与高校学生签订的高校学生公寓租赁合同，免征印花税。

（49）2022 年 8 月 1 日至 2027 年 12 月 31 日，对银行业金融机构、金融资产管理公司接收、处置抵债资产过程中涉及的合同、产权转移书据和营业账簿免征印花税，对合同或产权转移书据其他各方当事人应缴纳的印花税照章征收。

（50）自 2023 年 8 月 28 日起，证券交易印花税实施减半征收。

（51）在上海证券交易所、深圳证券交易所转让创新企业 CDR，按照实际成交金额，由出让方按 1‰的税率缴纳证券交易印花税。

【知识点 4】 印花税纳税申报

1. 纳税人应当根据书立印花税应税合同、产权转移书据和营业账簿情况，填写《印花税税源明细表》，进行财产行为税综合申报。

2. 应税合同、产权转移书据未列明金额，在后续实际结算时确定金额的，纳税人应当于书立应税合同、产权转移书据的首个纳税申报期申报应税合同、产权转移书据书立情况，在实际结算后下一个纳税申报期，以实际结算金额计算申报缴纳印花税。

3. 印花税按季、按年或者按次计征。应税合同、产权转移书据印花税可以按季或者按次申报缴纳，应税营业账簿印花税可以按年或者按次申报缴纳，具体纳税期限由各省、自治区、直辖市、计划单列市税务局结合征管实际确定。

境外单位或者个人的应税凭证印花税可以按季、按年或者按次申报缴纳，具体纳税期限由各省、自治区、直辖市、计划单列市税务局结合征管实际确定。

4. 纳税人为境外单位或者个人，在境内有代理人的，以其境内代理人为扣缴义务人。境外单位或者个人的境内代理人应当按规定扣缴印花税，向境内代理人机构所在地（居住地）主管税务机关申报解缴税款。

纳税人为境外单位或者个人，在境内没有代理人的，纳税人应当自行申报缴纳印花税。境外单位或者个人可以向资产交付地、境内服务提供方或者接受方所在地（居住地）、书立应税凭证境内书立人所在地（居住地）主管税务机关申报缴纳；涉及不动产产权转移的，应当向不动产所在地主管税务机关申报缴纳。

5.《中华人民共和国印花税法》实施后，纳税人享受印花税优惠政策，继续实行“自行判别、申报享受、有关资料留存备查”的办理方式。纳税人对留存备查资料的真实性、完整性和合法性承担法律责任。

四 房产税政策与管理

【知识点1】 房产税基本政策

1. 纳税人

房产税由产权所有人缴纳。产权属于全民所有的，由经营管理的单位缴纳。产权出典的，由承典人缴纳。产权所有人、承典人不在房产所在地的，或者产权未确定及租典纠纷未解决的，由房产代管人或者使用人缴纳。上述列举的产权所有人、经营管理单位、承典人、房产代管人或者使用人，统称为房产税的纳税人。

无租使用其他单位房产的应税单位和个人，依照房产余值代缴房产税。

房产是以房屋形态表现的财产。房屋，是指有屋面和围护结构（有墙或两边有柱），能够遮风避雨，可供人们在其中生产、工作、学习、娱乐、居住或储藏物资的场所。

独立于房屋之外的建筑物，如围墙、烟囱、水塔、变电塔、油池油柜、酒窖、菜窖、酒精池、糖蜜池、室外游泳池、玻璃暖房、砖瓦石灰窑以及各种油气罐等，不属于房产。

凡在房产税征收范围内的具备房屋功能的地下建筑，包括与地上房屋相连的地下建筑以及完全建在地面以下的建筑、地下人防设施等，均应当依照有关规定征收房产税。

具备房屋功能的地下建筑，是指有屋面和维护结构，能够遮风避雨，可供人们在其中生产、经营、工作、学习、娱乐、居住或储藏物资的场所。

2. 征税范围

房产税在城市、县城、建制镇和工矿区征收。

城市是指经国务院批准设立的市。城市的征税范围为市区、郊区和市辖县县城。不包括农村。

县城是指未设立建制镇的县人民政府所在地。

建制镇是指经省、自治区、直辖市人民政府批准设立的建制镇。建制镇的征税范围为镇人民政府所在地，不包括所辖的行政村。

工矿区是指工商业比较发达，人口比较集中，符合国务院规定的建制镇标准，但尚未设立镇建制的大中型工矿企业所在地。开征房产税的工矿区须经省、自治区、直辖市人民政府批准。

对农林牧渔业用地和农民居住用房屋及土地，不征收房产税。

3. 税率

房产税的税率，依照房产余值计算缴纳的，税率为1.2%；依照房产租金收入计算缴纳的，税率为12%。

自2008年3月1日起，对个人出租住房，不区分用途，按4%的税率征收房产税。

自2008年3月1日起，对企事业单位、社会团体以及其他组织按市场价格向个人出租用于居住的住房，减按4%的税率征收房产税。

自2021年10月1日起，对企事业单位、社会团体以及其他组织向个人、专业化规模化住房租赁企业出租住房的，减按4%的税率征收房产税。

4. 计税依据

房产税依照房产原值一次减除10%～30%后的余值计算缴纳。具体减除幅度，由省、自治区、直辖市人民政府规定。

没有房产原值作为依据的，由房产所在地税务机关参考同类房产核定。

房产出租的，以房产租金收入为房产税的计税依据。

无租使用其他单位房产的应税单位和个人，依照房产余值代缴纳房产税。

对出租房产，租赁双方签订的租赁合同约定有免收租金期限的，免收租金期间由产权所有人按照房产原值缴纳房产税。

（1）房产原值的确定。

房产原值，是指纳税人按照会计制度规定，在会计核算账簿“固定资产”科目中记载的房屋原价。对纳税人未按国家会计制度规定核算并记载的，应按规定予以调整或重新评估。

自2010年12月21日起，对按照房产原值计税的房产，无论会计上如何核算，房产原值均应包含地价，包括为取得土地使用权支付的价款、开发土地发生的成本费用等。宗地容积率低于0.5的，按房产建筑面积的2倍计算土地面积并据此确定计入房产原值的地价。

房产原值应包括与房屋不可分割的各种附属设备或一般不单独计算价值的配套设施，主要有：暖气、卫生、通风、照明、煤气等设备；各种管线，如蒸气、压缩空气、石油、给水排水等管道及电力、电信、电缆导线；电梯、升降机、过道、晒台等。

属于房屋附属设备的水管、下水道、暖气管、煤气管等从最近的探视井或三通管算起。电灯网、照明线从进线盒联接管算起。

为了维持和增加房屋的使用功能或使房屋满足设计要求，凡以房屋为载体，不可随意移动的附属设备和配套设施，如给排水、采暖、消防、中央空调、电气及智能化楼宇设备等，无论在会计核算中是否单独记账与核算，都应计入房产原值，计征房产税。

对于更换房屋附属设备和配套设施的，在将其价值计入房产原值时，可扣减原来相应设备和设施的价值；对附属设备和配套设施中易损坏、需要经常更换的零配件，更新后不再计入房产原值。

新建、改建、扩建的房屋其增值部分应加值计算，已拆除的房屋其减值部分可在原值中扣除。

对于以房产投资联营的，投资者参与投资利润分红，共担风险的，按房产余值作为计税依据计征房产税。

对融资租赁房屋，由承租人自融资租赁合同约定开始日的次月起依照房产余值缴纳房产税。合同未约定开始日的，由承租人自合同签订的次月起依照房产余值缴纳房产税。

（2）房产租金收入的确定。

房产租金收入，是房屋产权所有人出租房产使用权所得的报酬，包括货币收入和实物收入。

如果是以劳务或者其他形式为报酬抵付房租收入的，应根据当地同类房产的租金水平，确定一个标准租金额从租计征。

对出租房产，租赁双方签订的租赁合同约定有免收租金期限的，免收租金期间由产权所有人按照房产原值缴纳房产税。

对于以房产投资，收取固定收入，不承担联营风险的，实际上是以联营名义取得房产的租金，应根据有关规定由出租方按租金收入计缴房产税。

自2007年1月1日起，对居民住宅区内业主共有的经营性房产，由实际经营（包括自营和出租）的代管人或使用人缴纳房产税。其中自营的，依照房产原值减除10%～30%后的余值计征，没有房产原值或不能将业主共有房产与其他房产的原值准确划分开的，由房产所在地税务机关参照同类房产核定房产原值；出租的，依照租金收入计征。

5. 应纳税额的计算

（1）按原值计征。

①按房产的原值减除一定比例后的余值计征房产税，计算公式为：

$$应纳税额=应税房产原值\times（1-减除比例）\times1.2\%$$

减除比例为10%～30%，具体减除幅度，由省、自治区、直辖市人民政府规定。

②自用的地下建筑，按以下方式计税：

工业用途房产，以房屋原价的50%～60%作为应税房产原值。

商业和其他用途房产，以房屋原价的70%～80%作为应税房产原值。

房屋原价折算为应税房产原值的具体比例，由各省、自治区、直辖市和计划单列市财政和税务部门在上述幅度内自行确定。

对于与地上房屋相连的地下建筑，如房屋的地下室、地下停车场、商场的地下部分等，应将地下部分与地上房屋视为一个整体，按照地上房屋建筑的有关规定计算征收房产税。

（2）按租金计征。

按房产的租金收入计征房产税，计算公式为：

$$\text{应纳税额} = \text{租金收入} \times 12\% \ (\text{或} 4\%)$$

出租的地下建筑，按照出租地上房屋建筑的有关规定计算征收房产税。

营改增后，房产出租的，计征房产税的租金收入不含增值税；免征增值税的，租金收入不扣减增值税。营改增后税务机关核定的房产税计税价格或收入不含增值税。

【知识点2】 房产税优惠政策

1. 下列房产免纳房产税：

（1）国家机关、人民团体、军队自用的房产；

（2）由国家财政部门拨付事业经费的单位自用的房产；

（3）宗教寺庙、公园、名胜古迹自用的房产；

（4）个人所有非营业用的房产；

（5）经财政部批准免税的其他房产。

2. 对非营利性医疗机构、疾病控制机构和妇幼保健机构等卫生机构自用的房产，免征房产税。

3. 自 2001 年 1 月 1 日起，对按政府规定价格出租的公有住房和廉租住房，包括企业和自收自支事业单位向职工出租的单位自有住房，房管部门向居民出租的公有住房，落实私房政策中带户发还产权并以政府规定租金标准向居民出租的私有住房等，暂免征收房产税。

4. 对公租房免征房产税。公共租赁住房经营管理单位应单独核算公共租赁住房租金收入，未单独核算的，不得享受免征房产税优惠政策。

5. 对廉租住房经营管理单位按照政府规定价格、向规定保障对象出租廉租住房的租金收入，免征房产税。

6. 对政府部门和企事业单位、社会团体以及个人等社会力量投资兴办的福利性、非营利性的老年服务机构自用的房产暂免征收房产税。

7. 纳税人因房屋大修导致连续停用半年以上的，在房屋大修期间免征房产税，免征税额由纳税人在申报缴纳房产税时自行计算扣除，并在申报表附表或备注栏中作相应说明。

8. 凡是在基建工地为基建工地服务的各种工棚、材料棚、休息棚和办公室、食堂、茶炉房、汽车房等临时性房屋，不论是施工企业自行建造还是由基建单位出资建造交施工企业使用的，在施工期间，一律免征房产税。

9. 企业办的各类学校、医院、托儿所、幼儿园自用的房产，可以比照由国家财政部门拨付事业经费的单位自用的房产，免征房产税。

10. 2027 年供暖期结束前，对向居民供热收取采暖费的供热企业，为居民供热所使用的厂房免征房产税。

对专业供热企业，按其向居民供热取得的采暖费收入占全部采暖费收入的比例，计算免征的房产税。

11. 2022 年 1 月 1 日至 2022 年 12 月 31 日，由省、自治区、直辖市人民政府根据本地区实际情况，以及宏观调控需要确定，对增值税小规模纳税人、小型微利企业和个体工商户可以在 50% 的税额幅度内减征资源税、城市维护建设税、房产税、城镇土地使用税、印花税（不含证券交易印花税）、耕地占用税和教育费附加、地方教育附加。2023 年 1 月 1 日至 2027 年 12 月 31 日，对增值税小规模纳税人、小型微利企业和个体工商户减半征收资源税（不含水资源税）、城市维护建设税、房产税、城镇土地使用税、印花税（不含证券交易印花税）、耕地占用税和教育费附加、地方教育附加。

已依法享受资源税、城市维护建设税、房产税、城镇土地使用税、印花税、耕地占用税、教育费附加、地方教育附加其他优惠政策的，可叠加享受该项规定的优惠政策。

12. 2019 年 1 月 1 日至 2027 年 12 月 31 日，对高校学生公寓免征房产税。

13. 2019 年 1 月 1 日至 2027 年 12 月 31 日，对国家级、省级科技企业孵化器、大学科技园和国家备案众创空间自用以及无偿或通过出租等方式提供给在孵对象使用的房产，免征房产税。

14. 2019 年 1 月 1 日至 2027 年 12 月 31 日，对农产品批发市场、农贸市场（包括自有和承租）专门用于经营农产品的房产，暂免征收房产税。对同时经营其他产品的农产品批发市场和农贸市场使用的房产，按其他产品与农产品交易场地面积的比例确定征免房产税。

15. 2019 年 6 月 1 日至 2025 年 12 月 31 日，为社区提供养老、托育、家政等服务的机构自有或其通过承租、无偿使用等方式取得并用于提供社区养老、托育、家政服务的房产，免征房产税。

16. 2019 年 1 月 1 日至 2027 年 12 月 31 日，对商品储备管理公司及其直属库自用的承担商品储备业务的房产、土地，免征房产税、城镇土地使用税。

17. 2019 年 1 月 1 日至 2025 年 12 月 31 日，对经营公租房所取得的租金收入，免征房产税。公租房经营管理单位应单独核算公租房租金收入，未单独核算的，不得享受免征房产税优惠政策。

18. 2018 年 1 月 1 日至 2027 年 12 月 31 日，对纳税人及其全资子公司从事大型民用客机发动机、中大功率民用涡轴涡桨发动机研制项目自用的科研、生产、办公房产及土地，免征房产税。

19. 2019 年 1 月 1 日至 2027 年 12 月 31 日，对农村饮水安全工程运营管理单位自用的生产、办公用房产、土地，免征房产税。

20. 2019 年 1 月 1 日至 2027 年 12 月 31 日，由财政部门拨付事业经费的文化单位转制为企业，自转制注册之日起 5 年内对其自用房产免征房产税。

【知识点 3】 房产税征收管理

1. 纳税义务发生时间

（1）纳税人将原有房产用于生产经营，从生产经营之月起缴纳房产税。

（2）纳税人自行新建房屋用于生产经营，从建成之次月起缴纳房产税。

（3）纳税人委托施工企业建设的房屋，从办理验收手续之次月起缴纳房产税。

（4）纳税人购置新建商品房，自房屋交付使用之次月起缴纳房产税。

（5）纳税人购置存量房，自办理房屋权属转移、变更登记手续，房地产权属登记机关签发房屋权属证书之次月起，缴纳房产税。

（6）纳税人出租、出借房产，自交付出租、出借房产之次月起，缴纳房产税。

（7）房地产开发企业自用、出租、出借本企业建造的商品房，自房屋使用或交付之次月起，缴纳房产税。

（8）纳税人因房产的实物或权利状态发生变化而依法终止房产税纳税义务的，其应纳税款的计算应截止到房产的实物或权利状态发生变化的当月月末。

2. 纳税期限

房产税按年计算、分期缴纳。具体纳税期限由省、自治区、直辖市人民政府确定。

3. 纳税地点

房产税由房产所在地的税务机关征收。房产不在同一地方的纳税人，应按房产的坐落地点分别向房产所在地的税务机关纳税。

五 车船税政策与管理

【知识点 1】 车船税基本政策

1. 纳税人

在中华人民共和国境内属于《中华人民共和国车船税法》（以下简称《车船税法》）所附《车船税税目税额表》规定的车辆、船舶（以下简称车船）的所有人或者管理人，为车船税的纳税人。

从事机动车第三者责任强制保险业务的保险机构为机动车车船税的扣缴义务人，应当在收取保险费时依法代收车船税，并出具代收税款凭证。

2. 征税范围

车船税征税范围为在中华人民共和国境内属于《车船税法》所附《车船税税目税额表》规定的车辆、船舶，包括依法应当在车船管理部门登记的机动车辆和船舶，依法不需要在车船管理部门登记、在单位内部场所行驶或者作业的机动车辆和船舶。

境内单位和个人租入外国籍船舶的，不征收车船税。境内单位和个人将船舶出租到境外的，应依法征收车船税。

经批准临时入境的外国车船和香港特别行政区、澳门特别行政区、台湾地区的车船，不征收车船税。

3. 税目税率

车船税税目包括乘用车、商用车、挂车、其他车辆、摩托车和船舶6个税目。

车船税实行定额税率。车船税税目税率详见《车船税税目税额表》，见表1－13。

表1－13 车船税税目税额表

税目		计税单位	年基准税额	备注
乘用车［按发动机汽缸容量（排气量）分档］	1.0升（含）以下的	每辆	60元至360元	核定载客人数9人（含）以下
	1.0升以上至1.6升（含）的		300元至540元	
	1.6升以上至2.0升（含）的		360元至660元	
	2.0升以上至2.5升（含）的		660元至1200元	
	2.5升以上至3.0升（含）的		1200元至2400元	
	3.0升以上至4.0升（含）的		2400元至3600元	
	4.0升以上的		3600元至5400元	
商用车	客车	每辆	480元至1440元	核定载客人数9人以上，包括电车
	货车	整备质量每吨	16元至120元	包括半挂牵引车、三轮汽车和低速载货汽车等①
挂车		整备质量每吨	按照货车税额的50%计算	

续表

税目		计税单位	年基准税额	备注
其他车辆	专用作业车	整备质量每吨	16 元至 120 元	不包括拖拉机
	轮式专用机械车		16 元至 120 元	
摩托车		每辆	36 元至 180 元	
船舶	机动船舶	净吨位每吨	3 元至 6 元	拖船、非机动驳船分别按照机动船舶税额的 50% 计算
	游艇	艇身长度每米	600 元至 2000 元	

注：①客货两用车（多用途货车）按货车征税。

车辆的具体适用税额由省、自治区、直辖市人民政府依照《车船税税目税额表》规定的税额幅度和国务院的规定确定。

船舶的具体适用税额由国务院在《车船税税目税额表》规定的税额幅度内确定。

乘用车，是指在设计和技术特性上主要用于载运乘客及随身行李，核定载客人数包括驾驶员在内不超过 9 人的汽车。

商用车，是指除乘用车外，在设计和技术特性上用于载运乘客、货物的汽车，划分为客车和货车。

半挂牵引车，是指装备有特殊装置用于牵引半挂车的商用车。

三轮汽车，是指最高设计车速不超过每小时 50 公里，具有三个车轮的货车。

低速载货汽车，是指以柴油机为动力，最高设计车速不超过每小时 70 公里，具有四个车轮的货车。

挂车，是指就其设计和技术特性需由汽车或者拖拉机牵引，才能正常使用的一种无动力的道路车辆。

专用作业车，是指在其设计和技术特性上用于特殊工作的车辆。对于在设计和技术特性上用于特殊工作，并装置有专用设备或器具的汽车，应认定为专用作业车，如汽车起重机、消防车、混凝土泵车、清障车、高空作业车、洒水车、扫路车等。以载运人员或货物为主要目的的专用汽车，如救护车，不属于专用作业车。

客货两用车，又称多用途货车，是指在设计和结构上主要用于载运货物，但在驾驶员座椅后带有固定或折叠式座椅，可运载 3 人以上乘客的货车。客货两用车依照货车的计税单位和年基准税额计征车船税。

轮式专用机械车，是指有特殊结构和专门功能，装有橡胶车轮可以自行行驶，最高设计车速大于每小时20公里的轮式工程机械车。

摩托车，是指无论采用何种驱动方式，最高设计车速大于每小时50公里，或者使用内燃机，其排量大于50毫升的两轮或者三轮车辆。

船舶，是指各类机动、非机动船舶以及其他水上移动装置，但是船舶上装备的救生艇筏和长度小于5米的艇筏除外。其中：机动船舶是指用机器推进的船舶；拖船是指专门用于拖（推）动运输船舶的专业作业船舶；非机动驳船，是指在船舶登记管理部门登记为驳船的非机动船舶；游艇是指具备内置机械推进动力装置，长度在90米以下，主要用于游览观光、休闲娱乐、水上体育运动等活动，并应当具有船舶检验证书和适航证书的船舶。

4. 计税依据

车船税是从量计征的，根据车船的种类和性能的不同，计税依据有4种：

（1）乘用车、客车、摩托车，以“每辆”为计税单位；

（2）货车、挂车、其他车辆，以“整备质量每吨”为计税单位；

（3）机动船舶，以“净吨位每吨”为计税单位，其中拖船按照发动机功率每1千瓦折合净吨位0.67吨计算；

（4）游艇，以“艇身长度每米”为计税单位。

5. 应纳税额的计算

车船税按年申报，分月计算，一次性缴纳。

购置的新车船，购置当年的应纳税额自纳税义务发生的当月起按月计算。计算公式为：

$$应纳税额 = 年应纳税额 \times 应纳税月份数 \div 12$$

已经缴纳车船税的车船，因质量原因，车船被退回生产企业或者经销商的，纳税人可以向纳税所在地的主管税务机关申请退还自退货月份起至该纳税年度终了期间的税款。退货月份以退货发票所载日期的当月为准。

在一个纳税年度内，已完税的车船被盗抢、报废、灭失的，纳税人可以凭有关管理机关出具的证明和完税凭证，向纳税所在地的主管税务机关申请退还自被盗抢、报废、灭失月份起至该纳税年度终了期间的税款。

已办理退税的被盗抢车船失而复得的，纳税人应当从公安机关出具相关证明的当月起计算缴纳车船税。

已缴纳车船税的车船在同一纳税年度内办理转让过户的，不另纳税，也不退税。

《车船税法》及其实施条例涉及的整备质量、净吨位、艇身长度等计税单位，有尾数的一律按照含尾数的计税单位据实计算车船税应纳税额。计算得出的应纳税额小数点后超过两位的可四舍五入保留两位小数。

乘用车以车辆登记管理部门核发的机动车登记证书或者行驶证书所载的排气量毫升数确定税额区间。

【知识点2】 车船税优惠政策

1. 下列车船免征车船税：

（1）捕捞、养殖渔船；

（2）军队、武装警察部队专用的车船；

（3）警用车船；

（4）依照法律规定应当予以免税的外国驻华使领馆、国际组织驻华代表机构及其有关人员的车船。

2. 对节约能源、使用新能源的车船可以减征或者免征车船税；对受严重自然灾害影响纳税困难以及有其他特殊原因确需减税、免税的，可以减征或者免征车船税。具体办法由国务院规定，并报全国人民代表大会常务委员会备案。

3. 省、自治区、直辖市人民政府根据当地实际情况，可以对公共交通车船，农村居民拥有并主要在农村地区使用的摩托车、三轮汽车和低速载货汽车定期减征或者免征车船税。

4. 按照规定缴纳船舶吨税的机动船舶，自《车船税法》实施之日起5年内免征车船税。

5. 对节约能源车船，减半征收车船税。

6. 对使用新能源车船，免征车船税。

7. 根据《国务院办公厅关于国家综合性消防救援车辆悬挂应急救援专用号牌有关事项的通知》规定，国家综合性消防救援车辆由部队号牌改挂应急救援专用号牌的，一次性免征改挂当年车船税。

【知识点3】 车船税征收管理

1. 纳税义务发生时间

车船税纳税义务发生时间为取得车船所有权或者管理权的当月，应当以购买车船的发票或者其他证明文件所载日期的当月为准。

2. 纳税期限

车船税按年申报，分月计算，一次性缴纳。纳税年度为公历1月1日至12月31日。

纳税人在购买“交强险”时，由扣缴义务人代收代缴车船税的，凭注明已收税款信息的“交强险”保险单，车辆登记地的主管税务机关不再征收该纳税年度的车船税。再次征收的，车辆登记地主管税务机关应予退还。

车船税扣缴义务人代收代缴欠缴税款的滞纳金，从各省、自治区、直辖市人民政府规定的申报纳税期限截止日期的次日起计算。

3. 纳税地点

车船税的纳税地点为车船的登记地或者车船税扣缴义务人所在地。依法不需要办理登记的车船，车船税的纳税地点为车船的所有人或者管理人所在地。

4. 税源管理

税务机关应当按照车船税统一申报表数据指标建立车船税税源数据库。

税务机关、保险机构和代征单位应当在受理纳税人申报或者代收代征车船税时，根据相关法律法规及委托代征协议要求，整理《车船税纳税申报表》《车船税代收代缴报告表》的涉税信息，并及时共享。

税务机关应当将自行征收车船税信息和获取的车船税第三方信息充实到车船税税源数据库中。同时要定期进行税源数据库数据的更新、校验、清洗等工作，保障车船税税源数据库的完整性和准确性。

税务机关应当积极同相关部门建立联席会议、合作框架等制度，采集以下第三方信息：

（1）保险机构代收车船税车辆的涉税信息；

（2）公安交通管理部门车辆登记信息；

（3）海事部门船舶登记信息；

（4）公共交通管理部门车辆登记信息；

（5）渔业船舶登记管理部门船舶登记信息；

（6）其他相关部门车船涉税信息。

六 环境保护税政策与管理

【知识点1】 环境保护税基本政策

1. 纳税人

在中华人民共和国领域和中华人民共和国管辖的其他海域，直接向环境排放应税污染物的企业事业单位和其他生产经营者为环境保护税的纳税人。

有下列情形之一的，不属于直接向环境排放污染物，不缴纳相应污染物的环境保护税：

（1）企业事业单位和其他生产经营者向依法设立的污水集中处理、生活垃圾集中处理场所排放应税污染物的；

（2）企业事业单位和其他生产经营者在符合国家和地方环境保护标准的设施、场所贮存或者处置固体废物的。

企业事业单位和其他生产经营者贮存或者处置固体废物不符合国家和地方环境保护标准的，应当缴纳环境保护税。

依法设立的城乡污水集中处理、生活垃圾集中处理场所超过国家和地方规定的排放标准向环境排放应税污染物的，应当缴纳环境保护税。

达到省级人民政府确定的规模标准并且有污染物排放口的畜禽养殖场，应当依法缴纳环境保护税；依法对畜禽养殖废弃物进行综合利用和无害化处理的，不属于直接向环境排放污染物，不缴纳环境保护税。

城乡污水集中处理场所，是指为社会公众提供生活污水处理服务的场所，不包括为工业园区、开发区等工业聚集区域内的企业事业单位和其他生产经营者提供污水处理服务的场所，以及企业事业单位和其他生产经营者自建自用的污水处理场所。

2. 征税范围

应税污染物，是指《环境保护税税目税额表》《应税污染物和当量值表》规定的大气污染物、水污染物、固体废物和噪声。

3. 税目税率

环境保护税税目税额表，见表1－14。

应税大气污染物和水污染物的具体适用税额的确定和调整，由省、自治区、直辖市人民政府统筹考虑本地区环境承载能力、污染物排放现状和经济社会生态发展目标要求，在《环境保护税税目税额表》规定的税额幅度内提出，报同级人民代表大会常务委员会决定，并报全国人民代表大会常务委员会和国务院备案。

4. 计税依据

应税污染物的计税依据，按照下列方法确定：

（1）应税大气污染物按照污染物排放量折合的污染当量数确定；

（2）应税水污染物按照污染物排放量折合的污染当量数确定；

（3）应税固体废物按照固体废物的排放量确定；

（4）应税噪声按照超过国家规定标准的分贝数确定。

表1－14　　环境保护税税目税额表

<table>
<tr><th colspan="2">税　目</th><th>计税单位</th><th>税　额</th><th>备　注</th></tr>
<tr><td colspan="2">大气污染物</td><td>每污染当量</td><td>1.2～12元</td><td></td></tr>
<tr><td colspan="2">水污染物</td><td>每污染当量</td><td>1.4～14元</td><td></td></tr>
<tr><td rowspan="4">固体废物</td><td>煤矸石</td><td>每吨</td><td>5元</td><td></td></tr>
<tr><td>尾矿</td><td>每吨</td><td>15元</td><td></td></tr>
<tr><td>危险废物</td><td>每吨</td><td>1000元</td><td></td></tr>
<tr><td>冶炼渣、粉煤灰、炉渣、其他固体废物（含半固态、液态废物）</td><td>每吨</td><td>25元</td><td></td></tr>
</table>

续表

税目		计税单位	税额	备注
噪声	工业噪声	超标 1~3 分贝	每月 350 元	1. 一个单位边界上有多处噪声超标，根据最高一处超标声级计算应纳税额；当沿边界长度超过 100 米有两处以上噪声超标，按照两个单位计算应纳税额。 2. 一个单位有不同地点作业场所的，应当分别计算应纳税额，合并计征。 3. 昼、夜均超标的环境噪声，昼、夜分别计算应纳税额，累计计征。 4. 声源一个月内超标不足 15 天的，减半计算应纳税额。 5. 夜间频繁突发和夜间偶然突发厂界超标噪声，按等效声级和峰值噪声两种指标中超标分贝值高的一项计算应纳税额
		超标 4~6 分贝	每月 700 元	
		超标 7~9 分贝	每月 1400 元	
		超标 10~12 分贝	每月 2800 元	
		超标 13~15 分贝	每月 5600 元	
		超标 16 分贝以上	每月 11200 元	

污染当量，是指根据污染物或者污染排放活动对环境的有害程度以及处理的技术经济性，衡量不同污染物对环境污染的综合性指标或者计量单位。同一介质相同污染当量的不同污染物，其污染程度基本相当。

应税大气污染物、水污染物的污染当量数，以该污染物的排放量除以该污染物的污染当量值计算（即污染当量数 = 该污染物的排放量 ÷ 该污染物的污染当量值）。每种应税大气污染物、水污染物的具体污染当量值，依照《中华人民共和国环境保护税法》（以下简称《环境保护税法》）所附《应税污染物和当量值表》执行。

每一排放口或者没有排放口的应税大气污染物，按照污染当量数从大到小排序，对前三项污染物征收环境保护税。

每一排放口的应税水污染物，按照《环境保护税法》所附《应税污染物和当量值表》，区分第一类水污染物和其他类水污染物，按照污染当量数从大到小排序，对第一类水污染物按照前五项征收环境保护税，对其他类水污染物按照前三项征收环境保护税。

省、自治区、直辖市人民政府根据本地区污染物减排的特殊需要，可以增加同一排放口征收环境保护税的应税污染物项目数，报同级人民代表大会常务委员会决定，并报全国人民代表大会常务委员会和国务院备案。

应税大气污染物、水污染物、固体废物的排放量和噪声的分贝数，按照下列方法和顺序计算：

（1）纳税人安装使用符合国家规定和监测规范的污染物自动监测设备的，按照污染物自动监测数据计算。

（2）纳税人未安装使用污染物自动监测设备的，按照监测机构出具的符合国家有关规定和监测规范的监测数据计算。

（3）自2021年5月1日起，属于排污许可管理的排污单位，适用生态环境部发布的排污许可证申请与核发技术规范中规定的排（产）污系数、物料衡算方法计算应税污染物排放量；排污许可证申请与核发技术规范未规定相关排（产）污系数的，适用生态环境部发布的排放源统计调查制度规定的排（产）污系数方法计算应税污染物排放量。

（4）自2021年5月1日起，不属于排污许可管理的排污单位，适用生态环境部发布的排放源统计调查制度规定的排（产）污系数方法计算应税污染物排放量。

（5）上述（1）~（4）情形中仍无相关计算方法的，由各省、自治区、直辖市生态环境主管部门结合本地实际情况，科学合理制定抽样测算方法。

应税固体废物的计税依据，按照固体废物的排放量确定。固体废物的排放量为当期应税固体废物的产生量减去当期应税固体废物的贮存量、处置量、综合利用量的余额。

固体废物的贮存量、处置量，是指在符合国家和地方环境保护标准的设施、场所贮存或者处置的固体废物数量；固体废物的综合利用量，是指按照国务院发展改革、工业和信息化主管部门关于资源综合利用要求以及国家和地方环境保护标准进行综合利用的固体废物数量。

纳税人有下列情形之一的，以其当期应税固体废物的产生量作为固体废物的排放量：

（1）非法倾倒应税固体废物；

（2）进行虚假纳税申报。

纳税人有下列情形之一的，以其当期应税大气污染物、水污染物的产生量作为污染物的排放量：

（1）未依法安装使用污染物自动监测设备或者未将污染物自动监测设备与环境保护主管部门的监控设备联网；

（2）损毁或者擅自移动、改变污染物自动监测设备；

（3）篡改、伪造污染物监测数据；

（4）通过暗管、渗井、渗坑、灌注或者稀释排放以及不正常运行防治污染设施等方式违法排放应税污染物；

（5）进行虚假纳税申报。

从两个以上排放口排放应税污染物的，对每一排放口排放的应税污染物分别计算征收环境保护税；纳税人持有排污许可证的，其污染物排放口按照排污许可证载明的污染物排放口确定。

5. 应纳税额的计算

环境保护税应纳税额按照下列方法计算：

应税大气污染物的应纳税额 = 污染当量数 × 具体适用税额

应税水污染物的应纳税额 = 污染当量数 × 具体适用税额

应税固体废物的应纳税额 = 固体废物排放量 × 具体适用税额

应税噪声的应纳税额为超过国家规定标准的分贝数对应的具体适用税额。

【知识点2】 环境保护税优惠政策

1. 下列情形，暂予免征环境保护税：

（1）农业生产（不包括规模化养殖）排放应税污染物的；

（2）机动车、铁路机车、非道路移动机械、船舶和航空器等流动污染源排放应税污染物的；

（3）依法设立的城乡污水集中处理、生活垃圾集中处理场所排放相应应税污染物，不超过国家和地方规定的排放标准的；

（4）纳税人综合利用的固体废物，符合国家和地方环境保护标准的；

（5）国务院批准免税的其他情形，由国务院报全国人民代表大会常务委员会备案。

2. 纳税人排放应税大气污染物或者水污染物的浓度值低于国家和地方规定的污染物排放标准 30% 的，减按 75% 征收环境保护税。纳税人排放应税大气污染物或者水污染物的浓度值低于国家和地方规定的污染物排放标准 50% 的，减按 50% 征收环境保护税。依照《环境保护税法》规定减征环境保护税的，应当对每一排放口排放的不同应税污染物分别计算。

【知识点3】 环境保护税征收管理

1. 征收机关

环境保护税由税务机关依照《税收征管法》和《环境保护税法》的有关规定征收管理。

2. 纳税义务发生时间

纳税义务发生时间为纳税人排放应税污染物的当日。

3. 纳税期限

环境保护税按月计算，按季申报缴纳。不能按固定期限计算缴纳的，可以按次申报缴纳。

纳税人申报缴纳时，应当向税务机关报送所排放应税污染物的种类、数量，大气污染物、水污染物的浓度值，以及税务机关根据实际需要要求纳税人报送的其他纳税资料。

纳税人按季申报缴纳的，应当自季度终止之日起 15 日内，向税务机关办理纳税申报并缴纳税款。纳税人按次申报缴纳的，应当自纳税义务发生之日起 15 日内，向税务机关办理纳税申报并缴纳税款。

纳税人应当依法如实办理纳税申报，对申报的真实性和完整性承担责任。

4. 纳税地点

纳税人应当向应税污染物排放地的税务机关申报缴纳环境保护税。

应税污染物排放地，是指应税大气污染物、水污染物排放口所在地，应税固体废物产生地，应税噪声产生地。

纳税人跨区域排放应税污染物，税务机关对税收征收管辖有争议的，由争议各方按照有利于征收管理的原则协商解决；不能协商一致的，报请共同的上级税务机关决定。

5. 税源管理

税务机关依法履行环境保护税纳税申报受理、涉税信息比对、组织税款入库等职责。

环境保护主管部门依法负责应税污染物监测管理，制定和完善污染物监测规范。

县级以上地方人民政府应当建立税务机关、环境保护主管部门和其他相关单位分工协作工作机制，加强环境保护税征收管理，保障税款及时足额入库。

税务机关应当将纳税人的纳税申报数据资料与环境保护主管部门交送的相关数据资料进行比对。

环境保护主管部门应当通过涉税信息共享平台向税务机关交送在环境保护监督管理中获取的下列信息：

（1）排污单位的名称、统一社会信用代码以及污染物排放口、排放污染物种类等基本信息；

（2）排污单位的污染物排放数据（包括污染物排放量以及大气污染物、水污染物的浓度值等数据）；

（3）排污单位环境违法和受行政处罚情况；

（4）对税务机关提请复核的纳税人的纳税申报数据资料异常或者纳税人未按照规定期限办理纳税申报的复核意见；

（5）与税务机关商定交送的其他信息。

税务机关应当通过涉税信息共享平台向环境保护主管部门交送下列环境保护税涉税信息：

（1）纳税人基本信息；

（2）纳税申报信息；

（3）税款入库、减免税额、欠缴税款以及风险疑点等信息；

（4）纳税人涉税违法和受行政处罚情况；

（5）纳税人的纳税申报数据资料异常或者纳税人未按照规定期限办理纳税申报的信息；

（6）与环境保护主管部门商定交送的其他信息。

税务机关发现纳税人的纳税申报数据资料异常或者纳税人未按照规定期限办理纳税申报的，可以提请环境保护主管部门进行复核，环境保护主管部门应当自收到税务机关的数据资料之日起15日内，向税务机关出具复核意见。税务机关应当按照环境保护主管部门复核的数据资料调整纳税人的应纳税额。

七 契税政策与管理

【知识点1】契税基本政策

1. 纳税人

在中华人民共和国境内转移土地、房屋权属，承受的单位和个人为契税的纳税人，应当缴纳契税。

2. 征税范围

转移土地、房屋权属，是指下列行为：

（1）土地使用权出让。

（2）土地使用权转让，包括出售、赠与、互换。

（3）房屋买卖、赠与、互换。

第（2）项中土地使用权转让，不包括土地承包经营权和土地经营权的转移。

以作价投资（入股）、偿还债务、划转、奖励等方式转移土地、房屋权属的，应当征收契税。

（4）征收契税的土地、房屋权属，具体为土地使用权、房屋所有权。

（5）下列情形发生土地、房屋权属转移的，承受方应当依法缴纳契税：

①因共有不动产份额变化的；

②因共有人增加或者减少的；

③因人民法院、仲裁委员会的生效法律文书或者监察机关出具的监察文书等因素，

发生土地、房屋权属转移的。

（6）对农村集体土地所有权、宅基地和集体建设用地使用权及地上房屋确权登记，不征收契税。

3. 税率

契税税率为3% ~5%。

契税的具体适用税率，由省、自治区、直辖市人民政府在《中华人民共和国契税法》（以下简称《契税法》）规定的税率幅度内提出，报同级人民代表大会常务委员会决定，并报全国人民代表大会常务委员会和国务院备案。

省、自治区、直辖市可以依照《契税法》规定的程序对不同主体、不同地区、不同类型的住房的权属转移确定差别税率。

4. 计税依据

（1）土地使用权出让、出售，房屋买卖，为土地、房屋权属转移合同确定的成交价格，包括应交付的货币以及实物、其他经济利益对应的价款；

（2）土地使用权互换、房屋互换，为所互换的土地使用权、房屋价格的差额；

（3）土地使用权赠与、房屋赠与以及其他没有价格的转移土地、房屋权属行为，为税务机关参照土地使用权出售、房屋买卖的市场价格依法核定的价格。

纳税人申报的成交价格、互换价格差额明显偏低且无正当理由的，由税务机关依照《税收征管法》的规定核定。

关于若干计税依据的具体情形：

①以划拨方式取得的土地使用权，经批准改为出让方式重新取得该土地使用权的，应由该土地使用权人以补缴的土地出让价款为计税依据缴纳契税。

②先以划拨方式取得土地使用权，后经批准转让房地产，划拨土地性质改为出让的，承受方应分别以补缴的土地出让价款和房地产权属转移合同确定的成交价格为计税依据缴纳契税。

③先以划拨方式取得土地使用权，后经批准转让房地产，划拨土地性质未发生改变的，承受方应以房地产权属转移合同确定的成交价格为计税依据缴纳契税。

④土地使用权及所附建筑物、构筑物等（包括在建的房屋、其他建筑物、构筑物和其他附着物）转让的，计税依据为承受方应交付的总价款。

⑤土地使用权出让的，计税依据包括土地出让金、土地补偿费、安置补助费、地上附着物和青苗补偿费、征收补偿费、城市基础设施配套费、实物配建房屋等应交付的货币以及实物、其他经济利益对应的价款。

⑥房屋附属设施（包括停车位、机动车库、非机动车库、顶层阁楼、储藏室及其他房屋附属设施）与房屋为同一不动产单元的，计税依据为承受方应交付的总价款，并适用与房屋相同的税率；房屋附属设施与房屋为不同不动产单元的，计税依据为转

移合同确定的成交价格，并按当地确定的适用税率计税。

⑦承受已装修房屋的，应将包括装修费用在内的费用计入承受方应交付的总价款。

⑧土地使用权互换、房屋互换，互换价格相等的，互换双方计税依据为零；互换价格不相等的，以其差额为计税依据，由支付差额的一方缴纳契税。

⑨契税的计税依据不包括增值税。具体情形为：

土地使用权出售、房屋买卖，承受方计征契税的成交价格不含增值税；实际取得增值税发票的，成交价格以发票上注明的不含税价格确定。

土地使用权互换、房屋互换，契税计税依据为不含增值税价格的差额。

税务机关核定的契税计税价格为不含增值税价格。

⑩以作价投资（入股）、偿还债务等应交付经济利益的方式转移土地、房屋权属的，参照土地使用权出让、出售或房屋买卖确定契税适用税率、计税依据等。

以划转、奖励等没有价格的方式转移土地、房屋权属的，参照土地使用权或房屋赠与确定契税适用税率、计税依据等。

5. 应纳税额的计算

契税的应纳税额按照计税依据乘以具体适用税率计算。

【知识点2】 契税优惠政策

1. 有下列情形之一的，免征契税：

（1）国家机关、事业单位、社会团体、军事单位承受土地、房屋权属用于办公、教学、医疗、科研、军事设施；

（2）非营利性的学校、医疗机构、社会福利机构承受土地、房屋权属用于办公、教学、医疗、科研、养老、救助；

（3）承受荒山、荒地、荒滩土地使用权用于农、林、牧、渔业生产；

（4）婚姻关系存续期间夫妻之间变更土地、房屋权属；

（5）法定继承人通过继承承受土地、房屋权属；

（6）依照法律规定应当予以免税的外国驻华使馆、领事馆和国际组织驻华代表机构承受土地、房屋权属。

根据国民经济和社会发展的需要，国务院对居民住房需求保障、企业改制重组、灾后重建等情形可以规定免征或者减征契税，报全国人民代表大会常务委员会备案。

2. 省、自治区、直辖市可以决定对下列情形免征或者减征契税：

（1）因土地、房屋被县级以上人民政府征收、征用，重新承受土地、房屋权属；

（2）因不可抗力灭失住房，重新承受住房权属。

免征或者减征契税的具体办法，由省、自治区、直辖市人民政府提出，报同级人民代表大会常务委员会决定，并报全国人民代表大会常务委员会和国务院备案。

纳税人改变有关土地、房屋的用途，或者有其他不再属于规定的免征、减征契税情形的，应当缴纳已经免征、减征的税款。

3. 关于免税的具体情形。

（1）享受契税免税优惠的非营利性的学校、医疗机构、社会福利机构，限于上述三类单位中依法登记为事业单位、社会团体、基金会、社会服务机构等的非营利法人和非营利组织。其中：

学校的具体范围为经县级以上人民政府或者其教育行政部门批准成立的大学、中学、小学、幼儿园，实施学历教育的职业教育学校、特殊教育学校、专门学校，以及经省级人民政府或者其人力资源社会保障行政部门批准成立的技工院校。

医疗机构的具体范围为经县级以上人民政府卫生健康行政部门批准或者备案设立的医疗机构。

社会福利机构的具体范围为依法登记的养老服务机构、残疾人服务机构、儿童福利机构、救助管理机构、未成年人救助保护机构。

（2）享受契税免税优惠的土地、房屋用途具体如下：

用于办公的，限于办公室（楼）以及其他直接用于办公的土地、房屋；

用于教学的，限于教室（教学楼）以及其他直接用于教学的土地、房屋；

用于医疗的，限于门诊部以及其他直接用于医疗的土地、房屋；

用于科研的，限于科学试验的场所以及其他直接用于科研的土地、房屋；

用于军事设施的，限于直接用于《中华人民共和国军事设施保护法》规定的军事设施的土地、房屋；

用于养老的，限于直接用于为老年人提供养护、康复、托管等服务的土地、房屋；

用于救助的，限于直接为残疾人、未成年人、生活无着的流浪乞讨人员提供养护、康复、托管等服务的土地、房屋。

（3）纳税人符合减征或者免征契税规定的，应当按照规定进行申报。

4. 为继续支持企业、事业单位改制重组，2024 年 1 月 1 日至 2027 年 12 月 31 日，企业、事业单位改制重组涉及的契税政策如下：

（1）企业改制。

企业按照《中华人民共和国公司法》有关规定整体改制，包括非公司制企业改制为有限责任公司或股份有限公司，有限责任公司变更为股份有限公司，股份有限公司变更为有限责任公司，原企业投资主体存续并在改制（变更）后的公司中所持股权（股份）比例超过 75%，且改制（变更）后公司承继原企业权利、义务的，对改制（变更）后公司承受原企业土地、房屋权属，免征契税。

（2）事业单位改制。

事业单位按照国家有关规定改制为企业，原投资主体存续并在改制后企业中出资

（股权、股份）比例超过50%的，对改制后企业承受原事业单位土地、房屋权属，免征契税。

（3）公司合并。

两个或两个以上的公司，依照法律规定、合同约定，合并为一个公司，且原投资主体存续的，对合并后公司承受原合并各方土地、房屋权属，免征契税。

（4）公司分立。

公司依照法律规定、合同约定分立为两个或两个以上与原公司投资主体相同的公司，对分立后公司承受原公司土地、房屋权属，免征契税。

（5）企业破产。

企业依照有关法律法规规定实施破产，债权人（包括破产企业职工）承受破产企业抵偿债务的土地、房屋权属，免征契税；对非债权人承受破产企业土地、房屋权属，凡按照《中华人民共和国劳动法》等国家有关法律法规政策妥善安置原企业全部职工规定，与原企业全部职工签订服务年限不少于3年的劳动用工合同的，对其承受所购企业土地、房屋权属，免征契税；与原企业超过30%的职工签订服务年限不少于3年的劳动用工合同的，减半征收契税。

（6）资产划转。

对承受县级以上人民政府或国有资产管理部门按规定进行行政性调整、划转国有土地、房屋权属的单位，免征契税。

同一投资主体内部所属企业之间土地、房屋权属的划转，包括母公司与其全资子公司之间，同一公司所属全资子公司之间，同一自然人与其设立的个人独资企业、一人有限公司之间土地、房屋权属的划转，免征契税。

母公司以土地、房屋权属向其全资子公司增资，视同划转，免征契税。

（7）债权转股权。

经国务院批准实施债权转股权的企业，对债权转股权后新设立的公司承受原企业的土地、房屋权属，免征契税。

（8）划拨用地出让或作价出资。

以出让方式或国家作价出资（入股）方式承受原改制重组企业、事业单位划拨用地的，不属上述规定的免税范围，对承受方应按规定征收契税。

（9）公司股权（股份）转让。

在股权（股份）转让中，单位、个人承受公司股权（股份），公司土地、房屋权属不发生转移，不征收契税。

5. 房地产交易环节契税优惠政策。

（1）对个人购买家庭唯一住房（家庭成员范围包括购房人、配偶以及未成年子女，下同），面积为90平方米及以下的，减按1%的税率征收契税；面积为90平方米以上的，减按 1.5% 的税率征收契税。

（2）对个人购买家庭第二套改善性住房，面积为 90 平方米及以下的，减按 1% 的税率征收契税；面积为 90 平方米以上的，减按 2% 的税率征收契税。（北京市、上海市、广州市、深圳市暂不实施该项契税优惠政策）

家庭第二套改善性住房是指已拥有一套住房的家庭，购买的家庭第二套住房。

6. 2019 年 6 月 1 日至 2025 年 12 月 31 日，承受房屋、土地用于提供社区养老、托育、家政服务的，免征契税。

7. 在 2025 年 12 月 31 日前，对易地扶贫搬迁项目实施主体购买商品住房或者回购保障性住房作为安置住房房源的，免征契税、印花税。

8. 2018 年 1 月 1 日至 2025 年 12 月 31 日，对易地扶贫搬迁贫困人口按规定取得的安置住房，免征契税。

9. 对青藏铁路公司及其所属单位承受土地、房屋权属用于办公及运输主业的，免征契税；对于因其他用途承受的土地、房屋权属，应照章征收契税。

10. 2022 年 8 月 1 日至 2027 年 12 月 31 日，对银行业金融机构、金融资产管理公司接收抵债资产免征契税。

11. 2019 年 1 月 1 日至 2025 年 12 月 31 日，对公租房经营管理单位购买住房作为公租房，免征契税。

12. 2019 年 1 月 1 日至 2027 年 12 月 31 日，对农村饮水安全工程运营管理单位为建设农村饮水安全工程而承受土地使用权，免征契税。

13. 自 2023 年 10 月 1 日起，对保障性住房经营管理单位回购保障性住房继续作为保障性住房房源的，免征契税；对个人购买保障性住房，减按 1% 的税率征收契税。

【知识点 3】 契税征收管理

1. 纳税义务发生时间

为纳税人签订土地、房屋权属转移合同的当日，或者纳税人取得其他具有土地、房屋权属转移合同性质凭证的当日。

具体情形包括：

（1）因人民法院、仲裁委员会的生效法律文书或者监察机关出具的监察文书等发生土地、房屋权属转移的，纳税义务发生时间为法律文书等生效当日。

（2）因改变土地、房屋用途等情形应当缴纳已经减征、免征契税的，纳税义务发生时间为改变有关土地、房屋用途等情形的当日。

（3）因改变土地性质、容积率等土地使用条件需补缴土地出让价款，应当缴纳契税的，纳税义务发生时间为改变土地使用条件当日。

2. 纳税期限

纳税人应当在依法办理土地、房屋权属登记手续前申报缴纳契税。发生上述具体情形，按规定不再需要办理土地、房屋权属登记的，纳税人应自纳税义务发生之日起90日内申报缴纳契税。

3. 征收管理

（1）纳税人办理纳税事宜后，税务机关应当开具契税完税凭证。纳税人办理土地、房屋权属登记，不动产登记机构应当查验契税完税、减免税凭证或者有关信息。未按照规定缴纳契税的，不动产登记机构不予办理土地、房屋权属登记。

（2）在依法办理土地、房屋权属登记前，权属转移合同、权属转移合同性质凭证不生效、无效、被撤销或者被解除的，纳税人可以向税务机关申请退还已缴纳的税款，税务机关应当依法办理。

（3）税务机关应当与相关部门建立契税涉税信息共享和工作配合机制。自然资源、住房城乡建设、民政、公安等相关部门应当及时向税务机关提供与转移土地、房屋权属有关的信息，协助税务机关加强契税征收管理。

税务机关及其工作人员对税收征收管理过程中知悉的纳税人的个人信息，应当依法予以保密，不得泄露或者非法向他人提供。

（4）契税由土地、房屋所在地的税务机关依照《契税法》和《税收征管法》的规定征收管理。

（5）关于纳税凭证、纳税信息和退税

①具有土地、房屋权属转移合同性质的凭证包括契约、协议、合约、单据、确认书以及其他凭证。

②不动产登记机构在办理土地、房屋权属登记时，应当依法查验土地、房屋的契税完税、减免税、不征税等涉税凭证或者有关信息。

③税务机关应当与相关部门建立契税涉税信息共享和工作配合机制。具体转移土地、房屋权属有关的信息包括：自然资源部门的土地出让、转让、征收补偿、不动产权属登记等信息，住房城乡建设部门的房屋交易等信息，民政部门的婚姻登记、社会组织登记等信息，公安部门的户籍人口基本信息。

④纳税人缴纳契税后发生下列情形，可依照有关法律法规申请退税：

A. 因人民法院判决或者仲裁委员会裁决导致土地、房屋权属转移行为无效、被撤销或者被解除，且土地、房屋权属变更至原权利人的；

B. 在出让土地使用权交付时，因容积率调整或实际交付面积小于合同约定面积需退还土地出让价款的；

C. 在新建商品房交付时，因实际交付面积小于合同约定面积需返还房价款的。

（6）申报资料

契税纳税人依法纳税申报时，应填报《财产和行为税税源明细表》（《契税税源明细表》部分），并根据具体情形提交下列资料：

①纳税人身份证件。

②土地、房屋权属转移合同或其他具有土地、房屋权属转移合同性质的凭证。

③交付经济利益方式转移土地、房屋权属的，提交土地、房屋权属转移相关价款支付凭证，其中，土地使用权出让为财政票据，土地使用权出售、互换和房屋买卖、互换为增值税发票。

④因人民法院、仲裁委员会的生效法律文书或者监察机关出具的监察文书等因素发生土地、房屋权属转移的，提交生效法律文书或监察文书等。

符合减免税条件的，应按规定附送有关资料或将资料留存备查。

⑤税务机关在契税足额征收或办理免税（不征税）手续后，应通过契税的完税凭证或契税信息联系单（以下简称联系单）等，将完税或免税（不征税）信息传递给不动产登记机构。能够通过信息共享即时传递信息的，税务机关可不再向不动产登记机构提供完税凭证或开具联系单。

⑥纳税人依照《契税法》以及《财政部 税务总局关于贯彻实施契税法若干事项执行口径的公告》（财政部 税务总局公告2021年第23号）规定向税务机关申请退还已缴纳契税的，应提供纳税人身份证件、完税凭证复印件，并根据不同情形提交相关资料：

A. 在依法办理土地、房屋权属登记前，权属转移合同或合同性质凭证不生效、无效、被撤销或者被解除的，提交合同或合同性质凭证不生效、无效、被撤销或者被解除的证明材料；

B. 因人民法院判决或者仲裁委员会裁决导致土地、房屋权属转移行为无效、被撤销或者被解除，且土地、房屋权属变更至原权利人的，提交人民法院、仲裁委员会的生效法律文书；

C. 在出让土地使用权交付时，因容积率调整或实际交付面积小于合同约定面积需退还土地出让价款的，提交补充合同（协议）和退款凭证；

D. 在新建商品房交付时，因实际交付面积小于合同约定面积需返还房价款的，提交补充合同（协议）和退款凭证。

税务机关收取纳税人退税资料后，应向不动产登记机构核实有关土地、房屋权属登记情况。核实后符合条件的即时受理，不符合条件的一次性告知应补正资料或不予受理原因。

⑦税务机关及其工作人员对税收征管过程中知悉的个人的身份信息、婚姻登记信息、不动产权属登记信息、纳税申报信息及其他商业秘密和个人隐私，应当依法予以保密，不得泄露或者非法向他人提供。纳税人的税收违法行为信息不属于保密信息范

围，税务机关可依法处理。

⑧各地税务机关应与当地房地产管理部门加强协作，采用不动产登记、交易和缴税一窗受理等模式，持续优化契税申报缴纳流程，共同做好契税征收与房地产管理衔接工作。

⑨纳税人提交的资料，各省、自治区、直辖市和计划单列市税务局能够通过信息共享即时查验的，可公告明确不再要求纳税人提交。

⑩纳税人身份证件是指：单位纳税人为营业执照，或者统一社会信用代码证书，或者其他有效登记证书；个人纳税人中，自然人为居民身份证，或者居民户口簿，或者入境的身份证件，个体工商户为营业执照。

八 城镇土地使用税政策与管理

【知识点1】 城镇土地使用税基本政策

1. 纳税人

在城市、县城、建制镇、工矿区范围内使用土地的单位和个人，为城镇土地使用税的纳税人。

单位，包括国有企业、集体企业、私营企业、股份制企业、外商投资企业、外国企业以及其他企业和事业单位、社会团体、国家机关、军队以及其他单位；个人，包括个体工商户以及其他个人。

城镇土地使用税由拥有土地使用权的单位或个人缴纳。拥有土地使用权的纳税人不在土地所在地的，由代管人或实际使用人纳税；土地使用权未确定或权属纠纷未解决的，由实际使用人纳税；土地使用权共有的，由共有各方分别纳税。

在城镇土地使用税征税范围内承租集体建设用地的，由直接从集体经济组织承租土地的单位和个人，缴纳城镇土地使用税。

对纳税单位无偿使用免税单位的土地，纳税单位应照章缴纳城镇土地使用税。

2. 征税范围

城镇土地使用税在城市、县城、建制镇和工矿区征收。

对农林牧渔业用地和农民居住用房屋及土地，不征收城镇土地使用税。

在城镇土地使用税征收范围内，利用林场土地兴建度假村等休闲娱乐场所的，其经营、办公和生活用地，应按规定征收城镇土地使用税。

3. 税目税率

城镇土地使用税每平方米年税额为：

（1）大城市 1.5 ~ 30 元；

（2）中等城市 1.2 ~ 24 元；

（3）小城市0.9～18元；

（4）县城、建制镇、工矿区0.6～12元。

省、自治区、直辖市人民政府，应当在上述规定的税额幅度内，根据市政建设状况、经济繁荣程度等条件，确定所辖地区的适用税额幅度。

市、县人民政府应当根据实际情况，将本地区土地划分为若干等级，在省、自治区、直辖市人民政府确定的税额幅度内，制定相应的适用税额标准，报省、自治区、直辖市人民政府批准执行。

经省、自治区、直辖市人民政府批准，经济落后地区城镇土地使用税的适用税额标准可以适当降低，但降低额不得超过上述规定最低税额的30%。经济发达地区城镇土地使用税的适用税额标准可以适当提高，但须报经财政部批准。

4. 计税依据

城镇土地使用税以纳税人实际占用的土地面积为计税依据，依照规定税额计算征收。

土地占用面积的组织测量工作，由省、自治区、直辖市人民政府根据实际情况确定。

纳税单位与免税单位共同使用共有使用权土地上的多层建筑，对纳税单位可按其占用的建筑面积占建筑总面积的比例计征城镇土地使用税。

对单独建造的地下建筑用地，按规定征收城镇土地使用税。其中，已取得地下土地使用权证的，按土地使用权证确认的土地面积计算应纳税款；未取得地下土地使用权证或地下土地使用权证上未注明土地面积的，按地下建筑垂直投影面积计算应征税款。对上述地下建筑用地暂按应征税款的50%征收城镇土地使用税。

5. 应纳税额的计算

城镇土地使用税的年应纳税额为：

$$年应纳税额=实际占用应税土地面积\times 适用税额$$

纳税人在一个纳税年度内取得应税土地使用权不满1年的，其应缴纳的城镇土地使用税税额，按当年应计税月数计算。

【知识点2】 城镇土地使用税优惠政策

1. 下列土地免缴城镇土地使用税：

（1）国家机关、人民团体、军队自用的土地；

（2）由国家财政部门拨付事业经费的单位自用的土地；

（3）宗教寺庙、公园、名胜古迹自用的土地；

（4）市政街道、广场、绿化地带等公共用地；

（5）直接用于农、林、牧、渔业的生产用地；

（6）经批准开山填海整治的土地和改造的废弃土地，从使用的月份起免缴城镇土地使用税 5～10 年；

（7）由财政部另行规定免税的能源、交通、水利设施用地和其他用地。

2. 在城镇土地使用税征收范围内经营采摘、观光农业的单位和个人，其直接用于采摘、观光的种植、养殖、饲养的土地，属于“直接用于农、林、牧、渔业的生产用地”，免征城镇土地使用税。

3. 在厂区以外的绿化用地和向社会开放的公园用地，暂免征收城镇土地使用税。

4. 对在一个纳税年度内月平均实际安置残疾人就业人数占单位在职职工总数的比例高于 25%（含 25%）且实际安置残疾人人数高于 10 人（含 10 人）的单位，可减征或免征该年度城镇土地使用税。具体减免税比例及管理办法由省、自治区、直辖市财税主管部门确定。

5. 对个人出租住房，不区分用途，免征城镇土地使用税。

6. 2017 年 1 月 1 日至 2027 年 12 月 31 日，对物流企业自有的（包括自用和出租）大宗商品仓储设施用地，减按所属土地等级适用税额标准的 50% 计征城镇土地使用税。

7. 2019 年 1 月 1 日至 2027 年 12 月 31 日，对国家级、省级科技企业孵化器、大学科技园和国家备案众创空间自用以及无偿或通过出租等方式提供给在孵对象使用的土地，免征城镇土地使用税。

8. 2023 年 1 月 1 日至 2027 年 12 月 31 日，对增值税小规模纳税人、小型微利企业和个体工商户减半征收资源税（不含水资源税）、城市维护建设税、房产税、城镇土地使用税、印花税（不含证券交易印花税）、耕地占用税和教育费附加、地方教育附加。已依法享受资源税、城市维护建设税、房产税、城镇土地使用税、印花税、耕地占用税、教育费附加、地方教育附加等其他优惠政策的，可叠加享受本条优惠政策。

9. 2019 年 1 月 1 日至 2027 年 12 月 31 日，对农产品批发市场、农贸市场（包括自有和承租，下同）专门用于经营农产品的土地，暂免征收城镇土地使用税。对同时经营其他产品的农产品批发市场和农贸市场使用的土地，按其他产品与农产品交易场地面积的比例确定征免城镇土地使用税。

10. 2019 年 6 月 1 日至 2025 年 12 月 31 日，为社区提供养老、托育、家政等服务的机构自有或其通过承租、无偿使用等方式取得并用于提供社区养老、托育、家政服务的土地，免征城镇土地使用税。

11. 2027 年供暖期结束前，对向居民供热收取采暖费的供热企业，为居民供热所使用的土地免征城镇土地使用税。

对专业供热企业，按其向居民供热取得的采暖费收入占全部采暖费收入的比例，计算免征的城镇土地使用税。

12. 2022 年 8 月 1 日至 2027 年 12 月 31 日，各地可根据《中华人民共和国房产税暂行条例》《中华人民共和国城镇土地使用税暂行条例》授权和本地实际，对银行业金融机构、金融资产管理公司持有的抵债不动产减免房产税、城镇土地使用税。

13. 2018 年 1 月 1 日至 2027 年 12 月 31 日，对纳税人及其全资子公司从事大型民用客机发动机、中大功率民用涡轴涡桨发动机研制项目自用的科研、生产、办公房产及土地，免征城镇土地使用税。

14. 2019 年 1 月 1 日至 2025 年 12 月 31 日，对公租房建设期间用地及公租房建成后占地，免征城镇土地使用税。在其他住房项目中配套建设公租房，按公租房建筑面积占总建筑面积的比例免征建设、管理公租房涉及的城镇土地使用税。

15. 2019 年 1 月 1 日至 2027 年 12 月 31 日，对城市公交站场、道路客运站场、城市轨道交通系统运营用地，免征城镇土地使用税。

16. 2019 年 1 月 1 日至 2027 年 12 月 31 日，对农村饮水安全工程运营管理单位自用的生产、办公用房产、土地，免征城镇土地使用税。

17. 自 2023 年 10 月 1 日起，对保障性住房项目建设用地免征城镇土地使用税。在商品住房等开发项目中配套建造保障性住房的，依据政府部门出具的相关材料，可按保障性住房建筑面积占总建筑面积的比例免征城镇土地使用税。

【知识点 3】 城镇土地使用税征收管理

1. 纳税义务发生时间

（1）纳税人购置新建商品房，自房屋交付使用次月起，缴纳城镇土地使用税。

（2）纳税人购置存量房，自办理房屋权属转移、变更登记手续，房地产权属登记机关签发房屋权属证书次月起，缴纳城镇土地使用税。

（3）出租、出借房产，自交付出租、出借房产之次月起，缴纳城镇土地使用税。

（4）纳税人以出让或转让方式有偿取得土地使用权的，应由受让方从合同约定交付土地时间的次月起缴纳城镇土地使用税；合同未约定交付土地时间的，由受让方从合同签订的次月起缴纳城镇土地使用税。

（5）纳税人新征用的耕地，自批准征用之日起满一年后的次月开始缴纳城镇土地使用税。纳税人新征用的非耕地，自批准征用次月起缴纳城镇土地使用税。

（6）纳税人通过招标、拍卖、挂牌方式取得的建设用地，不属于新征用的耕地，应从合同约定交付土地时间的次月起缴纳城镇土地使用税；合同未约定交付土地时间的，从合同签订的次月起缴纳城镇土地使用税。

（7）纳税人将原免税土地改变用途后转为应税土地的，从改变用途的次月起计算缴纳城镇土地使用税；纳税人将原应税土地改变用途后转为免税土地的，从改变用途的次月起免缴城镇土地使用税。

（8）纳税人因土地权利状态发生变化而依法终止城镇土地使用税纳税义务的，其应纳税款的计算应截止到土地权利状态发生变化的当月月末。

2. 纳税期限

城镇土地使用税按年计算，分期缴纳。缴纳期限由省、自治区、直辖市人民政府确定。

3. 纳税地点

城镇土地使用税在土地所在地缴纳。纳税人使用的土地不属于同一省、自治区、直辖市管辖的，由纳税人分别向土地所在地的税务机关缴纳城镇土地使用税。

九 耕地占用税政策与管理

【知识点1】 耕地占用税基本政策

1. 纳税人

在中华人民共和国境内占用耕地建设建筑物、构筑物或者从事非农业建设的单位和个人，为耕地占用税的纳税人，应当依法缴纳耕地占用税。

2. 征税范围

耕地占用税的征税范围是国家所有和集体所有的耕地。

耕地，是指用于种植农作物的土地。

占用耕地建设农田水利设施的，不缴纳耕地占用税。

占用园地、林地、草地、农田水利用地、养殖水面、渔业水域滩涂以及其他农用地建设建筑物、构筑物或者从事非农业建设的，依照规定缴纳耕地占用税。

占用园地、林地、草地、农田水利用地、养殖水面、渔业水域滩涂以及其他农用地建设直接为农业生产服务的生产设施的，不缴纳耕地占用税。

纳税人因建设项目施工或者地质勘查临时占用耕地，应当依照规定缴纳耕地占用税。

3. 税目税率

耕地占用税的税额如下：

（1）人均耕地不超过1亩的地区（以县、自治县、不设区的市、市辖区为单位，下同），每平方米为10～15元；

（2）人均耕地超过1亩但不超过2亩的地区，每平方米为8～40元；

（3）人均耕地超过2亩但不超过3亩的地区，每平方米为6～30元；

（4）人均耕地超过3亩的地区，每平方米为5～25元。

各地区耕地占用税的适用税额，由省、自治区、直辖市人民政府根据人均耕地面积和经济发展等情况，在规定的税额幅度内提出，报同级人民代表大会常务委员会决定，并报全国人民代表大会常务委员会和国务院备案。

各省、自治区、直辖市耕地占用税适用税额的平均水平，不得低于《各省、自治区、直辖市耕地占用税平均税额表》规定的平均税额，见表1-15。

表1-15　各省、自治区、直辖市耕地占用税平均税额表

省、自治区、直辖市	平均税额（元/平方米）
上海	45
北京	40
天津	35
江苏、浙江、福建、广东	30
辽宁、湖北、湖南	25
河北、安徽、江西、山东、河南、重庆、四川	22.5
广西、海南、贵州、云南、陕西	20
山西、吉林、黑龙江	17.5
内蒙古、西藏、甘肃、青海、宁夏、新疆	12.5

在人均耕地低于0.5亩的地区，省、自治区、直辖市可以根据当地经济发展情况，适当提高耕地占用税的适用税额，但提高的部分不得超过适用税额的50%。

占用基本农田的，应当按照确定的当地适用税额，加按150%征收。

占用园地、林地、草地、农田水利用地、养殖水面、渔业水域滩涂以及其他农用地的，适用税额可以适当低于本地区的适用税额，但降低的部分不得超过50%。具体适用税额由省、自治区、直辖市人民政府提出，报同级人民代表大会常务委员会决定，并报全国人民代表大会常务委员会和国务院备案。

4. 计税依据

耕地占用税以纳税人实际占用的属于耕地占用税征税范围的土地（以下简称应税土地）面积为计税依据，按应税土地当地适用税额计税，实行一次性征收。

5. 应纳税额的计算

耕地占用税计算公式为：

应纳税额＝应税土地面积×适用税额

应税土地面积包括经批准占用面积和未经批准占用面积，以平方米为单位。

按照规定，加按150%征收耕地占用税的计算公式为：

应纳税额＝应税土地面积×适用税额×150%

当地适用税额，是指省、自治区、直辖市人民代表大会常务委员会决定的应税土地所在地县级行政区的现行适用税额。

纳税人在批准临时占用耕地期满之日起一年内依法复垦，恢复种植条件的，全额退还已经缴纳的耕地占用税。

依照规定免征或者减征耕地占用税后，纳税人改变原占地用途，不再属于免征或者减征耕地占用税情形的，应当按照当地适用税额补缴耕地占用税。

【知识点2】 耕地占用税优惠政策

1. 军事设施、学校、幼儿园、社会福利机构、医疗机构占用耕地，免征耕地占用税。

2. 铁路线路、公路线路、飞机场跑道、停机坪、港口、航道、水利工程占用耕地，减按每平方米2元的税额征收耕地占用税。

3. 农村居民在规定用地标准以内占用耕地新建自用住宅，按照当地适用税额减半征收耕地占用税；其中农村居民经批准搬迁，新建自用住宅占用耕地不超过原宅基地面积的部分，免征耕地占用税。

4. 农村烈士遗属、因公牺牲军人遗属、残疾军人以及符合农村最低生活保障条件的农村居民，在规定用地标准以内新建自用住宅，免征耕地占用税。

5. 2023年1月1日至2027年12月31日，对增值税小规模纳税人、小型微利企业和个体工商户减半征收资源税（不含水资源税）、城市维护建设税、房产税、城镇土地使用税、印花税（不含证券交易印花税）、耕地占用税和教育费附加、地方教育附加。已依法享受资源税、城市维护建设税、房产税、城镇土地使用税、印花税、耕地占用税、教育费附加、地方教育附加等其他优惠政策的，可叠加享受本条优惠政策。

【知识点3】 耕地占用税征收管理

1. 纳税义务发生时间

耕地占用税的纳税义务发生时间为纳税人收到自然资源主管部门办理占用耕地手续的书面通知的当日。

未经批准占用应税土地的纳税人，其纳税义务发生时间为自然资源主管部门认定其实际占地的当日。

纳税人改变原占地用途，需要补缴耕地占用税的，其纳税义务发生时间为改变用途当日，具体为：经批准改变用途的，纳税义务发生时间为纳税人收到批准文件的当日；未经批准改变用途的，纳税义务发生时间为自然资源主管部门认定纳税人改变原占地用途的当日。

2. 纳税期限

纳税人应当自纳税义务发生之日起30日内申报缴纳耕地占用税。

自然资源主管部门凭耕地占用税完税凭证或者免税凭证和其他有关文件发放建设用地批准书。

3. 纳税地点

纳税人占用耕地或其他农用地，应当在耕地或其他农用地所在地申报纳税。

4. 税源管理

税务机关应当与相关部门建立耕地占用税涉税信息共享机制和工作配合机制。县级以上地方人民政府自然资源、农业农村、水利等相关部门应当定期向税务机关提供农用地转用、临时占地等信息，协助税务机关加强耕地占用税征收管理。

税务机关发现纳税人的纳税申报数据资料异常或者纳税人未按照规定期限申报纳税的，可以提请相关部门进行复核，相关部门应当自收到税务机关复核申请之日起30日内向税务机关出具复核意见。

纳税人、税务机关及其工作人员违反规定的，依照《税收征管法》和有关法律法规的规定追究法律责任。

十 烟叶税政策与管理

【知识点1】 烟叶税基本政策

1. 纳税人

在中华人民共和国境内，依照《中华人民共和国烟草专卖法》（以下简称《烟草专卖法》）的规定收购烟叶的单位为烟叶税的纳税人。

收购烟叶的单位，是指依照《烟草专卖法》的规定有权收购烟叶的烟草公司或者受其委托收购烟叶的单位。

依照《烟草专卖法》查处没收的违法收购的烟叶，由收购罚没烟叶的单位按照购买金额计算缴纳烟叶税。

2. 征税范围

烟叶，是指烤烟叶、晾晒烟叶。

晾晒烟叶，包括列入名晾晒烟名录的晾晒烟叶和未列入名晾晒烟名录的其他晾晒烟叶。

3. 税率

烟叶税实行比例税率，税率为20%。

4. 计税依据

烟叶税的计税依据为纳税人收购烟叶实际支付的价款总额。

纳税人收购烟叶实际支付的价款总额包括纳税人支付给烟叶生产销售单位和个人的烟叶收购价款和价外补贴。其中，价外补贴统一按烟叶收购价款的10%计算。

计税依据的计算公式如下：

$$实际支付的价款总额=收购价款\times(1+10\%)$$

5. 应纳税额的计算

烟叶税应纳税额的计算公式如下：

$$应纳税额=实际支付的价款总额\times税率$$

【知识点2】 烟叶税征收管理

1. 纳税义务发生时间

烟叶税的纳税义务发生时间为纳税人收购烟叶的当日。

收购烟叶的当天，是指纳税人向烟叶销售者付讫收购烟叶款项或者开具收购烟叶凭据的当天。

2. 纳税期限

烟叶税按月计征，纳税人应当于纳税义务发生月终了之日起 15 日内申报并缴纳税款。

3. 纳税地点

纳税人应当向烟叶收购地的主管税务机关申报缴纳烟叶税。

十一 城市维护建设税政策与管理

【知识点1】 城市维护建设税基本政策

1. 纳税人

在中华人民共和国境内缴纳增值税、消费税的单位和个人，为城市维护建设税的纳税人，应当依照规定缴纳城市维护建设税。

城市维护建设税的扣缴义务人为负有增值税、消费税扣缴义务的单位和个人，在扣缴增值税、消费税的同时扣缴城市维护建设税。

2. 计税依据

城市维护建设税以纳税人依法实际缴纳的增值税、消费税税额为计税依据。

城市维护建设税的计税依据应当按照规定扣除期末留抵退税退还的增值税税额。

直接减免的增值税、消费税税额，是指依照增值税、消费税相关法律法规和税收政策规定，直接减征或免征的增值税、消费税税额，不包括实行先征后返、先征后退、即征即退办法退还的增值税、消费税税额。

依法实际缴纳的增值税税额，是指纳税人依照增值税相关法律法规和税收政策规定计算应当缴纳的增值税税额，加上增值税免抵税额，扣除直接减免的增值税税额和期末留抵退税退还的增值税税额（以下简称留抵退税额）后的金额。

依法实际缴纳的消费税税额，是指纳税人依照消费税相关法律法规和税收政策规定计算应当缴纳的消费税税额，扣除直接减免的消费税税额后的金额。

应当缴纳的增值税、消费税税额，不含因进口货物或境外单位和个人向境内销售劳务、服务、无形资产缴纳的增值税、消费税税额。

纳税人自收到留抵退税额之日起，应当在下一个纳税申报期从城市维护建设税计税依据中扣除。

留抵退税额仅允许在按照增值税一般计税方法确定的城市维护建设税计税依据中扣除。当期未扣除完的余额，在以后纳税申报期按规定继续扣除。

对于增值税小规模纳税人更正、查补此前按照一般计税方法确定的城市维护建设税计税依据，允许扣除尚未扣除完的留抵退税额。

3. 征税范围

对进口货物或者境外单位和个人向境内销售劳务、服务、无形资产缴纳的增值税、消费税税额，不征收城市维护建设税。

4. 城市维护建设税税率

纳税人所在地在市区的，税率为7%。

纳税人所在地在县城、镇的，税率为5%。

纳税人所在地不在市区、县城或者镇的，税率为1%。

撤县建市后，城市维护建设税适用税率为7%。

纳税人所在地，是指纳税人住所地或者与纳税人生产经营活动相关的其他地点，具体地点由省、自治区、直辖市确定。

城市维护建设税纳税人按所在地在市区、县城、镇和不在上述区域适用不同税率。市区、县城、镇按照行政区划确定。

行政区划变更的，自变更完成当月起适用新行政区划对应的城市维护建设税税率，纳税人在变更完成当月的下一个纳税申报期按新税率申报缴纳。

5. 应纳税额

城市维护建设税的应纳税额按照计税依据乘以具体适用税率计算。

【知识点2】 城市维护建设税优惠政策

1. 对黄金交易所会员单位通过黄金交易所销售且发生实物交割的标准黄金，免征城市维护建设税。

2. 对上海期货交易所会员和客户通过上海期货交易所销售且发生实物交割并已出库的标准黄金，免征城市维护建设税。

3. 对国家重大水利工程建设基金免征城市维护建设税。

4. 2023年1月1日至2027年12月31日，对增值税小规模纳税人、小型微利企业和个体工商户减半征收资源税（不含水资源税）、城市维护建设税、房产税、城镇土地使用税、印花税（不含证券交易印花税）、耕地占用税和教育费附加、地方教育附加。已依法享受资源税、城市维护建设税、房产税、城镇土地使用税、印花税、耕地占用税、教育费附加、地方教育附加等其他优惠政策的，可叠加享受本条优惠政策。

5. 2023 年 1 月 1 日至 2027 年 12 月 31 日，自主就业退役士兵从事个体经营的，自办理个体工商户登记当月起，在 3 年（36 个月，下同）内按每户每年 20000 元为限额依次扣减其当年实际应缴纳的增值税、城市维护建设税、教育费附加、地方教育附加和个人所得税。限额标准最高可上浮 20%；企业招用自主就业退役士兵，与其签订 1 年以上期限劳动合同并依法缴纳社会保险费的，自签订劳动合同并缴纳社会保险当月起，在 3 年内按实际招用人数予以定额依次扣减增值税、城市维护建设税、教育费附加、地方教育附加和企业所得税优惠。定额标准为每人每年 6000 元，最高可上浮 50%。

城市维护建设税、教育费附加、地方教育附加的计税依据是享受本项税收优惠政策前的增值税应纳税额。

6. 2023 年 1 月 1 日至 2027 年 12 月 31 日，脱贫人口（含防止返贫监测对象）、持《就业创业证》（注明“自主创业税收政策”或“毕业年度内自主创业税收政策”）或《就业失业登记证》（注明“自主创业税收政策”）的人员，从事个体经营的，自办理个体工商户登记当月起，在 3 年（36 个月，下同）内按每户每年 20000 元为限额依次扣减其当年实际应缴纳的增值税、城市维护建设税、教育费附加、地方教育附加和个人所得，限额最高可上浮 20%；企业招用脱贫人口，以及在人力资源社会保障部门公共就业服务机构登记失业半年以上且持《就业创业证》或《就业失业登记证》（注明“企业吸纳税收政策”）的人员，与其签订 1 年以上期限劳动合同并依法缴纳社会保险费的，自签订劳动合同并缴纳社会保险当月起，在 3 年内按实际招用人数予以定额依次扣减增值税、城市维护建设税、教育费附加、地方教育附加和企业所得税优惠。定额标准为每人每年 6000 元，最高可上浮 30%，城市维护建设税、教育费附加、地方教育附加的计税依据是享受本项税收优惠政策前的增值税应纳税额。

各省、自治区、直辖市人民政府可根据本地区实际情况在上述幅度内确定具体定额标准。

【知识点 3】 城市维护建设税征收管理

1. 纳税人义务发生时间

城市维护建设税的纳税义务发生时间与增值税、消费税（以下简称两税）的纳税义务发生时间一致，分别与两税同时缴纳。

城市维护建设税的纳税义务发生时间与两税的纳税义务发生时间一致，分别与两税同时缴纳。同时缴纳是指在缴纳两税时，应当在两税同一缴纳地点、同一缴纳期限内，一并缴纳对应的城市维护建设税。

2. 征收管理

对增值税免抵税额征收的城市维护建设税，纳税人应在税务机关核准免抵税额的下一个纳税申报期内向主管税务机关申报缴纳。

采用委托代征、代扣代缴、代收代缴、预缴、补缴等方式缴纳两税的，应当同时缴纳城市维护建设税。

代扣代缴，不含因境外单位和个人向境内销售劳务、服务、无形资产代扣代缴增值税情形。

因纳税人多缴发生的两税退税，同时退还已缴纳的城市维护建设税。

两税实行先征后返、先征后退、即征即退的，除另有规定外，不予退还随两税附征的城市维护建设税。

城市维护建设税的征收管理等事项，比照两税的有关规定办理。

十二 财产和行为税纳税申报表

【知识点】 财产和行为税纳税申报表

自 2021 年 6 月 1 日起，在全国范围内推行财产和行为税合并申报，将城镇土地使用税、房产税、车船税、印花税、耕地占用税、资源税、土地增值税、契税、环境保护税、烟叶税 10 个财产和行为税税种合并申报，实现“简并申报表，一表报多税”。

扫一扫，查看财产和行为税纳税申报表

>>第七节 非税收入

一 非税收入概述

【知识点 1】 非税收入的特点

非税收入具有灵活性、不稳定性、非普遍性及资金使用上的特定性等特点。

（1）灵活性。非税收入灵活性表现为形式多样、取得方式多样、征收依据多样以及存续时间上的灵活性、征收标准上的灵活性。

（2）不稳定性。非税收入是对特定的行为和特定管理对象征收或在特定的经济形势下征收，一旦该行为或该对象消失或剧减，或者特定经济条件消失，该项非税收入也会随之消失或剧减，收入来源具有不稳定性。

（3）非普遍性。非税收入总是和社会管理职能结合在一起，有特定的管理对象和收取对象，未发生受管制行为的单位和个人排除在这一管理和征收范围之外，征收对象不具有普遍性。

（4）资金使用上的特定性。非税收入项目是基于特定的事项而设立的，资金使用具有特定性。

【知识点2】 非税收入的分类

根据《政府非税收入管理办法》（财税〔2016〕33 号）规定，非税收入共计 12 项，具体包括：行政事业性收费收入、政府性基金收入、罚没收入、国有资源（资产）有偿使用收入、国有资本收益、彩票公益金收入、特许经营收入、中央银行收入、以政府名义接受的捐赠收入、主管部门集中收入、政府收入的利息收入、其他非税收入。不包括社会保险费、住房公积金（指计入缴存人个人账户部分）。

二 非税收入征缴

【知识点1】 教育费附加和地方教育附加

1. 缴纳义务人

凡缴纳增值税、消费税（以下简称两税）的单位和个人，除按照《国务院关于筹措农村学校办学经费的通知》的规定，缴纳农村教育事业费附加的单位外，都应当依照规定缴纳教育费附加和地方教育附加。

凡代征两税的单位和个人，亦为代征教育费附加的义务人。

2. 征收范围

教育费附加和地方教育附加与两税的征收范围相同。

3. 计征依据

自 2021 年 9 月 1 日起，教育费附加、地方教育附加计征依据与城市维护建设税计税依据一致，以缴纳义务人依法实际缴纳的两税税额为计征依据。

依法实际缴纳的两税税额，是指缴纳义务依照增值税、消费税相关法律法规和税收政策规定计算的应当缴纳的两税税额（不含因进口货物或境外单位和个人向境内销售劳务、服务、无形资产缴纳的两税税额），加上增值税免抵税额，扣除直接减免的两税税额和期末留抵退税退还的增值税税额后的金额。

直接减免的两税税额，是指依照增值税、消费税相关法律法规和税收政策规定，直接减征或免征的两税税额，不包括实行先征后返、先征后退、即征即退办法退还的两税税额。

4. 费率

教育费附加的费率为3%，地方教育附加的费率为2%。

5. 特别规定

（1）对海关进口的产品征收的两税，不征收教育费附加和地方教育附加。

（2）对由于减免两税而发生退税的，可以同时退还已征收的教育费附加和地方教育附加。但对出口产品退还两税的，不退还已征的教育费附加和地方教育附加。

（3）经中国人民银行依法决定撤销的金融机构及其分设于各地的分支机构（包括被依法撤销的商业银行、信托投资公司、财务公司、金融租赁公司、城市信用社和农村信用社），用其财产清偿债务时，免征被撤销金融机构转让货物、不动产、无形资产、有价证券、票据等应缴纳的教育费附加。

（4）自2016年2月1日起，对月销售额或营业额不超过10万元（按季度纳税的季度销售额或营业额不超过30万元）的两税纳税人免征教育费附加和地方教育附加。

（5）对实行增值税期末留抵退税的纳税人，允许其从教育费附加和地方教育附加的计税（征）依据中扣除退还的增值税税额。

（6）2023年1月1日至2027年12月31日，对增值税小规模纳税人、小型微利企业和个体工商户减半征收资源税（不含水资源税）、城市维护建设税、房产税、城镇土地使用税、印花税（不含证券交易印花税）、耕地占用税和教育费附加、地方教育附加。已依法享受资源税、城市维护建设税、房产税、城镇土地使用税、印花税、耕地占用税、教育费附加、地方教育附加等其他优惠政策的，可叠加享受本条优惠政策。

（7）自2019年1月1日起，纳入产教融合型企业建设培育范围的试点企业，兴办职业教育的投资符合《财政部关于调整部分政府性基金有关政策的通知》（财税〔2019〕46号）规定的，可按投资额的30%比例，抵免该企业当年应缴教育费附加和地方教育附加。试点企业属于集团企业的，其下属成员单位（包括全资子公司、控股子公司）对职业教育有实际投入的，可按《财政部关于调整部分政府性基金有关政策的通知》（财税〔2019〕46号）规定抵免教育费附加和地方教育附加。

允许抵免的投资是指试点企业当年实际发生的，独立举办或参与举办职业教育的办学投资和办学经费支出，以及按照有关规定与职业院校稳定开展校企合作，对产教融合实训基地等国家规划布局的产教融合重大项目建设投资和基本运行费用的支出。

试点企业当年应缴教育费附加和地方教育附加不足抵免的，未抵免部分可在以后年度继续抵免。试点企业有撤回投资和转让股权等行为的，应当补缴已经抵免的教育费附加和地方教育附加。

（8）自2023年10月1日起，保障性住房项目免收各项行政事业性收费和政府性基金，包括防空地下室易地建设费、城市基础设施配套费、教育费附加和地方教育附加等。

【知识点2】文化事业建设费

1. 缴纳义务人

在中华人民共和国境内提供广告服务的广告媒介单位和户外广告经营单位以及提供娱乐服务的单位和个人，应按规定缴纳文化事业建设费。

2. 扣缴义务人

中华人民共和国境外的广告媒介单位和户外广告经营单位在境内提供广告服务，在境内未设有经营机构的，以广告服务接受方为文化事业建设费的扣缴义务人。

3. 应缴费额的计算

缴纳义务人应按照提供增值税应税服务取得的销售额和3%的费率计算应缴费额，并由主管税务机关在征收增值税时一并征收。计算公式为：

$$\text{应缴费额}=\text{计费销售额}\times 3\%$$

广告服务计费销售额，为缴纳义务人提供广告服务取得的全部含税价款和价外费用，减除支付给其他广告公司或广告发布者的含税广告发布费后的余额。缴纳义务人减除价款的，应当取得增值税专用发票或国家税务总局规定的其他合法有效凭证，否则不得减除。娱乐服务计费销售额，为缴纳义务人提供娱乐服务取得的全部含税价款和价外费用。

按规定扣缴文化事业建设费的，扣缴义务人应按下列公式计算应扣缴费额：

$$\text{应扣缴费额}=\text{接收方支付的含税价款}\times\text{费率}$$

4. 优惠政策

广告媒介单位和户外广告经营单位，符合增值税小规模纳税人中月销售额不超过2万元（按季纳税6万元）的企业和非企业性单位提供的应税服务，免征文化事业建设费。

娱乐业缴纳义务人按照《财政部 国家税务总局关于营业税改征增值税试点有关文化事业建设费政策及征收管理问题的通知》（财税〔2016〕25号）规定，对未达到增值税起征点的提供娱乐服务的单位和个人，免征文化事业建设费。

2019年7月1日至2024年12月31日，对归属中央收入的文化事业建设费，按照缴纳义务人应缴费额的50%减征；对归属地方收入的文化事业建设费，各省（区、市）财政、党委宣传部门可以结合当地经济发展水平、宣传思想文化事业发展等因素，在应缴费额50%的幅度内减征。

5. 征收管理

文化事业建设费的缴纳义务发生时间和缴纳地点，与缴纳义务人的增值税纳税义务发生时间和纳税地点相同。

缴纳义务人、扣缴义务人应在申报期内分别向主管税务机关报送一式两份《文化事业建设费申报表》《文化事业建设费代扣代缴报告表》。实行网上申报的纳税人，文化事业建设费的申报流程与增值税纳税申报相同。

缴纳义务人计算缴纳文化事业建设费时，允许从其提供相关应税服务所取得的全部含税价款和价外费用中扣除相关价款的，应根据取得扣除项目的合法有效凭证逐一填列《应税服务扣除项目清单》，作为申报表附列资料，向主管税务机关同时报送。

【知识点3】 废弃电器电子产品处理基金

废弃电器电子产品处理基金（以下简称基金）是国家为促进废弃电器电子产品回收处理而设立的政府性基金。基金的开征主要是为了充分调动回收企业和处理企业的积极性，逐步规范废弃电器电子产品的回收处理活动。

1. 缴纳义务人

中华人民共和国境内电器电子产品的生产者，为缴纳义务人，应当自2012年7月1日起按照《废弃电器电子产品处理基金征收管理规定》缴纳基金。电器电子产品生产者包括自主品牌生产企业和代工生产企业。

2. 征收范围

自2016年3月1日起，废弃电器电子产品，主要包括电冰箱、空气调节器、吸油烟机、洗衣机、电热水器、燃气热水器、打印机、复印机、传真机、电视机、监视器、微型计算机、移动通信手持机、电话单机14类产品。

对采用有利于资源综合利用和无害化处理的设计方案以及使用环保和便于回收利用材料生产的电器电子产品，可以减征基金的，按照国务院相关部门的具体规定执行。

缴纳义务人出口电器电子产品，免征基金。

3. 缴纳义务的发生时间

（1）缴纳义务人销售电器电子产品的，按不同的销售结算方式分别为：

采取赊销和分期收款结算方式的，为书面合同约定的收款日期的当天，书面合同没有约定收款日期或者无书面合同的，为发出电器电子产品的当天；采取预收货款结算方式的，为发出电器电子产品的当天；采取托收承付和委托银行收款方式的，为发出电器电子产品并办妥托收手续的当天；采取其他结算方式的，为收讫销售款或者取得索取销售款凭据的当天。

（2）受托加工应征基金产品，缴纳义务人只收取加工费的，为委托方提货的当天。

（3）缴纳义务人将应征基金产品用于生产非应征基金产品、在建工程、管理部门、非生产机构、提供劳务、馈赠、赞助、集资、广告、样品、职工福利、奖励等方面的，为移送使用的当天。

（4）缴纳义务人以委托代销方式销售应征基金产品的，为收到代销单位的代销清单或者收到全部或者部分货款的当天。未收到代销清单及货款的，为发出应征基金产品满 180 天的当天。

4. 应缴费额的计算

缴纳义务人销售或受托加工生产相关电器电子产品，按照从量定额的办法计算应缴纳基金。计算公式为：

应缴纳基金 = 销售数量（受托加工数量）×征收标准

缴纳义务人购进或者收回委托加工电器电子产品已缴纳基金的，从应征基金产品销售数量中扣除；不足扣除部分，可留待下期继续扣除。

缴纳义务人受托加工生产应征基金产品的，不论原料和主要材料由何方提供，不论在财务上是否作销售处理，均由受托方缴纳基金。

缴纳义务人应当准确核算购进和委托加工收回的已缴纳基金的电器电子产品数量，不能准确核算的，按实际销售数量征收基金。

5. 征收管理

缴纳义务人应当自季度终了之日起 15 日内申报缴纳基金，报送《废弃电器电子产品处理基金申报表》。

缴纳义务人应妥善保管基金缴款凭证、增值税专用发票及清单、海关进（出）口货物报关单、代理出口货物证明、委托代理出口协议、委托加工协议、退货证明及其他相关资料。

缴纳义务人应当自觉接受税务机关的监督检查，提供有关资料，如实反映情况，不得拒绝、隐瞒。

缴纳义务人违反基金征收管理规定的，税务机关比照税收违法行为予以行政处罚。

【知识点 4】 残疾人就业保障金

1. 缴纳义务人

用人单位安排残疾人就业达不到其所在地省、自治区、直辖市人民政府规定比例的，应当缴纳残疾人就业保障金（以下简称保障金）。

用人单位安排残疾人就业的比例不得低于本单位在职职工总数的 1.5%。具体比例由各省、自治区、直辖市人民政府根据本地区的实际情况规定。

用人单位将残疾人录用为在编人员或依法与就业年龄段内的残疾人签订1 年以上（含 1 年）劳动合同（服务协议），且实际支付的工资不低于当地最低工资标准，并足额缴纳社会保险费的，方可计入用人单位所安排的残疾人就业人数。

用人单位安排1名持有《中华人民共和国残疾人证》（1～2级）或《中华人民共和国残疾军人证》（1～3级）的人员就业的，按照安排2名残疾人就业计算。

2. 应缴费额计算

保障金按上年用人单位安排残疾人就业未达到规定比例的差额人数和本单位在职职工年平均工资之积计算缴纳。计算公式为：

保障金年缴纳额＝（上年用人单位在职职工人数×所在地省、自治区、直辖市人民政府规定的安排残疾人就业比例－上年用人单位实际安排的残疾人就业人数）×上年用人单位在职职工年平均工资

用人单位在职职工，是指用人单位在编人员或依法与用人单位签订1年以上（含1年）劳动合同（服务协议）的人员。季节性用工应当折算为年平均用工人数。以劳务派遣用工的，计入派遣单位在职职工人数。

用人单位安排残疾人就业未达到规定比例的差额人数，以公式计算结果为准，可以不是整数。

上年用人单位在职职工年平均工资，按用人单位上年在职职工工资总额除以用人单位在职职工人数计算。

3. 征收管理

保障金由用人单位所在地的税务机关负责征收。有关省、自治区、直辖市对保障金征收机关另有规定的，按其规定执行。

保障金征收机关应当定期向社会公布本地区用人单位缴纳保障金情况。保障金征收机关应当定期对用人单位进行检查，发现用人单位申报不实、少缴纳保障金的，征收机关应当催报并追缴保障金。

保障金征收机关征收保障金时，应当向用人单位开具省级财政部门统一印制的票据或税收票证。

保障金一般按月缴纳。用人单位应按规定时限向保障金征收机关申报缴纳保障金。在申报时，应提供本单位在职职工人数、实际安排残疾人就业人数、在职职工年平均工资等信息，并保证信息的真实性和完整性。

4. 减免规定

（1）自工商登记（现为市场主体登记）注册之日起3年内，对安排残疾人就业未达到规定比例、在职职工总数20人以下（含20人）的小微企业，免征保障金。

自2017年4月1日起，将保障金免征范围，由自工商注册登记之日起3年内，在职职工总数20人（含）以下的小微企业，调整为在职职工总数30人（含）以下的企业。调整免征范围后，工商注册登记未满3年、在职职工总数30人（含）以下的企业，可在剩余时期内按规定免征保障金。

（2）自2017年4月1日起，设置保障金征收标准上限。用人单位在职职工年平均

工资未超过当地社会平均工资（用人单位所在地统计部门公布的上年度城镇单位就业人员平均工资）3倍（含）的，按用人单位在职职工年平均工资计征保障金；超过当地社会平均工资3倍的，按当地社会平均工资3倍计征保障金。用人单位在职职工年平均工资的计算口径，按照国家统计局关于工资总额组成的有关规定执行。

自2018年4月1日起，将保障金征收标准上限，由当地社会平均工资的3倍降低至2倍。其中，用人单位在职职工平均工资未超过当地社会平均工资2倍（含）的，按用人单位在职职工年平均工资计征保障金；超过当地社会平均工资2倍的，按当地社会平均工资2倍计征保障金。

自2020年1月1日起，保障金征收标准上限，按照当地社会平均工资2倍执行。当地社会平均工资按照所在地城镇非私营单位就业人员平均工资和城镇私营单位就业人员平均工资加权计算。

用人单位依法以劳务派遣方式接受残疾人在本单位就业的，由派遣单位和接受单位通过签订协议的方式协商一致后，将残疾人数计入其中一方的实际安排残疾人就业人数和在职职工人数，不得重复计算。

2020年1月1日至2027年12月31日，对保障金实行分档减缴政策。其中：用人单位安排残疾人就业比例达到1%（含）以上，但未达到所在地省、自治区、直辖市人民政府规定比例的，按规定应缴费额的50%缴纳保障金；用人单位安排残疾人就业比例在1%以下的，按规定应缴费额的90%缴纳保障金。

2020年1月1日至2027年12月31日，在职职工人数在30人（含）以下的企业，暂免征收保障金。

（3）用人单位遇不可抗力自然灾害或其他突发事件遭受重大直接经济损失，可以申请减免或者缓缴保障金。具体办法由各省、自治区、直辖市财政部门规定。

用人单位申请减免保障金的最高限额不得超过1年的保障金应缴额，申请缓缴保障金的最长期限不得超过6个月。

批准减免或者缓缴保障金的用人单位名单，应当每年公告一次。公告内容应当包括批准机关、批准文号、批准减免或缓缴保障金的主要理由等。

【知识点5】 先行划转的财政部驻地方专员办征收的非税收入项目

自2019年1月1日起，原由财政部驻地方财政监察专员办事处负责征收的国家重大水利工程建设基金、农网还贷资金、可再生能源发展基金、中央水库移民扶持基金（含大中型水库移民后期扶持基金、三峡水库库区基金、跨省际大中型水库库区基金）、三峡电站水资源费、核电站乏燃料处理处置基金、免税商品特许经营费、油价调控风险准备金、核事故应急准备专项收入，以及国家留成油收入、石油特别收益金，划转至税务部门征收。

税务部门按照属地原则征收划转的非税收入，具体征收机关由国家税务总局各省、自治区、直辖市和计划单列市税务局按照“便民、高效”原则确定。三峡电站水资源费的中央分成和湖北省分成部分，由缴费人向湖北省税务部门申报缴纳；重庆市分成部分，由缴费人向重庆市税务部门申报缴纳。

国家重大水利工程建设基金、农网还贷资金、可再生能源发展基金、中央水库移民扶持基金（含大中型水库移民后期扶持基金、三峡水库库区基金、跨省际大中型水库库区基金）、三峡电站水资源费、核电站乏燃料处理处置基金、免税商品特许经营费、核事故应急准备专项收入和国家留成油收入等非税收入的申报，统一使用《非税收入通用申报表》，石油特别收益金使用《石油特别收益金申报表》，油价调控风险准备金使用《油价调控风险准备金申报表》。

缴费人采用自行申报方式办理非税收入申报缴纳等有关事项。相关电网企业按照现行规定进行代征，并向税务部门申报缴纳。符合非税收入减免政策的，缴费人自行申报享受，相关资料由缴费人留存备查，并对资料的真实性和合法性承担责任。

各项非税收入缴纳期限按现行规定执行。

自 2020 年 2 月 1 日起，地方政府及有关部门负责征收的国家重大水利工程建设基金，以及向企事业单位和个体经营者征收的水利建设基金，划转至税务部门征收。

所属期为 2019 年度的上述项目费款，收缴及汇算清缴工作继续由原执收（监缴）部门负责完成。所属期为 2020 年度的上述项目费款，自 2020 年 2 月 1 日起，由缴费人向税务部门申报缴纳。

【知识点 6】 2021 年起划转税务部门征收的非税收入

1. 由自然资源部门负责征收的国有土地使用权出让收入、矿产资源专项收入、海域使用金、无居民海岛使用金四项政府非税收入，全部划转给税务部门负责征收。自然资源部（本级）按照规定负责征收的矿产资源专项收入、海域使用金、无居民海岛使用金，同步划转税务部门征收。

先试点后推开。自 2021 年 7 月 1 日起，选择在河北、内蒙古、上海、浙江、安徽、青岛、云南省（自治区、直辖市、计划单列市）以省（区、市）为单位开展征管职责划转试点，探索完善征缴流程、职责分工等，为全面推开划转工作积累经验。暂未开展征管划转试点地区要积极做好四项政府非税收入征收划转准备工作，自 2022 年 1 月 1 日起全面实施征管划转工作。

2. 自 2021 年 7 月 1 日起，将自然资源部门负责征收的土地闲置费、住房城乡建设等部门负责征收的按行政事业性收费管理的城镇垃圾处理费划转至税务部门征收。征期在 2021 年 7 月 1 日以后（含）、所属期为 2021 年 7 月 1 日以前的上述收入，收缴及汇算清缴工作继续由原执收（监缴）单位负责。

3. 自 2021 年 1 月 1 日起，水土保持补偿费、地方水库移民扶持基金、排污权出让收入、防空地下室易地建设费划转至税务部门征收。征收范围、征收对象、征收标准等政策仍按现行规定执行。

税务部门按照属地原则征收上述非税收入项目，具体征收机关由国家税务总局各省、自治区、直辖市和计划单列市税务局按照“便民、高效”原则确定。

水土保持补偿费自 2021 年 1 月 1 日起，由缴费人向税务部门自行申报缴纳。按次缴纳的，应于项目开工前或建设活动开始前，缴纳水土保持补偿费。按期缴纳的，在期满之日起 15 日内申报缴纳水土保持补偿费。

地方水库移民扶持基金自 2021 年 2 月 1 日起，由缴费人按月向税务部门自行申报缴纳，申报缴纳期限按现行规定执行。

已征收排污权出让收入的地区自 2021 年 1 月 1 日起，由缴费人向税务部门自行申报缴纳。其他地区有关排污权出让收入的征管事项，待国务院相关部门确定深化排污权有偿使用和交易改革方案后，由税务总局另行明确。

防空地下室易地建设费自 2021 年 1 月 1 日起，由缴费人根据人防部门核定的收费金额向税务部门申报缴纳。

缴费人原则上使用《非税收入通用申报表》申报缴纳水土保持补偿费、地方水库移民扶持基金、排污权出让收入、防空地下室易地建设费。各地可与其他项目合并申报资料、简并申报流程。

4. 自 2023 年 1 月 1 日起，将森林植被恢复费、草原植被恢复费划转至税务部门征收。2023 年 1 月 1 日以前审核（批准）的相关用地申请、应于 2023 年 1 月 1 日（含）以后缴纳的上述收入，收缴工作继续由原执收（监缴）单位负责。划转以前和以后年度形成的欠缴收入由税务部门负责征缴入库。

【知识点 7】 税务部门罚没收入等政府非税收入

自 2019 年 1 月 1 日起，税务部门在税收征缴过程中收取或产生的相关罚没收入、利息收入和违约金收入，全额上缴中央国库。

相关罚没收入，是指税务部门收取的各项罚没收入，不包括随各税种税款加收的滞纳金和罚款；利息收入，是指税务代保管资金账户中资金产生的利息收入；违约金收入，是指因税务部门委托代征人未履行代征义务，税务部门按《委托代征协议书》约定向代征人收取的违约金。

税务部门收取的上述罚没收入缴库时填列政府收支分类科目一般公共预算收入“税务部门罚没收入”（103050107 目）科目；利息收入缴库时填列政府收支分类科目一般公共预算收入“其他利息收入”（103070599 目）科目；违约金收入缴库时填列政府收支分类科目一般公共预算收入“其他收入”（1039999 项）科目。

三 非税收入管理

【知识点1】 执收主体

非税收入执收主体由法律、法规、规章规定，法律、法规、规章没有规定执收主体的，由非税收入管理机构直接征收或依法委托相关单位征收。未经财政部门批准，不得改变非税收入执收主体。法律、法规对非税收入执收主体已有规定的，从其规定。

执收主体应当履行下列职责：

（1）公示非税收入征收依据和具体征收事项，包括项目、对象、范围、标准、期限和方式等；

（2）严格按照规定的非税收入项目、征收范围和征收标准进行征收，及时足额上缴非税收入，并对欠缴、少缴收入实施催缴；

（3）记录、汇总、核对并按规定向同级财政部门报送非税收入征缴情况；

（4）编报非税收入年度收入预算；

（5）执行非税收入管理的其他有关规定。

执收主体不得违规多征、提前征收或者减征、免征、缓征非税收入。

各级财政部门应当加强非税收入执收管理和监督，不得向执收主体下达非税收入指标。

【知识点2】 缴纳义务人

公民、法人或者其他组织（以下称缴纳义务人）应当按规定履行非税收入缴纳义务。

对违规设立非税收入项目、扩大征收范围、提高征收标准的，缴纳义务人有权拒绝缴纳并向有关部门举报。

缴纳义务人因特殊情况需要缓缴、减缴、免缴非税收入的，应当向执收单位提出书面申请，并由执收单位报有关部门按照规定审批。

【知识点3】 非税收入的票据管理

非税收入的票据管理的内容包括印制、领取、发放、使用、保管、核销、销毁、监督检查等内容。

各级财政部门应当通过加强非税收入票据管理，来规范执收单位的征收行为，从源头上杜绝乱收费，并确保依法合规的非税收入及时足额上缴国库。

【知识点4】 非税收入的征缴管理

1. 非税收入收缴的电子化管理

各级财政部门应当加快推进非税收入收缴电子化管理，逐步降低征收成本，提高收缴水平和效率。

2. 非税收入的资金管理

非税收入的资金管理包括收缴、存储、退付、清算、核算等内容。

（1）非税收入收缴实行国库集中收缴制度。

（2）非税收入应当依照法律、法规规定或者按照管理权限确定的收入归属和缴库要求，缴入相应级次国库。

（3）非税收入的预算管理。根据非税收入不同性质，分别纳入一般公共预算、政府性基金预算和国有资本经营预算管理。

>>第八节 社会保险费

一 中国社会保险制度的建立、改革和发展

【知识点1】 早期中国关于社会保险制度的理念

早在1922年，党的二大宣言就提出设立工厂保险、保护失业工人等改良工人待遇的主张。这是中国共产党有关社会保障主张的第一次宣示。同年8月，党领导的劳动组合书记部颁布《劳动法案大纲》，提出“一切保险事业规章之订立，均应使劳动者参加之，俾可保障政府、公共及私人企业或机关中劳动者所受之损失；其保险费完全由雇主或国家分担之，不得使被保险者担负”，阐述了劳动保险制度的建立程序及筹资原则。同时还提出“对于需要体力之女子劳动者，产前产后均予以八星期之休假，其他女工，应予五星期之休假；休假中工资照给”。这是中国共产党最早的有关生育保险的主张。

1923年，党的三大通过的党纲，要求“制定强迫的劳工保险法（灾病死伤的抚恤等），工人有参与办理保险事项之权”，从呼吁立法角度进一步发展了党的社会保障主张。1925年，党领导召开的第二次全国劳动大会通过《经济斗争的决议案》，提出“应实行社会保险制度，使工人于工作伤亡时，能得到赔偿；于疾病失业年老时，能得

到救济”，首次使用“社会保险”概念，并涵盖工伤、疾病、失业、养老各方面。1926年，第三次全国劳动大会通过《劳动法案大纲决议案》，要求“国家应设立劳动保险。保险费由雇主或国库支出”。1927年5月，面对“四一二”反革命政变后的严峻形势，党的五大所作的《政治形势与党的任务决议案》提出，为实现工人在革命中的领导权，应当为工人力争包括救济失业并为失业者觅得工作、劳动保险及恤老金等要求。1929年，第五次全国劳动大会通过的《中华全国工人斗争纲领》，提出“工人或个人家属发生疾病伤害，应由资本家给以医药费，听其自由医愈为度；病假期间不得扣工资”。

中华苏维埃时期颁布的《中华苏维埃共和国宪法大纲》，明确创立社会保险制度与国家的失业津贴。1931年12月颁布的《中华苏维埃共和国劳动法》，其中第十章第3条15款专门规定社会保险，涵盖免费的医药帮助、暂时失去工作能力者的津贴、失业津贴、残废老弱抚恤金、丧葬津贴、工人家属贫困补助等项目，采取雇主按应付工资一定比例（10%～15%）提缴、建立社会保险基金的方式，由职工会选举的社保委员会管理，并受劳动部监督。这勾勒出革命政权控制区域社会保障的框架雏形。1933年修订公布的《中华苏维埃共和国劳动法》，鉴于原规定雇主提缴比例过高，改为更有弹性的5%～20%。

抗日战争时期，在救亡图存的总目标下，共产党主动调整了社会保障工作的重点，在边区突出了拥军优属和灾荒救济，形成了早期的优抚制度和救灾政策。同时，鉴于边区地处农村，本来就没有成规模的工商业，因而不再施行当年苏区制定的社会保险法规，转而强调“改良工人生活”与“使资本家有利可图”相结合的方针。

解放战争时期，共产党继续以拥军优属和救灾救济为重点。1946年，《和平建国纲领》提出举办失业工人及残疾保险；合理提高各级学校教师之待遇及其养老年金。1948年8月，第六次全国劳动大会通过了《关于中国职工运动当前任务的决议》，提出要系统地解决工时、工资、劳动保护和福利事业等问题。

【知识点2】 社会保险制度的建立

1949年，中国人民政治协商会议第一届全体会议通过了具有临时宪法性质的《中国人民政治协商会议共同纲领》，第32条规定“逐步实行劳动保险制度”。按照《中国人民政治协商会议共同纲领》的要求，政务院于1951年颁布《中华人民共和国劳动保险条例》，条例从当年3月1日起生效，企业行政方面或资方自此缴纳劳动保险金，而工人职员从5月1日起领取条例规定的劳动保险待遇。实行劳动保险各企业的行政方面或资方应协同工会组织向当地劳动行政机关申请实行劳动保险登记。经过近两年的实践，1953年，政务院通过并公布了条例的若干修正决定，主要是扩大了实施范围和适当提高待遇水平。

1985年，《中共中央关于制定国民经济和社会发展第七个五年计划的建议》明确，社会保障工作要坚持社会化管理与单位管理相结合，以社会化管理为主的改革方向。1986 年，全国人大审议通过《国民经济和社会发展第七个五年计划》，提出“七五”期间，要有步骤地建立起具有中国特色的社会主义社会保障制度雏形。建立健全社会保险制度，进一步发展社会福利事业，继续做好优抚、救济工作。

1990 年，《中共中央关于制定国民经济和社会发展十年规划和“八五”计划的建议》明确，建立健全养老保险和待业保险制度，逐步完善社会保障体系。按照国家、集体和个人共同合理负担的原则，在城镇各类职工中逐步建立社会养老保险制度，扩大待业保险的范围，实行多层次的社会保险。在农村采取积极引导的方针，逐步建立不同形式的老年保障制度。同时，要改革医疗保障和工伤保险制度。

1992 年，党的十四大报告提出深化分配制度和社会保障制度的改革。统筹兼顾国家、集体、个人三者利益，理顺国家与企业、中央与地方的分配关系，逐步实行利税分流和分税制。积极建立待业、养老、医疗等社会保障制度。

1993—2002 年的十年间，社会保障制度改革和体系建设的重大举措频出，力度明显加大，出台了以劳动法为代表的多部重要法律法规，在全国层面组织了医保“两江”试点、养老保险统账结合模式探索、“两个确保”（确保企业离退休人员基本养老金按时足额发放、确保国有企业下岗职工基本生活费按时足额发放）等一系列重大社会实践活动，在全国范围内统一建立了企业职工基本养老保险、职工基本医疗保险、失业保险等制度，社会保障体系建设在经济社会发展全局中的分量愈益加重。

【知识点 3】 中国社会保险制度的改革和发展

1956 年，党的八大提出扩大劳动保险的实施范围，改进劳动保险制度。20 世纪 60 年代初，已经实行劳动保险条例的工业企业，不论新老职工，都统一享受劳动保险条例所规定的待遇。

“文化大革命”期间，管理社会保障事业的各类机构或被撤销，或名存实亡。依法受权管理劳动保险实施工作的工会组织全面停止工作。这一时期，唯有农村合作医疗逆势而兴，到 1977 年底，全国 90% 的生产大队实行了合作医疗，农村人口覆盖率达 80% 以上。

1978 年，国务院颁布了《关于安置老弱病残干部的暂行办法》《关于工人退休、退职的暂行办法》两个法规性文件，成为新中国社会保障发展史上一座具有标志性意义的界碑，对于保障广大干部职工离退休、退职后的基本生活，解除其后顾之忧，维护大变革时期的社会安定，起到了积极作用。

1993 年，党的十四届三中全会提出，社会保障体系包括社会保险、社会救济、社会福利、优抚安置和社会互助、个人储蓄积累保障。提倡社会互助。发展商业性保险业，作为社会保险的补充。按照社会保障的不同类型确定其资金来源和保障方式。重点完善企业养老和失业保险制度，强化社会服务功能以减轻企业负担，促进企业组织结构调整，提高企业经济效益和竞争能力。城镇职工养老和医疗保险金由单位和个人共同负担，实行社会统筹和个人账户相结合。进一步健全失业保险制度，保险费由企业按职工工资总额一定比例统一筹交。普遍建立企业工伤保险制度。农民养老以家庭保障为主，与社区扶持相结合。有条件的地方，根据农民自愿，也可以实行个人储蓄积累养老保险。发展和完善农村合作医疗制度。

1995 年，党的十四届五中全会提出，合理调节社会分配关系，建立健全社会保障体系。这是在市场经济条件下维护社会稳定的重要措施。“九五”计划期间，要加快养老、失业和医疗保险制度改革，初步形成社会保险、社会救济、社会福利、优抚安置和社会互助、个人储蓄积累保障相结合的多层次的社会保障制度。

1997 年，党的十五大报告提出，建立社会保障体系，实行社会统筹和个人账户相结合的养老、医疗保险制度，完善失业保险和社会救济制度，提供最基本的社会保障。

1999 年，党的十五届四中全会提出，要依法扩大养老、失业、医疗等社会保险的覆盖范围，城镇国有、集体、外商投资、私营等各类企业及其职工都要参加社会保险，缴纳社会保险费。强化社会保险费的征缴，提高收缴率，清理追缴企业拖欠的社会保险费，确保养老金的按时足额支付。进一步完善基本养老保险省级统筹制度，增强基金调剂能力。

2000 年，党的十五届五中全会提出，要加快形成独立于企业事业单位之外、资金来源多元化、保障制度规范化、管理服务社会化的社会保障体系。坚持社会统筹与个人账户相结合的职工基本养老保险制度。推进城镇职工基本医疗保险制度和医药卫生体制改革。进一步完善失业保险制度，在试点的基础上逐步把国有企业下岗职工基本生活保障纳入失业保险。

2002 年，党的十六大报告提出，建立健全同经济发展水平相适应的社会保障体系，是社会稳定和国家长治久安的重要保证。坚持社会统筹和个人账户相结合，完善城镇职工基本养老保险制度和基本医疗保险制度。健全失业保险制度和城市居民最低生活保障制度。多渠道筹集和积累社会保障基金。各地要根据实际情况合理确定社会保障的标准和水平。有条件的地方，探索建立农村养老、医疗保险和最低生活保障制度。

2003 年，党的十六届三中全会提出，加快建设与经济发展水平相适应的社会保障体系。完善企业职工基本养老保险制度，坚持社会统筹与个人账户相结合，逐步做实个人账户。将城镇从业人员纳入基本养老保险。建立健全省级养老保险调剂基金，在完善市级统筹基础上，逐步实行省级统筹，条件具备时实行基本养老金的基础部分全国统筹。健全失业保险制度，实现国有企业下岗职工基本生活保障向失业保险并轨。继续完善城镇职工基本医疗保险制度、医疗卫生和药品生产流通体制的同步改革，扩大基本医疗保险覆盖面，健全社会医疗救助和多层次的医疗保障体系。继续推行职工工伤和生育保险。积极探索机关和事业单位社会保障制度改革。鼓励有条件的企业建立补充保险，积极发展商业养老、医疗保险。

2005年，党的十六届五中全会提出，加快完善社会保障体系。建立健全与经济发展水平相适应的社会保障体系，合理确定保障标准和方式。完善城镇职工基本养老和基本医疗、失业、工伤、生育保险制度。增加财政的社会保障投入，多渠道筹措社会保障基金，逐步做实个人账户。逐步提高基本养老保险社会统筹层次，增强统筹调剂的能力。发展企业补充保险和商业保险。推进机关事业单位养老保险制度改革。

2006年，党的十六届六中全会提出，完善社会保障制度，保障群众基本生活。适应人口老龄化、城镇化、就业方式多样化，逐步建立社会保险、社会救助、社会福利、慈善事业相衔接的覆盖城乡居民的社会保障体系。多渠道筹集社会保障基金，加强基金监管，保证社会保险基金保值增值。完善企业职工基本养老保险制度，强化保险基金统筹部分征缴，逐步做实个人账户，积极推进省级统筹，条件具备时实行基本养老金基础部分全国统筹。加快机关事业单位养老保险制度改革。加快推进新型农村合作医疗。加快建立适应进城务工人员特点的社会保障制度。

2007年，党的十七大报告提出，加快建立覆盖城乡居民的社会保障体系，保障人民基本生活。社会保障是社会安定的重要保证。要以社会保险、社会救助、社会福利为基础，以基本养老、基本医疗、最低生活保障制度为重点，以慈善事业、商业保险为补充，加快完善社会保障体系。促进企业、机关、事业单位基本养老保险制度改革，探索建立农村养老保险制度。全面推进城镇职工基本医疗保险、城镇居民基本医疗保险、新型农村合作医疗制度建设。完善失业、工伤、生育保险制度。提高统筹层次，制定全国统一的社会保险关系转续办法。

2008年，党的十七届三中全会提出，健全农村社会保障体系。贯彻广覆盖、保基本、多层次、可持续原则，加快健全农村社会保障体系。按照个人缴费、集体补助、政府补贴相结合的要求，建立新型农村社会养老保险制度。创造条件探索城乡养老保险制度有效衔接办法。做好被征地农民社会保障，做到先保后征，使被征地农民基本生活长期有保障。

2010年，党的十七届五中全会提出，坚持广覆盖、保基本、多层次、可持续方针，加快推进覆盖全民的社会保障体系建设。实现新型农村社会养老保险制度全覆盖，完善实施城镇职工和居民养老保险制度，实现基础养老金全国统筹。推动机关事业单位养老保险制度改革，进一步做实养老保险个人账户，实现跨省可接续。发展企业年金和职业年金。发挥商业保险补充性作用。

2012年，党的十八大报告提出，统筹推进城乡社会保障体系建设。要坚持全覆盖、保基本、多层次、可持续方针，以增强公平性、适应流动性、保证可持续性为重点，全面建成覆盖城乡居民的社会保障体系。改革和完善企业与机关事业单位社会保险制度，整合城乡居民基本养老保险和基本医疗保险制度，逐步做实养老保险个人账户，实现基础养老金全国统筹，建立兼顾各类人员的社会保障待遇确定机制和正常调整机制。扩大社会保障基金筹资渠道，建立社会保险基金投资运营制度，确保基金安全和保值增值。

2013 年，党的十八届三中全会提出，建立更加公平可持续的社会保障制度。坚持社会统筹和个人账户相结合的基本养老保险制度，完善个人账户制度，健全多缴多得激励机制，确保参保人权益，实现基础养老金全国统筹，坚持精算平衡原则。推进机关事业单位养老保险制度改革。整合城乡居民基本养老保险制度、基本医疗保险制度。推进城乡最低生活保障制度统筹发展。建立健全合理兼顾各类人员的社会保障待遇确定和正常调整机制。完善社会保险关系转移接续政策，扩大参保缴费覆盖面，适时适当降低社会保险费率。研究制定渐进式延迟退休年龄政策。加快健全社会保障管理体制和经办服务体系。

2016 年，《国民经济和社会发展第十三个五年规划》提出，坚持全民覆盖、保障适度、权责清晰、运行高效，稳步提高社会保障统筹层次和水平，建立健全更加公平、更可持续的社会保障制度。实施全民参保计划，基本实现法定人员全覆盖。坚持精算平衡，完善筹资机制，分清政府、企业、个人等的责任。适当降低社会保险费率。完善统账结合的城镇职工基本养老保险制度，构建包括职业年金、企业年金和商业保险的多层次养老保险体系，持续扩大覆盖面。实现职工基础养老金全国统筹。完善职工养老保险个人账户制度，健全参保缴费激励约束机制，建立基本养老金合理调整机制。推出税收递延型养老保险。更好发挥失业、工伤保险作用，增强费率确定的灵活性，优化调整适用范围。建立更加便捷的社会保险转移接续机制。划转部分国有资本充实社保基金，拓宽社会保险基金投资渠道，加强风险管理，提高投资回报率。大幅提升灵活就业人员、进城务工人员等群体参加社会保险比例。加强公共服务设施和信息化平台建设，实施社会保障卡工程，持卡人口覆盖率达到 90%。

2017 年，党的十九大报告提出加强社会保障体系建设。按照兜底线、织密网、建机制的要求，全面建成覆盖全民、城乡统筹、权责清晰、保障适度、可持续的多层次社会保障体系。全面实施全民参保计划。完善城镇职工基本养老保险和城乡居民基本养老保险制度，尽快实现养老保险全国统筹。完善统一的城乡居民基本医疗保险制度和大病保险制度。完善失业、工伤保险制度。建立全国统一的社会保险公共服务平台。

2018 年，《深化党和国家机构改革方案》明确，为降低征纳成本，理顺职责关系，提高征管效率，为纳税人提供更加优质高效便利服务，将省级和省级以下国税地税机构合并，具体承担所辖区域内各项税收、非税收入征管等职责。为提高社会保险资金征管效率，将基本养老保险费、基本医疗保险费、失业保险费等各项社保费交由税务部门统一征收。

2019 年，党的十九届四中全会提出，完善覆盖全民的社会保障体系，强化提高人民健康水平的制度保障。适当加强中央在知识产权保护、养老保险、跨区域生态环境保护等方面事权，减少并规范中央和地方共同事权。《中共中央关于坚持和完善中国特色社会主义制度 推进国家治理体系和治理能力现代化若干重大问题的决定》明确，完善覆盖全民的社会保障体系。坚持应保尽保原则，健全统筹城乡、可持续的基本养老保险制度、基本医疗保险制度，稳步提高保障水平。加快建立基本养老保险全国统筹制度。加快落实社保转移接续、异地就医结算制度，规范社保基金管理，发展商业保险。

2020 年，党的十九届五中全会提出，健全多层次社会保障体系。健全覆盖全民、统筹城乡、公平统一、可持续的多层次社会保障体系。推进社保转移接续，健全基本养老、基本医疗保险筹资和待遇调整机制。实现基本养老保险全国统筹，实施渐进式延迟法定退休年龄。发展多层次、多支柱养老保险体系。推动基本医疗保险、失业保险、工伤保险省级统筹，健全重大疾病医疗保险和救助制度，落实异地就医结算，稳步建立长期护理保险制度，积极发展商业医疗保险。健全灵活就业人员社保制度。健全退役军人工作体系和保障制度。完善全国统一的社会保险公共服务平台。

2021 年 2 月 26 日，中共中央政治局举行第二十八次集体学习，习近平总书记主持学习并发表重要讲话。习近平总书记强调，社会保障是保障和改善民生、维护社会公平、增进人民福祉的基本制度保障，是促进经济社会发展、实现广大人民群众共享改革发展成果的重要制度安排，是治国安邦的大问题。要加大再分配力度，强化互助共济功能，把更多人纳入社会保障体系，为广大人民群众提供更可靠、更充分的保障，不断满足人民群众多层次多样化需求，健全覆盖全民、统筹城乡、公平统一、可持续的多层次社会保障体系，进一步织密社会保障安全网，促进我国社会保障事业高质量发展、可持续发展。

2022 年 10 月，党的二十大报告提出，健全覆盖全民、统筹城乡、公平统一、安全规范、可持续的多层次社会保障体系。完善基本养老保险全国统筹制度，发展多层次、多支柱养老保险体系。实施渐进式延迟法定退休年龄。扩大社会保险覆盖面，健全基本养老、基本医疗保险筹资和待遇调整机制，推动基本医疗保险、失业保险、工伤保险省级统筹。促进多层次医疗保障有序衔接，完善大病保险和医疗救助制度，落实异地就医结算，建立长期护理保险制度，积极发展商业医疗保险。加快完善全国统一的社会保险公共服务平台。健全社保基金保值增值和安全监管体系。健全分层分类的社会救助体系。坚持男女平等基本国策，保障妇女儿童合法权益。完善残疾人社会保障制度和关爱服务体系，促进残疾人事业全面发展。

2023 年 9 月，国务院总理李强签署国务院令，公布《社会保险经办条例》。该条例自 2023 年 12 月 1 日起施行，共 7 章 63 条，主要规定以下内容：一是紧扣社会保险法，明确条例调整范围；二是明确经办机构职责，强化服务管理监督；三是减少证明材料，明确办理时限；四是完善管理制度，强化监督措施；五是明确法律责任，严惩违法犯罪行为。

2024 年 7 月，党的二十届三中全会提出，完善基本养老保险全国统筹制度，健全全国统一的社保公共服务平台。健全社保基金保值增值和安全监管体系。健全基本养老、基本医疗保险筹资和待遇合理调整机制，逐步提高城乡居民基本养老保险基础养老金。健全灵活就业人员、农民工、新就业形态人员社保制度，扩大失业、工伤、生育保险覆盖面，全面取消在就业地参保户籍限制，完善社保关系转移接续政策。加快发展多层次多支柱养老保险体系，扩大年金制度覆盖范围，推行个人养老金制度。发挥各类商业保险补充保障作用。推进基本医疗保险省级统筹，深化医保支付方式改革，完善大病保险和医疗救助制度，加强医保基金监管。健全社会救助体系。健全保障妇女儿童合法权益制度。完善残疾人社会保障制度和关爱服务体系。

二 社会保险费征缴

中华人民共和国境内的用人单位和个人依法缴纳社会保险费。

社会保险费可以分为基本保险费和补充保险费。

基本保险费主要包括基本养老保险费、基本医疗保险费、工伤保险费、失业保险费和生育保险费。

补充保险费主要包括补充养老保险费和补充医疗保险费。

补充保险是相对于基本保险而言的，不是通过国家立法强制实施的，而是由用人单位或个人自愿参加的非强制性保险，一般是在单位和职工参加统一的基本保险后，由单位或个人根据需求和可能原则，适当增加保险项目，来提高保险保障水平的一种补充性保险。

【知识点 1】 基本养老保险费的征缴

基本养老保险费用一般由国家、单位和个人三方或单位和个人双方共同负担，并实现广泛的社会互济。

参加基本养老保险的个人，达到法定退休年龄时累计缴费满 15 年的，按月领取基本养老金。

1. 基本养老保险费的征缴范围

职工应当参加基本养老保险，由用人单位和职工共同缴纳基本养老保险费。

基本养老保险费的征缴范围，包括国有企业、外商投资企业、城镇集体企业、城镇私营企业和其他城镇企业及其职工，实行企业化管理的事业单位及其职工。省、自治区、直辖市人民政府可以规定，将城镇个体工商户纳入基本养老保险范围。

无雇工的个体工商户、未在用人单位参加基本养老保险的非全日制从业人员以及其他灵活就业人员可以参加基本养老保险，由个人缴纳基本养老保险费。

2. 基本养老保险费的缴费基数和费率

用人单位缴纳基本养老保险费的基数可以为职工工资总额，也可以为本单位职工个人缴费工资基数之和。

自 2019 年 5 月 1 日起，降低城镇职工基本养老保险（包括企业和机关事业单位基本养老保险）单位缴费比例。各省、自治区、直辖市及新疆生产建设兵团养老保险单位缴费比例高于 16% 的，可降至 16%。

职工应当按照国家规定的本人工资的比例缴纳基本养老保险费，计入个人账户。职工缴纳基本养老保险费的比例为个人缴费工资的 8%。本人月平均工资低于当地职工月平均工资的 60% 的，按照当地职工月平均工资的 60% 作为缴费基数。本人月平均工资高于当地职工平均工资的 300% 的，按照当地职工的月平均工资的 300% 作为缴费基数。缴费基数每年确定一次，且一旦确定以后，一年内不再变动。

各省应以本省城镇非私营单位就业人员平均工资和城镇私营单位就业人员平均工资加权计算的全口径城镇单位就业人员平均工资，核定社保个人缴费基数上下限，合理降低部分参保人员和企业的社保缴费基数。

个体工商户和灵活就业人员参加企业职工基本养老保险，可以在本省全口径城镇单位就业人员平均工资的 60% ~300% 选择适当的缴费基数。

城乡居民养老保险基金由个人缴费、集体补助、政府补贴构成。个人缴费标准目前设为每年 100 元、200 元、300 元、400 元、500 元、600 元、700 元、800 元、900 元、1000 元、1500 元、2000 元 12 个档次，省（区、市）人民政府可以根据实际情况增设缴费档次，参保人自主选择档次缴费，多缴多得。有条件的村集体经济组织应当对参保人缴费给予补助。地方人民政府应当对参保人缴费给予补贴，对选择最低档次标准缴费的，补贴标准不低于每人每年 30 元；对选择较高档次标准缴费的，适当增加补贴金额；对选择 500 元及 500 元以上档次标准缴费的，补贴标准不低于每人每年 60 元，具体标准和办法由省（区、市）人民政府确定。对重度残疾人等缴费困难群体，地方人民政府为其代缴部分或全部最低标准的养老保险费。

【知识点 2】 基本医疗保险费的征缴

1. 基本医疗保险费的征缴范围

职工应当参加职工基本医疗保险，基本医疗保险费由用人单位和职工共同缴纳。

基本医疗保险费的征缴范围，包括国有企业、外商投资企业、城镇集体企业、城镇私营企业和其他城镇企业及其职工，国家机关及其工作人员，事业单位及其职工，社会团体及其专职人员，民办非企业单位及其职工。省、自治区、直辖市人民政府可以规定，将城镇个体工商户纳入基本医疗保险的范围。

无雇工的个体工商户、未在用人单位参加职工基本医疗保险的非全日制从业人员以及其他灵活就业人员可以参加职工基本医疗保险，由个人按照国家规定缴纳基本医疗保险费。

2. 基本医疗保险费的缴费基数和费率

用人单位缴纳基本医疗保险的基数为职工工资总额，个人缴费基数为本人工资。

用人单位缴费比例应控制在职工工资总额的6%左右，职工个人缴费比例一般为本人工资收入的2%。

随着经济发展，用人单位和职工缴费比例可作相应调整。

城乡居民基本医疗保险实行个人缴费和政府补贴相结合。

3. 城乡居民基本医疗保障工作

（1）继续提高城乡居民医保筹资标准。

居民医保人均财政补助标准达到每人每年不低于580元。同步提高居民医保个人缴费标准，达到每人每年320元。中央财政按规定对地方实行分档补助，对西部、中部地区分别按照80%、60%的比例进行补助，对东部地区各省分别按照一定比例进行补助。

（2）巩固完善城乡居民医保待遇。

要加强基本医保、大病保险和医疗救助三重保障制度衔接，充分发挥综合保障功能。进一步巩固稳定住院待遇保障水平，政策范围内基金支付比例稳定在70%左右，完善门诊慢性病、特殊疾病待遇保障和普通门诊统筹，做好待遇衔接。持续抓好高血压、糖尿病门诊用药保障政策落实，开展专项行动，各省（自治区、直辖市）统一组织示范城市活动。有条件的地区可探索将心脑血管等慢性病纳入慢病保障范围，发挥医保促进慢病早诊早治作用，提升健康管理水平。加快健全重大疾病医疗保险和救助制度，大病保险继续实施对特困人员、低保对象和返贫致贫人口倾斜支付政策，完善统一规范的医疗救助制度，根据实际合理确定救助待遇标准，夯实医疗救助托底保障功能。

要规范待遇享受等待期设置，对居民医保在集中参保期内参保的、在职工医保中断缴费3个月内参加居民医保的，以及新生儿、农村低收入人口等特殊群体，不设待遇享受等待期。

（3）巩固拓展医疗保障脱贫攻坚成果有效衔接乡村振兴战略。

要进一步巩固拓展医保脱贫成果，逐步实现由集中资源支持脱贫攻坚向统筹基本医保、大病保险、医疗救助三重制度常态化保障平稳过渡。严格落实“四不摘”要求，保持医疗保障主要帮扶政策总体稳定，分类落实好脱贫人口各项医疗保障待遇。要立足实际优化调整资助参保和医保扶贫倾斜帮扶政策，实事求是确定待遇标准，确保政策平稳衔接、制度可持续。过渡期内持续抓好过度保障治理，清理存量过度保障政策。

（4）加强医保支付管理。

要切实抓好《医疗机构医疗保障定点管理暂行办法》和《零售药店医疗保障定点管理暂行办法》的贯彻落实，进一步简化、优化医药机构医保定点工作，及时将符合条件的医药机构纳入医保定点范围。着力推进医保支付方式改革，30 个 DRG 付费试点城市和 71 个 DIP 试点城市要推动实际付费。积极探索点数法与统筹地区医保基金总额预算相结合，逐步使用区域医保基金总额控制代替具体医疗机构总额控制。完善与门诊共济保障相适应的付费机制。加强医保目录管理，严格落实《基本医疗保险用药管理暂行办法》，严格执行《国家基本医疗保险、工伤保险和生育保险药品目录（2020年）》，贯彻落实《国家医保局 国家卫生健康委关于建立完善国家医保谈判药品“双通道”管理机制的指导意见》（医保发〔2021〕28 号），健全谈判药品落地监测机制。完善基本医保医用耗材和医疗服务项目管理。

（5）加强药品耗材集中带量采购和价格管理。

要做好国家组织药品和医用耗材集中带量采购落地实施工作，落实好医保基金预付、支付标准协同、结余留用等配套政策，做好采购协议期满后的接续工作。贯彻落实《国务院办公厅关于推动药品集中带量采购工作常态化制度化开展的意见》（国办发〔2021〕2 号），统筹协调针对国家集采范围外、用量大、采购金额高的药品开展省级或省际联盟集中带量采购，进一步探索高值医用耗材的集中带量采购改革，扩大高值医用耗材集采范围。完善和规范省级医药集中采购平台交易规则。

要建立并实施医药价格和招采信用评价制度，对拒绝提交守信承诺的投标挂网企业采取约束措施，公布一批取得治理实效的典型案例，推动信用评价制度落地见效。国家医保局将进一步深化医疗服务价格改革试点，指导地方做好医疗服务价格动态调整工作，建立健全市场经济条件下政府管理药品价格的常态化机制。

（6）加强基金监督管理。

要切实抓好《医疗保障基金使用监督管理条例》的贯彻落实，做好宣传培训工作。加强基金监督检查，聚焦假病人、假病情、假票据等“三假”开展欺诈骗保专项整治。推动大数据应用，优化完善智能监控子系统功能，提高监管效能。加强综合监管，整合监管资源，充分发挥医保行政监管、经办稽核等作用和第三方专业力量。健全协同执法、一案多处工作机制。健全完善举报奖励机制，加大宣传曝光力度，营造维护基金安全的良好氛围。

巩固提升统筹层次，按照“制度政策统一、基金统收统支、管理服务一体”要求，全面做实基本医保市地级统筹，统一覆盖范围、缴费政策、待遇水平、基金管理、定点管理、支付管理、经办服务、信息系统。加强对地方提升统筹层次工作的指导，在夯实市地级统筹基础上，按照“分级管理、责任共担、统筹调剂、预算考核”的原则，积极稳妥推动基本医保省级统筹。推进医疗救助管理层次与基本医保统筹层次相协调。

结合新冠疫情影响，加强基金收支运行分析，开展基金使用绩效评价，完善收支预算管理，健全风险预警、评估、化解机制及预案。探索综合人口老龄化、慢性病等疾病谱变化、医疗支出水平增长等因素，开展基金支出预测分析。

（7）加强医保公共管理服务。

继续做好新冠肺炎患者医疗费用结算和跨省就医医保费用全国清算工作，及时结算新冠疫苗及接种费用。全面落实《全国医疗保障经办政务服务事项清单》，推动医保公共服务标准化规范化建设。推进医保经办标准化窗口和服务示范点建设。增强基层医疗保障公共服务能力，推进医疗保障公共服务纳入县乡村公共服务一体化建设，在医保经办力量配置不足的地区，可通过政府购买服务等方式，加强医疗保障经办力量。规范商业保险机构承办大病保险的管理服务。推进医保经办管理服务与网上政务服务平台等有效衔接，坚持传统服务方式与智能服务方式创新并行，提高线上服务适老化水平，优化线下服务模式，保障老年人、重度残疾人等特殊人群顺畅便捷办理业务。

完善新就业形态从业人员等灵活就业人员参保缴费方式。加强部门数据比对和动态维护，防止“漏保”“断保”，避免重复参保，优化参保缴费服务，压实乡镇街道参保征缴责任。坚持线上与线下结合，推进参保人员办理参保登记、申报缴费、查询信息、欠费提醒等“一次不用跑”。加快推进高频医保服务事项跨省通办。

优化普通门诊费用跨省直接结算服务，探索门诊慢性病、特殊疾病费用跨省直接结算实现路径。加快建设全国统一的医疗保障信息平台，优化完善运维服务管理体系、安全管理体系、制度规范以及平台功能。加强医保数据安全管理和信息共享，加快医保信息业务标准编码落地应用。

【知识点3】 失业保险费的征缴

1. 失业保险费的征缴范围

职工应当参加失业保险，由用人单位和职工按照国家规定共同缴纳失业保险费。

失业保险费的征缴范围，包括国有企业、外商投资企业、城镇集体企业、城镇私营企业和其他城镇企业及其职工，事业单位及其职工。省、自治区、直辖市人民政府可以规定，将社会团体及其专职人员，民办非企业单位及其职工，有雇工的城镇个体工商户及其雇工纳入失业保险的范围。

2. 失业保险费的缴费基数和费率

依据《失业保险条例》，城镇企业事业单位按照本单位工资总额的2%缴纳失业保险费，城镇企业事业单位职工按照本人工资的1%缴纳失业保险费。

城镇企业事业单位招用的农民合同制工人本人不缴纳失业保险费。

省、自治区、直辖市人民政府根据本行政区域失业人员数量和失业保险基金数额，报经国务院批准，可以适当调整本行政区域失业保险费的费率。

2015 年以来，国家先后多次降低或阶段性降低失业保险费率，现行失业保险总费率为 1%。2024 年 4 月，人力资源社会保障部、财政部、国家税务总局发布《关于延续实施失业保险援企稳岗政策的通知》（人社部发〔2024〕40 号），提出阶段性降低失业保险费率至 1% 的政策延续执行至 2025 年 12 月 31 日。

【知识点 4】 生育保险费的征缴

1. 生育保险费的征缴范围

职工应当参加生育保险，由用人单位按照国家规定缴纳生育保险费，职工个人不缴纳生育保险费。

省、自治区、直辖市人民政府根据本地实际情况，可以决定上述三项保险费的征缴范围适用于本行政区域内生育保险的征收、缴纳。

2. 生育保险费的缴费基数和费率

依据《企业职工生育保险试行办法》，生育保险费的缴费比例由当地人民政府根据计划内生育人数和生育津贴、生育医疗费等费用确定，并可根据费用支出情况适时调整，但最高不得超过工资总额的 1%。

企业缴纳的生育保险费作为期间费用处理，列入企业管理费用。

2019 年 3 月 6 日，国务院办公厅发布了《关于全面推进生育保险和职工基本医疗保险合并实施的意见》，提出 2019 年底前实现生育保险和职工基本医疗保险合并实施。

【知识点 5】 工伤保险费的征缴

1. 工伤保险费的征缴范围

职工应当参加工伤保险，由用人单位缴纳工伤保险费，职工个人不缴纳工伤保险费。

根据《工伤保险条例》的规定，工伤保险的征缴范围，包括中华人民共和国境内的企业、事业单位、社会团体、民办非企业单位、基金会、律师事务所、会计师事务所等组织和有雇工的个体工商户。

公务员和参照公务员法管理的事业单位、社会团体的工作人员因工作遭受事故伤害或者患职业病的，由所在单位支付费用。

2. 工伤保险费的缴费基数和费率

国家根据不同行业的工伤风险程度确定行业的差别费率，并根据工伤保险费使用、工伤发生率等情况在每个行业内确定若干费率档次。行业差别费率及行业内费率档次由国务院社会保险行政部门制定，报国务院批准后公布施行。

社会保险经办机构根据用人单位使用工伤保险基金、工伤发生率和所属行业费率档次等情况，确定用人单位缴费费率。

用人单位应当按照本单位职工工资总额，根据社会保险经办机构确定的费率缴纳工伤保险费。

2015 年以来，国家先后多次阶段性降低工伤保险费率。2015 年 6 月 24 日，国务院常务会议指出，适当降低社会保险费率，从当年 10 月 1 日起，将工伤保险平均费率由 1% 降至 0.75%。自 2016 年 5 月 1 日起，继续贯彻落实国务院 2015 年关于降低工伤保险平均费率 0.25 个百分点的决定和有关政策规定。自 2018 年 5 月 1 日起，在保持八类费率总体稳定的基础上，工伤保险基金累计结余可支付月数在 18（含）~23 个月的统筹地区，可以现行费率为基础下调 20%；累计结余可支付月数在 24 个月（含）以上的统筹地区，可以现行费率为基础下调 50%。自 2019 年 5 月 1 日起，多次延长阶段性降低工伤保险费率的期限至 2024 年底。

三 社会保险费管理

【知识点 1】 社会保险登记

缴费单位应当自成立之日起 30 日内向当地社会保险经办机构办理社会保险登记，参加社会保险。登记事项包括：单位名称、住所、经营地点、单位类型、法定代表人或者负责人、开户银行账号以及国务院劳动保障行政部门规定的其他事项。

企业在办理登记注册时，同步办理社会保险登记。

缴费单位的社会保险登记事项发生变更或者缴费单位依法终止的，应当自变更或者终止之日起 30 日内，到社会保险经办机构办理变更或者注销社会保险登记手续。

自愿参加社会保险的无雇工的个体工商户、未在用人单位参加社会保险的非全日制从业人员以及其他灵活就业人员，应当向社会保险经办机构申请办理社会保险登记。

社会保险登记证件不得伪造、变造。

国家建立全国统一的个人社会保障号码。个人社会保障号码为公民身份号码。

市场监督管理部门、民政部门和机构编制管理机关应当及时向社会保险经办机构通报用人单位的成立、终止情况，公安机关应当及时向社会保险经办机构通报个人的出生、死亡以及户口登记、迁移、注销等情况。

用人单位不办理社会保险登记的，由社会保险行政部门责令限期改正；逾期不改正的，对用人单位处应缴社会保险费数额 1 倍以上 3 倍以下的罚款，对其直接负责的主管人员和其他直接责任人员处 500 元以上 3000 元以下的罚款。

【知识点2】 社会保险费核定

社会保险经办机构负责社会保险缴费核定等工作。

缴费单位必须按月向社会保险经办机构申报应缴纳的社会保险费数额，经社会保险经办机构核定后，在规定的期限内缴纳社会保险费。

缴费单位不按规定申报应缴纳的社会保险费数额的，由社会保险经办机构暂按该单位上月缴费数额的110%确定应缴数额；没有上月缴费数额的，由社会保险经办机构暂按该单位的经营状况、职工人数等有关情况确定应缴数额。缴费单位补办申报手续并按核定数额缴纳社会保险费后，由社会保险经办机构按照规定结算。

【知识点3】 社会保险费费款申报

1. 按时自行申报

（1）用人单位应当自行申报缴纳社会保险费。

用人单位应当按照法律法规规定按月在规定的申报期限内将本单位应缴纳的社会保险费和职工应缴的社会保险费一并向税务部门申报缴纳。

申报事项包括：用人单位名称、组织机构代码、地址及联系方式；用人单位开户银行、户名及账号；用人单位的缴费险种、缴费基数、费率、缴费数额；职工名册及职工缴费情况；社会保险经办机构规定的其他事项。

在一个缴费年度内，用人单位初次申报后，其余月份可以只申报上述规定事项的变动情况；无变动的，可以不申报。

用人单位应当按照税务机关的规定填写社会保险费明细申报表，代职工进行社会保险费明细申报。代职工申报的事项包括：职工姓名、社会保障号码、用工类型、联系地址、代扣代缴明细等。用人单位代职工申报的缴费明细以及变动情况应当经职工本人签字认可，由用人单位留存备查。

用人单位办理社会保险缴费申报有困难的，经税务机关同意，可以邮寄申报。邮寄申报以寄出地的邮戳日期为实际申报日期。有条件的地区，用人单位也可以按照规定进行网上申报。

用人单位应当向税务机关如实申报各项具体所列申报事项。用人单位申报材料齐全、缴费基数和费率符合规定、填报数量关系一致的，社会保险经办机构核准后出具缴费通知单；用人单位申报材料不符合规定的，退用人单位补正。

社会保险经办机构或税务机关依法对用人单位进行稽核时，发现用人单位存在未足额申报缴纳的社会保险费，责令其限期对应补的社会保险费向税务机关申报缴纳。此种情况，允许单独申报单位应缴部分的社会保险费。

（2）灵活就业人员社会保险费日常申报。

以灵活就业人员身份参加社会保险费的缴费人按期向税务机关申报应缴社会保险费。灵活就业人员规定的申报期限可以按月、半年、全年。灵活就业人员可以自主选择不同档次的金额申报缴纳，各地档次金额可以根据当地情况进行设置。

（3）城乡居民社会保险费申报。

参加城乡居民社会保险的参保人或者代办单位向税务机关申报缴纳社会保险费。城乡居民社会保险费申报分为城乡居民养老保险费申报和城乡居民医疗保险费申报，正常均为一年缴纳一次。城乡居民养老保险申报可以自主选择不同档次的金额申报缴纳，各地档次金额可以根据当地情况进行设置。除了正常每年缴纳外，还允许到龄一次性补缴，补缴金额由人社部门核定后传递给税务部门征收。

2. 延期申报

用人单位因不可抗力，不能按期办理缴费申报的，可以延期申报；不可抗力情形消除后，应当立即向社会保险经办机构报告。社会保险经办机构应当查明事实，予以核准。

【知识点4】 社会保险费费款征收

1. 按时足额缴纳

用人单位应当按时足额缴纳社会保险费，非因不可抗力等法定事由不得缓缴、减免。职工应当缴纳的社会保险费由用人单位代扣代缴，用人单位应当按月将缴纳社会保险费的明细情况告知本人。

无雇工的个体工商户、未在用人单位参加社会保险的非全日制从业人员以及其他灵活就业人员，可以直接向税务机关缴纳社会保险费。

税务机关应当依法按时足额征收社会保险费，并将缴费情况定期告知用人单位和个人。社会保险费的费基、费率依照有关法律、行政法规和国务院的规定执行。

缴费单位和缴费个人应当以货币形式全额缴纳社会保险费。

社会保险费不得减免。

2. 未按时足额缴纳的处理

（1）责令其限期缴纳或者补足。

用人单位未按时足额缴纳社会保险费的，由税务机关责令其限期缴纳或者补足。

（2）申请划拨社会保险费。

用人单位逾期仍未缴纳或者补足社会保险费的，税务机关可以向银行和其他金融机构查询其存款账户；并可以申请县级以上有关行政部门作出划拨社会保险费的决定，书面通知其开户银行或者其他金融机构划拨社会保险费。

（3）提供担保与延期缴费。

用人单位账户余额少于应当缴纳的社会保险费的，税务机关可以要求该用人单位提供担保，签订延期缴费协议。

延期缴费协议期限最长不超过1年。

用人单位提供担保并签订延期缴费协议的，其职工在延缴期间按照规定享受社会保险待遇。用人单位按照社会保险法的规定，提供担保并与税务机关签订缓缴协议的，免收缓缴期间的滞纳金。

（4）申请人民法院强制执行。

用人单位未足额缴纳社会保险费且未提供担保的，税务机关可以申请人民法院扣押、查封、拍卖其价值相当于应当缴纳社会保险费的财产，以拍卖所得抵缴社会保险费。

（5）法律责任。

用人单位未按时足额缴纳社会保险费的，由税务机关责令限期缴纳或者补足，并自欠缴之日起，按日加收0.5‰的滞纳金；逾期仍不缴纳的，由有关行政部门处欠缴数额1倍以上3倍以下的罚款。

【知识点5】 阶段性缓缴企业社会保险费政策

1. 困难行业所属企业，可申请缓缴企业职工基本养老保险费、失业保险费、工伤保险费（以下简称三项社保费）单位缴费部分，其中养老保险费缓缴实施期限到2022年底，工伤保险费、失业保险费缓缴期限不超过1年。缓缴期间免收滞纳金。

餐饮、零售、旅游、民航、公路水路铁路运输5个特困行业；农副食品加工业，纺织业，纺织服装、服饰业，造纸和纸制品业，印刷和记录媒介复制业，医药制造业，化学纤维制造业，橡胶和塑料制品业，通用设备制造业，汽车制造业，铁路、船舶、航空航天和其他运输设备制造业，仪器仪表制造业，社会工作，广播、电视、电影和录音制作业，文化艺术业，体育，娱乐业17个困难行业。上述行业中以单位方式参加社会保险的有雇工的个体工商户以及其他单位，参照企业办法缓缴。

2. 受疫情影响严重地区生产经营出现暂时困难的所有中小微企业、以单位方式参保的个体工商户，可申请缓缴三项社保费单位缴费部分，缓缴实施期限到2022年底，期间免收滞纳金。参加企业职工基本养老保险的事业单位及社会团体、基金会、社会服务机构、律师事务所、会计师事务所等社会组织参照执行。

3. 以个人身份参加企业职工基本养老保险的个体工商户和各类灵活就业人员，2022年缴纳费款有困难的，可自愿暂缓缴费，2022年未缴费月度可于2023年底前进行补缴，缴费基数在2023年当地个人缴费基数上下限范围内自主选择，缴费年限累计计算。

4. 自2022年9月起，各省、自治区、直辖市及新疆生产建设兵团（以下统称地区）可根据本地区受疫情影响情况和社会保险基金状况，进一步扩大缓缴政策实施范围，覆盖本地区所有受疫情影响较大、生产经营困难的中小微企业、以单位方式参保的个体工商户、参加企业职工基本养老保险的事业单位及各类社会组织，使阶段性缓缴社会保险费政策惠及更多市场主体。

5. 阶段性缓缴社会保险费政策到期后，可允许企业在2023年底前采取分期或逐月等方式补缴缓缴的社会保险费。补缴期间免收滞纳金。

6. 各地社会保险经办机构在提供社保缴费查询、出具缴费证明时，对企业按照政策规定缓缴、补缴期间认定为正常缴费状态，不得作欠费处理。企业缓缴期间，要依法履行代扣代缴职工个人缴费义务。已依法代扣代缴的，职工个人缴费状态认定为正常缴费。同时，要主动配合当地相关部门，妥善处理与职工落户、购房、购车以及子女入学资格等政策的衔接问题。

第二章

深化税收征管改革

深化税收征管改革相关内容请参见本丛书《通用知识》分册第三章“主要税费及相关法律知识”第三节。

扫一扫，查看相关内容

第三章
税收征管操作规范基础事项与法律事项

>>知识架构

- **税收征管操作规范基础事项与法律事项**
  - 税（费）管理基础事项
    - 纳税人类型　18个知识点
    - 税务行政许可　3个知识点
    - 优惠核实确认　4个知识点
    - 税收核定　12个知识点
    - 退（抵）税（费）　6个知识点
    - 逾期及欠税　5个知识点
    - 税务代保管资金　3个知识点
    - 预约定价安排　2个知识点
    - 调查协查　4个知识点
    - 通知及送达　2个知识点
    - 外部信息采集交互　5个知识点
    - 凭证及证件　5个知识点
    - 征缴管理　5个知识点
  - 税收征管信息化
    - 智慧税务　见本丛书《通用知识》分册
    - 统一身份管理平台和税务网络可信身份体系　1个知识点
    - 自然人税收管理系统（ITS）　5个知识点
    - 电子税务局建设　3个知识点
  - 法律追责与救济事项
    - 违法处置　16个知识点
    - 税款追征　8个知识点
    - 行政救济　6个知识点
    - 相互协商程序　2个知识点

>> 第一节 税（费）管理基础事项

一 纳税人类型

【知识点1】 主管税务机关及科所分配

对首次纳入税务机关管理的纳税人、扣缴义务人、缴费人或税源管理项目（建筑工程项目、不动产项目等），或因经营地址发生变化需变更主管税务机关的，以及因税务机关管理范围调整而变更纳税人、扣缴义务人、缴费人的主管税务机关（科、所、分局）的，应由主管税务机关（科、所、分局）的上一级税务机关进行分配主管税务机关及科所分配。

【知识点2】 登记、注销

企业，企业在外地设立的分支机构和从事生产、经营的场所，个体工商户和从事生产、经营的事业单位，均应当按照《税收征管法》及《中华人民共和国税收征收管理法实施细则》（以下简称《税收征管法实施细则》）的规定办理税务登记。

自2022年3月1日起，个体工商户按照简易程序办理注销登记的，无需公示，由登记机关将个体工商户的注销登记申请推送至税务等有关部门，有关部门在10日内没有提出异议的，可以直接办理注销登记。

简易注销登记的适用范围拓展至未发生债权债务或已将债权债务清偿完结的市场主体（上市股份有限公司除外，下同）。市场主体在申请简易注销登记时，不应存在未结清清偿费用、职工工资、社会保险费用、法定补偿金、应缴纳税款（滞纳金、罚款）等债权债务。全体投资人书面承诺对上述情况的真实性承担法律责任。

营业执照和税务登记证“两证整合”改革实施后设立登记的个体工商户，向市场监管部门申请简易注销，符合下列条件之一的，可免于到税务机关办理清税证明：

（1）未办理过涉税事宜的；

（2）办理过涉税事宜但没有领用、没有申请代开过发票，且没有欠税和没有其他未办结事项的。

经人民法院裁定强制清算的市场主体，持人民法院终结强制清算程序的裁定向税务机关申请开具清税文书的，税务机关即时开具。

【知识点3】 税（费）种认定

税（费）种认定是指税务机关通过获取纳税人、扣缴义务人、缴费人或受托代征人等课征主体（以下统称纳税人）报告的身份信息、纳税人首次进行纳税（费）申报时提供的税种信息，以及税收征管工作中依法取得的其他相关信息，通过建立后台数据模型，对纳税人的认定有效期、申报期限、纳税（费）期限、税率或单位税额、预算分配比例等税（费）种征收属性进行自动化认定的工作。

按照还责还权于纳税人的管理理念，由纳税人根据自身生产经营范围和发生的应税行为，依法选择相应税（费）种申报缴纳税费。税务机关仅负责维护征收属性相关内容。

【知识点4】 出口退（免）税企业分类管理

税务机关应按照风险可控、“放管服”结合、利于遵从、便于办税的原则，对出口退（免）税企业（以下简称出口企业）进行分类管理。各省、自治区、直辖市、计划单列市税务局负责本地区出口企业分类管理的组织实施。具有出口退（免）税审批权限的税务局负责所辖出口企业管理类别的评定工作。出口企业管理类别分为一类、二类、三类、四类，分别适用不同的出口退税管理。

【知识点5】 增值税、消费税汇总纳税报告

固定业户应当向其机构所在地的主管税务机关申报纳税。总机构和分支机构不在同一县（市）的，应当分别向各自所在地的主管税务机关申报纳税；经国务院财政、税务主管部门或者其授权的财政、税务机关批准，可以由总机构汇总向总机构所在地的主管税务机关申报纳税。

【知识点6】 税务认定资格取消

税务机关对日常管理、检查中发现纳税人已不符合税务认定条件的，取消其已认定的税务认定资格。需要结清应纳税款、滞纳金、罚款，缴销发票及有关证件的，同时予以处理。

【知识点7】 涉税信息查询管理

纳税人可以通过网站、客户端软件、自助办税终端等渠道，经过有效身份认证和识别，自行查询税费缴纳情况、纳税信用评价结果、涉税事项办理进度等自身涉税信息。纳税人无法自行获取所需自身涉税信息，可以向税务机关提出书面申请，税务机关应当在本单位职责权限内予以受理。

各级税务机关应当采取有效措施，切实保障涉税信息查询安全可控。

【知识点8】 临时身份建立

对依法不需要办理税务登记、扣缴税款登记等主体登记的组织，在申请办理代开发票等涉税业务，或者税务机关依职权对其发起稽查、法制等涉税业务时，以及对于应办未办理税务登记、扣缴税款登记等主体登记的组织，税务机关依职权对其发起稽查、法制等涉税业务时，可以使用组织临时登记建立临时税收档案。从事生产、经营的个人应办而未办营业执照，但发生纳税义务的，可以按规定申请办理临时税务登记。

为满足税务机关内部涉税（费）事项办理需要，如征收部门填制汇总缴款书，进行社会保险费上划和解缴；发票管理部门进行发票缴销、印制等，赋予相关征收部门临时身份，便于对现金汇总以及社会保险费汇集等业务处理。

【知识点9】 社会保险参保缴费信息关联管理

税务机关依据社会保险经办机构传递的单位、个人参保缴费信息、工程项目参保缴费登记信息，与税务机关征缴系统的数据信息进行参保缴费信息关联，建立对照关系，确认缴费单位、缴费个人的社会保险参保缴费信息的管理活动，是社会保险费征管的首要环节，是缴费单位纳入税务机关管理的标志。社会保险参保缴费信息关联管理包括用人单位（城乡居民虚拟户）参保缴费信息关联、灵活就业人员参保缴费信息关联、职工个人参保缴费信息关联、城乡居民参保缴费信息关联、建安项目工伤保险参保缴费信息关联等。

社会保险参保缴费信息关联变更是对已建立社会保险参保缴费信息关联后，缴费人参保信息发生变化需要同步更新征收系统关联信息时发生的业务。

社会保险参保缴费信息关联注销是对已建立社保参保缴费信息关联后，缴费人已在社保经办机构办理参保登记注销，需要在征收系统进行同步注销而设置的。

【知识点10】 扣缴义务人指定

对非居民企业在中国境内取得工程作业和劳务所得应缴纳的所得税，税务机关可以指定工程价款或者劳务费的支付人为扣缴义务人。

税务人员根据《企业所得税法》第三十八条规定的可以指定扣缴义务人的情形，以及境内机构和个人向非居民发包工程作业或劳务项目时向税务机关报送的《境内机构和个人发包工程作业或劳务项目报告表》及非居民企业申报纳税证明资料或其他信息，制作《非居民企业承包工程作业和提供劳务企业所得税扣缴义务通知书》送达被指定方，并告知扣缴义务人所扣税款的计算依据、计算方法、扣缴期限和扣缴方式。

【知识点11】 委托代征管理

委托代征，是指税务机关根据《税收征管法实施细则》中有利于税收控管和方便纳税的要求，按照双方自愿、简便征收、强化管理、依法委托的原则和国家有关规定，委托有关单位和人员代征零星、分散和异地缴纳的税收的行为。委托代征管理主要包括：委托协议签订、委托协议终止、委托协议公告。

1.《委托代征协议书》有效期最长不得超过3年。有效期满需要继续委托代征的，应当重新签订《委托代征协议书》。

税务机关可以与代征人签订代开发票书面协议并委托代征人代开普通发票。代开发票书面协议的主要内容应当包括代开的普通发票种类、对象、内容和相关责任。代开发票书面协议由各省、自治区、直辖市和计划单列市自行制定。

2. 有下列情形之一的，税务机关可以向代征人发出《终止委托代征协议通知书》，提前终止委托代征协议：

（1）因国家税收法律、行政法规、规章等规定发生重大变化，需要终止协议的；

（2）税务机关被撤销主体资格的；

（3）因代征人发生合并、分立、解散、破产、撤销或者因不可抗力发生等情形，需要终止协议的；

（4）代征人有弄虚作假、故意不履行义务、严重违反税收法律法规的行为，或者有其他严重违反协议的行为；

（5）税务机关认为需要终止协议的其他情形。

3.《签订委托代征协议公告》或《终止委托代征协议公告》需要在广播、电视、报纸、期刊、网络等新闻媒体或者代征范围内纳税人相对集中的场所进行公告。

【知识点12】 企业集团及其成员单位信息采集

将企业集团及其成员单位认定纳入日常管理范围，由企业集团及其成员单位所属地税务部门按照税务登记的有关规定对企业集团及其成员单位进行标识认定。

企业集团名单最初由国家税务总局提供给企业集团所在地税务机关，企业集团所在地税务机关要求所辖企业集团提供成员单位名单并集中认定，此后，企业集团及其成员单位的认定纳入日常管理范围。企业集团及其成员单位新办税务登记时应对企业集团成员资格进行标识认定，企业集团成员单位名单有变更时，企业集团应向所在地税务机关报送变更成员单位名单，通过与原名单比对，分别由企业集团及其成员单位所在地税务机关对新增成员单位录入上级集团情况并对成员打标识，对减少的成员单位去除其成员单位标识及删除上级集团情况。

企业集团及其成员单位认定标识分为三类：

（1）集团母公司（核心企业）；

（2）集团母公司（集团总部）仅有相应集团的管理职能，却没有实际经营业务的集团总部机构；

（3）集团成员公司。

【知识点 13】 税收调查企业认定

税收调查企业认定，是指税务机关按照财政部、国家税务总局统一下发的调查企业名单相关规定，对本年度需要进行税收调查的纳税人进行标识认定的工作。

全国税收调查的对象由重点调查企业和抽样调查企业组成，均为独立缴纳增值税的企业。其中，重点调查由财政部和国家税务总局根据税制改革、政策调整和税收管理的需要确定，主要包括各地重点税源监控企业、加工贸易企业等。抽样调查在总结往年经验的基础上，综合考虑税收分析研究需要、数据可获取性及代表性、全国调查能力及省级平衡等主、客观因素，采用科学的抽样方法实施。

【知识点 14】 重点税源纳税人认定

税务机关为了做好信息管税、税源专业化管理和税收收入质量管理工作，通过对所管辖的达到重点税源标准的纳税人进行标识认定而将其纳入监测范围。

为确保重点税源的连续性，除非连续 3 年未达到标准和停止经营的纳税人，已纳入重点税源的纳税人均应持续纳入监测。各级税务机关可以根据本地工作需要，逐级扩大重点税源监测范围。纳入监测的重点税源纳税人需完整填报重点税源报表各项指标，逐月上报税务总局。

纳入重点税源监测的纳税人一般每年认定一次，由主管税务机关根据本年标准和上年实际纳税情况进行认定，在上报 1 月重点税源报表数据前完成最终的确认工作。

对纳入重点税源监测的纳税人在单户纳税人每年 2 月通过“重点税源数据采集”流程填报所属期为 1 月重点税源报表数据前，各级税务机关可以进行名单的监测级次调整和增加、删除，即省级税务机关可以调整监测级次和增加、删除所有层级名单，市、县级税务机关可以调整本级及下级监测级次和增加、删除本级及下级监测企业名单。已经推送给下级机关的不可改数据。

【知识点 15】 退（免）税需实行特定管理企业确认

退（免）税需实行特定管理企业确认事项，是指税务机关对发生规定情形的企业实施特定管理的事项，包括退（免）税需提供收汇资料企业确认、出口适用增值税免税政策企业确认。

1. 退（免）税需提供收汇资料企业确认：主管税务机关发现出口企业按照规定需

要在申报退（免）税时提供收汇资料的，应发起本事项并告知其在申报退（免）税时，对已收汇的出口货物需提供出口收汇资料。

2. 出口适用增值税适用免税政策企业确认：主管税务机关对出口企业存在需将出口适用增值税退（免）税政策改为适用免税政策情形的，应发起本事项并告知出口企业实行出口免税管理。本事项不包含非出口企业放弃出口适用增值税退（免）税政策情形。

【知识点16】 境外注册中资控股居民企业认定

境外注册中资控股居民企业资格的认定采用企业自行判定提请税务机关认定和税务机关调查发现予以认定两种形式。主要包含境外注册中资控股企业居民身份认定申请、境外注册中资控股企业居民身份认定两个事项。

1. 境外注册中资控股企业居民身份认定申请：

（1）符合居民企业认定条件的境外中资企业，须向其中国境内主要投资者登记注册地主管税务机关提出居民企业认定申请，主管税务机关对其居民企业身份进行初步判定后，逐级报省级税务机关确认。经省级税务机关确认后抄送其境内其他投资地相关省税务机关。

（2）境外中资企业同时符合以下条件的，应判定其为实际管理机构在中国境内的居民企业（以下称非境内注册居民企业），并实施相应的税收管理，就其来源于中国境内、境外的所得征收企业所得税。

①企业负责实施日常生产经营管理运作的高层管理人员及其高层管理部门履行职责的场所主要位于中国境内；

②企业的财务决策（如借款、放款、融资、财务风险管理等）和人事决策（如任命、解聘和薪酬等）由位于中国境内的机构或人员决定，或需要得到位于中国境内的机构或人员批准；

③企业的主要财产、会计账簿、公司印章、董事会和股东会议纪要档案等位于或存放于中国境内；

④企业1/2（含1/2）以上有投票权的董事或高层管理人员经常居住于中国境内。

（3）对于实际管理机构的判断，应当遵循实质重于形式的原则。境外中资企业应当根据生产经营和管理的实际情况，自行判定实际管理机构是否设立在中国境内。

（4）所称主管税务机关是指境外注册中资控股居民企业中国境内主要投资者登记注册地主管税务机关。

2. 境外注册中资控股企业居民身份认定：境外中资企业居民身份的认定，采用企业自行判定提请税务机关认定和税务机关调查发现予以认定两种形式，本事项适用于税务机关调查发现予以认定。境外中资企业未提出居民企业申请的，其中国主要投资者的主管税务机关可以根据所掌握的情况对其是否属于中国居民企业作出初步判定，层报国家税务总局确认。

【知识点17】 自然人并档管理

自然人税收档案管理是基于身份证件的唯一性来保证档案的唯一性，由于现实情况的复杂性，同一自然人可能存在同时使用多个身份证件的情况（如自然人报送了错误的身份证件、中国大陆居民同时使用居民身份证和其他身份证件，外籍人员同时持有多种证件或先后持有不同号码的护照），不同的身份证件将使系统建立不同的税收档案，影响纳税人数据的归集和纳税记录打印的准确性。税务机关或纳税人发现同一纳税人存在多条档案的情况下，经纳税人核实确认后，税务机关可进行合并档案操作。

税务机关也可根据建立的风险指标、外部数据的比对等方法识别出同一自然人多个档案信息，经与纳税人核实确认后，可对税收档案进行关联合并。对于并档有误的自然人档案，税务机关或纳税人核实确认后，由原并档操作税务机关进行取消并档。

【知识点18】 股权转让电子台账信息采集

纳税人进行个人股权转让，依法完成申报纳税工作后，税务机关应当进行相关信息采集，建立股权转让个人所得税电子台账，将个人股东的相关信息录入征管信息系统，强化对每次股权转让间股权转让收入和股权原值的逻辑审核，对股权转让实施链条式动态管理。

二 税务行政许可

【知识点1】 税务行政许可清单

自2022年11月1日起，全面实行税务行政许可事项清单管理。

税务总局根据国务院审定的行政许可事项清单，发布全国统一实施的税务行政许可事项清单（以下简称清单），纳入全国行政许可管理系统管理。省及省以下税务机关一律不得在清单外实施税务行政许可。

2022年，税务总局根据《国务院办公厅关于全面实行行政许可事项清单管理的通知》（国办发〔2022〕2号）附件《法律、行政法规、国务院决定设定的行政许可事项清单（2022年版）》，发布《税务行政许可事项清单（2022年版）》，编列“增值税防伪税控系统最高开票限额审批”1项税务行政许可事项（见表3－1）。

《国家税务总局关于进一步简化税务行政许可事项办理程序的公告》（国家税务总局公告2019年第34号）发布的“对纳税人延期缴纳税款的核准”“对纳税人延期申报的核准”“对纳税人变更纳税定额的核准”“对采取实际利润额预缴以外的其他企业所

得税预缴方式的核定”“企业印制发票审批”等5个事项不再作为行政许可事项管理，依照有关法律、行政法规规定实施。

表3－1　　税务行政许可事项清单（2022年版）

序号	中央主管部门	许可事项名称	子项	实施机关	审批层级	设定依据	许可条件	申请材料	监管主体
1	税务总局	增值税防伪税控系统最高开票限额审批	无	县级税务部门	县级	《国务院对确需保留的行政审批项目设定行政许可的决定》附件第236项：增值税防伪税控系统最高开票限额审批；实施机关：县以上税务机关	已纳入增值税防伪税控系统管理的增值税纳税人，申请的增值税专用发票最高开票限额与其实际生产经营和销售所需开具专票的情况相符	1. 税务行政许可申请表； 2. 增值税专用发票最高开票限额申请单； 3. 经办人身份证件； 4. 代理委托书； 5. 代理人身份证件	县级税务部门

注：本表源自《国家税务总局关于全面实行税务行政许可事项清单管理的公告》（国家税务总局公告2022年第19号）附件1。

【知识点2】 税务行政许可清单动态调整

税务行政许可正式实施前，税务总局向国务院审改办提出调整清单的申请，并部署税务行政许可实施机关做好实施前准备。因深化行政审批制度改革需要动态调整清单的，参照该程序办理。

市场准入负面清单、政务服务事项基本目录、“互联网＋监管”事项清单等涉及的税务行政许可事项，要严格与清单保持一致并做好衔接。清单调整的，要适时调整有关清单或者及时向有关清单编制牵头部门提出调整意见。

【知识点3】 税务行政许可制定和实施规范

税务总局对税务行政许可事项制定全国统一的实施规范，明确许可条件、申请材料、审批程序、审批时限等内容，并向社会公布。同时按照税务行政许可标准化、规范化、便利化要求，持续推动减环节、减材料、减时限，适时优化调整实施规范。

税务总局根据清单和实施规范编写统一格式的办事指南。各省、自治区、直辖市和计划单列市税务局（以下简称各省税务局）根据审批工作的需要，可以在统一格式办事指南基础上细化编制符合本省实际的办事指南，但须在本省范围内保持统一和规范。办事指南通过办税服务厅、税务网站等向社会公布，一经公布必须严格遵照执行，不得增加许可条件、申请材料、中介服务、审批环节、收费、数量限制等。各省税务局可以在实施规范基础上进一步压缩税务行政许可事项承诺办结时限，并确保税务行政许可事项办结“零超时”。

各级税务机关要严格落实清单之外一律不得违法实施行政许可的要求，大力清理整治变相许可。在清单之外，以备案、证明、目录、计划、规划、指定、认证、年检等名义，要求税务行政相对人经申请获批后方可从事特定活动的，应当认定为变相许可，要通过停止实施、调整实施方式、完善设定依据等予以纠正。

三 优惠核实确认

【知识点1】 税收减免核准

纳税人享受减免税，应当提交核准材料，提出申请，经依法具有批准权限的税务机关按规定核准确认后执行。未按规定申请或虽申请但未经有批准权限的税务机关核准确认的，纳税人不得享受减免税。

【知识点2】 税收优惠目录维护

根据国家税务总局下发的《免征车辆购置税的新能源汽车车型目录》《节约能源使用新能源车辆减免车船税的车型目录》，在系统内进行录入，方便纳税人在纳税人办理优惠备案时使用。

【知识点3】 税收优惠日常核实

纳税人享受减免税的，对符合政策规定条件的材料有留存备查的义务。纳税人在税务机关后续管理中不能提供相关印证材料的，不得继续享受税收减免，追缴已享受的减免税款，并依照《税收征管法》的有关规定处理。

税务机关在纳税人首次减免税备案或者变更减免税备案后，应及时开展后续管理工作，对纳税人减免税政策适用的准确性进行审核。对政策适用错误的告知纳税人变更备案，对不应当享受减免税的，追缴已享受的减免税款，并依照《税收征管法》的有关规定处理。

税务机关应对享受减免税企业的实际经营情况进行事后监督检查。检查中，发现有关专业技术或经济鉴证部门认定失误的，应及时与有关认定部门协调沟通，提请纠正后，及时取消有关纳税人的优惠资格，督促追究有关责任人的法律责任。主管税务机关必要时可委托第三方机构进行检测、鉴定，一经发现不符合税收优惠条件的，应及时纠正并依法处理。

【知识点4】 企业所得税优惠事项后续核查

企业享受优惠事项采取“自行判别、申报享受、相关资料留存备查”的办理方式。企业应当根据经营情况以及相关税收规定自行判断是否符合优惠事项规定的条件，符合条件的可以按照《企业所得税优惠事项管理目录（2017 年版）》（国家税务总局公告 2018 年第 23 号）列示的时间自行计算减免税额，并通过填报企业所得税纳税申报表享受税收优惠。同时，按照规定归集和留存相关资料备查。

企业享受优惠事项后，税务机关将适时开展后续管理。

在后续管理时，企业应当根据税务机关管理服务的需要，按照规定的期限和方式提供留存备查资料，以证实享受优惠事项符合条件。其中，享受集成电路生产企业、集成电路设计企业、软件企业、国家规划布局内的重点软件企业和集成电路设计企业等优惠事项的企业，应当在完成年度汇算清缴后，按照《企业所得税优惠事项管理目录（2017 年版）》（国家税务总局公告 2018 年第 23 号）“后续管理要求”项目中列示的清单向税务机关提交资料。

为切实加强优惠资格认定取消后的管理工作，在软件、集成电路企业享受优惠政策后，税务部门转请发展改革、工业和信息化部门进行核查。对经核查不符合软件、集成电路企业条件的由税务部门追缴其已经享受的企业所得税优惠，并按照《税收征管法》的规定进行处理。

四 税收核定

【知识点1】 定期定额户核定及调整

个体工商户税收定期定额征收，是指税务机关依照法律、行政法规及《个体工商户税收定期定额征收管理办法》（国家税务总局令第 16 号）的规定，对个体工商户在一定经营地点、一定经营时期、一定经营范围内的应纳税经营额（包括经营数量）或所得额进行核定，并以此为计税依据，确定其应纳税额的一种征收方式。

定期定额户核定及调整包括定期定额户申请核定及调整定额、税务机关核定及调整定期定额户定额、定期定额户申请终止定期定额征收方式和税务机关终止定期定额征收方式。

自 2022 年 11 月 1 日起，“对纳税人变更纳税定额的核准”，税务机关收到纳税人对已核定应纳税额的异议申请后，按照《个体工商户税收定期定额征收管理办法》（国家税务总局令第 16 号公布，第 44 号修改）规定的核定程序重新核定定额并通知纳税人。

【知识点2】 居民企业所得税核定

根据《企业所得税核定征收办法（试行）》（国税发〔2008〕30 号）第三条规定，纳税人依照法律、行政法规的规定可以不设置账簿的，应当设置但未设置账簿的，擅自销毁账簿或者拒不提供纳税资料的，申报的计税依据明显偏低又无正当理由的，发生纳税义务未按期办理申报、经税务机关责令限期申报逾期仍不申报的，虽设置账簿但账目混乱或者成本资料、收入凭证、费用凭证残缺不全的，存在上述情形之一的，核定征收企业所得税。

根据《企业所得税核定征收办法（试行）》（国税发〔2008〕30 号）第九条规定，核定征收企业所得税的居民企业，生产经营范围、主营业务发生重大变化，或者应纳税所得额或应纳税额增减变化达到 20% 的，应及时向税务机关申报调整已确定的应纳税额或应税所得率，税务机关在管理中发现纳税人应当调整而未申报调整的可以依照职权进行调整。

根据《企业所得税核定征收办法（试行）》（国税发〔2008〕30 号）第十一条规定，税务机关应在每年 6 月底前对上年度实行核定征收企业所得税的纳税人进行重新鉴定。重新核定应纳企业所得税额或应税所得率。

重新鉴定工作完成前，纳税人可暂按上年度的核定征收方式预缴企业所得税；重新鉴定工作完成后，按重新鉴定的结果进行调整。

税务机关有权采用下列任何一种方法核定其应纳税额：

（1）参照当地同类行业或者类似行业中经营规模和收入水平相近的纳税人的税负水平核定；

（2）按照应税收入额或成本费用支出额定率核定；

（3）按照耗用的原材料、燃料、动力等推算或测算核定；

（4）按照其他合理方法核定。

当采用一种方法不足以正确核定应纳税所得额或应纳税额的，可以同时采用两种以上的方法核定。

自 2022 年 11 月 1 日起，“对采取实际利润额预缴以外的其他企业所得税预缴方式的核定”，税务机关收到纳税人企业所得税预缴方式核定申请后，对其反映的困难情况进行核实，情况属实且符合法定条件的，核定预缴方式并通知纳税人。

【知识点3】 个人所得税核定

个人独资企业和合伙企业、个体工商户的生产、经营所得有下列情形之一的，主管税务机关应采取核定征收方式征收个人所得税：

（1）企业依照国家有关规定应当设置但未设置账簿的；

（2）企业虽设置账簿，但账目混乱或者成本资料、收入凭证、费用凭证残缺不全，难以查账；

（3）纳税人发生纳税义务，未按照规定的期限办理纳税申报，经税务机关责令限期申报，逾期仍不申报的。

个人独资企业以投资者为纳税义务人，合伙企业以每一个合伙人为纳税义务人。

以上所说核定征收方式，包括定额征收、核定应税所得率征收以及其他合理的征收方式。

【知识点4】 印花税核定

根据《税收征管法》第三十五条规定和印花税的税源特征，为加强印花税征收管理，纳税人有下列情形的，税务机关可以核定纳税人印花税计税依据：

（1）未按规定建立印花税应税凭证登记簿，或未如实登记和完整保存应税凭证的；

（2）拒不提供应税凭证或不如实提供应税凭证致使计税依据明显偏低的；

（3）采用按期汇总缴纳办法的，未按税务机关规定的期限报送汇总缴纳印花税情况报告，经税务机关责令限期报告，逾期仍不报告的或者税务机关在检查中发现纳税人有未按规定汇总缴纳印花税情况的。

税务机关核定征收印花税，应向纳税人发放核定征收印花税通知书，注明核定征收的计税依据和规定的税款缴纳期限。

实行印花税核定征收的纳税人因经营情况发生变化，需要重新核定计税依据、核定比例的，向主管税务机关提出调整印花税核定。或者纳税人对税务机关核定的应纳税额有异议的，应当提供相关证据，经税务机关认定后，调整应纳税额。

【知识点5】 非居民企业所得税核定

非居民企业因企业会计账簿不健全，资料残缺难以查账，或者其他原因不能准确计算并据实申报其应纳税所得额的，税务机关有权采用一定方法核定其应纳税所得额。主管税务机关应及时向非居民企业送达《非居民企业所得税征收方式鉴定表》，非居民企业应在收到该鉴定表后10个工作日内，完成对其的填写并送达主管税务机关，主管税务机关在受理《非居民企业所得税征收方式鉴定表》后20个工作日内，完成该项征收方式的确认工作。

【知识点6】 土地增值税清算核定

纳税人应进行土地增值税清算或经主管税务机关确定需要进行清算，但拒不清算或不提供清算资料的及在土地增值税清算审核中符合《土地增值税清算管理规程》第三十四条的，税务机关可依职权对其进行土地增值税清算核定工作。

税务机关根据纳税人实际情况可分别采用土地增值税清算定率核定或者土地增值税清算开发成本方式核定。

【知识点7】 环境保护税（调整）核定

环境保护税（调整）核定是对进行过环境保护税核定征收的纳税人因经营情况发生变化，需要重新核定污染物排放种类、数量和应纳税额或税务机关依职权对纳税人进行纳税核定工作的集合。纳税人不能按照《环境保护税法》第十条第一项至第三项规定的方法计算环境保护税的，按照省、自治区、直辖市人民政府环境保护主管部门规定的抽样测算的方法核定计算，由税务机关会同环境保护主管部门核定污染物排放种类、数量和应纳税额。环境保护税（调整）核定包含环境保护税（调整）核定申请和环境保护税（调整）核定等。

1. 环境保护税（调整）核定申请：实行环境保护税核定征收的纳税人因经营情况发生变化，需要重新核定环境保护税的，向主管税务机关提出调整环境保护税核定申请。纳税人对税务机关核定的应纳税额有异议的，应当提供相关证据，经税务机关认定后，调整核定的应纳税额。纳税人不能按照《环境保护税法》第十条第一项至第三项规定的方法计算环境保护税的，按照省、自治区、直辖市人民政府环境保护主管部门规定的抽样测算的方法核定计算，由税务机关会同环境保护主管部门核定污染物排放种类、数量和应纳税额。税务机关核定征收环境保护税，应向纳税人发放《税务事项通知书》[环境保护税（调整）核定通知]，注明环境保护税核定征收的种类、数量、应纳税额、税款缴纳期限及申报缴税方式。

2. 环境保护税（调整）核定：根据《环境保护税法》第二十一条规定和税源特征，为加强环境保护税征收管理，纳税人不能按照《环境保护税法》第十条第一项至第三项规定的方法计算，按照省、自治区、直辖市人民政府环境保护主管部门规定的抽样测算的方法核定计算，由税务机关会同环境保护主管部门核定污染物排放种类、数量和应纳税额。

税务机关依职权核定征收环境保护税，应向纳税人发放《税务事项通知书》[环境保护税（调整）核定通知]，注明环境保护税核定征收的种类、数量应纳税额、税款缴纳期限及申报缴税方式。

【知识点8】 增值税进项税额扣除标准核定

增值税进项税额扣除标准，是指为加强农产品增值税进项税额抵扣管理，对财政部和国家税务总局纳入试点范围的增值税一般纳税人购进农产品增值税进项税额，实施核定扣除办法。增值税进项税额扣除标准包括：农产品增值税进项税额扣除标准核定、增值税进项税额核定扣除农产品购进价格核定、农产品耗用率核定。

1. 农产品增值税进项税额扣除标准核定：根据《财政部 国家税务总局关于在部分行业试行农产品增值税进项税额核定扣除办法的通知》（财税〔2012〕38 号）规定，对财政部和国家税务总局以及省财政厅、税务局纳入试点范围的增值税一般纳税人购进农产品增值税进项税额，实施核定扣除办法。省级税务机关依据试点纳税人申请，按照《农产品增值税进项税额核定扣除办法》规定的核定程序审定仅适用于该试点纳税人的扣除标准。

试点纳税人购进农产品不再凭增值税扣税凭证抵扣增值税进项税额，购进除农产品以外的物、应税劳务和应税服务，增值税进项税额仍按现行有关规定抵扣。

2. 增值税进项税额核定扣除农产品购进价格核定：根据《财政部 国家税务总局关于在部分行业试行农产品增值税进项税额核定扣除办法的通知》（财税〔2012〕38 号）规定，自 2012 年 7 月 1 日起，在部分以购进农产品为原料生产销售的行业，推行农产品增值税进项税额核定扣除试点，纳入试点范围的纳税人，购进农产品的增值税进项税额均按照《农产品增值税进项税额核定扣除试点实施办法》（财税〔2012〕38 号附件）的规定抵扣。对试点纳税人购进的农产品价格明显偏高或偏低，且不具有合理商业目的的，由主管税务机关核定其农产品购进价格。

3. 农产品耗用率核定：根据《财政部 国家税务总局关于在部分行业试行农产品增值税进项税额核定扣除办法的通知》（财税〔2012〕38 号）附件《农产品增值税进项税额核定扣除试点实施办法》第四条第（一）款第 2 项规定，年度终了，主管税务机关应根据试点纳税人本年实际对当年已抵扣的农产品增值税进项税额进行纳税调整，重新核定当年的农产品耗用率，并作为下一年度的农产品耗用率。

【知识点 9】 计税价格核定管理

计税价格管理，是指为有效监控生产企业的生产、销售情况，堵塞漏洞，增加收入，税务机关应核定部分特定行业所生产产品的最低计税价格。计税价格管理包括白酒消费税最低计税价格核定等。

对于白酒生产企业销售给销售单位的白酒，生产企业消费税计税价格低于销售单位对外销售价格（不含增值税）70% 以下的，税务机关应核定消费税最低计税价格。

【知识点 10】 核定应纳税额

纳税人存在《税收征管法》第三十五条或者第三十七条规定的情形之一的，税务机关有权核定其应纳税额：

（1）依照法律、行政法规的规定可以不设置账簿的；

（2）依照法律、行政法规的规定应当设置账簿但未设置的；

（3）擅自销毁账簿或者拒不提供纳税资料的；

（4）虽设置账簿，但账目混乱或者成本资料、收入凭证、费用凭证残缺不全，难以查账的；

（5）发生纳税义务，未按照规定的期限办理纳税申报，经税务机关责令限期申报，逾期仍不申报的；

（6）纳税人申报的计税依据明显偏低，又无正当理由的；

（7）未按照规定办理税务登记从事生产、经营的以及临时从事经营的。

在核定非居民企业年度应纳税额之前，要按照有关规定先责令其限期申报，若逾期仍不申报的才能进入到该程序。

根据《税收征管法实施细则》第四十七条规定，纳税人有《税收征管法》第三十五条或者第三十七条所列情形之一的，税务机关有权采用下列任何一种方法核定其应纳税额：

（1）参照当地同类行业或者类似行业中经营规模和收入水平相近的纳税人的税负水平核定；

（2）按照营业收入或者成本加合理的费用和利润的方法核定；

（3）按照耗用的原材料、燃料、动力等推算或者测算核定；

（4）按照其他合理方法核定。

采用上述所列一种方法不足以正确核定应纳税额时，可以同时采用两种以上的方法核定。

纳税人对税务机关采取上述规定的方法核定的应纳税额有异议的，应当提供相关证据，经税务机关认定后，调整应纳税额。

【知识点11】 应认定未认定增值税一般纳税人销售额调整

对风险扫描推送的《应认定未认定增值税一般纳税人清册》中的纳税人的情况进行调查核实，确认是否存在纳税人因申报错误、发票开具错误等原因造成销售额累计有误的，需要调整销售额的，制作《应认定未认定增值税一般纳税人销售额调整表》需对其销售额进行调整。对未达到增值税一般纳税人标准的，可排除风险，不发放《税务事项通知书》（应办理增值税一般纳税人登记告知）。

【知识点12】 非居民企业所得税汇算清缴审核

在年度终了之日起5个月内，主管税务机关应结合季度所得税申报表及日常征管情况，对企业报送的非居民企业年度所得税纳税申报表及其附表和其他有关资料进行审核，对应补缴所得税、应办理退税的企业发送《非居民企业所得税汇算清缴涉税事宜通知书》，通知纳税人办理税款多退少补事宜。

五 退（抵）税（费）

【知识点1】一般退（抵）税管理

一般退（抵）税管理包括以下内容：误收多缴退抵税、入库减免退抵税、汇算清缴结算多缴退抵税、车辆购置税退税、车船税退抵税、增值税期末留抵税额退税、石脑油、燃料油消费税退税和不予加收滞纳金确认。

1. 误收多缴退抵税：因税务机关误收，或纳税人误缴而产生的应退还给纳税人的税款。在实际征收过程中，税务机关发现纳税人超过应纳税额多缴的税款，应当立即退还。纳税人多缴税款的，自结算缴纳税款之日起3年内发现的，可以向税务机关要求退还多缴的税款并加算银行同期存款利息，税务机关应该依照税收法律、法规及相关规定办理退还手续。

2. 入库减免退抵税：纳税人经批准符合政策规范可以享受减免的税款，由于此前已经缴纳入库，纳税人可以申请退抵已缴纳的税款。

3. 汇算清缴结算多缴退抵税：按照分期预缴、按期汇算结算的征管方式，对纳税人应清算形成的多缴税款办理退抵税费。

4. 车辆购置税退税：已缴纳车辆购置税的车辆，发生车辆退回生产企业或者经销商的，符合免税条件但已征税的设有固定装置的非运输车辆，以及其他依据法律、法规规定应予退税情形的，纳税人向税务机关申请退还已缴纳的车辆购置税。

5. 车船税退抵税：在一个纳税年度内，已完税的车船被盗抢、报废、灭失的，纳税人可以凭有关管理机关出具的证明和完税证明，向纳税所在地的主管税务机关申请退还自被盗抢、报废、灭失月份起至该纳税年度终了期间的税款。

6. 增值税期末留抵税额退税：对符合条件的增值税一般纳税人，由于特定事项产生的留抵税额，按照一定的计算公式予以计算退还，具体包括：

（1）符合条件的集成电路重大项目增值税留抵税额退税。

（2）对外购用于生产乙烯、芳烃类化工产品的石脑油、燃料油价格中消费税部分对应的增值税税额退税。

（3）符合条件的大型客机和新支线飞机增值税留抵税额退税。

（4）自2018年7月27日起，对实行增值税期末留抵退税的纳税人，允许其从城市维护建设税、教育费附加和地方教育附加的计税（征）依据中扣除退还的增值税税额。

（5）自2019年4月1日起，试行增值税期末留抵税额退税制度。同时符合以下条件的纳税人，可以向主管税务机关申请退还增量留抵税额：自2019年4月税款所属期起，连续6个月（按季纳税的，连续两个季度）增量留抵税额均大于零，且第6个月增量留抵税额不低于50万元；纳税信用等级为A级或者B级；申请退税前36个月未发生骗取留抵退税、出口退税或虚开增值税专用发票情形的；申请退税前36个月未因偷税被税务机关处罚两次及两次以上的；自2019年4月1日起未享受即征即退、先征后返（退）政策的。

（6）自2022年4月1日起，加大小微企业增值税期末留抵退税政策力度，将先进制造业按月全额退还增值税增量留抵税额政策范围扩大至符合条件的小微企业（含个体工商户），并一次性退还小微企业存量留抵税额。

加大"制造业""科学研究和技术服务业""电力、热力、燃气及水生产和供应业""软件和信息技术服务业""生态保护和环境治理业""交通运输、仓储和邮政业"（以下称制造业等行业）增值税期末留抵退税政策力度，将先进制造业按月全额退还增值税增量留抵税额政策范围扩大至符合条件的制造业等行业企业（含个体工商户，下同），并一次性退还制造业等行业企业存量留抵税额。

自2022年7月1日起，扩大全额退还增值税留抵税额政策行业范围，将《财政部 税务总局关于进一步加大增值税期末留抵退税政策实施力度的公告》（财政部 税务总局公告2022年第14号）第二条规定的制造业等行业按月全额退还增值税增量留抵税额、一次性退还存量留抵税额的政策范围，扩大至"批发和零售业""农、林、牧、渔业""住宿和餐饮业""居民服务、修理和其他服务业""教育""卫生和社会工作""文化、体育和娱乐业"企业（含个体工商户）。

纳税人享受留抵退税需满足的条件请见本书第一章第一节"三、增值税优惠政策"知识点4"增值税期末留抵税额退还"相关内容。

7. 石脑油、燃料油消费税退税：我国境内使用石脑油、燃料油生产乙烯、芳烃类化工产品的企业，包括将自产石脑油、燃料油用于连续生产乙烯、芳烃类化工产品的企业，将外购的含税石脑油、燃料油用于生产乙烯、芳烃类化工产品的企业，且生产的乙烯、芳烃类化工产品产量占本企业用石脑油、燃料油生产全部产品总量的50%以上（含）的，可按实际耗用量计算退还所含已缴纳的消费税。

【知识点2】 税收收入退还书开具

《税收收入退还书》和《税收收入电子退还书》是税款退库的法定凭证。税务机关向国库传递《税收收入退还书》，由国库据以办理税款退还的方式为手工退库。税务机关通过横向联网电子缴税系统将记录应退税款信息的《税收收入电子退还书》发送给国库，国库据以办理税款退还的方式为电子退库。

【知识点3】 出口货物劳务及服务免退税管理

适用免退税办法的出口企业在货物劳务报关出口、视同出口或发生增值税跨境应税行为并按会计规定作销售后，须在作销售的次月增值税纳税申报期内，向主管税务机关办理增值税纳税申报及消费税免税申报。属于报关出口的，在报关出口之日［以出口货物报关单（出口退税专用）上的出口日期为准；属于非报关出口销售的，以出口发票或普通发票开具之日为准］次月起至次年 4 月 30 日前的各增值税纳税申报期内，出口企业应收齐有关凭证和信息，向当地主管税务机关办理增值税、消费税免退税申报。逾期的，不得申报免退税。

对出口企业符合规定的退（免）税申报，主管税务机关应按照规定办结相关手续；对不符合规定的，应将具体内容及处理意见一次性书面告知出口企业。

出口货物劳务及服务免退税管理包括出口货物劳务免退税申报核准、外国驻华使（领）馆及其馆员在华购买货物和服务增值税退税申报核准、外贸企业外购应税服务免退税申报核准、外贸综合服务企业代办退税申报核准、购进自用货物免退税申报核准、出口已使用过设备免退税申报核准、退税代理机构结算核准以及生产企业出口非自产货物消费税退税申报核准。

主管税务机关受理出口企业退（免）税申报后，对符合规定的，主管税务机关人员应遵循监督制约的原则，对申报的原始单证和电子数据进行有效性、逻辑性检查，进行相应的审核、复审、核准。

1. 出口货物劳务免退税申报核准：实行免退税办法的出口企业出口货物劳务后，向主管税务机关申请办理出口免退税申报业务，税务机关按照国家规定核准的管理事项，包括出口货物免退税申报核准、视同出口货物免退税申报核准、对外加工修理修配劳务免退税申报核准。

2. 外国驻华使（领）馆及其馆员在华购买货物和服务增值税退税申报核准：北京市税务局在接到外交部礼宾司转来的外国驻华使（领）馆及其馆员在中华人民共和国境内购买货物和服务退税申报资料及电子申报数据后，10 个工作日内按照规定完成免退税核准的事项。

3. 外贸企业外购应税服务免退税申报核准：实行免退税办法的出口企业提供增值税零税率应税服务后，向主管税务机关申请办理免退税申报业务，税务机关按照规定核准的管理事项，包括外贸企业外购应税服务免退税申报核准和航天发射业务免退税申报核准。

4. 外贸综合服务企业代办退税申报核准：实行免退税办法的综合服务企业出口货物劳务后，向主管税务机关申请办理出口免退税申报业务，税务机关按照国家规定核准的管理事项。综合服务企业应参照外贸企业出口退税申报相关规定，向主管税务机关单独申报代办退税。

5. 购进自用货物免退税申报核准：享受购进自用货物免退税政策的出口企业，应在规定申报期内向主管税务机关申请办理购进自用货物免退税的申报核准业务，税务机关按照国家规定核准的管理事项，包括输入特殊区域内生产企业耗用的水、电、气免退税核准和研发机构采购国产设备免退税核准。

6. 出口已使用过设备免退税申报核准：出口企业对出口的未计算抵扣进项税额的已使用过设备，向主管税务机关申报增值税免退税，税务机关按照国家规定核准的管理事项。

7. 退税代理机构结算核准：退税代理机构向境外旅客垫付购物离境退税资金后，于每月 15 日前将上月为境外旅客办理离境退税金额向主管税务局申请办理退税结算，主管税务局按照国家规定核准的管理事项。

8. 生产企业出口非自产货物消费税退税申报核准：生产企业出口的视同自产货物以及列名生产企业出口的非自产货物，对前一环节已征的消费税向主管税务机关申请办理消费税退税申报业务，税务机关按照规定核准的管理事项。

【知识点 4】 出口货物劳务及服务免抵退税管理

适用免抵退税办法的出口企业在货物劳务报关出口、视同出口或发生增值税跨境应税行为并按会计规定作销售后，在作销售的次月增值税纳税申报期内，向主管税务机关办理增值税纳税申报。生产企业还需办理免抵退税相关申报及消费税免税申报（属于消费税应税货物的）。

属于报关出口的，在报关出口之日［以出口货物报关单（出口退税专用）上的出口日期为准；属于非报出口销售的，以出口发票或普通发票开具之日为准］次月起至次年 4 月 30 日前的各增值税纳税申报期内收齐有关凭证和信息，向当地主管税务机关申报办理出口增值税免抵退税。逾期的，不得申报免抵退税。

对出口企业符合规定的退（免）税申报，主管税务机关应按照规定办结相关手续；对不符合规定的，应将具体内容及处理意见一次性书面告知出口企业。

出口货物劳务及服务免抵退税管理包括：出口货物劳务免抵退税申报核准（含视同出口免抵退税申报）、增值税零税率应税服务免抵退税申报核准、生产企业进料加工业务免抵退税核销。主管税务机关受理出口企业退（免）税申报后，对符合规定的，主管税务机关人员应遵循监督制约的原则，对申报的原始单证和电子数据进行有效性、逻辑性检查，进行相应的审核、复审、核准。

1. 出口货物劳务免抵退税申报核准：实行免抵退税办法的出口企业出口货物劳务后，向主管税务机关申请办理免抵退税申报业务，税务机关按照规定核准的管理事项，包括出口货物免抵退税申报核准、视同出口货物免抵退税申报核准、对外加工修理修配劳务免抵退税申报核准。

2. 增值税零税率应税服务免抵退税申报核准：实行免抵退税办法的出口企业提供增值税跨境应税服务后，向主管税务机关申请办理免抵退税申报业务，税务机关按照规定核准的管理事项，包括增值税跨境运输应税行为免抵退税申报核准和增值税跨境其他应税行为免抵退税申报核准。

3. 生产企业进料加工业务免抵退税核销：生产企业应于每年4月20日前向主管税务机关申请办理上年度海关已核销的进料加工手（账）册项下的进料加工业务核销手续。4月20日前未申请核销的，对该企业的出口退（免）税业务，主管税务机关暂不办理，待其申请核销后，方可办理。

【知识点5】 出口货物劳务及服务其他涉税事项

出口货物劳务及服务其他涉税事项是指税务机关为准确办理出口退（免）税业务而开展的与出口货物劳务及服务相关的涉税管理事项。

出口货物劳务及服务其他涉税事项包括出口货物劳务及服务征税或免税情况管理、出口货物劳务及服务应追回已退税款核准、暂扣出口退（免）税业务处理、解除暂扣出口退（免）税业务处理、出口退（免）税计划管理、备案终（停）止、出口退（免）税延期申报核准、出口退（免）税凭证信息查询、出口退（免）税凭证无相关电子信息申报及出口退（免）税风险管理。

1. 出口货物劳务及服务征税或免税情况管理：出口货物劳务及服务适用增值税、消费税免税、征税政策的，主管税务机关应将相关出口信息及时传递给出口企业主管税务机关征税部门的管理事项。主管税务机关征税部门应依据此信息提醒、督促出口企业及时做好调整账务、计提销项税额等相关涉税处理，并根据需要进行核查。

2. 出口货物劳务及服务应追回已退税款核准：对出口企业发生应追回已退（免）税款的出口业务，税务机关按规定完成相关税款追回手续的事项。

3. 暂扣出口退（免）税业务处理：税务机关对按政策规定需暂扣出口退（免）税款的出口企业办理暂扣税款手续的事项。出口企业应暂扣税款大于其已审批未退税款的，应按两者差额扣除该企业以后发生的应退税款。暂扣税款事项可以在出口企业退（免）税申报前，也可以在退（免）税申报后、审核流程进行审批前。

4. 解除暂扣出口退（免）税业务处理：主管税务机关对出口退税暂扣税款原因消除的出口企业，按规定解除暂扣措施的事项。

5. 出口退（免）税计划管理：税务机关税收收入指标管理的重要组成部分，该事项指各级税务机关按照规定进行的出口退（免）税计划测算、分配及执行情况上报等管理事项。

6. 备案终（停）止：主管税务机关发现出口企业存在备案终（停）止及恢复的相关情形时，依职权发起办理相关备案终（停）止及恢复手续并告知企业的管理事项，具体包括：退税商店备案终止、退税代理机构备案终止、停止外贸综合服务企业代办退税业务、暂停或恢复先退税后核销办法以及停止出口退（免）税资格。

7. 出口退（免）税延期申报核准：出口货物劳务、发生增值税跨境应税行为的出口企业，因发生文件规定原因无法在规定期限内申报的，在出口退（免）税申报期限截止之日前向负责管理出口退（免）税的主管税务机关提出延期申请，主管税务机关按照规定及时核准管理事项。

8. 出口退（免）税凭证信息查询：出口企业凭海关进口专用缴款书或中华人民共和国税收缴款凭证申报出口退（免）税前，应对上述凭证向主管税务机关申请协助进行申报查询相关的外部信息，主管税务机关应及时将查询结果告知纳税人。包括海关进口专用缴款书查询和中华人民共和国税收缴款凭证查询。

9. 出口退（免）税凭证无相关电子信息申报：出口退（免）税凭证无相关电子信息申报事项指出口企业出口的货物、劳务及服务在出口退（免）税年度申报截止之日前，需申报的退（免）税凭证仍然没有对应管理部门的电子信息或信息比对不符而无法完成申报的，向主管税务机关申报备案，主管税务机关按规定办理相关手续事项。

10. 出口退（免）税风险管理：税务机关应当以风险管理为导向，以信息平台为依托，通过信息采集、数据分析等手段，筛选出口退（免）税风险信息，并根据出口退（免）税风险的类型和等级，采取退（免）税评估、税务稽查等应对手段，防控出口退（免）税风险。

11. 疫情期间的出口退税办理：疫情防控期间，纳税人通过电子税务局或者标准版国际贸易“单一窗口”出口退税平台等（以下简称网上）提交电子数据后，即可申请办理出口退（免）税备案、备案变更和相关证明。税务机关受理上述退（免）税事项申请后，经核对电子数据无误的，即可办理备案、备案变更或者开具相关证明，并通过网上反馈方式及时将办理结果告知纳税人。纳税人需开具纸质证明的，税务机关可采取邮寄方式送达。确需到办税服务厅现场结清退（免）税款或者补缴税款的备案和证明事项，可通过预约办税等方式，分时分批前往税务机关办理。

疫情防控期间，纳税人的所有出口货物劳务、跨境应税行为，均可通过网上提交电子数据的方式申报出口退（免）税。税务机关受理申报后，经审核不存在涉嫌骗取出口退税等疑点的，即可办理出口退（免）税，并通过网上反馈方式及时将办理结果告知纳税人。

因疫情影响，纳税人未能在规定期限内申请开具相关证明或者申报出口退（免）税的，待收齐退（免）税凭证及相关电子信息后，即可向主管税务机关申请开具相关证明，或者申报办理退（免）税。

因疫情影响，纳税人无法在规定期限内收汇或办理不能收汇手续的，待收汇或办理不能收汇手续后，即可向主管税务机关申报办理退（免）税。

疫情防控结束后，纳税人应按照现行规定，向主管税务机关补报出口退（免）税应报送的纸质申报表、表单及相关资料。税务机关对补报的各项资料进行复核。

【知识点6】 社会保险费退费申请管理

缴费人、扣缴义务人因各种原因造成实际缴纳的社会保险费金额大于应缴纳金额的，可以提交退费申请。税务机关发现缴费人多缴费款的，应当立即核实应退费额、账户等相关情况，通知缴费人或扣缴义务人提交退费申请。社会保险费退费申请事项主要包括：误收多缴退还社会保险费和结算清退社会保险费。

1. 误收多缴退还社会保险费：因税务机关误收，或缴费人多缴而产生的应退还给缴费人的费款。

2. 结算清退社会保险费：社会保险费结算申报时，多缴的社会保险费可以申请退费。

六 逾期及欠税

【知识点1】 催报催缴管理

税务机关对未按规定期限办理纳税（费）申报、报送财务报表等有关资料（指资产负债表、利润表、企业财务信息采集表等）的纳税人、缴费人、扣缴义务人按规定生成催报清册，采用科学、合理的办法对纳税人（缴费人）进行催报处理。

税务机关对应缴未缴［指已形成应征税（费）款但未按规定期限解缴入库］的纳税人、缴费人、扣缴义务人制作逾期未缴款清册，采用科学、合理的办法对纳税人进行催缴处理。

【知识点2】 欠税管理

税务机关对欠税纳税人欠缴税款、债务清偿等进行管理的活动。欠税管理包括：欠税公告、抵缴欠税、增值税留抵抵欠、非居民欠税追缴。

1. 欠税公告：税务机关为了督促纳税人自觉缴纳欠税，防止新的欠税的发生，保证国家税款的及时足额入库，由县级以上各级税务机关将纳税人的欠税情况，在办税场所或者广播、电视、报纸、期刊、网络等新闻媒体上定期公告。

2. 抵缴欠税：依照税收法律、法规，纳税人既有多缴应退税款又有欠缴税款的，税务机关可以将应退税款和利息先抵扣欠缴税款。

3. 增值税留抵抵欠：为了加强增值税管理，及时追缴欠税，当增值税一般纳税人办理增值税纳税申报后，对有期末留抵税额，又有增值税欠税的，应以期末留抵税额抵减增值税欠税。

抵减欠缴税款时，应按欠税发生时间逐笔抵扣，先发生的先抵。

确定实际抵减金额时，按填开《增值税进项留抵税额抵减增值税欠税通知书》的日期作为截止期，计算欠缴税款的应缴未缴滞纳金金额，应缴未缴滞纳金余额加欠税余额为欠缴总额。若欠缴总额大于期末留抵税额，实际抵减金额应等于期末留抵税额，并按配比方法计算抵减的欠税和滞纳金；若欠缴总额小于期末留抵税额，实际抵减金额应等于欠缴总额。

4. 非居民欠税追缴：

（1）在中国境内承包工程作业和提供劳务的非居民（包括非居民企业和非居民个人）逾期仍未缴纳税款的，项目所在地主管税务机关应自逾期之日起15日内，收集该非居民从中国境内取得其他收入项目的信息，并向其他收入项目支付人发出《非居民企业欠税追缴告知书》，并依法追缴税款和滞纳金。

（2）按照《企业所得税法》第三十七条规定应当扣缴的税款，扣缴义务人应扣未扣的，由扣缴义务人所在地主管税务机关依照《中华人民共和国行政处罚法》第二十三条规定责令扣缴义务人补扣税款，并依法追究扣缴义务人责任；需要向纳税人追缴税款的，由所得发生地主管税务机关依法执行。扣缴义务人所在地与所得发生地不一致的，负责追缴税款的所得发生地主管税务机关应通过扣缴义务人所在地主管税务机关核实有关情况；扣缴义务人所在地主管税务机关应当自确定应纳税款未依法扣缴之日起5个工作日内，向所得发生地主管税务机关发送《非居民企业税务事项联络函》，告知非居民企业涉税事项。

5. 对纳税人、扣缴义务人、纳税担保人应缴纳的欠税及滞纳金不再要求同时缴纳，可以先行缴纳欠税，再依法缴纳滞纳金。

【知识点3】 逾期增值税抵扣凭证抵扣管理

增值税一般纳税人发生真实交易，但由于客观原因造成增值税扣税凭证（包括增值税专用发票、海关进口增值税专用缴款书和机动车销售统一发票）未能按照规定期限办理认证、确认或者稽核比对的，经主管税务机关核实、逐级上报，由省税务机关认证并稽核比对后，对比对相符的增值税扣税凭证，允许纳税人继续抵扣其进项税额。

上述客观原因包括如下类型：

（1）因自然灾害、社会突发事件等不可抗力因素造成增值税扣税凭证逾期；

（2）增值税扣税凭证被盗、抢，或者因邮寄丢失、误递导致逾期；

（3）有关司法、行政机关在办理业务或者检查中，扣押增值税扣税凭证，纳税人不能正常履行申报义务，或者税务机关信息系统、网络故障，未能及时处理纳税人网上认证数据等导致值税扣税凭证逾期；

（4）买卖双方因经济纠纷，未能及时传递增值税扣税凭证，或者纳税人变更纳税地点，注销旧户和重新办理税务登记的时间过长，导致增值税扣税凭证逾期；

（5）由于企业办税人员伤亡、突发危重疾病或者擅自离职，未能办理交接手续，导致增值税扣税凭证逾期；

（6）国家税务总局规定的其他情形。增值税一般纳税人对除因上述客观原因以外的其他原因造成增值税扣税凭证逾期的，仍应按照增值税扣税凭证抵扣期限有关规定执行，不得逾期抵扣。

《国家税务总局关于取消增值税扣税凭证认证确认期限等增值税征管问题的公告》（国家税务总局公告2019年第45号）规定：

（1）增值税一般纳税人取得的2017年1月1日及以后开具的增值税专用发票、海关进口增值税专用缴款书、机动车销售统一发票、收费公路通行费增值税电子普通发票，不再需要在360日内认证确认等，已经超期的，也可以自2020年3月1日后，通过本省（自治区、直辖市和计划单列市）增值税发票综合服务平台进行用途确认。

（2）增值税一般纳税人取得的2016年12月31日及以前开具的增值税专用发票、海关进口增值税专用缴款书、机动车销售统一发票，超过认证确认等期限，但符合相关条件的，仍可按照《国家税务总局关于逾期增值税扣税凭证抵扣问题的公告》（国家税务总局公告2011年第50号发布，国家税务总局公告2017年第36号、国家税务总局公告2018年第31号修改）、《国家税务总局关于未按期申报抵扣增值税扣税凭证有关问题的公告》（国家税务总局公告2011年第78号发布，国家税务总局公告2018年第31号修改）规定，继续抵扣其进项税额。

【知识点4】 未按期申报抵扣增值税扣税凭证抵扣管理

增值税一般纳税人取得的增值税扣税凭证已认证或已采集上报信息但未按照规定期限申报抵扣；实行纳税辅导期管理的增值税一般纳税人以及实行海关进口增值税专用缴款书“先比对后抵扣”管理办法的增值税一般纳税人，取得的增值税扣税凭证稽核比对结果相符但未按规定期限申报抵扣，属于发生真实交易且由于以下客观原因造成的，经主管税务机关审核，允许纳税人继续申报抵扣其进项税额。

上述客观原因包括以下类型：

（1）因自然灾害、社会突发事件等不可抗力原因造成增值税扣税凭证未按期申报抵扣；

（2）有关司法、行政机关在办理业务或者检查中，扣押、封存纳税人账簿资料，导致纳税人未能按期办理申报手续；

（3）税务机关信息系统、网络故障，导致纳税人未能及时取得认证结果通知书或稽核结果通知书，未能及时办理申报抵扣；

（4）由于企业办税人员伤亡、突发危重疾病或者擅自离职，未能办理交接手续，导致未能按期申报抵扣；

（5）国家税务总局规定的其他情形。

《国家税务总局关于取消增值税扣税凭证认证确认期限等增值税征管问题的公告》（国家税务总局公告 2019 年第 45 号）规定：

（1）增值税一般纳税人取得的 2017 年 1 月 1 日及以后开具的增值税专用发票、海关进口增值税专用缴款书、机动车销售统一发票、收费公路通行费增值税电子普通发票，不再需要在 360 日内认证确认等，已经超期的，也可以自 2020 年 3 月 1 日后，通过本省（自治区、直辖市和计划单列市）增值税发票综合服务平台进行用途确认。

（2）增值税一般纳税人取得的 2016 年 12 月 31 日及以前开具的增值税专用发票、海关进口增值税专用缴款书、机动车销售统一发票，超过认证确认等期限，但符合相关条件的，仍可按照《国家税务总局关于逾期增值税扣税凭证抵扣问题的公告》（国家税务总局公告 2011 年第 50 号发布，国家税务总局公告 2017 年第 36 号、国家税务总局公告 2018 年第 31 号修改）、《国家税务总局关于未按期申报抵扣增值税扣税凭证有关问题的公告》（国家税务总局公告 2011 年第 78 号发布，国家税务总局公告 2018 年第 31 号修改）规定，继续抵扣其进项税额。

【知识点 5】 不予加收滞纳金确认

主管税务机关依据税收法律、法规及相关规定，对涉及的纳税人、扣缴义务人不予加收滞纳金情形进行审批。

因税务机关的责任，致使纳税人、扣缴义务人未缴或者少缴税款的，税务机关在 3 年内可以要求纳税人、扣缴义务人补缴税款，但是不得加收滞纳金。

如有纳税人善意取得虚开的增值税专用发票且购货方不知取得的增值税专用发票是以非法手段获得的，又被依法追缴已抵扣税款的，不适用税务机关加收滞纳金的规定情形。

由于电子缴税故障等非纳税人、扣缴义务人原因，致使纳税人、扣缴义务人未缴或少缴税款而产生的滞纳金，税务机关依职权不予加收滞纳金。

七 税务代保管资金

【知识点 1】 税务代保管资金收取

税务机关根据法律、行政法规、规章或有关规定，为履行征管职责，向纳税人、扣缴义务人、纳税担保人或者其他当事人收取的款项。其内容包括：个人出售住房所应缴纳的个人所得税纳税保证金；外省、自治区、直辖市来本辖区从事临时经营活动的单位和个人申请领购发票按现行规定缴纳的发票保证金；纳税担保金；采取税收保全措施扣押的现金；个人转让上市公司限售股所得征收个人所得税纳税保证金；税收强制执行拍卖、变卖的款项；国家税务总局、财政部、中国人民银行根据税收业务需要确定的其他资金。

【知识点2】 税务代保管资金支付

税务机关根据法律、行政法规、规章或有关规定，将向纳税人、扣缴义务人、纳税担保人或者其他当事人收取的税务代保管资金进行支付的过程。

税务代保管资金支付范围包括：缴入国库，退还缴款人或其他当事人，依法支付拍卖费、保管费。

【知识点3】 税务代保管资金收入报告

税务机关根据法律、行政法规、规章或有关规定在向纳税人、扣缴义务人、纳税担保人或者其他当事人（除由税务机关核准的可代收代缴的税务代保管资金外）收取税务代保管资金前，对其所缴纳的税务代保管资金的交款方式、事由、金额等进行审批的过程。

税务代保管资金主要包括：

（1）个人出售住房、转让限售股应缴纳的个人所得税纳税保证金；

（2）外省、自治区、直辖市来本辖区从事临时经营活动的单位和个人申请领购发票按现行规定缴纳的发票保证金；

（3）纳税担保金；

（4）采取税收保全措施扣押的现金；

（5）税收强制执行拍卖、变卖的款项；

（6）国家税务总局、财政部、中国人民银行根据税收业务需要确定的其他资金。

不得将税款或者上述规定以外的款项作为税务代保管资金，并通过税务代保管资金账户进行收纳、缴库。

八 预约定价安排

【知识点1】 预约定价安排谈签与执行

预约定价安排谈签与执行经过预备会谈、谈签意向、分析评估、正式申请、协商签署和监控执行6个阶段。预约定价安排包括单边、双边和多边3种类型。

1. 预备会谈：企业有谈签预约定价安排意向的，应当向税务机关书面提出预备会谈申请，提交《预约定价安排预备会谈申请书》。税务机关可以与企业开展预备会谈。预备会谈期间，企业应当按照税务机关的要求补充资料。

2. 谈签意向：税务机关和企业在预备会谈期间达成一致意见的，主管税务机关向企业送达同意其提交谈签意向的《税务事项通知书》。企业收到《税务事项通知书》

后向税务机关提出谈签意向，提交《预约定价安排谈签意向书》，并附送单边、双边或者多边预约定价安排申请草案。

3. 分析评估：企业提交谈签意向后，税务机关应当分析预约定价安排申请草案内容，评估其是否符合独立交易原则。根据分析评估的具体情况可以要求企业补充提供有关资料。分析评估阶段，税务机关可以与企业就预约定价安排申请草案进行讨论。税务机关可以进行功能和风险实地访谈。税务机关认为预约定价安排申请草案不符合独立交易原则的，企业应当与税务机关协商，并进行调整。

4. 正式申请：税务机关认为预约定价安排申请草案符合独立交易原则的，主管税务机关向企业送达同意其提交正式申请的《税务事项通知书》，企业收到通知后，可以向税务机关提交《预约定价安排正式申请书》，并附送预约定价安排正式申请报告。如申请双边或者多边预约定价安排的，还需同时提交《启动特别纳税调整相互协商程序申请表》。

5. 协商签署：税务机关应当在分析评估的基础上形成协商方案，并据此开展协商工作。

6. 监控执行：税务机关应当监控预约定价安排的执行情况。

7. 续签：预约定价安排执行期满后自动失效。企业申请续签的，应当在预约定价安排执行期满之日前 90 日内向税务机关提出续签申请，报送《预约定价安排续签申请书》。

8. 追溯：企业以前年度的关联交易与预约定价安排适用年度相同或者类似的，经企业申请，税务机关可以将预约定价安排确定的定价原则和计算方法追溯适用于以前年度该关联交易的评估和调整。追溯期最长为 10 年。

【知识点 2】 单边预约定价安排简易程序

1. 自 2021 年 9 月 1 日起，企业在主管税务机关向其送达受理申请的《税务事项通知书》之日所属纳税年度前 3 个年度，每年度发生的关联交易金额 4000 万元人民币以上，并符合下列条件之一的，可以申请适用简易程序。

（1）已向主管税务机关提供拟提交申请所属年度前 3 个纳税年度的、符合《国家税务总局关于完善关联申报和同期资料管理有关事项的公告》（国家税务总局公告 2016 年第 42 号）规定的同期资料；

（2）自企业提交申请之日所属纳税年度前 10 个年度内，曾执行预约定价安排，且执行结果符合安排要求的；

（3）自企业提交申请之日所属纳税年度前 10 个年度内，曾受到税务机关特别纳税调查调整且结案的。

2. 简易程序包括申请评估、协商签署和监控执行 3 个阶段。企业应当向主管税务机关提出适用简易程序的申请，主管税务机关分析评估后，决定是否受理。

企业有申请意向的，应当向主管税务机关提交《单边预约定价安排简易程序申请书》，并附送申请报告。申请报告包括以下内容：

（1）单边预约定价安排涉及的关联方及关联交易；

（2）单边预约定价安排的适用年度；

（3）单边预约定价安排是否追溯适用以前年度；

（4）企业及其所属企业集团的组织结构和管理架构；

（5）企业最近3~5个纳税年度生产经营情况、财务会计报告、审计报告、同期资料等；

（6）单边预约定价安排涉及各关联方功能和风险的说明，包括功能和风险划分所依据的机构、人员、费用、资产等；

（7）单边预约定价安排使用的定价原则和计算方法，以及支持这一定价原则和计算方法的功能风险分析、可比性分析和假设条件等；

（8）价值链或者供应链分析，以及对成本节约、市场溢价等地域特殊优势的考虑；

（9）市场情况的说明，包括行业发展趋势和竞争环境等；

（10）单边预约定价安排适用期间的年度经营规模、经营效益预测以及经营规划等；

（11）对单边预约定价安排有影响的境内、外行业相关法律、法规；

（12）符合《国家税务总局关于单边预约定价单排适用简易程序有关事项的公告》（国家税务总局公告2021年第24号）第三条的有关情况；

（13）其他需要说明的情况。

有下列情形之一的，主管税务机关不予受理企业提交的申请：

（1）税务机关已经对企业实施特别纳税调整立案调查或者其他涉税案件调查，且尚未结案；

（2）未按照有关规定填报年度关联业务往来报告表，且不按时更正；

（3）未按照有关规定准备、保存和提供同期资料；

（4）未按照要求提供相关资料或者提供的资料不符合税务机关要求，且不按时补正或者更正；

（5）拒不配合税务机关进行功能和风险实地访谈。

3. 主管税务机关收到企业申请后，应当开展分析评估，进行功能和风险实地访谈，并于收到企业申请之日起90日内向企业送达《税务事项通知书》，告知其是否受理；不予受理的，说明理由。

主管税务机关受理企业申请后，应当与企业就其关联交易是否符合独立交易原则进行协商，并于向企业送达受理申请的《税务事项通知书》之日起6个月内协商完毕。

协商期间，主管税务机关可以要求企业补充提交相关资料，企业补充提交资料时间不计入上述6个月内。

（1）主管税务机关与企业协商一致的，应当拟定单边预约定价安排文本。双方的法定代表人或法定代表人授权的代表签署单边预约定价安排。

（2）主管税务机关不能与企业协商一致的，应当向企业送达终止简易程序的《税务事项通知书》。企业可以按照《国家税务总局关于完善预约定价安排管理有关事项的公告》（国家税务总局公告2016年第64号）的规定，重新申请单边预约定价安排。已经提交过的资料，无需重复提交。

单边预约定价安排执行期间，企业发生影响单边预约定价安排的实质性变化，导致终止执行的，可以重新申请单边预约定价安排。

单边预约定价安排适用于主管税务机关向企业送达受理申请的《税务事项通知书》之日所属纳税年度起3～5个年度的关联交易。

同时涉及两个或者两个以上省、自治区、直辖市和计划单列市税务机关的单边预约定价安排，暂不适用简易程序。

九 调查协查

【知识点1】 调查核实

税务人员根据税源管理要求或其他业务的需求，对纳税人税务户籍管理、税收优惠、生产经营、财务核算、发票使用管理、协定对方和缔约国提请相互协商案件、情报交换管理、稽核比对结果为重号的海关缴款书、定期定额户典型调查分析、出口企业需要进行实地调查、车辆购置税完税信息共享等需要核查情况进行实地检查的过程。

【知识点2】 收函管理

税务机关接收函件后，根据来函类别进行审核清分登记，并根据审核结果填写拟办意见后，将函件归档。

【知识点3】 复函管理

1. 受托协查复函。受托方收到《税收违法案件协查函》后，应当根据协查请求，依照法定权限和程序调查，并按照要求及期限回函。受托方应当依据调查取证所掌握的情况及所获取的证据材料，向委托方出具《税收违法案件协查回复函》。

2. 特别纳税调整复函。特别纳税调整复函是指受托方接收委托方发来的需要调查的关联方的相关信息，根据协查内容和协查要求，对案件信息相关的经济事项和反映的经济活动进行检查处理，取得相关证据并反馈协查结果的工作。

3. 税收情报交换管理复函。税收情报交换管理复函是指受托方接收委托方发来的需要核实的税收情报交换信息，根据协查内容和协查要求，对情报信息相关的经济事项和反映的经济活动进行检查处理，取得相关证据并反馈协查结果的工作。

4. 非居民企业所得税汇算清缴复函。非居民企业所得税汇算清缴机构所在地主管税务机关对企业的汇总申报资料进行审核时，对其他机构的情况有疑问需要进一步审核的，可以向其他机构所在地主管税务机关发送《非居民企业汇总申报纳税事项协查函》，其他机构所在地主管税务机关应负责就协查事项进行调查核实，并将结果函复汇缴机构所在地主管税务机关。

5. 受托协查延期复函。国家税务总局督办的案件，案件协查受托方在回函期限前不能完成检查工作的，可以在到期前填写《协查延期申请》逐级上报国家税务总局申请延期，国家税务总局接收受托协查税务机《协查延期申请》，对延期协查事项进行审批，确定是否予以批准；协查受托方接收《协查延期批复》，并及时将批复信息反馈委托协查方，在延期期限内给予回复。

6. 石脑油、燃料油增值税专用发票核查复函。受托方接受委托方发来的《生产企业定点直供石脑油、燃料油开具普通版增值税专用发票核查表（发函使用）》中的发票信息进行核查；并反馈核查结果。

7. 进口增值税抵扣信息核查复函。海关需要对海关缴款书涉及的进口增值税申报抵扣情况进行核查确认的，可向纳税人主管税务机关发出《进口增值税抵扣信息委托核查函》。主管税务机关收到委托核查函后，在 30 日内以《进口增值税抵扣信息核查回复函》回复发函海关。

8. 调查出口税收有关情况的复函。供货企业、委托代办退税的生产企业所在地县以上税务机关的税源管理部门等相关部门（以下简称复函地税务机关）负责出口税收函调的复函工作。复函地税务机关应当通过函调系统查阅调查函接收情况，在收到调查函后，根据函件的核查要求及文件相关规定开展核查并进行复函。

9. 调查外购或委托业务的复函。上游企业的主管税务机关收到复函地税务机关发来的有关外购或委托业务的函件，应按照规定要求开展核查，并进行复函。

10. 延期复函。延期复函地税务机关因规定的特定原因不能按时复函的，应当自收到调查函之日起 20 个工作日内，向发函地税务机关回复《延期复函说明》，说明不能按期复函的原因。

【知识点 4】 涉税事项内部移送

1. 增值税专用发票和其他抵扣凭证稽核审核检查造成稽核比对中发现异常的增值税专用发票和其他抵扣凭证的类型：一类是技术性错误，如录入错误、已申报但漏采集、漏传递、错报为失控或作废发票等；二类是涉及发票的一般性违规行为，需要进行补税、加收滞纳金和罚款，但不需要立案查处；三类是涉嫌虚开骗税，需要立案查处。管理部门负责将属于第三类问题的增值税专用发票填列《发票审核检查移交清单》经主管领导签字后连同相关材料移交稽查部门查处。管理部门将审核检查后认为需跨省、地、县（简称异地）协查的增值税专用发票送交本地同级或对应税务局所属稽查部门，按现行有关协查规定形成内部生成数据，由稽查部门发起协查。稽查部门要将管理部门移送的第三类和异地增值税专用发票协查结果反馈管理部门，管理部门将所有一、二、三类增值税专用发票审核检查结果送局领导确定的业务部门进行汇总。

2. 纳税评估管理发现纳税人有偷税、逃避追缴欠税、骗取出口退税、抗税或其他需要立案查处的税收违法行为嫌疑的，要移交税务稽查部门处理。对税源管理部门移交稽查部门处理的案件，税务稽查部门要将处理结果定期向相关部门反馈。发现外商投资和外国企业与其关联企业之间的业务往来不按照独立企业业务往来收取或支付价款、费用，需要调查、核实的，应移交上级税务机关国际税收管理部门（或有关部门）处理。

3. 税收违法行为检举管理不属于稽查局职责范围的检举事项，经本级税务机关稽查局负责人批准，移交有处理权的单位或者部门。

4. 各级税务机关大企业税收管理部门应根据风险评估报告，按照风险等级，对企业实施针对性管理措施。在约谈企业、案头审计、布置企业自查、反避税调查过程中，发现企业有严重税收违法行为的，应移送稽查部门处理。

5. 出口退（免）税管理。

（1）各级税务机关进出口税收管理部门在出口退（免）税审核、出口税收函调、退税预警评估等管理工作中，有证据证明出口企业涉嫌骗税，以及发现出口企业存在《涉嫌骗取出口退税线索移送情形》所列移送情形三种以上的，应移送至稽查部门。

（2）已稽查企业的新疑点移送主管税务机关在开展出口退（免）税评估之前，对已被纳入稽查对象的出口企业，不得确定为评估对象，但必须将有关疑点通过《出口退税风险信息告知书》传递至稽查部门。

（3）立案和查处情况告知稽查部门填报《关于出口企业的立案、查处情况告知书》，将出口企业涉嫌骗税违法行为立案、查处情况告知进出口管理部门。

①涉嫌骗税案件立案情况的告知。进出口税收管理部门移送稽查部门的，稽查部门应当自签收《涉嫌骗取出口退税线索移送稽查通知书》之日起 2 个月内，告知涉嫌骗税线索的立案情况；稽查部门立案查处的涉嫌骗税案件（除进出口税收管理部门移送外），应当在实施检查后的 5 个工作日内将立案情况告知进出口税收管理部门。

②案件查处情况的告知。对已结案的涉嫌骗税案件，稽查部门应当自结案之日起 5 个工作日内将查处结果告知进出口税收管理部门；对已经办理出口退（免）税备案的

出口企业，因涉及虚开增值税专用发票或者其他增值税扣税凭证被税务行政处罚的，稽查部门应当自下达处罚决定之日起5个工作日内告知进出口税收管理部门。

6. 跨省（市）迁移。

对于纳税信用级别为A级、B级的企业，因住所、经营地点在京津冀、成渝地区双城经济圈区域内跨省（市）迁移涉及变更主管税务机关的，对于符合条件的企业，迁出地税务机关即时将企业相关信息，推送至迁入地税务机关，迁入地税务机关自动办理接入手续，企业原有纳税信用级别等资质信息、增值税期末留抵税额等权益信息可予承继。

自2012年1月1日起，增值税一般纳税人因住所、经营地点变动，按照相关规定，在工商行政管理部门（现为市场监督管理部门）作变更登记处理，但因涉及改变税务登记机关，需要办理注销税务登记并重新办理税务登记的，在迁达地重新办理税务登记后，其纳税人资格予以保留，办理注销税务登记前尚未抵扣的进项税额允许继续抵扣。迁出地主管税务机关应认真核实纳税人在办理注销税务登记前尚未抵扣的进项税额，填写《增值税一般纳税人迁移进项税额转移单》。《增值税一般纳税人迁移进项税额转移单》一式三份，迁出地主管税务机关留存一份，交纳税人一份，传递迁达地主管税务机关一份。迁达地主管税务机关应将迁出地主管税务机关传递来的《增值税一般纳税人迁移进项税额转移单》与纳税人报送资料进行认真核对，对其迁移前尚未抵扣的进项税额，在确认无误后，允许纳税人继续申报抵扣。

十 通知及送达

【知识点1】 税务事项通知

税务机关向纳税人、扣缴义务人通知有关税务事项时使用《税务事项通知书》。除法定的专用通知书外，税务机关在通知纳税人缴纳税款、滞纳金，要求当事人提供有关资料，办理有关涉税事项时均可使用此文书。

【知识点2】 文书送达

税务人员将各环节制作好的需送达的各类税务文书，采用法定的送达方式送达文书受送达人。

采取直接送达、委托送达方式送达的，由两个以上送达人员持《税务文书送达回证》及税务文书，将税务文书送达给文书受送达人，根据送达情况由文书受送达人、代收人、见证人、送达人在《税务文书送达回证》的相关栏目签字、盖章。

直接送达税务文书有困难的，可以委托其他有关机关或者其他单位代为送达，或者邮寄送达。

直接或者委托送达税务文书的，以签收人或者见证人在送达回证上的签收或者注明的收件日期为送达日期；邮寄送达的，以挂号函件回执上注明的收件日期为送达日期，并视为已送达。

如果同一送达事项的受送达人众多，或者采用上述的送达方式无法送达，税务机关可以公告送达税务文书，自公告之日起满30日，即视为送达。

十一 外部信息采集交互

【知识点1】 信息收集

各级税务机关收集宏观经济信息、第三方涉税信息（含互联网涉税信息）、企业财务信息、生产经营信息、关联企业信息，整合不同应用系统信息，建立基础信息库，并定期予以更新，用于日常税源管理、信用动态监控和风险动态监控等税收管理事项。

各级税务机关应按照规范、统一的数据标准收集纳税人的收入、财产、投资、经营等涉税信息。信息收集的来源包括：

（1）第三方信息，如市场监督管理局等职能机构提供的信息，供电、供水等公共事业类企业提供的信息，其他政府部门和社会组织共享的信息。

（2）千户集团企业端数据。

（3）税务机关在日常税源管理、纳税评估、税务稽查过程中发现的税源信息、税收风险信息。

（4）其他可以获取的与企业经营相关的信息。

信息收集主要渠道包括：

（1）互联网。

（2）政务信息资源共享平台。

（3）人工收集。

【知识点2】 简易注销信息反馈

税务部门通过信息共享获取市场监督管理部门推送的企业拟申请简易注销登记信息后，应按照规定的程序和要求，查询税务信息系统核实企业的相关涉税情况，对于经查询显示为以下情形的纳税人，税务部门不提出异议：

（1）未办理过涉税事宜的纳税人；

（2）办理过涉税事宜但没领过发票、没有欠税和没有其他未办结事项的纳税人；

（3）在公告期届满之日前已办结缴销发票、结清应纳税款等清税手续的纳税人。

对于仍有未办结涉税事项的企业，税务部门在公告期届满次日向市场监督管理部门提出异议。

【知识点3】 注销车辆购置税档案信息

注销车辆购置税档案是指当公安机关车辆管理机构和农业（农业机械）主管部门对机动车进行了报废处理后，车辆购置税主管税务机关，依据从公安机关车辆管理机构和农业（农业机械）主管部门交换来的数据，整理出公安机关车辆管理机构和农业（农业机械）主管部门已注销档案的车辆数据，注销相应的车辆购置税档案信息。

【知识点4】 环保复核处理

税务机关应当将纳税人的纳税申报数据资料与生态环境主管部门交送的相关数据资料进行比对。

税务机关发现纳税人的纳税申报数据资料异常或者纳税人未按照规定期限办理纳税申报的，可以提请生态环境主管部门进行复核，生态环境主管部门应当自收到税务机关的数据资料之日起15日内向税务机关出具复核意见。

税务机关应当按照生态环境主管部门复核的数据资料调整纳税人的应纳税额。

【知识点5】 情报交换

情报交换，是指我国与相关税收条约或协定缔约国家（地区）的主管当局为了正确执行税收条约或协定及其所涉及税种的国内法而相互交换所需信息的行为。

1. 接收税收情报管理，是指我国主管当局（国家税务总局）根据税收条约或协定及其所涉及税种的我国国内法，对相关税收条约或协定国主管当局请求或提供的税收情报进行调查（使用）的行为。接收税收情报管理包括税收情报（自发情报、自动情报、专项情报请求）核查程序的启动、具体情报的调查使用、调查使用情况的反馈和审核。分别由国家税务总局、省局和地市级以下税务机关处理完成。

2. 税收情报提供，是指我国为了正确执行相关税收条约或协定，向税收条约或协定缔约国（地区）的税务主管当局提供信息的行为。业务包括情报提供的采集、情报提供的审核和税务总局提供情报。

3. 税收情报请求，是指我国与相关税收条约或协定缔约国（地区）的税务主管当局为了正确执行税收条约或协定及其所涉及税种的国内法而请求缔约国（地区）对方提供信息的行为。业务包括情报请求的采集、情报请求的审核和国家税务总局发出情报请求。

十二 凭证及证件

【知识点1】 票证管理

票证管理包括票证计划、票证领发、票证作废、票证结报缴销（用票人）、票证结报缴销（基层税务机关）、票证停用和批量作废审批、票证销毁、票证损失核销、票证盘点、票证移交、票证检查、票证结账、票证账务更正、票证审核及差错处理、票证归档等内容。

1. 票证计划，是指使用和管理税收票证的税务机关应根据本地区税收票证使用情况，定期编报各种纸质税收票证的领用计划，报送至发放或印制税收票证的税务机关。票证计划类别分为固定计划和追加计划两种。

2. 票证领发包含印刷税收票证、外部领取票证入库和税收票证发放。

3. 票证作废，是指在税款征收或退还的过程中，因开具错误、已填开丢失联次或是单份税票因印刷质量不合格等原因，无法正常使用的，对税收票证进行作废处理。

4. 票证结报缴销（用票人）：

票证结报缴销（系统内），是指用票人向税务机关票证管理员进行经由系统开具或补录的税收票证结报缴销，是纸质税收票证结报缴销的一种。

票证结报缴销（系统外），是指用票人向税务机关票证管理员进行未经系统开具或补录的税收票证结报缴销，是纸质税收票证结报缴销的一种。

票证结报缴销（电子税票），是指数据电文税收票证可以由税收票证管理员按需或进行票证月结前，系统自动生成《税收票款结报缴销单》，自动确认结报缴销。

用票人，是指领取、填开各类税收票证的税务机关票证开具人员、“三代单位”（代扣代缴、代收代缴、委托代征及印花税票代售人）以及其他经认可的税务机关以外的单位（自行填开税收票证的纳税人）。

5. 票证结报缴销（基层税务机关），是指基层使用和管理税收票证的税务机关票证管理员对下属用票人结报缴销的票证进行汇总，填制《税收票款结报缴销单》后向上级税务机关办理税收票证结报缴销。

6. 票证停用和批量作废审批，是指由于税收政策变动、式样改变等原因或全包、全本印制质量不合格的票证，在进行销毁前，必须作税收票证停用和批量作废审批处理。

7. 票证销毁，是指使用和管理税收票证的税务机关对保管到期已填用税收票证的存根联和报查联（作为税收会计凭证的除外）、全包全本印刷质量不合格的税收票证、停用税收票证、损毁和损失追回的税收票证、印发税务机关规定销毁的税收票证及需要销毁的税收票证专用章戳，保管期满的税收票证账簿、报表及各种税收票证资料进行销毁登记，在销毁申请信息审核批准后，各级税务机关组织、监督销毁票证。

8. 票证损失核销，是指未开具税收票证（含未销售印花税票）发生毁损或丢失、被盗、被抢等损失的，受损单位应当及时组织清点核查，并由各级税务机关按照权限进行损失核销审批。毁损残票和追回的税收票证按规定进行销毁。

9. 票证盘点，是指税务机关对结存的税收票证应当定期进行盘点，发现结存税收票证实物与账簿记录数量不符的，应当及时查明原因并报告上级或所属税务机关。

10. 票证移交，是指税务机关票证管理员工作变动时，在监交人监督下原票证管理员（移交人）向新票证管理员（接管人）办理票证和账簿核算资料等交接，并经监交人审查核准离岗，完成票证管理员交接的过程。

11. 票证检查，是指县级（含县级）以上税务机关依据税收法律法规、税收票证管理办法及国家预算制度，对税收票证的印制、领发、保管、使用、结报缴销、作废、停用、损失核销和核算进行的检查。

12. 票证结账，是指省级、地市级以及区县级税务机关应当按税收票证种类、领用单位设置《税收票证分类出纳账》，根据《税收票证领发单》《税收票款结报缴销单》《税收票证损失核销报告审批单》《税收票证停用和批量作废申请审批单》《税收票证账务更正通知单》等凭证，对各种税收票证的印制、领发、开具、开具作废、损失核销、停用和批量作废的数量、字轨和号码及时进行登记和核算，按月结账，按期编制《税收票证用存报表》并报送上级税务机关。

13. 票证账务更正，是指使用和管理税收票证的税务机关在票证日常管理工作中发现各业务环节产生的原始单据（凭证）记录错误，且该原始单据（凭证）已经由各方确认或已进行账务核算处理，不能通过退回、作废等方法进行处理，而对该原始单据（凭证）载明的事项进行更正处理，以补正账务处理的业务。票证账务更正的业务范围包括对票证领发、结报缴销、损失核销、停用和批量作废票证业务中发生的错误进行更正。

14. 票证审核及差错处理，是指基层税务机关的税收票证管理人员应当按日对已结报缴销税收票证的完整性、准确性和税收票证管理的规范性进行审核；基层税务机关的上级或所属税务机关税收票证管理人员对基层税务机关缴销的税收票证，应当定期进行复审。使用和管理税收票证的税务机关应依据税收法律法规、税收票证管理办法以及国家预算制度，对票证审核、票证检查中发现的税收票证印制、领发、保管、使用、结报缴销、作废、停用、损失核销和核算问题进行处理。

15. 票证归档，是指税务机关应当及时对已经开具、作废的税收票证、账簿以及其他税收票证资料进行归档保存。纸质税收票证、账簿以及其他税收票证资料，应当整理装订成册，保存期限为5年；作为会计凭证的纸质税收票证保存期限为15年。数据电文税收票证、账簿以及其他税收票证资料，应当通过光盘等介质进行存储，确保数据电文税收票证信息的安全、完整。

【知识点2】 发票印制调拨

发票印制调拨，主要是指对发票的内部管理，包括：发票计划编制、发票计划调整、发票印制分配、发票印制入库、发票库房调拨管理、发票库房退库管理、发票柜台出库管理、发票柜台退库管理、发票盘存管理、发票结存管理、发票挂失（适用税务机关）、发票核销（适用税务机关）共12项业务内容。

1. 发票计划编制：①增值税发票计划管理。增值税发票包括增值税专用发票和增值税普通发票。增值税发票的印制计划由县税务局、地市税务局、省税务局逐级上报至国家税务总局。国家税务总局审定汇总各省（含自治区、直辖市和计划单列市，下同）税务局上报的增值税发票印制计划后，送交印制企业安排印制，并下发各省税务局。增值税发票的印制计划每半年安排一次，印制计划上报后一般不再调整。特殊情况的，各省税务局可以按需报送追加计划。②普通发票计划管理。普通发票（除增值税普通发票以外的普通发票）计划管理，是指税务机关内部对普通发票领用计划的编制、审定汇总、上报工作。普通发票计划需要逐级上报到相应级次的上级税务机关进行审定汇总，并由省、自治区、直辖市税务机关指定的印刷企业印制。

2. 发票计划调整：下级税务机关的发票印制计划上报上级机关审定汇总后，如果发现上报的计划与实际需求不符，可对已上报的发票印制计划进行调整，经上级机关审定汇总后，完成对发票计划的调整。

3. 发票印制分配：各级税务机关在自己的权限内，将需要印制的票种、规格、数量、期限下达给政府采购后确定的印刷厂，印制发票。

4. 发票印制入库：增值税发票印制企业在收到印制计划并完成印制后，将增值税发票送至各省、自治区、直辖市和计划单列市税务局指定地点。印制企业送达增值税发票后需要填写增值税发票成品入库单，税务机关发票管理人员查验实物后，由税务机关验收人在增值税发票成品入库单上签字、单位盖章。税务机关发票管理人员填制《发票印制验收入库单》确认验收入库。印制企业按《发票印制通知书》要求印制完毕后，填制《承印发票完工报告表》向税务机关发票管理部门交验普通发票，税务机关发票管理人员查验实物，填制《发票印制验收入库单》确认验收入库。

5. 发票库房调拨管理：上下级税务机关之间发票发出、领用的管理，包括发票出库管理、入库查验、出库调整、入库管理四方面的内容。在发票库房调拨管理中，发票出库管理，是指上级税务机关主库房向下级税务机关库房调拨发票出库的工作；发票入库查验，是指下级税务机关库房接收到上级税务机关调拨的发票并进行查验验收；出库调整，是指发票发出方的出库信息与发票接收方的入库信息经比对存在差异，若差异情况不是由运输途中丢失造成的，属于多付票或少付票情况的，发票发出方根据发票接收方提供的比对信息调整出库信息的过程；发票入库管理，是指下级税务机关库房对上级税务机关主库房调拨的发票验收入库的工作。

6. 发票库房退库管理：对上下级税务机关之间因某种原因，需将调拨到下级发票库房的发票退回上级发票库房的管理。发票库房退库管理包括发票出库管理、入库查验、出库调整、入库管理四方面的内容。在发票库房退库管理中，发票出库管理，是指下级税务机关发票库房向上级税务机关发票库房退票时发票出库的工作；发票入库查验，是指上级税务机关接收到下级税务机关库房退回的发票进行查验验收工作；出库调整，是指发票退票方的出库信息与发票接收方的入库信息经比对存在差异，若差异情况不是由运输途中丢失造成的，属于多付票或少付票情况的，发票退票方根据发票接收方提供的比对信息调整出库信息的过程；发票入库管理，是指上级税务机关库房对下级税务机关库房退库的发票验收入库的工作。

7. 发票柜台出库管理：发票发售柜台、发票代开柜台向发票库房申请领用发票，发票库房将发票出库给柜台库房，减少发票主库房库存，增加柜台库存。通过柜台出库管理，完成主库房向柜台库房出库工作。

8. 发票柜台退库管理：主库房人员在柜台出库管理中出现误操作，或者发票柜台操作员在发票验收入库时发现存在问题或其他原因，将调拨到柜台的发票退回发票库房的管理。通过柜台退库管理，完成柜台库房向主库房退库工作。

9. 发票盘存管理：税务机关发票管理人员定期或不定期对发票库房、发票柜台的库存情况进行盘点，将盘存信息与发票库存信息相比较形成盘存报告表，及时发现、解决问题。

10. 发票结存管理：税务机关为了汇总掌握某一个结存期的发票收、发、存情况，在结账日要对发票库存情况作结存处理，产生《发票收发存情况报告表》以及其他发票明细账，以便加强对发票领用存的管理。

11. 发票挂失（适用税务机关）：税务机关因发票发生丢失被盗，向上级税务机关报告，提出挂失申请，并在报刊和电视等传播媒介上公告声明作废。

12. 发票核销（适用税务机关）：对因保存期满或发生霉变、水浸、鼠咬、改版、换版等原因，失去使用价值的发票，税务机关可以向其上级税务机关提出申请，经上级税务机关批准后，对该批发票进行核销。

【知识点3】 税务检查证管理

税务检查证管理部门根据《税务检查证管理办法》的规定，对税务检查证进行的管理业务。

税务检查证管理包括：申请办理税务检查证、申请核发税务检查证、税务检查证年审、税务检查证缴销、申请补发、换发税务检查证。

【知识点4】 机动车发票

1. 机动车发票是指销售机动车（不包括二手车）的单位和个人（以下简称销售方）通过增值税发票管理系统开票软件中机动车发票开具模块所开具的增值税专用发票和机动车销售统一发票（包括纸质发票、电子发票）。增值税发票管理系统开票软件自动在增值税专用发票左上角打印“机动车”字样。

2. 机动车发票均应通过增值税发票管理系统开票软件在线开具。按照有关规定不使用网络办税或不具备网络条件的特定纳税人，可以离线开具机动车发票。

3. 开通机动车发票开具模块的销售方分为机动车生产企业、机动车授权经销企业、其他机动车贸易商三种类型。

4. 取得机动车的相关凭据包括：

（1）增值税专用发票；

（2）海关进口增值税专用缴款书；

（3）货物进口证明书；

（4）机动车整车出厂合格证；

（5）法院判决书、裁定书、调解书，以及仲裁裁决书、调解书，公证债权文书；

（6）国家税务总局规定的其他凭证。

5. 向消费者销售机动车，销售方应当开具机动车销售统一发票；其他销售机动车行为，销售方应当开具增值税专用发票。

6. 销售方使用机动车发票开具模块时，应遵循以下规则：

（1）国内机动车生产企业销售本企业生产的机动车、进口机动车生产企业驻我国办事机构或总授权代理机构和从事机动车进口的其他机动车贸易商销售本企业进口的机动车，应通过增值税发票管理系统和机动车合格证管理系统，依据车辆识别代号/车架号将机动车发票开具信息与国产机动车合格证电子信息或车辆电子信息（以下统称车辆电子信息）进行关联匹配。

（2）销售方购进机动车直接对外销售，应当通过机动车发票开具模块获取购进机动车的车辆识别代号/车架号等信息后，方可开具对应的机动车发票。

7. 销售机动车开具增值税专用发票时，应遵循以下规则：

（1）正确选择机动车的商品和服务税收分类编码。

（2）增值税专用发票“规格型号”栏应填写机动车车辆识别代号/车架号，“单位”栏应选择“辆”，“单价”栏应填写对应机动车的不含增值税价格。汇总开具增值税专用发票，应通过机动车发票开具模块开具《销售货物或应税劳务、服务清单》，其中的规格型号、单位、单价等栏次也应按照上述增值税专用发票的填写要求填开。国内机动车生产企业若不能按上述规定填写“规格型号”栏的，应当在增值税专用发票

（包括《销售货物或应税劳务、服务清单》）上，将相同车辆配置序列号、相同单价的机动车，按照同一行次汇总填列的规则开具发票。

（3）销售方销售机动车开具增值税专用发票后，发生销货退回、开票有误、销售折让等情形，应当凭增值税发票管理系统校验通过的《开具红字增值税专用发票信息表》开具红字增值税专用发票。发生销货退回、开票有误的，在“规格型号”栏填写机动车车辆识别代号/车架号；发生销售折让的，“规格型号”栏不填写机动车车辆识别代号/车架号。

8. 销售机动车开具机动车销售统一发票时，应遵循以下规则：

（1）按照“一车一票”原则开具机动车销售统一发票，即一辆机动车只能开具一张机动车销售统一发票，一张机动车销售统一发票只能填写一辆机动车的车辆识别代号/车架号。

（2）机动车销售统一发票的“纳税人识别号/统一社会信用代码/身份证明号码”栏，销售方根据消费者实际情况填写。如消费者需要抵扣增值税，则该栏必须填写消费者的统一社会信用代码或纳税人识别号，如消费者为个人则应填写个人身份证明号码。

（3）开具纸质机动车销售统一发票后，如发生销货退回或开具有误的，销售方应开具红字发票，红字发票内容应与原蓝字发票一一对应，并按以下流程操作：

销售方开具红字发票时，应当收回消费者所持有的机动车销售统一发票全部联次。如消费者已办理车辆购置税纳税申报的，不需退回报税联；如消费者已办理机动车注册登记的，不需退回注册登记联；如消费者为增值税一般纳税人且已抵扣增值税的，不需退回抵扣联。

消费者已经办理机动车注册登记的，销售方应当留存公安机关出具的机动车注销证明复印件；如消费者无法取得机动车注销证明，销售方应留存机动车生产企业或者机动车经销企业出具的退车证明或者相关情况说明。

（4）消费者丢失机动车销售统一发票，无法办理车辆购置税纳税申报或者机动车注册登记的，应向销售方申请重新开具机动车销售统一发票；销售方核对消费者相关信息后，先开具红字发票，再重新开具与原蓝字发票存根联内容一致的机动车销售统一发票。

（5）机动车销售统一发票打印内容出现压线或者出格的，若内容清晰完整，无需退还重新开具。

9. 已办理车辆购置税纳税申报的机动车，不得更改车辆电子信息；未办理车辆购置税纳税申报的机动车，可以按照机动车出厂合格证相关管理规定修改车辆电子信息，但销售方所开具的机动车销售统一发票内容应与修改后的车辆电子信息一致。

10. 上述规定自 2021 年 5 月 1 日起试行，2021 年 7 月 1 日起正式施行。自试行之日起制造的机动车，销售方应按上述规定开具机动车发票。制造日期按照国产机动车的制造日期或者进口机动车的进口日期确定。

【知识点5】 数电票

1. 数电票的全称是“全面数字化的电子发票”。

2. 数电票是与纸质发票具有同等法律效力的全新发票，不以纸质形式存在、不用介质支撑，无需申请领用、发票验旧及申请增版增量。纸质发票的票面信息全面数字化，将多个票种集成归并为电子发票单一票种。数电票实行全国统一赋码、自动流转交付。

3. 数电票的票面信息包括基本内容和特定内容。

数电票的基本内容在现行增值税发票基础上进行了优化，主要包括：动态二维码、发票号码、开票日期、购买方信息、销售方信息、项目名称、规格型号、单位、数量、单价、金额、税率/征收率、税额、合计、价税合计（大写、小写）、备注、开票人。

税务机关根据现行发票开具的有关规定和特定业务的开票场景，在数电票中设计了相应的特定内容。特定业务包括但不限于建筑服务、旅客运输服务、货物运输服务、不动产销售、不动产经营租赁服务、农产品收购、光伏收购、代收车船税、自产农产品销售、差额征税等。在开具特定内容数电票时，可以按照实际业务开展情况，将按规定应填写在发票备注等栏次的信息，填写在特定内容栏次，进一步规范发票票面内容。特定业务的数电票票面按照特定内容展示相应信息，同时票面左上角展示该业务类型的字样。

4. 数电票采用授信制，以开具总额（授信额度）替换票种核定和最高开票限额审批。

5. 数电票不能作废，数电票红冲使用红字信息确认单取代红字信息表。红字信息确认单不需要税务机关审批，改为双方确认。

6. 数电票共有3种格式：PDF、OFD、XML，其中XML以数据电文形式交付，无需PDF、OFD等特定版式要求。

7. 数电票开具时自动赋予每张发票唯一编码，总共20位。

8. 数电票记载的具体内容，具有要素化的特征，包括基本要素、特定要素和附加要素。

十三 征缴管理

【知识点1】 缴（退）库凭证销号

缴款书上解销号，是指税务机关对税款缴入国库经收处的《中华人民共和国税收缴款书（银行经收专用)》《中华人民共和国税收缴款书（出口货物劳务专用)》《税收电子缴款书》进行上解销号的过程。

缴款书入库销号，是指税务机关对税款缴入人民银行国库的《中华人民共和国税收缴款书（银行经收专用)》《中华人民共和国税收缴款书（出口货物劳务专用)》《税收电子缴款书》进行入库销号的过程。

收入退还书销号，是指税务机关对税款从人民银行国库部门退回的《税收收入退还书》《电子税收收入退还书》进行销号的过程，退库日期为税款从人民银行国库部门退还的日期。

更正（调库）通知书销号，是指对收到的经国库盖章的更正（调库）通知书进行销号的行为。

【知识点2】 对账管理

税务机关在凭证销号的基础上，将税款缴库、退库和调库数据与国库相关数据进行核对，确认税款缴库、退库和调库业务完成的过程。发现数据不一致时，要及时查明原因并按规定予以调整。

1. 金库对账：税务机关与国库对税款缴库、退库、调库数据进行核对的过程。

2. 免抵调库：当纳税人审批通过的《出口退（免）税申报审核业务处理表》有免抵税额的，主管税务机关根据审批意见办理免抵调库，填开《更正（调库）通知书》送交国库办理调库。

3. 更正调库：税款缴库、退库业务办理完成后，税务机关或国库发现双方入库或退库税款预算科目、预算级次、收款国库等要素不一致需要调整的，应当进行更正。

【知识点3】 票款损失管理

票款损失管理，是指税务部门的自收税款发生被盗、丢失和征收过程中发生短差时，对此类事件的处理规定。

当发生时，当事人应及时向领导报告，并按照处理权限（各级处理权限可按照损失金额自行设置）的规定逐级报告上级税务机关进行审核、审批处理。经调查核实后，对追回税金或需要当事人赔偿的税金进行收取。经调查和上级税务机关审批后，除责任人赔偿和追回税款外其余丢失的税款核销处理。

票款损失管理包括票款损失报告、损失税金追回及赔偿、票款损失核销。

1. 票款损失报告：税务部门的自收税款发生被盗、丢失和征收过程中发生短差时，当事人应及时向领导报告，并按照处理权限的规定逐级报告上级税务机关进行审核、审批处理。

2. 损失税金追回及赔偿：税务部门的自收税款发生被盗、丢失和征收过程中发生短差时，经调查核实后，对追回税金或需要当事人赔偿的税金进行收取并开具损失税金追回及赔偿收据。

3. 票款损失核销：税务部门的自收税款发生被盗、丢失和征收过程中发生短差时，经调查和上级税务机关审批后，除责任人赔偿和追回税款外其余丢失的税款报有核销权限的税务机关进行核销处理。

【知识点 4】 税务代保管资金利息缴库

税务代保管资金账户资金的利息按照有关规定办理缴库。

年终，税务机关填制一般缴款书，将利息余额以“其他利息收入”科目一次缴入国库。

【知识点 5】 海关代征税款录入

进口环节的增值税、消费税由海关代征。各地海关征收之后，缴入当地国库，国库返还海关专用缴款书和收入退还书（海关专用）给同级税务机关，税务机关将信息存入系统，进行核算。对于系统可支持海关电子信息交换的情形，按有关规定执行。

税务机关要将海关专用缴款书（报查）和收入退还书（海关专用）（报查凭证）有关信息进行采集录入。录入之后的海关专用缴款书（报查）和收入退还书（海关专用）（报查凭证），还需进行票证销号，并参与金库对账。

>> 第二节 税收征管信息化

一 智慧税务

智慧税务相关内容请参见本丛书《通用知识》分册第四章“智慧税务”。

扫一扫，查看相关内容

二 统一身份管理平台和税务网络可信身份体系

【知识点】 统一身份管理平台和税务网络可信身份体系介绍

统一身份管理平台是基于税务网络可信身份体系建立的信息化平台，即以法定身份为基础、以权威认定为源点、以密码技术为支撑、以制度规范为保障、以可信服务为目标，通过构建统一身份管理平台和相关制度规范保障，推进税务网络空间依法、规范、高效运行。税务网络可信身份体系覆盖纳税人缴费人、税务人、自助办税设备、应用系统等。统一身份管理平台是税务网络可信身份体系的载体，为各税务应用系统用户提供统一身份管理、身份认证、岗责权限管理、行为审计服务。统一身份管理平台上线后接管了电子税务局的用户注册、用户登录以及用户管理功能，相应的操作界面也会切换到统一身份管理平台的使用界面。

税务人员需要采集证件类型、证件号码、姓名和手机号码，而且要经过实名核验。绑定税务人员代码（主要是金税三期税务人员代码）后，人员信息才完整，才能登录统一身份管理平台。登录方式如下：已绑定金税三期账号的正式人员/临时人员，以身份证号或税务人员代码作为账号、金税三期密码作为密码进行初始登录；无金税三期账号的正式人员，由运维人员为其生成税务人员代码，采集手机号码后，使用手机短信方式进行初始登录并修改密码。对于通过统一身份管理平台新增的税务人员，均使用手机短信验证码方式进行初始登录并修改初始密码。

三 自然人税收管理系统（ITS）

【知识点1】 自然人税收管理系统（ITS）概述

1. 自然人税收管理系统（ITS）是针对自然人纳税人设计和开发的一种用来管理和监控纳税人税收信息的软件系统。该系统通过计算自然人的应纳税额、申报纳税资料、处理税收信息等功能，实现对个人所得税、房产税、车辆购置税等多个税种的管理和监控。

2. 自然人税收管理系统（ITS）主要功能包括：用户管理、纳税申报、税务查询、税务告知、数据分析等。

【知识点2】 自然人税收管理系统（ITS）功能组件

1. 税务大厅端。税务大厅端是面向税务人员的业务办理渠道，与金税三期系统统一门户，支持依申报的办税业务、依职权的日常管理业务办理。

2. 扣缴客户端。扣缴客户端是面向扣缴单位办税人员的远程业务办理渠道，主要支持办税人员实名注册、个人所得税预扣预缴申报和缴税业务办理。

3. 手机端。手机端是直接面向自然人纳税人的远程业务办理渠道，采用手机 App 形式，主要支持个人实名注册、个人所得税预扣预缴申报和缴税业务办理。

4. 网页端。网页端是直接面向自然人纳税人的远程业务办理渠道，与各省电子税务局集成，主要支持个人实名注册、个人所得税预扣预缴申报和缴税业务办理。

【知识点 3】 自然人税收管理系统 （ITS） 常规功能的使用

1. 实名管理。自然人需要实名注册和登录，实名注册可以采用税务大厅注册码注册和人脸识别认证注册两种方式。

2. 完善个人信息。包括：个人信息、任职受雇信息、家庭成员信息、银行卡、安全中心。

3. 专项附加扣除。包括：大病医疗专项附加扣除、子女教育专项附加扣除、房贷利息专项附加扣除、房屋租金专项附加扣除、继续教育专项附加扣除、赡养老人专项附加扣除、3 岁以下婴幼儿照护专项附加扣除。

4. 纳税申报。自然人的纳税申报分为两个部分：分类所得个人所得税自行申报和申报更正、作废。

【知识点 4】 自然人税收管理系统 （ITS） 扣缴功能的使用

1. 人员信息采集。输入扣缴纳税人的个人信息，发送到自然人税收管理系统服务器端进行审核。审核通过的方可办理扣缴业务。

2. 专项附加扣除。可以下载模板，把所有员工的专项附加扣除信息表导入系统内。若员工自己通过 App 端或 Web 端采集过专项附加扣除信息的，可以通过点击“更新”按钮下载，无需再次报送。

3. 预扣预缴申报。选择使用自动导入正常工资薪金数据向导弹窗，选择已采集过信息的员工，系统会自动带出已采集的专项附加扣除信息。

4. 申报辅助功能。申报成功后，不管是否完成缴税，都可以进行“申报更正”。启动申报更正后，可以直接在原申报基础上进行修改。若该申报已经扣款，更正申报后多退少补，多缴的税款至办税服务厅办理退税。

5. 税款缴纳。本次申报成功后，点击“立即缴款”可以跳转至网上缴款菜单，获取相关的三方协议等信息，选中报表点击“立即缴款”可发起缴款业务。没有立即缴款的，在下次系统登录时，会弹出缴款的提醒。

【知识点 5】 自然人税收管理系统 （ITS） 实施情况

1. 2018 年 10 月前，支撑个人所得税改革过渡期政策业务办理，包括自然人实名认证、自然人信息采集、自然人信息变更、过渡期申报及相应的查询功能。

2. 2019 年 1 月前，支撑实施新税制，率先实施综合所得预扣预缴申报及分类所得申报，包括以下功能：

（1）个人所得税改革核心业务，综合所得的预扣预缴和年度申报等；

（2）分类所得扣缴申报和自行申报业务；

（3）征收开票（含电子缴税）、入库销号（含电子入库流水下载）、综合申报退税及财力结算等；

（4）综合所得的预扣预缴流水单、年度完税证明、日常完税证明等；

（5）相关会统核算、报表业务；

（6）业务操作清册查询、一人式查询等；

（7）部分大屏展示、政策效应分析等业务；

（8）其他相关业务，包括与核心征管的业务衔接，如票证使用衔接等。

3. 2020 年 1 月前，全面、深度支撑实施新税制，并拓展到自然人其他相关业务方面，主要包括报表分析、信用管理、风险管理、其他宏观分析等关键业务。

4. 2024 年，经营所得，利息、股息、红利所得，财产租赁所得，财产转让所得，偶然所得等五项新的个人所得项目被添加到了系统中。

四 电子税务局建设

【知识点 1】 电子税务局建设概况

电子税务局建设以信息技术为依托，充分利用云计算、大数据等互联网技术的发展成果，形成税务总局和省局两级处理、线上和线下结合、虚拟和实体互动的新型税收管理和服务模式。以 12366 纳税服务平台和网上办税服务厅为基础，通过网站建设、热线系统升级、移动互联应用开发、权益保护系统开发等措施，全面拓展面向纳税人应用，实现“六能”功能，即能听、能问、能看、能查、能约、能办服务。

【知识点 2】 电子税务局的优点

电子税务局的优点主要包括：

（1）提高办税效率，降低征纳双方的成本。电子税务局突破了实体税务局时间、空间的限制，纳税人可以足不出户，享受 7×24 小时不间断的纳税服务。用影像资料、电子数据替代了过去的纸质资料，降低了征纳双方的成本。

（2）推动税务公开，更好促进依法治税。纳税人可以通过电子税务局发起办税流程，随时了解事项办理情况。办税流程和办税事项实现了透明化和公开化。

（3）有利于税务部门科学、民主决策。相较于实体税务局，电子税务局使用互联网技术和数据库技术，使税务部门获取信息资源的能力得到很大的提高，可以获取更多的数据信息用于决策，并且为税务部门加强与公众的交流提供了极为顺畅、便捷的通道。

（4）有利于纳税知识的宣传普及。传统的实体电子税务局通常采用发放纸质税务资料、举办各类税务知识培训班和面对面进行宣传咨询等方式，传播的受众较小，使用的成本也比较高。电子税务局通过链接门户网站的信息公开、新闻动态、政策文件、纳税服务、互动交流等模块，方便纳税人获取相关资讯和进行网上咨询。

【知识点3】 电子税务局的使用

1. 登录路径。通过域名地址登录各省的电子税务局后，可以将电子税务局的地址收藏以便以后使用。各省税务局的门户网站一般也会有该省电子税务局的链接。登录后，需先进行环境检测，在下载区下载安装所需的控件和组件。

2. 注册及登录。企业用户新办开户时，需先完成法定代表人、财务负责人、办税人员的个人信息注册。自然人纳税人第一次使用电子税务局时，需通过用户注册设置用户账号等信息。统一身份管理平台接管电子税务局的用户注册、用户登录以及用户管理功能，相应的操作界面也会切换到统一身份管理平台的使用界面。目前，各省电子税务局大都支持个人所得税 App 扫码登录，统一社会信用代码、密码登录，个人身份证号码或手机号码、密码登录。

3. 业务办理。各省的电子税务局页面设置不尽相同，但主要业务功能类似。电子税务局支持纳税人日常办理综合信息报告、发票使用、税费申报与缴纳、税收减免、证明开具、税务行政许可、核定管理、一般退（抵）税管理、出口退税管理、增值税抵扣凭证管理、纳税信用、涉税专业服务机构管理、服务事项、风险管理等业务事项。

4. 查询。纳税人可以查询相关的涉税信息，涵盖办税进度及结果信息查询、发票信息查询、申报信息查询、缴款信息查询、欠税信息查询、优惠信息查询、个体工商户核定定额信息查询、证明信息查询、涉税中介机构信息查询、纳税信用状态信息查询、违法违章信息查询、历史办税操作查询、应申报清册查询、邮寄信息统计查询、物流信息查询、财务会计制度备案查询、失信行为查询等功能。

5. 便捷功能。电子税务局为纳税人提供待办工作、服务提醒等模块，待办工作涵盖纳税人征期内未申报等待办事项，服务提醒包括纳税人申请发起涉税事项处理进度等。

6. 互动与服务。纳税人可以通过电子税务局与税务机关进行在线交互，实现互联互通，还可以通过电子税务局查看通知公告等信息，享受咨询辅导等服务，实现公众查询等功能。

>> 第三节 法律追责与救济事项

一 违法处置

【知识点1】 违法处置的内容

对税务行政相对人违法的行为，由税务机关责令纳税人限期改正或对税务行政相对人的违法行为依法进行税务处理、处罚的过程。

违法处置主要包括：税收（规费）违法行为处理、责令限期改正、简易程序处罚、一般程序处罚、查补税款和罚款变更或补充处理、延（分）期缴纳罚款申请审批、提请吊销营业执照、停供（收缴）、解除停供（收缴）发票、税收违法行为检举管理、税务处理决定处理。

【知识点2】 税收 （规费） 违法行为处理

在税收征收管理工作中发现的税收（规费）违法行为，进行登记、处理、跟踪税收违法行为处理的状态并对税收违法行为处理进行终结审核。对税收违法行为的处理，根据税收违法行为的具体处理需要，进行具体处理。

【知识点3】 责令限期改正

纳税人、扣缴义务人及其他相关单位和个人有违法违章行为的，税务机关进行税收违法行为登记，由办理人员制作《责令限期改正通知书》，并将文书送达当事人。

对未自行申报、按时足额缴纳社会保险费的用人单位，由办理人员制作《责令限期改正通知书》，并将文书送达当事人。

【知识点4】 简易程序处罚

简易程序处罚，是指税务机关对违法事实确凿并有法定依据，对公民处以200元以下、对法人或者其他组织处以3000元以下罚款或警告的行政处罚。由办理人员制作《税务行政处罚决定书（简易）》并当场交付当事人。根据《中华人民共和国行政处罚法》的规定，执法人员当场作出的行政处罚决定，应当报所属行政机关备案。

对社会保险费的违法违章进行处罚，制作《社会保险费行政处罚决定书（简易)》，并送达缴费人。

行政处罚应当由具有行政执法资格的执法人员实施。执法人员不得少于两人，法律另有规定的除外。

【知识点5】 普通程序处罚

除可以当场作出的行政处罚外，行政机关发现公民、法人或者其他组织有依法应当给予行政处罚的行为的，必须全面、客观、公正地调查，收集有关证据；必要时，依照法律、法规的规定，可以进行检查。

符合立案标准的，行政机关应当及时立案。

行政处罚应当由具有行政执法资格的执法人员实施。执法人员不得少于两人，法律另有规定的除外。执法人员在调查或者进行检查时，应当主动向当事人或者有关人员出示执法证件。当事人或者有关人员有权要求执法人员出示执法证件。执法人员不出示执法证件的，当事人或者有关人员有权拒绝接受调查或者检查。

当事人或者有关人员应当如实回答询问，并协助调查或者检查，不得拒绝或者阻挠。询问或者检查应当制作笔录。

行政机关在收集证据时，可以采取抽样取证的方法；在证据可能灭失或者以后难以取得的情况下，经行政机关负责人批准，可以先行登记保存，并应当在 7 日内及时作出处理决定，在此期间，当事人或者有关人员不得销毁或者转移证据。

【知识点6】 普通程序处罚决定

调查终结，行政机关负责人应当对调查结果进行审查，根据不同情况，分别作出以下决定：

（1）确有应受行政处罚的违法行为的，根据情节轻重及具体情况，作出行政处罚决定；

（2）违法行为轻微，依法可以不予行政处罚的，不予行政处罚；

（3）违法事实不能成立的，不予行政处罚；

（4）违法行为涉嫌犯罪的，移送司法机关。

对情节复杂或者重大违法行为给予行政处罚，行政机关负责人应当集体讨论决定。

有下列情形之一，在行政机关负责人作出行政处罚的决定之前，应当由从事行政处罚决定法制审核的人员进行法制审核；未经法制审核或者审核未通过的，不得作出决定：

（1）涉及重大公共利益的；

（2）直接关系当事人或者第三人重大权益，经过听证程序的；

（3）案件情况疑难复杂、涉及多个法律关系的；

（4）法律、法规规定应当进行法制审核的其他情形。

行政机关中初次从事行政处罚决定法制审核的人员，应当通过国家统一法律职业资格考试取得法律职业资格。

行政机关应当自行政处罚案件立案之日起 90 日内作出行政处罚决定。法律、法规、规章另有规定的，从其规定。

行政处罚决定书应当在宣告后当场交付当事人；当事人不在场的，行政机关应当在 7 日内依照《中华人民共和国民事诉讼法》的有关规定，将行政处罚决定书送达当事人。当事人同意并签订确认书的，行政机关可以采用传真、电子邮件等方式，将行政处罚决定书等送达当事人。

行政机关及其执法人员在作出行政处罚决定之前，未依照规定向当事人告知拟作出的行政处罚内容及事实、理由、依据，或者拒绝听取当事人的陈述、申辩，不得作出行政处罚决定；当事人明确放弃陈述或者申辩权利的除外。

对纳税信用评价为 D 级的纳税人，发现其税收违法违规行为的，不得适用规定处罚幅度内的最低标准。

【知识点 7】 税务行政处罚听证

税务机关拟对公民处以 2000 元（含）以上，对法人或其他组织处以 1 万元（含）以上的罚款或吊销发票准印证等处罚，向公民、法人或其他组织送达《行政处罚事项告知书》或《税务行政处罚事项告知书》，当事人提出行政处罚听证申请的，应当在行政机关告知后 5 日内提出，税务机关依法审查受理行政处罚听证申请、组织实施听证。税务机关应当在收到当事人听证要求后 7 日内将《税务行政处罚听证通知书》送达当事人，15 日内举行听证。听证延期处理，是指税务机关对当事人以不可抗力或者其他特殊情况而耽误提出听证期限为由，提出申请延长期限申请的处理。

【知识点 8】 税务行政处罚“首违不罚”事项清单

自 2021 年 4 月 1 日以来，纳税人首次发生下列清单（见表 3－2）中所列事项且危害后果轻微，在税务机关发现前主动改正或者在税务机关责令限期改正的期限内改正的，不予行政处罚。

表 3－2　　税务行政处罚“首违不罚”事项清单

序号	事项
1	纳税人未按照《税收征管法》及实施细则等有关规定将其全部银行账号向税务机关报送
2	纳税人未按照《税收征管法》及实施细则等有关规定设置、保管账簿或者保管记账凭证和有关资料
3	纳税人未按照《税收征管法》及实施细则等有关规定的期限办理纳税申报和报送纳税资料
4	纳税人使用税控装置开具发票，未按照《税收征管法》及实施细则、《发票管理办法》等有关规定的期限向主管税务机关报送开具发票的数据且没有违法所得
5	纳税人未按照《税收征管法》及实施细则、《发票管理办法》等有关规定取得发票，以其他凭证代替发票使用且没有违法所得
6	纳税人未按照《税收征管法》及实施细则、《发票管理办法》等有关规定缴销发票且没有违法所得
7	扣缴义务人未按照《税收征管法》及实施细则等有关规定设置、保管代扣代缴、代收代缴税款账簿或者保管代扣代缴、代收代缴税款记账凭证及有关资料
8	扣缴义务人未按照《税收征管法》及实施细则等有关规定的期限报送代扣代缴、代收代缴税款有关资料
9	扣缴义务人未按照《税收票证管理办法》的规定开具税收票证
10	境内机构或个人向非居民发包工程作业或劳务项目，未按照《非居民承包工程作业和提供劳务税收管理暂行办法》的规定向主管税务机关报告有关事项
11	纳税人使用非税控电子器具开具发票，未按照《税收征管法》及其实施细则、《发票管理办法》等有关规定将非税控电子器具使用的软件程序说明资料报主管税务机关备案且没有违法所得
12	纳税人未按照《税收征管法》及其实施细则、税务登记管理办法等有关规定办理税务登记证件验证或者换证手续
13	纳税人未按照《税收征管法》及其实施细则、《发票管理办法》等有关规定加盖发票专用章且没有违法所得
14	纳税人未按照《税收征管法》及其实施细则等有关规定将财务、会计制度或者财务、会计处理办法和会计核算软件报送税务机关备查

【知识点9】 税务行政处罚案件集体审议

对情节复杂、争议较大、处罚较重、影响较广或者拟减轻处罚等税务行政处罚案件，应当经过集体审议决定。

【知识点10】 查补税款和罚款变更或补充处理

在复查案件中出现查补税款和罚款变更或补充处理情形，在行政复议、行政诉讼案件出现撤销或部分撤销、重新作出行政行为，或者未经复议及诉讼，但是在《税务处理决定书》《税务行政处罚决定书》等决定性文书送达后，税务机关发现原行政行为确有错误，作出行政决定的税务机关可以改变行政行为，进行查补税款、变更罚款、补充处理。

【知识点11】 延（分）期缴纳罚款申请审批

被处罚对象确有经济困难，需要延期或者分期缴纳罚款的，经被处罚对象（当事人）申请和税务机关批准，可以暂缓或者分期缴纳。

【知识点12】 提请吊销营业执照

对不办理税务登记，且经税务机关责令限期改正，逾期不改正的纳税人，税务机关提请市场监督管理部门吊销其营业执照。

【知识点13】 停供（收缴）、解除停供（收缴）发票

从事生产、经营的纳税人、扣缴义务人有《税收征管法》规定的税收违法行为，拒不接受税务机关处理，税务机关可以收缴其发票或者停止向其发售发票。停供（收缴）发票后，纳税人、扣缴义务人接受税务机关处理的，税务机关恢复向其发售发票和返还收缴的空白发票。

【知识点14】 税收违法行为检举管理

税收违法行为检举管理包括：税收违法行为检举事项管理、税收违法行为检举奖励管理。税收违法行为检举事项管理是指单位、个人采用书信、互联网、传真、电话、来访等形式，向税务机关检举纳税人、扣缴义务人税收违法行为线索，税务机关对检举事项进行受理、登记、实施转办（交办）、检查、案件信息跟踪，对检举人进行反馈税收违法行为检举查办结果等事项的业务处理过程。税收违法行为检举奖励管理，是指检举税收违法行为的实名检举人，可以向税务机关申请检举奖金，税务机关经核实审批后发放税收违法行为检举奖金的业务处理过程。税务机关对检举的税收违法行为

经立案查实处理并依法将税款或者罚款收缴入库后，由税收违法案件举报中心根据实名检举人书面申请及其贡献大小，制作《检举纳税人税收违法行为奖励审批表》，提出奖励对象和奖励金额建议，按照规定权限和程序审批后，向检举人发出《检举纳税人税收违法行为领奖通知书》，通知检举人到指定地点办理领取手续。

【知识点 15】 税务处理决定处理

税务机关对各类税收违法行为依据有关税收法律、行政法规、规章作出处理决定，经过审批后，出具《税务处理决定书》的处理。

【知识点 16】 重大税收违法失信主体信息公布

“重大税收违法失信主体”是指有下列情形之一的纳税人、扣缴义务人或者其他涉税当事人：

（1）伪造、变造、隐匿、擅自销毁账簿、记账凭证，或者在账簿上多列支出或者不列、少列收入，或者经税务机关通知申报而拒不申报或者进行虚假的纳税申报，不缴或者少缴应纳税款 100 万元以上，且任一年度不缴或者少缴应纳税款占当年各税种应纳税总额 10% 以上的，或者采取上述手段，不缴或者少缴已扣、已收税款，数额在 100 万元以上的；

（2）欠缴应纳税款，采取转移或者隐匿财产的手段，妨碍税务机关追缴欠缴的税款，欠缴税款金额 100 万元以上的；

（3）骗取国家出口退税款的；

（4）以暴力、威胁方法拒不缴纳税款的；

（5）虚开增值税专用发票或者虚开用于骗取出口退税、抵扣税款的其他发票的；

（6）虚开增值税普通发票 100 份以上或者金额 400 万元以上的；

（7）私自印制、伪造、变造发票，非法制造发票防伪专用品，伪造发票监制章的；

（8）具有偷税、逃避追缴欠税、骗取出口退税、抗税、虚开发票等行为，在稽查案件执行完毕前，不履行税收义务并脱离税务机关监管，经税务机关检查确认走逃（失联）的；

（9）为纳税人、扣缴义务人非法提供银行账户、发票、证明或者其他方便，导致未缴、少缴税款 100 万元以上或者骗取国家出口退税款的；

（10）税务代理人违反税收法律、行政法规造成纳税人未缴或者少缴税款 100 万元以上的；

（11）其他性质恶劣、情节严重、社会危害性较大的税收违法行为。

税务机关确定重大税收违法失信主体，向社会公布失信信息，并将信息通报相关部门实施监管和联合惩戒。

二 税款追征

【知识点1】 税款追征

纳税人未按照规定期限缴纳税款的，扣缴义务人未按照规定期限解缴税款的，税务机关应当责令其限期缴纳或者解缴等一系列行为。

税款追征主要包括：责令限期缴纳税（费）款、纳税担保、税收保全、强制执行、行使代位权、撤销权、阻止出境、审计（财政）监督检查决定意见处理。

【知识点2】 责令限期缴纳税 （费） 款

税务机关对在规定期限内不缴或者少缴应纳、应解缴、应担保税（费）款的纳税人、扣缴义务人、纳税担保人、缴费人，或者有逃避纳税义务行为的从事生产、经营的纳税人、缴费人，责令限期缴纳税（费）款的业务处理过程。

【知识点3】 纳税担保

纳税人为保证按时足额缴纳税款及滞纳金，由纳税人或第三人向税务机关提出申请，以其未设置担保物权或未全部设置担保物权的财产向税务机关提供担保，或由税务机关认可的纳税保证人为纳税人提供纳税保证。

纳税担保包括：纳税担保申请确认、纳税担保到期处理、纳税担保解除处理。

1. 纳税担保申请确认，是指税务机关对纳税人或纳税担保人提出的纳税担保申请进行受理、确认。社会保险费缴费人或其他缴费担保人提出的缴费担保申请参照纳税担保申请进行受理、确认。

2. 纳税担保到期处理，是指纳税（缴费）担保到期处理业务适用于对纳税人或纳税担保人（缴费人或缴费担保人）提供纳税（缴费）担保到期且未缴纳担保税额（费款）及滞纳金的处理。

3. 纳税担保解除处理，是指税务机关对纳税人应当缴纳的税款、滞纳金，以税务机关同意或确认的纳税人或者其他自然人、法人、经济组织以保证、抵押、质押的方式提供纳税担保，纳税人或纳税担保人在规定的期限内缴纳税款及滞纳金或复议决定撤销原具体行政行为后，税务机关解除纳税担保的处理。

纳税担保解除处理业务适用于已经提供社会保险费缴费担保的缴费人或缴费担保人在规定的期限内缴纳社会保险费或复议决定撤销原具体行政行为后，税务机关解除缴费担保的处理。

【知识点4】 税收保全

税务机关有根据认为纳税人有不履行纳税义务可能的，可以在规定的纳税期之前，责令限期缴纳应纳税款；在限期内发现纳税人有明显的转移、隐匿其应纳税的商品、货物以及其他财产或者应纳税的收入的迹象的，税务机关可以责成纳税人提供纳税担保。如果纳税人不能提供纳税担保，经县以上税务局（分局）局长批准，税务机关可以采取书面通知纳税人开户银行或者其他金融机构冻结纳税人的金额相当于应纳税款的存款、扣押查封纳税人的价值相当于应纳税款的商品、货物或者其他财产的税收保全措施。税务机关采取上述规定的措施应当书面通知纳税人并制作现场笔录。

税收保全主要包括：实施保全、实施保全（简易）、提前处理保全财产、解除保全、税收保全延期处理。

1. 实施保全：税务机关对从事生产、经营的纳税人以前纳税期的纳税情况依法进行税务检查时，发现纳税人有逃避纳税义务行为，并有明显的转移、隐匿其应纳税的商品、货物以及其他财产或者应纳税的收入的迹象；或者在责令限期缴纳应纳税款限期内，发现纳税人有明显的转移、隐匿其应纳税的商品、货物以及其他财产或者应纳税的收入的迹象，责成纳税人提供纳税担保，纳税人不能提供纳税担保的；或者实施税收强制执行前需要采取税收保全措施的；经县以上税务局（分局）局长批准，可以采取扣押、查封纳税人的价值相当于应纳税款的商品、货物或者采取书面通知纳税人开户银行、其他金融机构冻结纳税人的金额相当于应纳税款的存款。

2. 实施保全（简易）：税务机关对未按照规定办理税务登记的从事生产、经营的纳税人以及临时从事经营的纳税人［包括到外县（市）从事生产、经营而未向营业地税务机关报验登记的纳税人］核定其应纳税额，责令缴纳，不缴纳的，可以扣押其价值相当于应纳税款的商品、货物。

此业务处理完成后，税务人员应当在24小时内向行政机关负责人报告，并补办批准手续。若未批准，需撤销该实施保全措施。

3. 提前处理保全财产：税务机关对从事生产、经营的纳税人以前纳税期的纳税情况依法进行税务检查时采取扣押查封措施，在税收保全期内，已采取税收保全措施的财物符合提前处理法定情形的，可以制作《税务事项通知书》，书面通知纳税人及时协助处理。

4. 解除保全：纳税人在税务机关采取税收保全措施后，按照税务机关规定的期限缴纳税款的或者税务机关依法采取强制执行措施的，税务机关应当自收到税款或者银行转回的完税凭证之日起1日内解除税收保全，对被冻结的存款解除冻结，归还所扣押、查封的商品、货物或者其他财产。

有下列情形之一的，应当依法及时解除税收保全措施：①纳税人已按履行期限缴纳税款的；②税收保全措施被复议机关决定撤销的；③税收保全措施被人民法院裁决撤销的；④其他法定应当解除税收保全措施的。

5. 税收保全延期处理：税务机关对从事生产、经营的纳税人以前纳税期的纳税情况依法进行税务检查时，需要采取的查封、扣押期限一般不得超过6个月，重大案件需要延长税收保全期限的，应当逐级报请国家税务总局批准；其他情形下采取的税收保全措施，期限为30日，情况复杂的，可由批准采取税收保全的税务机关负责人批准，延长期限不得超过30日。税务人员制作《税务事项通知书》，告知纳税人税收保全延长的决定。

【知识点5】 强制执行

税务机关发现税务行政相对人在税款、滞纳金、罚款限缴期限到期后仍不缴纳时，经催告后，通知银行或其他金融机构扣缴税务行政相对人的存款或扣押，查封、拍卖、变卖部分财产以抵缴税款、滞纳金或罚款。强制执行包括：强制执行登记，催告处理，强制扣缴，现金扣缴，拍卖变卖，申请法院强制执行，强制执行（解除）中止、终结处理，强制执行协议签订。

1. 强制执行登记：对符合强制执行条件的案件进行登记，并选择强制执行措施。

2. 催告处理：税务机关作出强制执行决定前，应当事先催告当事人履行义务。税务机关申请人民法院强制执行前，应当催告当事人履行义务；催告书送达10日后当事人仍未履行义务的，税务机关可以依法采取强制执行，或向有管辖权的人民法院申请强制执行。对于实施加处罚款的，在告知当事人30日后，也要进行催告处理。

3. 强制扣缴：当税务行政管理相对人未按限缴期限缴纳税款、滞纳金、罚款时，税务机关通过内部审批文书报经有审批权限的税务局局长批准后，决定对税务行政管理相对人采取强制扣缴措施，向其下达强制扣缴的书面文书，通知银行及其他金融机构从税务行政管理相对人存款中扣缴税款、滞纳金及罚款。

用人单位逾期仍未缴纳或者补足社会保险费的，社会保险费征收机构可以向银行和其他金融机构查询其存款账户；并可以申请县级以上有关行政部门作出划拨社会保险费的决定，书面通知其开户银行或者其他金融机构划拨社会保险费。

4. 现金扣缴：现金扣缴税务机关对税务行政管理相对人采取的强制执行措施的一种。当税务行政相对人未按限缴期限缴纳税款、滞纳金、罚款，且有处于保全状态或担保状态的现金时，税务机关通过内部审批文书报经有审批权限的税务局局长批准后，决定对税务行政管理相对人采取现金扣缴措施，向其下达现金扣缴的书面文书，通知税务行政管理相对人扣缴税款、滞纳金及罚款决定及结果。

5. 拍卖变卖：当纳税人、扣缴义务人未在限期内缴纳或解缴税款，纳税担保人未按照规定的期限缴纳所担保的税款时，或者在稽查过程中对税收保全的商品、货物或者其他财产需要提前进行拍卖变卖处理的，经有审批权限的税务局局长批准，税务机关可以采取依法拍卖或者变卖所扣押、查封的商品、货物或者其他财产的措施，以拍卖或者变卖所得继续实施保全或者抵缴税款。

6. 申请法院强制执行：

税务机关向法院申请强制执行有以下情形：

（1）在当事人对税务机关的征收行为、处罚决定逾期不申请行政复议也不向人民法院起诉又不履行时；复议申请人逾期不起诉又不履行行政复议决定的，或者不履行最终裁决的行政复议决定的，税务机关可以依法申请人民法院强制执行。

（2）当事人拒绝履行人民法院发生法律效力的判决、裁定的，税务机关可以依法向第一审人民法院申请强制执行。

税务机关向法院提出申请后，由法院采取强制执行措施。法院强制执行完毕，通知税务机关将税款、滞纳金、罚款、没收违法所得征收入库时，通知征收开票部门将上述款项征收入库。当事人包括从事生产经营的纳税人、扣缴义务人和非生产经营纳税人、扣缴义务人。

（3）用人单位未足额缴纳社会保险费且未提供担保的，社会保险费征收机构可以申请人民法院扣押、查封、拍卖其价值相当于应当缴纳社会保险费的财产，以拍卖所得抵缴社会保险费。

7. 强制执行（解除）中止、终结处理：

（1）有下列情形之一的，税务机关中止执行：

①当事人履行行政决定确有困难或者暂无履行能力的；

②第三人对执行标的主张权利，确有理由的；

③执行可能造成难以弥补的损失，且中止执行不损害公共利益的；

④行政机关认为需要中止执行的其他情形。

（2）中止执行的情形消失后，税务机关应当恢复执行。

（3）强制执行终结处理，是指对没有明显社会危害，当事人确无能力履行，中止执行满 3 年未恢复执行的，行政机关不再执行。

有下列情形之一的，终结执行：

①公民死亡，无遗产可供执行，又无义务承受人的；

②法人或者其他组织终止，无财产可供执行，又无义务承受人的；

③执行标的灭失的；

④据以执行的行政决定被撤销的；

⑤行政机关认为需要终结执行的其他情形。

8. 强制执行协议签订：税务机关在实施行政强制执行的过程中，可以在不损害公共利益和他人合法利益的情况下，与当事人达成执行协议。

【知识点6】 行使代位权、 撤销权

欠缴税款的纳税人怠于行使到期债权，对国家税收造成损害的，税务机关依法申请人民法院行使代位权。

欠缴税款的纳税人放弃到期债权，无偿转让财产，或者以明显不合理的低价转让财产而受让人知道该情形，对国家税收造成损害的，税务机关依法申请人民法院行使撤销权。

【知识点7】 阻止出境

阻止出境是为了保证国家税收，防止逃避纳税义务，税务机关对欠缴税款的纳税人在离开国境前采取的限制性措施。欠缴税款的纳税人或者其法定代表人需要出境的，应当在出境前向税务机关结清应纳税款、滞纳金或者提供担保。未结清税款、滞纳金，又不提供纳税担保的，税务机关可以通知出境管理机关阻止其出境。阻止出境包括布控、撤控。

1. 布控，是指欠缴税款的纳税人或其法定代表人需要出境，但尚未结清应纳税款、滞纳金，又不提供担保的，税务机关在其出境前通知出境管理机关阻止其出境。

2. 撤控，是指税务机关在被阻止出境的欠税人结清所欠税款或提供纳税担保后，依法解除其出境限制。

【知识点8】 审计 （财政） 监督检查决定意见处理

被审计、检查单位有税收违法行为的，审计、检查单位下达决定、意见书，责成被审计、检查单位向税务机关缴纳税款、滞纳金时，税务机关应当根据有关机关的决定、意见书，依照税收法律、行政法规的规定，将应收的税款、滞纳金按照国家规定的税收征收管理范围和税款入库预算级次缴入国库。

三 行政救济

【知识点1】 行政救济的方式

税务行政相对人认为行政行为直接侵害其合法权益，请求有权的国家机关依法对行政违法或行政不当行为实施纠正，并追究其行政责任，以保护税务行政相对人的合法权益。

税务行政相对人同税务机关发生纳税争议时，必须依照税务机关根据法律、法规确定的税额、期限，先行缴纳或者解缴税款和滞纳金，或者提供相应的担保，才可以依法申请行政复议；对行政复议决定不服的，可以向人民法院起诉；对税务机关的其他行政行为有争议时，可依法申请行政复议或提起行政诉讼。

行政救济主要包括：税务行政复议、税务行政诉讼、税务行政赔偿、税务行政补偿、申请税务人员回避处理、重新作出行政行为处理。

【知识点2】 税务行政复议

税务行政相对人认为税务机关的具体行政行为侵犯其合法权益，向税务行政复议机关申请行政复议，复议机关据复议审查结果依法作出行政复议决定，并对有关决定进行依法执行的过程。

1. 复议申请管理。税务行政相对人认为税务机关的行政行为侵犯其合法权益，依法向税务行政复议机关提出行政复议申请，税务行政复议机关对行政复议申请进行依法审查并作出相应处理的过程。复议申请管理主要包括：复议申请处理、准予撤回复议申请。

2. 复议监督处理。行政复议机关的上级机关对复议机关处理的行政复议实施监督的制度。

复议监督处理的目的是保护公民、法人和其他组织的合法权益，保证行政复议机关合法、准确、及时地审理复议案件。复议监督处理主要包括：责令受理、责令行政复议机关恢复审理、提审。

（1）责令受理，是指公民、法人或者其他组织依法提出行政复议申请，行政复议机关无正当理由不予受理复议申请，且申请人没有向人民法院提起行政诉讼的，行政复议机关的上级机关应当责令其受理。

（2）行政复议机关的上级机关认为行政复议机关驳回申请人的复议申请理由不成立，责令行政复议机关恢复审理。

（3）行政复议机关的上级机关认为行政复议机关已经受理或将要受理的有管辖权的行政复议案件，自己审理更为妥当的，进行行政复议提审。

3. 复议审查管理。复议机关受理该申请后所进行的实质性审查，即对被申请人当初作出具体行政行为所依据的事实证据、法律程序、法律依据及设定的权利义务内容之合法性、适当性进行全面审查并提出审查意见，主要内容包括：被申请人是否具有执法资格；具体行政行为事实是否清楚，证据、理由是否确凿、充分；具体行政行为是否有法律依据或依据是否合法；作出具体行政行为的程序是否合法；具体行政行为有无明显不当等。

（1）答复举证。行政复议机关受理行政复议申请后，被申请人应当在收到《行政复议答复通知书》之日起 10 日内作出书面答复，并提交当初作出具体行政行为的证据、依据和其他有关材料。

（2）复议听证。行政复议机构对重大、复杂的案件，申请人提出要求时，可以采取听证的方式进行案件的审理。对重大、复杂的案件，行政复议机构认为必要时，可以采取听证的方式审理。

（3）停止具体行政行为处理。行政复议期间具体行政行为原则上不停止执行；但是有下列情形之一的，可以停止执行：被申请人认为需要停止执行的；行政复议机关认为需要停止执行的；申请人申请停止执行，行政复议机关认为其要求合理，决定停止执行的；法律规定停止执行的。

（4）规范性文件处理主要包括以下三种情形：一是申请人在提出行政复议申请时，同时提出对规范性文件处理的审查申请，需要依法进行处理；二是申请人在对具体行政行为提出行政复议申请时尚不知道该具体行政行为所依据的规定的，可以在行政复议机关作出行政复议决定前向行政复议机关提出对该规定的审查申请，需要依法进行处理；三是行政复议机关在审查过程中发现复议申请对应具体行政行为所依据的规范性文件不合法，需要依法进行处理。

（5）规范性文件审查决定。复议机关无权处理的，复议机关制作《规范性文件处理转送函（一）》或《规范性文件处理转送函（二）》，在 7 日内按照法定程序转送有权处理的行政机关依法处理。有权审查的税务机关接到转送函后，规范性文件处理启动角色对规范性文件转送函进行登记。

（6）行政复议期限特殊处理包括延长复议期限通知、中止（恢复）复议处理。

①复议机关应当自受理申请之日起 60 日内作出行政复议决定；情况复杂，不能在规定期限内作出行政复议决定的，经复议机关负责人批准，可以适当延长，并告知申请人和被申请人；但延长期限最多不超过 30 日。

②中止（恢复）复议处理，是指行政复议期间有影响复议案件审理的法定事由发生时，行政复议机关暂时停止对复议案件的审查，中止原因消除以后，立即恢复行政复议。

4. 行政复议处理包括：驳回复议申请、维持原行政行为、变更原行政行为、撤销原行政行为、责令限期履行、和解处理、调解处理、复议终止。

（1）驳回复议申请。行政复议机关驳回复议申请，终止复议处理。

（2）维持原行政行为。行政复议机构应当对被申请人的具体行政行为提出审查意见，经行政复议机关负责人批准，作出行政复议决定。具体行政行为认定事实清楚、证据确凿、适用依据正确、程序合法、内容适当的，决定维持。

（3）变更原行政行为。行政复议机构应当对被申请人的具体行政行为提出审查意见，具体行政行为有下列情形之一的可以作出变更或者确认该具体行政行为违法：①主要事实不清、证据不足的；②适用依据错误的；③违反法定程序的；④超越职权或者滥用职权的；⑤具体行政行为明显不当的。经行政复议机关负责人批准，作出变更或者确认该具体行政行为违法的行政复议决定。

有下列情形之一的，行政复议机关可以决定变更：①认定事实清楚，证据确凿，程序合法，但是明显不当或者适用依据错误的；②认定事实不清，证据不足，但是经行政复议机关审理查明事实清楚，证据确凿的。

（4）撤销原行政行为。行政复议机构应当对被申请人的具体行政行为提出审查意见，经行政复议机关负责人批准，作出行政复议决定。

具体行政行为有下列情形之一的，决定撤销或者确认该具体行政行为违法；决定撤销或者确认该具体行政行为违法的，可以责令被申请人在一定期限内重新作出具体行政行为：①主要事实不清、证据不足的；②适用依据错误的；③违反法定程序的；④超越职权或者滥用职权的；⑤具体行政行为明显不当的。

（5）责令限期履行。行政复议机构应当对被申请人的具体行政行为提出审查意见，经行政复议机关负责人批准，作出行政复议决定，被申请人不履行法定职责的，决定其在一定期限内履行。

（6）和解处理。申请人对行政机关行使法律、法规规定的自由裁量权，行政赔偿，行政奖励和存在其他合理性问题作出的具体行政行为不服申请行政复议，在行政复议决定作出前，申请人与被申请人自愿达成和解的，应当向行政复议机构提交书面和解协议；和解内容不损害社会公共利益和他人合法权益的，行政复议机构应当准许，行政复议终止。行政复议审理期限在和解期间中止计算。

（7）调解处理。申请人对行政机关行使法律、法规规定的自由裁量权，行政赔偿，行政奖励和存在其他合理性问题作出的具体行政行为不服申请行政复议，或申请人、被申请人之间的行政赔偿、行政奖励，存在其他合理性问题的具体行政行为等纠纷的，在行政复议决定作出前，行政复议机关可以按照不损害社会公共利益和他人合法权益，遵循尊重申请人和被申请人的意愿，在查明案件事实的基础上，遵循客观、公正和合理的原则进行调解。当事人经调解达成协议的，行政复议机关应当制作行政复议调解书。调解书应当载明行政复议请求、事实、理由和调解结果，并加盖行政复议机关印章。行政复议调解书经双方当事人签字，即具有法律效力。调解未达成协议或者调解书生效前一方反悔的，行政复议机关应当及时作出行政复议决定。行政复议审理期限在调解期间中止计算。

（8）复议终止。行政复议机关终止对复议案件的审查，行政复议终结。

5. 责令限期履行行政复议决定处理。被申请人不履行或者无正当理由拖延履行行政复议决定的，行政复议机关或者有关上级行政机关应当责令其限期履行。

6. 行政复议意见和建议反馈。

复议意见处理，是指在行政复议期间，行政复议机构发现被申请人或者其他下级行政机关的相关行政行为违法或者需要做好善后工作的，可以制作行政复议意见书。有关机关应当自收到行政复议意见书之日起 60 日内将纠正相关行政违法行为或者做好善后工作的情况通报行政复议机构。

复议建议处理，是指在行政复议期间，行政复议机构发现法律、法规、规章实施中带有普遍性的问题，可以制作行政复议建议书，向有关机关提出完善制度和改进行政执法的建议。

7. 查阅行政复议资料申请业务适用于申请人和第三人申请查阅相关案卷材料，经复议机关核准后，用于记录查阅材料的情况。

【知识点3】 税务行政诉讼

税务行政相对人认为税务机关及其工作人员的行政行为违法或者不当，侵犯了其合法权益，依法向人民法院提起行政诉讼，税务机关接受人民法院对税务行政行为的合法性审查，并根据人民法院的裁决进行后续业务处理的过程。税务行政诉讼包括：应诉管理、应诉特殊业务处理、撤销（变更）具体行政行为。

1. 应诉管理包括：一审应诉管理、二审应诉管理、再审应诉管理。

纳税人和其他税务当事人（含第三人）不服税务机关作出的具体行政行为，向人民法院提起诉讼，税务机关依法参加应诉。

人民法院受理纳税人或税务当事人的诉讼请求，并按照相关法律法规作出一审判决或裁定后，在法定的时间内，原告对一审判决（或裁定）不服提起上诉，上诉受理法院受理上诉请求后，税务机关收到受理上诉请求人民法院送达的应诉通知书及上诉状副本后，由应诉登记人员进行诉讼二审登记等应诉工作。

当事人对已经发生法律效力的判决、裁定，认为确有错误的，可以向上一级人民法院申请再审，税务机关接到人民法院的应诉通知书及再审诉状副本，需要对应诉通知书及再审诉状副本的内容进行登记，依法参加再审诉讼。

2. 应诉特殊业务处理有：管辖异议处理、延期开庭处理、委托处理、延期提供证据申请、调取证据申请、补充证据、证据保全处理、财产保全处理、回避申请处理、向人民法院提请复议、中止审理申请、税务机关上诉处理、税务机关申诉与请求抗诉处理、负责人不能出庭情况说明。

（1）管辖异议是作为被告的税务机关在收到受理诉讼请求的人民法院传递的应诉通知书和起诉状副本后，在对案件进行登记并审查时发现，受理诉讼的人民法院不具有管辖权，以书面形式向人民法院提出管辖异议的处理活动；提出管辖异议，应当在接到人民法院应诉通知之日起 10 日内以书面形式向受理案件的一审法院提出。

（2）延期开庭处理是作为一审被告（或二审被上诉人、再审被申请人）的税务机关在接到人民法院应诉通知书后，如果因特殊情况不能按照人民法院确定的时间出庭，需在人民法院确定的开庭时间之前向人民法院递交延期开庭申请书，请求延期开庭。

（3）委托处理是税务机关在税务行政诉讼活动中，税务机关负责人出庭应诉的，可以另行委托1～2名诉讼代理人。行政机关负责人不能出庭的，应当委托行政机关相应的工作人员出庭，不得仅委托律师出庭。

（4）延期提供证据申请是税务机关因不可抗力或者客观上不能控制的其他正当事由，不能在规定的期限内提供证据的，应当在收到起诉状副本之日起15日内向人民法院提出延期提供证据的书面申请。人民法院准许延期提供的，被告应当在正当事由消除后15日内提供证据。逾期提供的，视为被诉具体行政行为没有相应的证据。

（5）调取证据申请是在税务行政诉讼活动中，作为诉讼一方当事人的税务机关在搜集证据时，发现无法取得的证据，可以申请人民法院调取证据，人民法院根据实际情况有权向行政机关、他组织和公民调取证据。人民法院不准许调取的，作为诉讼一方当事人的税务机关可以在收到通知书之日起3日内向受理申请的人民法院书面申请复议一次。

（6）税务机关因不可抗力等正当事由不能按期举证的，以及原告或者第三人提出了其在行政处理程序中没有提出的理由或者证据的，应当分别在举证期限内向人民法院提出延期提供证据或者补充证据的书面申请。

（7）证据保全是在税务行政应诉过程中，在证据可能灭失或者以后难以取得的情况下，应当在举证期限届满前以书面形式向人民法院申请证据保全。

（8）财产保全处理是因一方当事人（纳税人或税务管理相对人）的行为或者其他原因，可能使具体行政行为或者人民法院生效裁判不能或者难以执行的案件，应诉的税务机关应当向人民法院申请作出财产保全申请，税务机关对财产保全的裁定不服的，可以申请复议。复议期间不停止裁定的执行。

（9）回避申请处理，是指参加税务行政应诉的税务机关在案件开始审理时或者在法庭辩论终结前认为审判人员以及书记员、翻译人员、鉴定人、勘验人与本案有利害关系或者其他关系，可能影响公正审判，参加税务行政应诉的税务机关向人民法院递交回避申请的处理。

（10）向人民法院提请复议是税务机关参加税务行政诉讼活动中，因为诉讼需要向人民法院提起回避申请、财产保全、调取证据申请，人民法院对税务机关的申请予以驳回或不准许，以及税务机关对停止执行、先予执行的裁定不服的，或申请人民法院强制执行人民法院裁定不予受理的，税务机关可以向人民法院提起复议。对驳回回避申请或财产保全决定不服的，可以向作出决定的人民法院申请复议一次。对调取证据裁定不服的，3日内提出复议一次。复议申请的前置程序是必须向人民法院递交回避、调取证据或财产保全申请，当事人（应诉机关）对人民法院的裁定不服方可提起。

（11）中止审理申请是税务机关在行政应诉中出现法律规定的：①作为一方当事人

的行政机关、法人或者其他组织终止，尚未确定权利义务承受人的；②一方当事人因不可抗力的事由不能参加诉讼的；③案件涉及法律适用问题，需要送请有权机关作出解释或者确认的；④案件的审判须以相关民事、刑事或者其他行政案件的审理结果为依据，而相关案件尚未审结的；⑤其他应当中止诉讼的情形。税务机关应向受理诉讼的人民法院申请中止审理。

（12）税务机关上诉处理是指纳税人或税务行政相对人（包括第三人）对税务机关作出的具体行政行为不服向人民法院提起诉讼，税务机关作为被告参加诉讼，经人民法院一审判决（或裁定）后，作为被告的税务机关不服人民法院的一审判决（或裁定）而向上一级人民法院提起上诉的行为。税务机关决定上诉的，应当在收到人民法院判决书之日起15 日内或者收到裁定书之日起10 日内向上一级人民法院提起上诉。上诉状应当向一审人民法院提交。

如果纳税人或税务行政相对人（包括第三人）对人民法院一审判决（或裁定）不服提起上诉，适用税务行政应诉。

（13）税务机关申诉与请求抗诉处理是税务机关作为诉讼参加人对已经发生法律效力的判决或裁定，认为确有错误，可以向原审人民法院的上一级人民法院提出再审申请，或者向人民检察院申请按照审判监督程序提出抗诉。

（14）涉及重大公共利益、社会高度关注或者可能引发群体性事件等案件以及人民法院书面建议行政机关负责人出庭的案件，被诉行政机关负责人应当出庭。人民法院书面建议负责人出庭应诉，但负责人不能出庭应诉的，税务机关应事先向人民法院反映情况，并按照人民法院的要求出具书面说明。

3. 撤销（变更）具体行政行为。税务机关发现本机关作出的具体行政行为确有错误，可以变更、撤销或部分撤销行政行为；在诉讼过程中发现本机关作出的具体行政行为确有错误，可以在人民法院对案件宣告判决或者作出裁定前变更、撤销或部分撤销被诉具体行政行为，应诉的税务机关就被诉具体行政行为重新作出决定后，书面告知人民法院和其他各方当事人。

【知识点4】 税务行政赔偿

税务行政赔偿，是指税务机关和税务机关工作人员违法行使税收征管职权，对公民、法人和其他组织的合法权益造成损害，由国家承担赔偿责任，并由税务机关具体履行义务的一项法律制度。

1. 赔偿申请处理。由于税务机关及其工作人员、受税务机关委托的组织或个人违法行使职权，侵犯纳税人或其他税务当事人的合法权益并造成损害后，根据受害者的申请，由国家承担赔偿责任，并由致害的税务机关作为赔偿义务机关代表国家予以赔偿的过程。

赔偿请求人可以自行提起税务行政赔偿（书面或口头形式），也可以委托他人向作为赔偿义务机关的税务机关提起行政赔偿申请，赔偿请求人提出赔偿申请后，赔偿义务机关须及时登记赔偿请求信息。

赔偿义务机关在受理后，经过审查、审理和审批后，作出给予或不予赔偿的决定，送达赔偿请求人，履行赔偿义务；赔偿决定须在受理赔偿申请后2个月内作出。

赔偿请求人对税务机关作出的具体行政行为不服，提出税务行政复议或税务行政诉讼时一并提出赔偿请求，此时由行政复议机关或人民法院按照行政复议程序和行政诉讼程序，根据《中华人民共和国国家赔偿法》的有关规定，在作出行政复议决定或判决（或裁定）的同时作出行政赔偿决定或裁判，则不适用本流程。

2. 赔偿申请撤回。赔偿义务机关受理赔偿请求人赔偿申请后，在作出赔偿决定之前，赔偿请求人请求撤回赔偿申请，经说明理由，若撤回申请理由合理，赔偿义务机关记录备案，终止赔偿案件办理的过程。

3. 赔偿追偿。致害的税务机关作为赔偿义务机关代表国家予以赔偿后，向有故意或者重大过失的工作人员或者受委托的组织或者个人追偿部分或者全部赔偿费用。

【知识点5】 申请税务人员回避处理

申请税务人员回避处理业务适用于税务机关对当事人提出的回避申请处理。税务人员在核定应纳税额、调整税收定额、进行税务检查、实施税务行政处罚、办理税务行政复议、实施听证时，当事人认为税务人员与纳税人、扣缴义务人等行政相对人或者其法定代表人、直接责任人有利害关系的有权申请回避。对驳回申请回避的决定，如果法律法规允许当事人复核一次，税务机关应当准许。

【知识点6】 重新作出行政行为处理

行政复议机关在审理复议案件后，认定具体行政行为存在主要事实不清、证据不足、适用依据错误、违反法定程序、超越或滥用职权、具体行政行为明显不当等情形时，决定撤销、变更或者确认该具体行政行为违法；决定撤销或者确认该具体行政行为违法的，可以责令被申请人在一定期限内重新作出具体行政行为；人民法院在审理行政诉讼案件中，如果存在主要证据不足、适用法律法规错误，违反法定程序、超越或滥用职权等行为，可以判决撤销或者部分撤销具体行政行为，并可以判决被告重新作出行政行为。

税务机关在法律、法规、规章规定的期限内重新作出具体行政行为；法律、法规、规章未规定期限的，重新作出具体行政行为的期限为60日；或在人民法院裁判书中确定的期限内重新作出具体行政行为。

四 相互协商程序

【知识点1】 中国居民（国民）申请启动的相互协商程序

中国居民（国民）认为与中国签订税收协定并生效执行的国家或地区所采取的措施，已经或将会导致不符合税收协定所规定的征税行为，可以按规定向省税务机关提出申请，请求国家税务总局与缔约对方主管当局通过相互协商程序解决有关问题。

申请人对省税务机关拒绝受理的决定不服，在收到书面告知之日起15个工作日内向省税务机关或国家税务总局提出异议申请。

【知识点2】 特别纳税调整相互协商程序申请

根据我国对外签署的税收协定的有关规定，国家税务总局可以依据企业申请或者税收协定缔约对方税务主管当局请求启动相互协商程序，与税收协定缔约对方税务主管当局开展协商谈判，避免或者消除由特别纳税调整事项引起的国际重复征税。

相互协商内容包括：

（1）双边或者多边预约定价安排的谈签；

（2）税收协定缔约一方实施特别纳税调查调整引起另一方相应调整的协商谈判。

第四章 税收风险管理

>> 知识架构

- **税收风险管理**
  - 税收风险管理概述
    - 相关概念　4个知识点
    - 税收风险的类型和成因　3个知识点
    - 税收风险管理的基本原则和意义　2个知识点
    - 税收风险管理工作的职责划分和工作机制　2个知识点
    - 建立健全以“信用+风险”为基础的新型监管机制　1个知识点
    - 加强重点领域风险防控和监管　1个知识点
  - 税收风险管理的内容
    - 税收风险管理的基本内容　1个知识点
    - 税收风险管理的重点工作　1个知识点
  - 税收风险应对方法（纳税评估）
    - 纳税评估流程　5个知识点
    - 纳税评估方法　3个知识点
    - 纳税评估指标的设定　4个知识点
  - 企业常见的税收风险
    - 增值税常见风险　3个知识点
    - 企业所得税常见风险　6个知识点
    - 个人所得税常见风险　3个知识点

>> 第一节 税收风险管理概述

一 相关概念

【知识点1】 风险的概念

风险就是活动或事件消极的不确定性可能引起的后果与预测目标发生的多种负偏离的综合。风险是针对不希望发生的事件而言的，它包括以下两个方面：

1. 发生的可能性；
2. 一旦发生，后果的严重程度。

【知识点2】 风险管理的概念

风险管理，是指如何在一个肯定有风险的环境里把风险减至最低的管理过程。当中包括了对风险的量度、评估和应对策略。

【知识点3】 风险管理过程

风险管理力求把由风险导致的各种不利后果减少到最低程度，使之正好符合有关方在时间和质量方面的要求。一方面，风险管理能促进决策的科学化、合理化、减少决策的风险性；另一方面，风险管理的实施可以使各项活动或行为中面临的风险损失降至最低。

首先，风险管理必须识别风险。风险识别要确定何种风险可能会对企业产生影响，最重要的是量化不确定性的程度和每个风险可能造成损失的程度。

其次，风险管理要着眼于风险控制，公司通常采用积极的措施来控制风险。通过降低其损失发生的概率，缩小其损失程度来达到控制的目的。控制风险的最有效方法就是制定切实可行的应急方案，编制多个备选的方案，最大限度地对企业所面临的风险做好充分的准备。

最后，风险管理要学会规避风险。在既定目标不变的情况下，改变方案的实施路径，从根本上规避特定的风险因素。

【知识点4】 税收风险

税收风险，是指在征税过程中，由于制度方面的缺陷，政策、管理方面的失误，以及种种不可预知和控制的因素所引起的税源状况恶化、税收调节功能减弱、税收增长乏力，最终导致税收收入不能满足政府实现职能需要的一种可能性。

二 税收风险的类型和成因

【知识点1】 税收风险类型

1. 按照风险来源，可分为税务部门内部风险和企业税收遵从风险。
2. 按照风险可测程度，可分为指标性税收风险和非指标性税收风险。
3. 按照风险等级评定，可分为一般税收风险和重大税收风险。

【知识点2】 企业税收遵从风险

税收遵从风险，是指纳税人未能履行法定税收义务所产生的风险。严格意义上，税收遵从风险是税收风险的组成部分。税收不遵从是税收遵从的相对概念。与税收相关的法律规定了一系列纳税人必须履行的义务，如果纳税人没有履行这些义务就产生了税收不遵从行为。

尽管实际的税收义务在不同的纳税人之间和国与国之间会有所不同，但是基本上所有的纳税人都有如下四个方面的税收义务，“遵从”主要就是和这四个义务相关：①税务登记；②及时制作或保存必需的税务信息；③全面准确的信息报告；④按时缴纳税款。

如果纳税人未能履行上述任何一项义务，即可认为是“不遵从”。

【知识点3】 税务部门内部风险

税收部门内部风险存在于税收管理的整个过程和各个环节，就其具体内容而言，主要包括税制改革风险、涉外税收风险、税源监管风险以及税收执法风险等。

三 税收风险管理的基本原则和意义

【知识点1】 税收风险管理的基本原则

各级税务机关要因地制宜，统筹安排管理资源，按照统分结合、分类分级应对的原则，合理划分各层级和各部门在税收风险管理工作中的职责，形成纵向联动、横向互动的工作机制，做到职责清晰、分工明确、运行顺畅。

【知识点2】 税收风险管理的意义

1. 税收风险管理是现代税收管理的先进理念和国际通行做法，是完善我国税收管理体系、提高治理能力、实现税收现代化的有效举措，是构建科学严密税收征管体系的核心工作。

2. 税收风险管理是税收征管改革的突破口，实施税收风险管理，就是要把有限的征管资源优先配置到高风险领域和大企业税收领域，实现税源管理专业化，推动服务管理方式创新和税收管理体制变革。

3. 税收风险管理是完成组织收入目标的重要抓手，开展税收风险管理，通过风险分析识别，有助于找准税收漏洞，有效实施风险应对，促进税收收入的可持续增长。

四 税收风险管理工作的职责划分和工作机制

【知识点1】 各级税务机关在税收风险管理中的职责

1. 国家税务总局税收风险管理职责

国家税务总局负责税收风险管理制度和机制的顶层设计。制定税收风险管理工作规程；统一业务口径及数据标准，开展数据治理；建立第三方涉税信息采集及应用制度；开发部署金税三期决策支持风险管理系统（以下简称决策支持风险管理系统）；建立健全全国或者区域范围的风险管理特征库、模型和指标体系；制定税收风险管理过程监控和效果评价标准。

组织开展区域性、行业性以及特定类型纳税人或者特定事项的税收风险分析工作（如千户集团税收风险分析）；整合风险应对任务并向省税务机关推送；组织对省税务机关及国家税务总局税收风险管理工作领导小组办公室（以下简称国家税务总局风险办）成员单位的风险管理过程监控和效果评价；开展纳税遵从行为规律分析；实施跨省风险管理任务调度；组织开展跨省数据集成和调度；组织征管主观努力程度监控及评价；组织制定税收风险管理战略规划。

2. 省税务机关税收风险管理职责

按照国家税务总局工作部署，结合本地实际，建立健全税收风险管理工作机制，开展数据治理，开展第三方涉税信息采集及应用工作，完善、应用省级决策支持风险管理系统，改进、优化风险管理特征库、模型和指标体系，统筹安排税收风险管理各项工作任务，接受国家税务总局风险办对其风险应对全流程的过程监控和效果评价。

按照国家税务总局计划开展区域性、行业性以及特定类型纳税人或者特定事项的税收风险分析工作（如千户集团税收风险分析）；结合国家税务总局推送的风险应对任务，进一步开展专业分析，形成本省风险纳税人库；对纳税人进行风险等级排序，结合征管资源配置情况，确定应对任务；组织开展风险应对，或将风险应对任务推送给下级税务机关；组织对下级税务机关的过程监控及效果评价，并向国家税务总局反馈整体应对情况；开展纳税遵从行为规律分析；负责全省风险管理任务调度；负责全省数据集成和调度；组织征管主观努力程度监控及评价；组织制定本省税收风险管理年度计划。

3. 市、县税务机关税收风险管理职责

市、县税务机关重点做好税收风险应对工作，必要时，也可以组织开展风险分析识别工作。其他税收风险管理工作事项，由省税务机关具体规定。

【知识点2】 各级税务机关在税收风险管理中的工作机制

1. 国家税务总局风险办及其成员单位税收风险管理工作机制

（1）强化国家税务总局风险办统筹职能。

①统筹风险管理工作规程和年度计划制定工作。组织成员单位共同制定税收风险管理工作规程和年度计划；按照横向互动、纵向联动的原则，在征求成员单位及省税务机关税收风险管理工作领导小组办公室（以下简称省税务局风险办）意见后，报国家税务总局税收风险管理工作领导小组审定后下发。

②统筹风险应对任务推送工作。根据组织收入工作需要，定期召开风险管理专题会议，审议成员单位及各地区在风险管理工作中提炼或发现的具有全局性、普遍性特征的风险事项，以及成员单位提交的特定类型纳税人或特定风险事项，适时推送各地应对。相关司局遇到情况紧急、风险程度高、风险指向具体纳税人的特殊风险管理任务，可以会签国家税务总局风险办并报经局领导批准后，单独成文下发或通过决策支持风险管理系统向下推送。

③统筹风险应对过程监控及效果评价工作。对推送各地应对的风险管理任务，国家税务总局风险办统一组织实施应对过程监控和效果评价工作。

④统筹风险分析识别模型建设工作。组织税务系统精干力量，按计划逐步建立具有代表性的覆盖重点行业、税种及特定类型纳税人的风险分析识别指标体系及模型库，并及时内置到决策支持风险管理系统中，供各单位及各地区使用。

⑤统筹决策支持风险管理系统功能完善工作。汇总成员单位及各地提出的关于完善决策支持风险管理系统功能的业务需求和意见，提交相关部门统一完善系统功能。

⑥统筹税收数据治理工作。建立标准、规范、充分、完备的数据库。从数据来源、内容、格式、口径、质量、应用等多方面实施数据治理，制定税收数据管理办法。不断拓宽数据来源、丰富数据内容、规范数据格式、统一数据口径、提高数据质量、强化数据利用，有效发挥税收数据在风险管理工作中的基础性作用。

⑦统筹开展第三方涉税信息获取及应用工作。统一指导成员单位获取税收风险管理工作所需第三方涉税信息。成员单位负责提出第三方涉税信息的业务需求，国家税务总局风险办负责制定业务标准和技术实现。第三方涉税信息交换至金税三期外部信息交换系统，供各单位及各地开展风险管理工作使用。

（2）发挥国家税务总局风险办成员单位的职能作用。

①各税种管理部门（含国际税收部门）结合自身工作特点，承担分管税种或本部门业务的第三方涉税信息采集、分析识别模型建设及风险分析识别工作，向国家税务总局风险办提供具有全局性、普遍性特征的风险事项。对特殊风险管理事项进行跟踪、指导、评价，并总结经验，进一步完善相关风险指标和风险任务。

②大企业税收管理部门在国家税务总局风险办的统一领导下，牵头负责全国千户集团税收风险分析专题办公室，负责千户集团税收风险的分析识别工作。分析结果报国家税务总局风险办统一推送各地。省税务局风险办统筹再分析后，明确相关税务机关及应对主体，组织实施风险应对。省税务局风险办将应对结果反馈给国家税务总局风险办，同时报送全国千户集团税收风险分析专题办公室。大企业税收管理部门可对相应情况进行跟踪、指导、评价、考核，并总结经验，完善工作机制。

③高风险纳税人税收风险管理的主要应对手段为税务稽查。稽查部门负责承接风险管理部门推送的高风险线索，重点稽查，并反馈查处结果。对于高风险应对任务中

反映出的行业性、地域性或特定类型纳税人的共性税收风险特征，稽查部门应及时提交给国家税务总局风险办，补充到风险分析识别指标体系及模型库中，促进风险分析识别模型的优化和完善。

2. 省税务局风险办工作机制

（1）统一税收风险管理组织领导。

各地要定期召开税收风险管理工作领导小组会议，审议本单位税收风险管理年度工作计划和总结、本地区税收风险管理重大事项等（会议纪要报国家税务总局风险办备案）。同时，要根据国家税务总局风险管理年度工作计划，因地制宜，细化并制订本地税收风险管理年度计划。

（2）统一接收国家税务总局推送风险事项。

国家税务总局风险办按计划下发的税收风险管理事项，统一由省税务局风险办负责接收。国家税务总局风险办成员单位下发的特殊风险管理事项，也应由省税务局风险办统一接收；其他部门接收的，须将接收的风险事项报送省税务局风险办统筹管理。

（3）统一扎口推送风险应对任务。

省税务局风险办接收国家税务总局风险管理事项后，组织相关部门开展细化分析，统筹任务安排，扎口推送给有关单位开展风险应对工作。对国家税务总局风险办成员单位下发的特殊风险管理事项，省税务局风险办可以组织相关部门开展细化分析，也可由相关部门开展细化分析。细化分析后的风险管理事项经省税务局风险办统筹后，扎口推送有关单位应对。

（4）统一反馈风险应对情况。

应对结束后，省税务局风险办应分析总结应对情况，及时将应对情况反馈给国家税务总局风险办。国家税务总局风险办将应对情况通报给风险事项发起单位。对国家税务总局风险办成员单位下发的特殊风险管理事项，省税务局风险办在向国家税务总局风险办反馈应对情况的同时，要将应对情况反馈给特殊风险事项发起单位。

五 建立健全以“信用+风险”为基础的新型监管机制

【知识点】建立健全以“信用+风险”为基础的新型监管机制

健全守信激励和失信惩戒制度，充分发挥纳税信用在社会信用体系中的基础性作用。建立健全纳税缴费信用评价制度，对纳税缴费信用高的市场主体给予更多便利。在全面推行实名办税缴费制度基础上，实行纳税人缴费人动态信用等级分类和智能化风险监管，既以最严格的标准防范逃避税，又避免影响企业正常生产经营。健全以“数据集成+优质服务+提醒纠错+依法查处”为主要内容的自然人税费服务与监管体系。依法加强对高收入高净值人员的税费服务与监管。

六 加强重点领域风险防控和监管

【知识点】 加强重点领域风险防控和监管

对逃避税问题多发的行业、地区和人群，根据税收风险适当提高“双随机、一公开”抽查比例。对隐瞒收入、虚列成本、转移利润以及利用“税收洼地”“阴阳合同”和关联交易等逃避税行为，加强预防性制度建设，加大依法防控和监督检查力度。

>> 第二节 税收风险管理的内容

一 税收风险管理的基本内容

【知识点】 税收风险管理的基本内容

税收风险管理的基本内容包括目标规划、信息收集、风险识别、等级排序与推送、风险应对、过程监控及评价反馈，以及通过评价成果应用于规划目标的修订校正，从而形成良性互动、持续改进的管理闭环。

1. 目标规划

要结合税收形势和外部环境，确定税收风险管理工作重点、工作措施和实施步骤，形成系统性、全局性的战略规划和年度计划，统领和指导税收风险管理工作。

2. 信息收集

各级税务机关要落实信息管税的工作思路，将挖掘和利用好内外部涉税信息作为税收风险管理工作的基础。注重收集宏观经济信息、第三方涉税信息、企业财务信息、生产经营信息、纳税申报信息，整合不同应用系统信息。建立企业基础信息库，并定期予以更新。对于集团性大企业，还要注重收集集团总部信息。

3. 风险识别

各级税务机关要建立覆盖税收征管全流程、各环节、各税种、各行业的风险识别指标体系、风险特征库和分析模型等风险分析工具。统筹安排风险识别工作，运用风险分析工具，对纳税人的涉税信息进行扫描、分析和识别，找出容易发生风险的领域、环节或纳税人群体，为税收风险管理提供精准指向和具体对象。

4. 等级排序与推送

根据风险识别结果，建立风险纳税人库，按纳税人归集风险点，综合评定纳税人的风险分值，并进行等级排序，确定每个纳税人的风险等级。结合征管资源和专业人员的配置情况，按照风险等级由高到低合理确定需采取措施的应对任务数量。风险应对任务由风险办扎口管理，统一推送下达。按纳税人区域、规模和特定事项等要素，合理确定风险应对层级和承办部门。

5. 风险应对

要按纳税人区域、规模和特定事项等要素，合理确定风险应对层级和承办部门。风险应对过程中，可采取风险提醒、纳税评估、税务审计、反避税调查、税务稽查等差异化应对手段。

6. 过程监控及评价反馈

要对税收风险管理全过程实施有效监控，建立健全考核评价机制，及时监控和通报各环节的运行情况，并对风险识别的科学性和针对性、风险等级排序的准确性、风险应对措施的有效性等进行效果评价。要将风险应对效果纳入绩效考核体系。加强对过程监控和评价结果的应用，优化识别指标和模型，完善管理措施，提出政策调整建议，实现持续改进。要全面归集分析税务总局定点联系企业税收风险的性质及成因，提出风险防控建议，反馈给企业集团。

二 税收风险管理的重点工作

【知识点】 税收风险管理的重点工作

1. 改革大企业税收风险管理方式，实施两级风险分析及差别化应对

贯彻落实《深化大企业税收服务与管理改革实施方案》（税总发〔2015〕157号），提升大企业税收复杂事项风险管理层级，实施税务总局和省税务机关两级统筹分析，组织分类分级差别化应对，实现风险防控“精确制导”。税务总局组建千户集团税收风险分析专业团队，联合省税务机关大企业税收管理部门，跨区域统筹开展千户集团税收风险分析工作。国家税务总局风险办扎口统一推送千户集团税收风险应对任务。省税务局风险办按照风险等级将应对任务推送给相应税务机关，并确定风险应对主体，实施差别化风险应对。省税务机关参照税务总局对千户集团的风险分析方法，统筹开展本省大企业的税收风险分析工作。

2. 开展高收入者个人所得税风险管理工作

省税务机关要借助第三方涉税信息，围绕重点人群、重点项目、重点行业、重点政策，研究建立高收入者个人税收风险管理工作机制，积极开展高收入者个人所得税风险分析及应对工作。

3. 做好增值税发票及出口退税风险管理工作

积极运用增值税发票管理新系统数据，针对高风险特征企业，前移风险识别关口，在发票开具、纳税申报、出口退税等环节应用风险识别指标及模型，以人机结合方式开展事中风险分析，缩短风险反应时间。

4. 加强税收征管主观努力程度评价工作

提升税收征管主观能动性，加强风险管理成效、组织收入力度、第三方涉税信息获取及应用等重点事项的主观努力程度评价工作，科学测算提高征收率的增收目标，强化对风险管理过程的监控和评价工作，采取措施，积极作为，提高通过加强征管促进组织收入的成效。

5. 加强户籍、登记及申报风险管理工作

强化户籍管理，防范脱管户，对“一址多照”“多家企业法定代表人为同一人”“法人代表和财务负责人及办税人员为同一人”等风险户予以重点关注，及时掌握户籍信息变动情况。适时调整“双定户”税额标准。监控纳税人不申报、迟申报和错误申报等情况，分析原因，采取措施，提高纳税申报及时性和准确性。

6. 加强欠税风险管理工作

加强申报后的税款入库跟踪管理，防范申报税款未及时足额入库的风险。定期开展纳税人欠税偿还能力分析，查明欠税原因，有针对性地分类采取清缴欠税措施，严格执行税收保全措施及强制执行措施。加强与人民法院和破产管理人的沟通协调，力争欠税清理工作取得实质性成效。

7. 加强重点行业税收风险管理工作

着重防范金融保险、投资管理、物流、电力、大型连锁商业零售、房地产和建筑安装等行业税收风险。

>> 第三节 税收风险应对方法（纳税评估）

一 纳税评估流程

【知识点1】 确定纳税评估对象

1. 确定纳税评估对象的方法

纳税评估的对象为主管税务机关负责管理的所有纳税人及其应纳所有税种。税务机关的纳税评估机构应当根据税源管理工作的需要，依据日常管理中掌握和采集的相关信息，采取计算机分析、人工分析及人机结合分析等手段，对纳税人纳税申报资料进行简单的分析，并有针对性地筛选确定需要实施纳税评估的对象。

2. 重点纳税评估对象的确定

纳税评估的重点对象包括：①综合审核对比分析中发现有问题或疑点的纳税人；②重点税源户；③特殊行业的重点企业；④税负异常变化的企业；⑤长时间零税负和负税负申报的纳税人；⑥纳税信用等级低下的纳税人；⑦日常管理和税务稽查检查中发现过较多问题的行业的纳税人。

【知识点2】 收集纳税评估资料

收集纳税评估资料可以分为税务机关内部信息资料和外部信息资料。

1. 内部信息资料

在纳税评估过程中，税务机关可以直接根据金税三期工程系统内纳税人依法报送的纳税申报资料、各项核定、认定事项的结果、增值税交叉稽核系统各类票证比对结果等，确定或调整纳税人的计税依据和应纳税额。

2. 外部信息资料

对于从第三方收集的数据，税务机关应当确保数据的来源合法。数据本身的真实性和准确性由提供数据的第三方负责。对于通过公开资料采集的数据资料，如上市公司披露的报告、行业协会公开的资料、互联网上发布的新闻等，税务机关应当确保该数据来源合法，引用准确。

【知识点3】 纳税评估案头分析

在对纳税评估对象一定时间区间的相关资料调取和归集后，要结合纳税评估案源的内容进行初步的案头分析。案头分析的主要内容如下：

1. 税务登记资料的分析

通过税务登记表和税务机关日常采集的信息，主要了解企业的注册资本及注册资本的构成、企业的组织结构，总、分支机构情况、关联企业情况，主营项目、生产经营的范围、主要产品生产工艺流程，银行基本账户从业人员情况，等等。

2. 税收优惠资格认定、减免税备案和核准资料的分析

通过对税收优惠资格认定、减免税备案和核准资料的分析，了解企业享受税收优惠的情况。

3. 发票情况的分析

通过对发票领购情况的分析，了解企业使用发票的种类、数量和结构，可以辅助判断企业生产经营的变化情况，从发票领购的数量和结构判断是否存在异常。

4. 纳税申报资料的分析

（1）纳税人是否按照税法规定的程序、手续和时限履行申报纳税义务，各项纳税申报附送的各类抵扣、列支凭证是否合法、真实、完整；

（2）纳税申报主表、附表及项目、数字之间的逻辑关系是否正确，适用的税目、税率及各项数字计算是否准确，申报数据与税务机关所掌握的相关数据是否相符；

（3）收入、费用、利润及其他有关项目的调整是否符合税法规定，减免税、亏损结转、获利年度的确定是否符合税法规定并正确履行相关手续；

（4）与上期和同期申报纳税情况有无较大差异。

【知识点4】 纳税评估调查核实

纳税评估调查核实包括税务约谈和实地调查核实。

1. 税务约谈

约谈是纳税评估工作的重要环节，是验证或消除疑点的重要途径。约谈实际上包含了两个概念，即约谈与举证。

约谈是在纳税评估开始之后，评估人员根据案头分析所确认的疑点问题，主动约请纳税人、扣缴义务人以及其他相关人员与税务机关沟通相关信息，要求纳税人解释说明涉税问题，同时给予纳税人政策性宣传、辅导的一个活动过程。

举证则是在约谈过程中，纳税人或者其他相关人员就税务机关提出质疑的问题，进行解释、说明，并提供相应的资料以证明其纳税情况真实、合理的一个活动过程。

约谈和举证是一个问题的两个方面，即从税务机关或者纳税评估人员的角度考虑是约谈；而从纳税人即纳税评估对象的角度考虑是举证，即对其纳税情况的真实性与合理性进行证明。

（1）约谈的程序。

约谈程序一般包括约谈通知、约谈实施和约谈结论等几个阶段。

①约谈通知，是在约谈举证的建议被批准之后，向纳税人发出约谈通知文书，约请纳税人的财务负责人、法人代表或经法人代表授权的税务代理人到税务机关对疑点问题举证、说明和解释等。

②当面约谈应由两名或两名以上评估人员在税务机关固定场所进行。在约谈过程中，税务机关可以就纳税评估中发现的问题，要求纳税人和扣缴义务人进行解释。对约谈情况做约谈笔录。对疑点问题基本清楚，但详细情况或有关数据有待进一步查实的，可以由纳税人在规定期限内对疑点问题进行自查；自查完毕，纳税人向税务机关提交“纳税人自查报告”及相关证据材料。

③在约谈结束之后，由评估人员根据约谈笔录、纳税人自查报告及相关证据材料对纳税人疑点问题进行分析确认，并按照纳税评估工作的要求继续下一步工作。

（2）税务约谈的工作要求。

①启动约谈前，应根据纳税人存在的涉税疑点，整理编写约谈提纲，确定约谈的时间、地点、对象和内容，经单位负责人审批同意后制作《税务约谈通知书》，在约谈日期前的合理期间内送达纳税人。

②约谈时，应告知被询问人的权利和义务，就相关涉税问题进行询问，纳税人就相关问题进行举证说明，如果纳税人提交书面说明或者相关材料的，应当保存原件，保存原件确有困难的，应当及时复印、影印，并要求纳税人签字盖章。

③约谈人员不得少于两名，约谈过程中应制作相应的税务文书。

④约谈结束后，应将整个约谈情况进行分析整理，制作工作底稿，并进行备案归档。

2. 实地调查核实

实地调查核实，是指税务机关通过到纳税人生产经营场所了解情况、审核账目凭证等方式，对评估分析中发现的纳税人的涉税疑点或问题进行核实，并采取进一步征管措施的工作方法。

（1）实地调查核实情形。

发现纳税人存在下列情形之一的，可实施实地调查核实：

①纳税人的解释说明和提供的有关资料无法排除其涉税疑点或问题的；

②纳税人不积极配合税务约谈，拖延、推诿、不及时提供有关资料，使涉税疑点无法核实的；

③对实行核定征收的纳税人进行纳税评估时，缺少评估分析资料的；

④其他需要实施实地调查核实的。

（2）实地调查核实方法。

在纳税评估调查核实阶段，评估人员需要到纳税人生产经营场所进行实地调查核实，通常可以采用实物盘存法、观察法、抽查法和查对法等方法。

【知识点5】 评估处理与管理建议

1. 评估处理

评估处理，是指针对评估筛选出的涉税疑点，根据案头分析、约谈举证和调查核实各阶段对疑点问题的确认结果，对具体评估对象涉税问题性质进行评估认定，并按照税收法律、法规进行分类处理。

发现的计算和填写错误、政策和程序理解偏差等一般性问题，或存在的疑点问题经约谈、举证、调查核实等程序认定事实清楚，不具有偷税等违法嫌疑，无需立案查处的，可提请纳税人自行改正。需要纳税人自行补充的纳税资料，以及需要纳税人自行补正申报、补缴税款、调整账目的，税务机关应督促纳税人按照税法规定逐项落实。

发现纳税人存在偷、逃、抗、骗等需要立案查处的税收违法行为嫌疑，应移交税务稽查部门处理。

2. 管理建议

评估人员在纳税评估结束后，应当及时进行总结和分析，有针对性地提出日常监控管理目标和强化管理的措施建议。

根据建议对象的不同，管理建议可以分为对外管理建议和对内管理建议。

对外管理建议，是指评估人员针对在纳税评估过程中所发现的纳税问题而向纳税人提出一系列的改进建议与意见，其目的在于督促纳税人更为全面、及时地履行纳税义务，同时宣传有关的税收法律法规。对外管理建议大多是在约谈核实的过程中进行的。

对内管理建议主要是针对税务管理部门提出的，是指评估人员针对评估过程中发现的税务机关在税收征管方面存在的一些不足而提出的有针对性的建议和意见。根据管理建议综合程度的高低，对内管理建议可以分为个案管理建议与综合管理建议。

二 纳税评估方法

纳税评估方法贯穿于整个纳税评估过程，在纳税评估的不同环节有不同的方法。这里主要介绍纳税评估的案头分析方法。

【知识点 1】 核对法

核对法，是指评估人员将从各种渠道所获得或者所掌握的纳税人相关涉税数据信息资料进行简单的核对比较，并据以对纳税人的税收法律义务履行情况作出初步评判的一种评估方法。

核对法是纳税评估中最为常用的方法，也是最为基本的方法。纳税评估中评估人员运用核对法时，主要核对以下 3 个方面的内容。

1. 表表核对

（1）申报表间的核对。

各税种的纳税申报表虽然有所差别，但是其中的很多内容都是存在勾稽关系的。纳税申报表间的核对主要是不同纳税申报表之间具有勾稽关系的项目或者是同一申报表中具有勾稽关系的项目的核对。

（2）财务报表间的核对。

财务报表间的核对主要是不同财务报表间具有勾稽关系的项目的核对。比如，本期报表期初余额与上期报表期末余额核对，资产负债表中的“未分配利润”与利润分配表中的“未分配利润”项目核对等。通过核对，如果发现其中存在不正常的问题，即存在勾稽关系的项目之间存在严重的不相关关系，那么就可以列为进一步评估的疑点。

（3）申报表与财务报表间的核对。

由于税款的计算与缴纳是以企业的会计核算为基础的，企业所有税种纳税申报表上的数据也几乎都可以从其会计核算中找到依据，纳税申报表特别是企业所得税纳税申报表上的很大一部分数据也都可以在财务会计报表上找到对应的数据。一旦某个企业的这种关系被打破了，需要作进一步分析。

2. 表实核对

表实核对是将纳税人的申报表以及财务报表等与管理员或者其他人员在实际的税收征管中掌握和了解的纳税人实际的生产经营情况以及其他相关信息进行核对。表实核对需要根据税务机关收集到的具体信息资料确定。

3. 内外核对

内外核对，是指纳税评估人员应当将其所能够收集和掌握到的全部信息进行核对，一方面，要将税务机关征收管理系统内的信息即机内信息与征收管理系统外的信息即机外信息的数据进行核对；另一方面，则需要将税务机关在日常征管中掌握的纳税人涉税信息与外部信息进行核对。

【知识点2】 比较分析法

比较分析法是评估人员在纳税人数据信息资料的基础上，将纳税申报数据、财务会计数据以及其他资料数据等进行比较和分析以揭示其中差异，在此基础上再将其差异与原先设定的参照数据进行比对，以判断其差异是否正常，进而判明纳税人在纳税申报等方面是否存在问题的一种分析方法。比较分析法是当前税务机关在纳税评估中常用的一种分析方法。

1. 绝对数比较分析

绝对数比较分析，是指纳税评估人员在评估过程中，直接将纳税人申报纳税的绝对数值指标，包括总量与总额，与选择作为参照指标对象的绝对数值进行比较，寻找其中存在的差异并进行判断的一种比较分析方法。在纳税评估中常用的绝对数指标包括：应纳税收入额、应纳税所得额、应纳税额、成本总额、费用总额、利润总额、投资收益额、资产总额、投资总额等。

2. 相对数比较分析

相对数比较分析，是指纳税评估人员通过计算得到评估对象某些评估项目的百分比、比率或比重结构等相对数指标，然后再与所选定的对象进行比较，发现其中存在的差异，并进一步分析判断的一种比较分析方法。

【知识点3】 逻辑推理法

逻辑推理法是一种定量与定性相结合的分析方法，主要通过具有外在或者内在的逻辑联系和相关性的多个数据之间趋同或反差关系，分析纳税人可能存在税收风险的一种方法。

在纳税评估中，税务人员可以运用于逻辑推理分析的逻辑关系和相关关系主要包括以下 5 个方面。

1. 企业生产经营宗旨的逻辑分析

投资者设立企业以及企业从事生产经营的目的，在大的方面都是一致的，即追求最大化的经济利益。按照这样的逻辑，如果一个企业高价购入商品或者原材料，而低价销售其产品或者商品，即使缴纳的税款相对较多，评估人员仍然应当给予高度关注；如果一个企业长期亏损却根本不考虑停产整顿、转产转行，甚至还试图扩大生产规模，即使表面上都在按期履行纳税申报义务，甚至税负率还不低，税务机关都应当进行重点评估并将其列为怀疑的重点。

2. 经济效益的逻辑分析

通过对企业经济效益的分析与判断，可以在相当程度上了解企业生存与发展的能力，进而对其税收申报与税款缴纳情况作出判断。通常而言，企业经济效益较好，那么扩大生产规模的可能性就大，生产能力与生存能力就强，而且应当具有规模效益，那么在税款缴纳与税额数量上也就应当呈现相对增长的态势。

3. 经济环境的逻辑分析

企业外部所处的经济环境直接影响企业的生产经营状况，而企业的生产经营状况又与税款的申报与缴纳直接相关。通常而言，当一个地区或者一个行业的经济景气度较高时，意味着该地区以及该行业的纳税人处于一个相对较好的生产经营环境，企业的生产与销售以及经济效益等都处于上升阶段，与销售和效益相关的流转税和所得税也应该呈现上升的趋势。相反，在经济衰退时期，纳税人的销售收入与效益都会呈现下降的趋势，税款缴纳数额下降也属于正常现象。

4. 经济业务的逻辑分析

不同的企业有不同的经济业务，而不同的经济业务又有不同的特点。对不同经济业务的特点进行分析，会发现其中存在很多的相关关系、逻辑关系。比如，货物生产企业以及商品加工企业需要大量地购入商品或者原材料产品，但是一个仓储企业出现大量购买商品或者原材料时就应当判断其生产经营发生了问题。经济业务的不同特点以及其中存在的相关关系、逻辑关系为税务机关开展纳税评估提供了运用逻辑推理进行分析判断的理论依据。

5. 收入、成本（费用）配比分析

收入与成本（费用）相配比既是会计核算的一项基本原则，也是所得税法上应纳税所得计算与确认的一项重要原则。该原则的基本内涵是某个纳税人所取得的收入应当与为取得收入的成本、费用相互匹配。通常而言，纳税人的成本大幅增长的同时，其收入也应当大幅增长，相应缴纳的税收也应该大幅增长。如果某个纳税人的成本费用大幅增长，但是收入与缴纳的税款却没有相应增长，那么其中就有可能存在问题，需要评估人员采取进一步的措施。

三 纳税评估指标的设定

【知识点1】 纳税评估指标的构成要素

一个完整的纳税评估指标主要包括以下要素：指标名称、指标公式、数据来源、风险描述、应对指引、政策依据、分析周期、分析单位、风险评估等级、参数设置（指标属性、指标类型、指标权重、预警值类型、风险分值）等。

【知识点2】 纳税评估常用分析指标

纳税评估指标，是指税务机关筛选评估对象、进行评估分析时所应用的指标。纳税评估分析时常用的主要指标分为通用分析指标和特定分析指标两大类。

1. 通用分析指标

（1）收入类评估分析指标。

营业收入变动率 =（本期营业收入 - 基期营业收入）÷基期营业收入 ×100%

如营业收入变动率超出预警值范围，可能存在少计收入问题。

（2）成本类评估分析指标。

单位产成品原材料耗用率 = 本期投入原材料 ÷ 本期产成品成本 ×100%

分析单位产品当期耗用原材料与当期产出的产成品成本比率，判断纳税人是否存在账外销售问题、是否错误使用存货计价方法、是否存在人为调整产成品成本等问题。

营业成本变动率 =（本期营业成本 - 基期营业成本）÷基期营业成本 ×100%

营业成本变动率超出预警值范围，可能存在多列成本、扩大税前扣除范围等问题。

（3）费用类评估分析指标。

销售（管理、财务）费用变动率 =［本期销售（管理、财务）费用 - 基期销售（管理、财务）费用］÷基期销售（管理、财务）费用 ×100%

如果销售（管理、财务）费用变动率与前期相差较大，可能存在税前多列支销售（管理、财务）费用问题，或者人为调剂费用所属期间等问题。

成本费用率 =（本期销售费用 + 本期管理费用 +
本期财务费用）÷ 本期营业成本 ×100%

分析纳税人期间费用与销售成本之间关系，与预警值相比较，如相差较大，企业可能存在多列或少列期间费用问题。

成本费用利润率 = 利润总额 ÷ 成本费用总额 ×100%

成本费用总额 = 营业成本总额 + 期间费用总额

分析投入的费用与实现成果之间的关系，如果低于预警值，可能存在少计收入、多列费用的问题。

（4）利润类评估分析指标及其计算公式和指标功能。

营业利润变动率 =（本期营业利润 - 基期营业
利润）÷ 基期营业利润 ×100%

营业毛利率变动率 =（本期营业毛利率 - 基期营业
毛利率）÷ 基期营业毛利率 ×100%

营业毛利率 =（营业收入 - 营业成本）÷ 营业收入 ×100%

营业毛利率变动 20% 以上的为异常，但要结合纳税人的销售规模来判断。营业毛利率比上年上升，增值税税负率却比上年下降的为异常，纳税人可能存在瞒报销售或多抵扣进项税的问题。指标若与预警值相比相差较大，可能存在多结转成本或不计、少计收入问题。

（5）资产类评估分析指标及其计算公式和指标功能。

净资产收益率 = 净利润 ÷ 平均净资产 ×100%

分析纳税人资产综合利用情况。如指标与预警值相差较大，可能存在隐瞒收入，或闲置未用资产计提折旧问题。

总资产周转率 =（利润总额 + 利息支出）÷ 平均总资产 ×100%

存货周转率（次数）= 销货成本 ÷ 平均存货余额

平均存货余额 =（期初存货 + 期末存货）÷2

存货周转天数 = 计算期天数 ÷ 存货周转率（次数）
= 计算期天数 × 平均存货余额 ÷ 销货成本

存货周转率不仅可以用来衡量企业生产经营各环节中存货运营效率，还被用来评价企业的经营业绩，反映企业的绩效。

通过存货周转率的计算与分析，可以测定企业一定时期内存货资产的周转速度，是反映企业购、产、销平衡效率的一种尺度。存货周转率越高，表明企业存货资产变现能力越强，存货及占用在存货上的资金周转速度越快，但是存货周转率过快，则可能说明有多列成本的问题。

应收账款周转率 = 赊销收入净额 ÷ 应收账款平均余额

应收账款周转天数 = 360 ÷ 应收账款周转率

赊销收入净额 = 销售收入 − 现销收入 − （销售退回 + 销售折让 + 销售折扣）

应收账款平均余额 = （应收账款余额年初数 + 应收账款余额年末数） ÷2

应收账款周转次数，是指在一定时期内（通常为1年）应收账款转化为现金的平均次数。应收账款周转次数是一个正指标，周转次数越多，说明应收账款的变现能力越强，企业应收账款的管理水平越高；周转次数越少，说明应收账款的变现能力越弱，企业应收账款的管理水平越低。

固定资产综合折旧率 = 基期固定资产折旧总额 ÷ 基期固定资产原值总额 ×100%

固定资产综合折旧率高于基期标准值，可能存在税前多列支固定资产折旧额问题。要求企业提供各类固定资产的折旧计算情况，分析固定资产综合折旧率变化的原因。

资产负债率 = 负债总额 ÷ 资产总额 ×100%

如果资产负债率与预警值相差较大，则企业偿债能力有问题，要考虑由此对税收收入产生的影响。

2. 纳税评估特定分析指标及使用方法

（1）增值税评估分析指标及使用方法。

①增值税税负率。

增值税税负率 = 本期应纳增值税税额 ÷ 本期应税销售收入 ×100%

增值税税负率一般会低于税率，小规模纳税人的税负率就是其征收率，增值税税负率受所属行业、所处地区影响，不同行业性质和地区税负率不同，各地区和行业都有平均税负率，可以参考判断该指标是否正常。

增值税税负率低于平均水平，可能存在少计收入，多抵扣进项税额，多列成本等问题。

②增值税发票评估指标。

A. 一般纳税人增票（申请增加开票量）异常评估指标。

按正常规律，一般纳税人经营情况大部分时间是正常经营的，出现销售波动时要求增加发票也是合理的，但企业在一个月内出现多次增票且增票总数较多，就认为企业经营波动太大，不符合经营常理，应对企业进行核查，防止虚开后突然注销以及走逃。

B. 增值税专用发票用量变动异常评估指标。

指标值 = 一般纳税人专用发票使用量 − 一般纳税人专用发票上月使用量

增值税专用发票用量骤增，除正常业务变化外，可能有虚开现象。纳税人开具增值税专用发票超过上月，且份数较多的。

重点核查纳税人的购销合同是否真实、纳税人的生产经营情况是否与签订的合同情况相符并实地检查存货等。主要核查存货类“原材料”“产成品”、货币资金“银行存款”“现金”以及应收账款和预收账款等科目。

（2）企业所得税评估分析指标及使用方法。

①企业所得税税负率。

企业所得税税负率 = 应纳企业所得税税额 ÷ 利润总额 × 100%

与当地同行业同期和本企业基期所得税负担率相比，低于标准值可能存在不计或少计销售（营业）收入、多列成本费用、扩大税前扣除范围等问题，运用其他相关指标深入评估分析。

②营业利润税负率。

营业利润税负率 = 本期应纳税额 ÷ 本期营业利润 × 100%

与当地同行业同期和本企业基期所得税负担率相比，如果低于预定值，企业可能存在销售未计收入、多列成本费用、扩大税前扣除范围等问题，应作进一步分析。

③企业应纳税所得额变动率。

应纳税所得额变动率 = （评估期累计应纳税所得额 - 基期累计应纳税所得额）÷ 基期累计应纳税所得额 × 100%

该指标如果发生较大变化，可能存在少计收入、多列成本，人为调节利润问题；也可能存在资本化支出费用化处理等问题。

④企业所得税贡献率。

企业所得税贡献率 = 应纳企业所得税税额 ÷ 营业收入 × 100%

将当地同行业同期与本企业基期所得税贡献率相比，低于标准值视为异常，可能存在不计或少计销售（营业）收入、多列成本费用、扩大税前扣除范围等问题，应运用所得税变动率等相关指标作进一步评估分析。

⑤企业所得税贡献变动率。

企业所得税贡献变动率 = （评估期企业所得税贡献率 - 基期企业所得税贡献率）÷ 基期企业所得税贡献率 × 100%

与企业基期指标和当地同行业同期指标相比，低于标准值可能存在不计或少计销售（营业）收入、多列成本费用、扩大税前扣除范围等问题。

⑥企业所得税税负变动率。

企业所得税税负变动率 = （评估期企业所得税税负率 - 基期企业所得税税负率）÷ 基期企业所得税税负率 × 100%

与企业基期和当地同行业同期指标相比，低于标准值可能存在不计或少计销售（营业）收入、多列成本费用、扩大税前扣除范围等问题。

3. 评估指标的配比分析

纳税评估分析时，要综合运用各类指标，并参照评估指标预警值进行配比分析。

（1）营业收入变动率与营业利润变动率配比分析。

正常情况下，二者基本同步增长，如果出现不同步增长，则应分析可能存在异常情况，例如，营业收入增长率大于营业利润增长率且相差较大，可能存在企业多列成本费用、扩大税前扣除范围问题。

（2）营业收入变动率与营业成本变动率配比分析。

正常情况下，二者基本同步增长，如果出现不同步增长，则应分析可能存在异常情况。例如，营业收入变动率小幅增长，营业成本变动率增幅较大或者营业收入变动率下降，营业成本变动率保持不变，可能存在企业账外经营或少计收入、多列成本等问题。

（3）营业收入变动率与期间费用变动率配比分析。

当营业收入变动率增幅较小或者不增长，而期间费用变动率增加较多，可能存在企业少计收入、多列期间费用、扩大税前扣除范围等问题；当营业收入变动率增幅较大，而期间费用变动率保持不动甚至下降，可能存在企业少列期间费用，延迟费用确认问题，应结合应收账款、应付账款账户的变化深入分析。

（4）增值税税负率、销售额变动率配比分析。

计算分析纳税人税负率，与销售额变动率等指标配合使用，将销售额变动率和税负率与相应的正常峰值进行比较，销售额变动率高于正常峰值、税负率低于正常峰值的，销售额变动率低于正常峰值、税负率低于正常峰值的和销售额变动率及税负率均高于正常峰值的均可列入疑点范围。

与预警值对比。销售额变动率高于正常峰值及税负率低于预警值或销售额变动率正常而税负率低于预警值的，以进项税额为评估重点，查证有无扩大进项抵扣范围、骗抵进项税额、不按规定申报抵扣等问题，对应核实销项税额计算的正确性。

对销项税额的评估，应侧重查证有无账外经营、瞒报、迟报计税销售额、错用税率等问题。

（5）存货变动率、营业收入变动率、总资产收益率配比分析。

一般来讲，存货周转速度越快，存货占用水平越低，流动性越强，存货转化为现金或应收账款的速度就越快，这样会增强企业的短期偿债能力及获利能力。存货周转率反映了企业销售效率和存货使用效率。在正常情况下，如果企业经营顺利，存货周转率越高，说明企业存货周转得越快，企业的销售能力越强，营运资金占用在存货上的金额也会越少。

总资产收益率指标集中体现了资产运用效率和资金利用效果之间的关系，在企业资产总额一定的情况下，利用总资产收益率指标可以分析企业盈利的稳定性和持久性。

如果存货变动率提高，营业收入变动率应该增加，总资产收益率也应该增加，如果不存在这种关系，则可能存在账外经营、少计收入、多列费用等情况。

纳税评估指标应该根据实际评估需求并结合数据获取成本分析设计，体现其灵活性。在使用指标进行分析时，也应该根据实际情况选择使用，既可以单独使用，也可以结合多项指标综合使用。

【知识点3】 纳税评估模型的构建及完善

1. 纳税评估模型构建

纳税评估模型的构建首先必须通过全面准确采集、科学有效分析和监控行业指标，并结合纳税人的申报信息所产生的涉税指标，实现行业风险指标和涉税指标的有机结合和互相制约，从而建立有针对性和准确性的行业风险指标体系。一个完整的纳税评估模型主要包括以下内容：行业介绍（行业定义、行业状况、企业类型划分、工艺简介、行业发展趋势）、行业生产经营特点、行业涉税风险点、风险指标设置、风险应对指引等。

2. 模型验证及完善

纳税评估模型构建后，需要将行业模型中建立的风险指标、预警值、权重、风险值得分等，运用到纳税评估实践中进行检验，根据评估实际结果与预警值的比对，对纳税评估模型中存在的缺陷反复进行完善修改，对相关的指标值不断进行修正，验证纳税评估模型的合理性和准确性。

【知识点4】 纳税评估模型的主要应用

1. 投入产出模型

投入产出法主要适用于产品相对较为单一的制造业企业。由于测算、分析侧重的内容和角度不同，不同的行业适用的投入产出测算指标和模型不同，投入产出表现形式不同，分析的方法也不尽相同，如按其表现形式可分为投入产出比、单位产品定耗的分析；按其侧重面的不同可分为原材料投入产出比、废料的产出及再利用率、单位产品辅助材料（包装物）耗用定额的分析等。以投入产出比模型说明如下：

（1）投入产出比评估模型。

$$\text{评估期产品产量} = \text{当期投入原材料数量} \times \text{投入产出比}$$

$$\text{评估期产品销售数量} = \begin{matrix}\text{评估期期初}\\\text{库存产品数量}\end{matrix} + \text{评估期产品产量} - \text{评估期期末库存数量}$$

$$\text{测算评估期应税销售收入} = \text{评估期产品销售数量} \times \text{评估期产品销售单价}$$

$$\text{问题值} = (\text{测算应税销售收入} - \text{企业实际申报应税销售收入}) \times \text{适用税率（征收率）}$$

（2）模型分析重点。

根据已确定的行业或产品的投入产出比及企业评估期原材料的耗用数量，测算出产品生产数量，与企业账面记载产品产量相比对，同时结合产品库存数量及销售单价等信息进行关联测算，并与企业实际申报的应税销售收入对比，查找企业可能存在的问题。

2. 能耗测算模型

能耗测算法主要是根据纳税人评估期内水、电、煤、气、油等能源、动力的生产耗用情况，利用单位产品能耗定额测算纳税人实际生产、销售数量，并与纳税人申报信息对比、分析的一种方法。其中耗电、耗水等数据可从电力部门、自来水公司等取得核实，相对较为客观。

（1）能耗评估模型。

$$评估期产品产量=评估期生产能耗量\div评估期单位产品能耗定额$$

$$评估期产品销售数量=\begin{matrix}评估期期初\\库存产品数量\end{matrix}+评估期产品产量-评估期期末库存数量$$

$$评估期销售收入测算数=评估期销售数量\times评估期产品销售单价$$

$$问题值=（测算应税销售收入-企业实际申报应税销售收入）\times适用税率（征收率）$$

（2）模型分析重点。

根据生产耗用的电力、水、煤、气等能量耗用定额指标，测算产品产量，进而测算其销售额和应纳税额，与申报信息进行对比分析，查找企业纳税疑点和线索。

3. 工时（工资）耗用模型

工时（工资）耗用模型，是指在单位产品耗用生产时间基本确定的前提下，按照纳税人在一定时期耗用工时总量，分析、测算该时期内的产品产量及销售数量或销售额，并与申报信息对比分析的方法，工资耗用是生产耗用工时反映在货币上的金额表现。该方法主要适用于单位产品耗用工时或者工资基本稳定，工资或工时记录完整、核算规范的工业企业。

（1）工时（工资）评估模型。

$$评估期产品产量=评估期生产人员工时总量（工资总额）或某一主要生产环节工时总量（工资总额）\div单位产品耗用工时（或者工资）$$

$$评估期产品销售数量=\begin{matrix}评估期期初\\库存产品数量\end{matrix}+评估期产品产量-评估期期末库存数量$$

$$测算应税销售收入=评估期产品销售数量\times评估期产品销售单价$$

$$问题值=（测算应税销售收入-企业实际申报应税销售收入）\times适用税率（征收率）$$

（2）模型分析重点。

按照纳税人在一定时期耗用工资（工时）总量，分析、测算该时期内的产品数量及销量或销售额，并与申报信息对比分析。

4. 设备生产能力模型

设备生产能力法，是指主要生产设备在原料、动力和人员等正常运转下产出的能力。可分为设计生产能力和实际生产能力。

（1）设备生产能力评估模型。

$$评估期产品产量 = \frac{评估期若干设备的}{日产量或时产量} \times 评估期正常工作日或工作时$$

$$评估期产品销售数量 = \frac{评估期期初}{库存产品数量} + 评估期产品产量 - 评估期期末库存数量$$

$$测算应税销售收入 = 评估期产品销售数量 \times 评估期产品销售单价$$

$$问题值 = （测算应税销售收入 - 企业实际申报应税销售收入）\times 适用税率（征收率）$$

（2）模型分析重点。

按照纳税人投入生产的单位设备生产能力，测算、分析纳税人的实际生产量，进而核实应税销售收入，并与纳税人申报信息对比、分析是否存在涉税问题。

5. 税负对比模型

税负对比分析法是通过企业税负与行业税负的对比，对税负异常的企业围绕关联指标展开分析，以发现企业税收风险的一种方法。税负对比分析法的适用范围很广，基本上对所有行业均可适用。

税负对比评估模型：

$$税负差异率 = （企业税收负担率 - 行业税收负担率）\div 行业税收负担率 \times 100\%$$

税负对比分析法属于综合分析法，影响因素较多，涉及税基的多个方面。因此，用该法发现企业税负异常时，应结合其他分析方法进行多角度分析。

6. 资金监控模型

资金监控法就是通过对纳税人一定时期内的“银行存款”“现金”“应收账款”“应收票据”等资金核算科目的监控，分析其资金的流转状况，并以此评析纳税人当期申报信息是否真实的方法。

纳税人发出货物时常用借方会计科目有：“银行存款”“现金”“应收账款”“应收票据”“对外投资”等，而与之对应的贷方会计科目一般为“主营业务收入”或“其他业务收入”等。将纳税人的上述资金类核算科目的借方发生额与其相对应的会计科目贷方发生额相对比，就可以有效地分析、判断纳税人当期申报的销售信息是否真实。资金监控法主要适用于一般纳税人和财务核算规范的小规模企业。

资金监控评估模型：

$$\frac{\text{当期应收账款收入类借方发生额}+\text{当期应收票据收入类借方发生额}+\text{当期银行存款收入类借方发生额}+\text{当期现金收入类借方发生额}+\text{当期对外投资视同销售类借方发生额}}{1+\text{适用税率或征收率}} \leqslant \text{当期产品销售收入贷方发生额}+\text{其他业务收入类贷方发生额}$$

在一般情况下，公式左右方应当平衡；如果左方小于右方，可能存在纳税人前期预收账款在本期发出货物实现收入，也可能存在纳税人发出货物后，购买方用货物抵顶欠款，纳税人基本上不存在偷税问题；如果左方大于右方，则企业存在偷税的可能性较大。

>> 第四节 企业常见的税收风险

一 增值税常见风险

【知识点 1】 销项税额类风险

1. 未按照增值税纳税义务发生时间确认收入风险

风险描述：企业因增值税纳税义务发生时间的规定与会计确认收入时间的规定存在差异，纳税人未按照增值税纳税义务发生时间确认收入。例如企业发出商品但未取得报酬或者企业仍然保留商品所有权和控制权时，按照会计准则可不予确认收入，但按照税法规定增值税纳税义务可能已发生，存在因税法差异未计或少计提销项税金的风险。

2. 往来账期末余额较大、长期挂账隐匿收入风险

风险描述：企业“预收账款”“应收账款”“其他应收款”等科目期末金额长期较大，可能将实现收入长期挂账、不确认收入，甚至账外循环，涉及少缴增值税风险。

3. 价外费用和其他收入未按规定缴纳增值税风险

风险描述：企业提供货物、劳务以及服务过程中可能存在向购买方收取的品牌使用费、手续费、补贴、基金、集资费、返还利润、奖励费、违约金、滞纳金、延期付款利息、赔偿金、代收款项、代垫款项、包装费、包装物租金、储备费、优质费、运输装卸费以及其他各种性质的价外收费，可能未全额申报缴纳增值税的风险。但是对

于符合条件的代为收取的政府性基金或者行政事业性收费不作为价外费用。

4. 非集团内企业之间资金拆借少计利息收入风险

风险描述：企业将贷款资金借给其他单位和个人使用，自身列支贷款利息，不收取利息或收取利息不计收入，少缴增值税的风险。

5. 将增值税应税产品用于集体福利或者个人消费、投资、分配给投资者、无偿赠送等行为未按规定申报，少缴税款风险

风险描述：企业将增值税应税产品用于集体福利或者个人消费、投资、分配给投资者、无偿赠送未视同销售行为，未按规定申报纳税的风险。

6. 新产品试生产期间未计应税收入风险

风险描述：新产品试生产期间形成的产品出售时，未计提销项税额少缴增值税的风险。

7. 集团内非同一县（市）机构间移送存货用于销售未计应税收入风险

风险描述：企业将原辅料、包装物、产成品等存货在集团机构非同一县（市）的机构间相互移送，可能存在未申报销售收入的风险。

8. 委托代销已满 180 天未收到代销清单不及时确认销售风险

风险描述：企业以委托代销方式销售产品，发出商品已满 180 天仍未收到代销清单或者货款，企业不及时确认销售实现，造成延迟确认计算销项税额的风险。

9. 以非货币资产对外投资、捐赠、分配利润等未按规定缴纳增值税风险

风险描述：企业用非货币资产对外投资、捐赠、分配利润等的资产未按照规定视同销售确认收入及计提税金，造成少缴纳税款的风险。

10. 销售使用过的固定资产未缴纳增值税或者计税方法适用错误风险

风险描述：企业销售自己使用过的固定资产，如果购进时属于不得抵扣且未抵扣进项税额的，适用简易办法依照 3% 征收率减按 2% 征收增值税政策的，可以放弃减税，按照简易办法依照 3% 征收率缴纳增值税，并可以开具增值税专用发票；如果购进时不属于不得抵扣且未抵扣进项税额的，按照一般计税方法依照 13% 税率（自 2019 年 4 月 1 日起执行）缴纳增值税。企业可能存在不计提增值税或者适用税率不正确的风险，或将依照简易办法 3% 征收率计算的应纳税款与一般计税办法计算的销项税额混淆少缴增值税的风险。

11. 废弃物下脚料处置未按规定缴纳增值税风险

风险描述：企业存在对外销售下脚料和生产各环节产生的个别废品，未确认收入、未计提销项税额的风险。销售自己使用过的除固定资产以外的废旧包装物、废旧材料等未按正常税率申报缴纳增值税的风险。企业以废弃物处置收入抵减清理费用，造成少计销售收入，少缴增值税的风险；企业废弃物中仍有市场价值的商品，未按照市场价格确认收入并计提销项税额的风险；企业在处理废弃物过程中，替关联方支付相关

费用，导致多抵扣进项税额或多列费用的风险。

12. 增值税税率适用错误风险

风险描述：企业销售自产货物的同时提供服务不属于混合销售的，应分别核算货物和服务销售额，分别适用不同税率或者征收率；或者企业兼营不同税率的产品或者服务，未分别核算不同税率的销售额，从而有意高税低报或者采用低税率计算销售税额，导致少缴增值税的风险。

【知识点2】 进项税抵扣类风险

1. 混淆增值税一般计税方法和简易计税方法风险

风险描述：除混用于一般计税和简易计税的固定资产、不动产、无形资产外，适用一般计税方法的纳税人，兼营简易计税方法计税项目、免税项目而未划分清楚，将简易计税项目、免税项目取得的进项税额一并计入一般计税项目进行抵扣，多计进项税额的风险。

2. 通过取得增值税专用发票虚列成本费用，多抵扣进项税额风险

风险描述：企业虚列各项未真实发生的采购成本及费用项目，通过取得增值税发票来多抵扣进项税额的风险。

比如企业可能存在从第三方取得发票或采用虚开运输发票多计进项成本费用；部分农产品收购企业可能存在虚开农副产品收购发票，或扩大农产品范围的情况；园林绿化企业可能通过非法取得农产品收购发票，多抵扣苗木、花卉、木材等农产品进项税；建筑企业由于部分上游材料无法取得发票，可能存在通过代开甚至接受虚开，大量不合理列支各类原材料及劳务项目；企业也存在将各类与生产经营无关的费用通过各种渠道取得的增值税扣税凭证列支少缴税款。

3. 购进农产品单价不实或业务不实少缴增值税风险

风险描述：生产企业购进的主要农产品，可能存在购进的单价差异过大，农产品价格不实的风险；在向农业生产者收购农产品自行填开《农产品收购统一发票》时，企业可能存在虚开收购单价，或者将装卸费计入农产品收购价格，造成在计算核定农产品进项税额时，多计算农产品进项税额的风险；部分生产企业在日常的农产品采购业务中，会向小规模纳税人（个体工商户）或者一般纳税人购买粮食，但可能存在不能取得卖方开具的发票或者对方不愿开具发票，企业自己开具《农产品收购统一发票》，甚至让他人为自己开具增值税专用发票用于计算抵扣进项税额的风险。

4. 购进农产品原材料未按核定扣除办法计算抵扣进项税额少缴增值税风险

风险描述：自 2012 年 7 月 1 日起，以购进农产品为原料生产销售液体乳及乳制品、酒及酒精、植物油的增值税一般纳税人，纳入农产品增值税进项税额核定扣除试点范围，其购进农产品无论是否用于生产上述产品，增值税进项税额均按照《农产品增值

税进项税额核定扣除试点实施办法》的规定抵扣。企业可能存在未按农产品增值税进项税额核定扣除办法计算抵扣进项税额，少缴税金的风险。

5. 抬高买价虚增材料采购成本，多抵扣进项税额风险

风险描述：根据相关规定，购进农产品为原料生产货物的，农产品增值税进项税额可按照投入产出法、成本法和参照法计算当期可以抵扣的增值税进项税额。适用农产品增值税进项税额核定扣除办法的企业，可能存在购进原材料单价和数量不真实，以虚增单耗扣除率、虚增"农产品平均购买单价"指标、虚增材料采购成本、虚抵进项税额的情况，少缴增值税的风险。

6. 购买货物或者应税劳务、服务发生退货、中止未按规定转出进项税额风险

风险描述：一般纳税人购进货物或者应税劳务、服务，取得增值税专用发票后发生退回，企业可能存在未按规定进行进项税额转出少缴纳增值税的风险。

7. 外购用于简易计税方法计税项目、免征增值税项目、集体福利或个人消费，未按规定转出进项税额风险

风险描述：企业将外购货物、加工修理修配劳务、服务、无形资产和不动产用于简易计税方法计税项目、免征增值税项目、集体福利或者个人消费，其对应的进项税额不得抵扣。企业在采购环节可能存在发生上述事项但未按规定作进项税额转出，少缴增值税的风险。

8. 管理不善造成原材料、库存商品、不动产、在建工程等的非正常损失未按规定转出进项税额风险

风险描述：由于管理不善造成货物被盗、丢失、霉烂变质，以及因违反法律法规造成原材料、商品被依法没收、销毁、拆除等未按规定作进项税额转出，少缴纳增值税的风险。

【知识点3】 增值税优惠类风险

1. 免税与应税业务收入划分不清或故意混淆少缴增值税风险

风险描述：税收征管中企业应就免征增值税的经营项目到主管税务机关进行备案，且应分别核算应税收入与免税收入。未严格区分或故意混淆增值税应税收入和免税收入，少缴增值税的风险。

2. 扩大免税范围不计提销项少缴增值税风险

风险描述：将应税商品错误适用免税处理的风险。如将深加工农产品当作免税初级农产品进行申报，扩大农产品免税范围，不计提销项税额。

3. 统借统还业务中，向下属单位收取高于支付给金融机构借款利率水平的利息未按规定缴纳增值税风险

风险描述：在统借统还业务实际操作中，企业集团或企业集团中的核心企业以及

集团所属财务公司等统借方可能存在向企业集团或者集团内下属单位收取的利息高于支付给金融机构借款利率水平或者支付的债券票面利率水平的情况。《财政部 国家税务总局关于全面推开营业税改征增值税试点的通知》（财税〔2016〕36 号）规定，对这类情况不能享受免征增值税，应全额缴纳增值税。因此，企业可能存在未缴纳或未全额缴纳增值税的风险。

二 企业所得税常见风险

【知识点 1】 应税收入类风险

1. 发生视同销售行为未按规定申报缴纳企业所得税风险

风险描述：企业将资产移送他人用于市场推广或销售、交际应酬、职工奖励或福利、股息分配、对外捐赠和其他改变资产所有权属的，发生非货币性资产交换，以及将货物、财产、劳务用于捐赠、偿债、赞助、集资、广告、样品等，可能未按税法规定视同销售货物、转让财产或者提供劳务确认收入，或重复列支成本的风险。

2. 国债转让收入混为持有期间利息收入少缴企业所得税风险

风险描述：企业存在将国债转让收入与国债利息收入一并作为免税收入申报，造成少缴纳企业所得税的风险。企业投资国债并从国务院财政部门取得的国债利息收入，应以国债发行时约定应付利息的日期，确认利息收入的实现。转让国债，应在国债转让收入确认时确认免税国债利息收入的实现。

企业到期前转让国债，或者从非发行者投资购买的国债，其持有期间尚未兑付的国债利息收入，按以下公式计算确定：

国债利息收入 = 国债金额 ×（适用年利率 ÷ 365）× 持有天数

3. 取得的专项用途财政资金不符合企业所得税不征税收入条件风险

风险描述：取得的财政性资金不符合或部分不符合企业所得税不征税收入的条件，如不能提供专项用途的资金拨付文件、专门的资金管理办法或具体管理要求等，可能存在少确认应税收入的风险。

4. 未支出且未缴回的专项用途财政资金未确认收入风险

风险描述：企业将符合条件的财政性资金作不征税收入处理后，在 5 年（60 个月）内未发生支出且未缴回财政或其他拨付资金的政府部门的部分，未按规定计入取得该资金第六年的应税收入总额的风险。

5. 取得的各项补贴收入未确认当期收入风险

风险描述：企业取得的各种补贴收入［如政府补贴、出口贴息、专项补贴、增值税即征即退、先征后退（返）、增值税加计抵减、其他税款返还、行政罚款返还、取得代扣代缴个人所得税手续费等］，除国务院、财政部和国家税务总局规定不计入当期损益外，未按税法规定确认当期收入的风险。

6. 处置废旧物、下脚料、副产品等不计或少计收入风险

风险描述：企业对外销售下脚料、残次废产品、副产品未确认收入或计入往来账目，如以废弃物处置收入抵减清理费用，少计销售收入的风险。

7. 公允价值变动损益未按规定进行纳税调整风险

风险描述：企业以公允价值计量的金融资产、金融负债以及投资性房地产等，持有期间公允价值变动不计入应纳税所得额，在实际处理或结算时，处置所得的价款扣除其历史成本后的差额计入处置或结算期间的应纳税所得额。因此，企业在计算应纳税所得额时，应在会计利润总额基础上对公允价值损益作纳税调整。

8. 未按纳税义务发生时间确认收入风险

风险描述：企业取得租金、利息、特许权使用费等收入，未按照合同约定的应支付的日期及金额确认收入的风险。

9. 跨年工程未按完工进度或者完成的工作量确认收入风险

风险描述：企业受托加工制造大型机械设备、船舶、飞机，以及从事建筑、安装、装配工程业务或者提供其他劳务等，持续时间超过 12 个月的，未按照纳税年度内完工进度或者完成的工作量确认收入的风险。

【知识点 2】 扣除类风险

1. 未取得合法有效凭证的支出税前扣除风险

风险描述：按规定，企业发生支出，应取得税前扣除凭证，作为计算企业所得税应纳税所得额时扣除相关支出的依据。企业可能存在业务招待费、差旅费、会议费等项目未取得真实、合法、有效的凭证而税前扣除，且未作纳税调整，少缴企业所得税的风险。

2. 与生产经营无关的支出税前扣除风险

风险描述：按规定，企业实际发生的与取得收入有关的、合理的支出，包括成本、费用、税金、损失和其他支出，准予在计算应纳税所得额时扣除。企业可能存在列支离退休职工费用、个人学历教育费用、个人车辆油修费、员工家属区物业费用、员工子女教育费、商业保险等与生产经营无关的费用，税前未作纳税调整，少缴企业所得税的风险。

3. 重复列支成本费用少缴企业所得税风险

风险描述：除另有规定外，企业实际发生的成本、费用、税金、损失和其他支出，不得重复扣除。企业可能存在设立分支机构，将同一项支出在不同分支机构中重复列支；高管工资在总公司和分公司重复列支；利用同一张发票重复列支支出等风险。

4. 其他不得扣除的支出项目未进行纳税调整风险

风险描述：企业可能存在列支《企业所得税法》第十条规定的不得扣除的支出项目（向投资者支付的股息、红利等权益性投资收益款项、企业所得税税款、税收滞纳金、罚金罚款和被没收财物的损失、本法第九条规定以外的捐赠支出、非广告性质赞助支出、未经核定的准备金支出、与取得收入无关的其他支出）未作纳税调整，少缴企业所得税的风险。

5. 工资、薪金支出未按规定税前扣除风险

风险描述：按规定，企业发生的合理的工资、薪金支出，准予扣除。企业可能存在税前扣除已经计提但未实际发放的工资、薪金，税前扣除的计税工资超过政府有关部门给予的限定数额未按规定进行调整，雇用季节工、临时工、实习生、返聘离退休人员、接受外部劳务派遣用工所实际发生的费用未区分为工资、薪金支出和职工福利费支出，将职工福利费混入工资、薪金中进行税前扣除等风险。

6. 超标准列支有扣除限额的费用风险

风险描述：按规定，企业发生的职工福利费支出、职工教育经费、工会经费、业务招待费、广告和业务宣传费、公益性捐赠支出、手续费及佣金支出等每年的税前扣除均有限额的限制。企业可能存在未按规定准确归集核算相关费用，税前超额扣除的风险。

7. 预提费用税前扣除少缴税款风险

风险描述：企业设置预提费用科目，税前列支已经计提但未实际发生的预估房租、水电费及预提的清算预估的土地增值税等费用；年末应付工资贷方有余额，在汇算清缴期结束后仍未发放，未作纳税调增处理，可能存在少缴税款的风险。

8. 不征税收入对应的支出税前扣除风险

风险描述：按规定，企业的不征税收入用于支出所形成的费用或者财产，不得扣除或者计算对应的折旧、摊销扣除。企业可能存在取得的财政拨款、行政事业性收费、政府性基金等不征税收入未计入收入总额但用于支出，形成的费用或者财产折旧、摊销未单独核算，税前扣除该部分支出，少缴企业所得税的风险。

【知识点3】 资产类风险

1. 未按规定计提固定资产折旧风险

风险描述：企业未按照税法规定的时间、范围和方法计提折旧；超出税法规定的范围，如对临时性施工设备、房屋建筑物外未使用的固定资产计提折旧；对与生产经营无关的资产计提折旧等风险。

2. 未按规定摊销无形资产风险

风险描述：企业可能存在取得的土地使用权的摊销年限未按照税法规定进行摊销，

人为缩短摊销年限，多计提当期摊销费用的风险；可能存在支付的土地出让金、土地权属登记费未作为无形资产进行摊销，在管理费用中一次性列支的风险；可能存在达到无形资产标准的管理系统软件，未按照规定进行摊销在管理费用中一次性列支的风险；可能存在将应计入无形资产原值的软件安装调试费在管理费用中列支等未按规定摊销无形资产的风险。

3. 应资本化的利息支出一次性税前扣除风险

风险描述：企业为购置、建造固定资产、无形资产和经过 12 个月以上的建造才能达到预定可销售状态的存货而发生的借款，在有关资产购置、建造期间发生的合理的借款费用，未作为资本性支出计入有关资产的成本，而计入直接作为财务费用税前扣除的风险。

【知识点 4】 损失类风险

1. 资产损失未按规定申报扣除风险

风险描述：企业发生的各项资产损失未按照税法规定申报扣除；在申报当年未进行会计处理，不符合扣除条件的风险。

2. 资产损失相关证据资料不合规风险

风险描述：2017 年度之前资产损失专项申报资料需到主管税务机关备案，2017 年度及以后将资料留存备查，企业可能存在留存资料不完整、不规范，存在不符合税前扣除条件的风险。

【知识点 5】 优惠类风险

1. 非权益性投资行为产生的收益作为免税收入风险

风险描述：企业取得的兼具权益和债权双重特性的混合性投资行为产生的投资收益（永续债除外），或企业收取的保本理财产品利息收入，不符合享受股息红利免税收入条件的风险。

2. 持有股票不足 12 个月的投资收益作为免税收入风险

风险描述：企业持有居民企业公开发行并上市流通的股票期间取得投资收益按照税法规定必须连续 12 月以上才能享受免税。企业可能存在一律视同符合条件的居民企业之间的权益性投资收益享受免税优惠造成少缴纳企业所得税的风险。

3. 不符合“目录”范围规定申报享受税收优惠风险

风险描述：核实企业所从事的项目是否符合《公共基础设施项目企业所得税优惠目录》《环境保护节能节水项目企业所得税优惠目录》的规定，企业同时从事不在“目录”范围内的项目取得的所得，应与享受优惠的公共基础设施项目所得分开核算，并合理分摊期间费用，没有分开核算的，不得享受企业所得税优惠政策。

4. 超范围享受农产品初加工和项目所得优惠风险

风险描述：享受税收优惠的农产品初加工范围是否符合《享受企业所得税优惠政策的农产品初加工范围（试行）》（财税〔2008〕149号）和《财政部 国家税务总局关于享受企业所得税优惠的农产品初加工有关范围的补充通知》（财税〔2011〕26号）的规定；企业从事农、林、牧、渔业项目，凡属于《产业结构调整指导目录（2011年版）》（国家发展和改革委员会令第9号）中限制和淘汰类的项目，不得享受优惠政策。

5. 研发费用的归集超范围或不规范风险

风险描述：研发费用和日常运营费用未分别核算，未按规定设置辅助账，未能如实提供产研共用设备和人员使用记录，擅自扩大研发费用归集口径，造成研发费用支出归集不准确，将运营领用的材料、常规升级等计入研发费，将后勤辅助人员工资计入研发费，虚构外聘人员劳务费，扩大其他费用范围，存在多享受加计扣除税收优惠政策的风险。

6. 特殊收入扣减处理不合规风险

风险描述：企业当期取得的研发过程中形成的下脚料、残次品、中间试制品等特殊收入；不足扣减的，允许加计扣除的研发费用按零计算。企业研发活动直接形成产品或作为组成部分形成的产品对外销售的，研发费用中对应的材料费用不得加计扣除。

7. 委托研发费用未按规定税前扣除风险

风险描述：企业在生产经营过程中，可能存在委托外部机构或个人开展研发活动的情况。其中，对企业委托境内外部机构或个人开展研发活动发生的费用，可由委托方按照研发活动发生费用的80%作为基数进行加计扣除，受托方不得加计扣除；委托境外进行研发活动所发生的费用，按照费用实际发生额的80%计入委托方的委托境外研发费用，委托境外研发费用不超过境内符合条件的研发费用2/3的部分，可以按规定在企业所得税税前加计扣除。在实务中，由于财务人员对文件理解片面或操作不当，企业可能存在将不符合条件受托研发费用享受加计扣除、或将委托境外研发费用超过规定限额扣除，少缴企业所得税的风险。

8. 购置节能节水等设备不符合抵免条件风险

风险描述：企业购置节能节水、环境保护、安全生产设备不属于目录规定，核实设备是否已投入使用，申请抵免的起始年度与购入并实际投入使用年度是否一致，少缴纳企业所得税的风险。

9. 专用设备转让、出租未按规定补缴税款风险

风险描述：企业购置并实际投入使用、已开始享受税收优惠的环境保护、节能节水、安全生产专用设备，如从购置之日起5个纳税年度内转让、出租的，应在该专用设备停止使用当月，停止享受企业所得税优惠，并补缴已经抵免的企业所得税税款。

【知识点6】 其他风险

1. 向非居民企业支付股息、利息、特许权使用费等未代扣代缴企业所得税风险

风险描述：对非居民企业取得来源于中国境内的股息、红利等权益性投资收益和利息、租金、特许权使用费所得、转让财产所得以及其他所得应当缴纳的企业所得税，实行源泉扣缴，对非居民企业直接负有支付相关款项义务的单位或者个人未代扣代缴企业所得税的风险。

2. 境外机构亏损抵减境内机构盈利少缴税款风险

风险描述：居民企业在境外投资设立不具有独立纳税地位的分支机构，其来源于境外的所得，以境外收入总额扣除与取得境外收入有关的各项合理支出后的余额为应纳税所得额的风险。企业在汇总计算缴纳企业所得税时，其境外营业机构的亏损不得抵减境内营业机构的盈利。

三 个人所得税常见风险

【知识点1】 职工工资薪金所得风险

1. 股权激励未按规定代扣代缴个人所得税风险

风险描述：企业对员工实施股权激励，授予员工股票期权、股权期权、限制性股票和股权奖励，未按规定代扣代缴个人所得税的风险。

2. 以免费旅游或以发票报销方式为员工报销费用发放津贴、补贴、奖金，未按规定并入工资薪金所得代扣代缴个人所得税风险

风险描述：企业以免费旅游方式提供对职工的奖励，职工以凭票报销的形式取得的旅游费用未并入职工工资薪金所得，未扣缴个人所得税的风险；或以油票、修理费、办公费、飞机票、通信费等报销形式，发放职工奖金，隐匿个人所得，少申报个人所得税的风险。

3. 将自产产品用于职工福利、奖励、分配给投资者未代扣代缴个人所得税风险

风险描述：企业将自产产品用于职工福利、奖励、分配给投资者未按规定代扣代缴个人所得税的风险。

【知识点2】 自然人股东所得风险

1. 分配利润未代扣代缴自然人股东个人所得税风险

风险描述：企业向个人股东分配利润时，未按规定代扣代缴个人所得税的风险。

2. 未分配利润、盈余公积、资本公积转增注册资本（股本）未按规定代扣代缴自然人股东个人所得税风险

风险描述：企业以未分配利润、盈余公积、资本公积转增实收资本（股本），未按照“利息、股息、红利所得”项目代扣代缴自然人股东个人所得税的风险。

3. 自然人股东借用企业资金长期挂账未按规定代扣代缴个人所得税风险

风险描述：个人股东借用企业资金长期挂账，既不归还，又未用于企业生产经营的，企业未按规定代扣代缴个人所得税的风险。

4. 为自然人股东、职工购买房屋、汽车及其他财产未按规定代扣代缴个人所得税风险

风险描述：企业为个人股东、职工购买房屋、汽车及其他财产，未按规定代扣代缴个人所得税的风险。

【知识点3】 其他人员所得风险

1. 支付董事、监事董事费、监事费未按规定代扣代缴个人所得税风险

风险描述：企业向在公司任职的董事、监事支付董事费、监事费，未按规定代扣代缴个人所得税的风险。

2. 向个人借款所付的利息未代扣代缴个人所得税风险

风险描述：企业为筹集经营资金，向员工或其他个人集资借款，并支付利息，企业未按规定代扣代缴利息所得个人所得税的风险。

3. 促销活动向个人发放礼品未代扣代缴个人所得税风险

风险描述：企业在销售产品的过程中，通常会举办一些营销活动，在活动中向个人派发礼品。企业向个人派发礼品，存在未代扣代缴个人所得税的风险。

第五章

大企业税收服务与管理

>>知识架构

- 大企业税收服务与管理
  - 大企业税收服务与管理概述
    - 大企业划分标准 1个知识点
    - 大企业税收服务与管理的总体要求 1个知识点
    - 大企业税收服务与管理的重点工作 10个知识点
  - 大企业数据管理
    - 千户集团的概念 1个知识点
    - 千户集团名册管理 5个知识点
    - 千户集团数据管理 2个知识点
    - 千户集团基础信息报送 5个知识点
    - 千户集团报表报送要求 2个知识点
    - 千户集团涉税电子财务数据采集 4个知识点
    - 千户集团涉税电子财务数据安全管理 3个知识点
  - 大企业个性化纳税服务
    - 大企业个性化纳税服务内涵 1个知识点
    - 大企业个性化纳税服务的主要任务 1个知识点
  - 大企业税收风险管理
    - 大企业税收风险管理目标 1个知识点
    - 大企业税收风险管理特点 1个知识点
    - 大企业税收风险管理主要任务 4个知识点
    - 千户集团税收风险管理的主要原则 1个知识点
    - 千户集团税收风险管理的流程 4个知识点
  - 大企业税收经济分析
    - 大企业税收经济分析的工作任务 1个知识点
    - 大企业税收经济分析的工作内容 2个知识点
    - 大企业税收经济分析指标 1个知识点

>> 第一节 大企业税收服务与管理概述

一 大企业划分标准

【知识点】 大企业的划分标准

根据《国家税务总局关于印发〈纳税人分类分级管理办法〉的通知》(税总发〔2016〕99 号) 的要求，企业纳税人按规模分为大企业、重点税源企业和一般税源企业。大企业专指税务总局确定并牵头管理的、资产或纳税规模达到一定标准的企业集团；重点税源企业是指省以下税务机关牵头管理的、资产或纳税规模达到一定标准的企业纳税人，具体标准由省税务机关确定；一般税源企业是指除大企业、重点税源企业以外的企业纳税人。

二 大企业税收服务与管理的总体要求

【知识点】 大企业税收服务与管理的基本原则

1. 统筹兼顾

通盘考虑各项工作职责的人力配置，统筹分析应对力量，合理划分内部工作职能与工作重点，积极优化与局内各科室的工作衔接，建立上下衔接、左右通达、健全有效的工作机制，实现大企业纳税服务和风险管理双促进、双提高。

2. 科学高效

立足大企业税收管理现代化，强化规划，优化流程，细化标准，持续提升服务和管理的科技含量与技术水准；着力做精数据、做优平台、做深服务，构建运转高效、工作完备、指挥有力的大企业税收服务和管理新格局。

3. 提升层级

针对大企业纳税人经营范围广、涉税事项专、层级架构繁、服务要求高的特点，以集团为对象，以行业为维度，突出分类，提升层级，将复杂涉税事项提升至市（地）以上管理，全面提高大企业服务和管理专业化水平。

4. 优化效能

依据工作序列，明晰工作定位，提升管理质效。风险管理重在形成闭环，纳税服务重在遵从引导，经济分析重在集成拓展，形成相得益彰、相互促进的良性综合效应。

三 大企业税收服务与管理的重点工作

【知识点1】 大企业纳税服务

1. 强化税企沟通

畅通税企沟通渠道，加强税企信息交流。通过税企座谈会、税企沙龙、企业走访等多种方式，认真听取意见和建议，了解生产经营及重大涉税事项情况，及时收集和回应大企业关心的涉税问题，构建良好税企关系。

2. 开展政策辅导

完善大企业重组涉税事项纳税服务工作机制，依申请为大企业协调解决重组中的疑难事项。建立重大涉税事项政策辅导制度，对股权转让、关联交易、跨境投资等重大交易事项，提出税务风险建议。针对跨区域经营的企业集团各地税收政策理解、执行不一致问题，加强组织协调，提高政策确定性和执行统一性。

3. 实施风险提示

定期归集整理税收风险，适时推送，助力企业防范风险。针对重点企业，研究企业生产流程、整体架构、行业特征和核算特点，量身定制专门服务手册。收集整理企业风险防控典型案例，汇编成册，不定期发布。

4. 注重遵从引导

对辖区内重点行业税收风险事项进行细化研究，编制行业税收风险管理指引。选择符合条件的大企业，签订《税收遵从合作协议》或《税收风险管理合作备忘录》。对签约企业加强后续跟踪，建立工作台账，出具遵从评价报告。

5. 推进内控建设

开展内控调查，深入了解企业情况。分析企业关键涉税控制节点和内控薄弱环节，研究完善内控测试指标体系。有重点地测试企业内控制度实际执行情况，提出完善建议，推动企业提高遵从水平。

6. 助力专项服务

积极推动促进高遵从度企业绿色通道建设、自我遵从免查等专项服务落地。推进以集团为对象评定纳税信用等级，增强企业信誉意识。服务国家发展战略，梳理相关税收政策，定期开展政策辅导和风险提醒，降低“走出去”企业税收成本和涉税风险。

【知识点2】 制度规划建设

1. 建立健全各类制度

参照总局千户集团各项服务和管理工作规范，做好本地基础性制度建设工作。结合工作实际，加大名册管理、数据采集、指标模型、风险分析、风险应对、纳税服务、经济分析等工作制度建设力度，形成本地大企业税收服务和管理制度体系。

2. 强化工作统筹规划

按照总局千户集团工作规划和年度安排，统筹考虑大企业风险等级排序、行业税收规模、区域分布等因素，制定本地大企业税收风险管理工作规划和年度计划。在相关部门的统一协调下，做好与稽查、税政等部门的任务统筹，避免重复检查。

3. 加强内控机制建设

提高对内控机制建设重要性的认识，将内控机制建设贯穿大企业税收管理工作全过程。按照税务总局大企业税收风险管理内部控制制度和操作指引要求，确定本地大企业税收风险管理工作主要风险点并制定切实可行的防控措施，强化信息系统的支撑和保障作用，切实防范工作风险。

【知识点3】 千户集团数据管理

1. 做好数据规划

以提高千户集团数据质量为核心，通过整体规划，进一步明确数据采集范围、采集内容和采集方式，细化明确具体管理措施，逐步构筑采集有考评、治理有反馈、使用有监控的管理闭环，建立规范统一的保障机制，实现数据管理规范高效、数据内容完整准确、数据应用安全可控。

2. 推进名册管理

核实、确认本地千户集团名册信息；审核、补充本地千户集团成员企业名册信息；进一步强化千户集团名册信息管理，避免出现企业信息漏报、误报等情况。

3. 强化税务端数据归集

根据千户集团及成员企业名单，从金税三期、增值税发票管理等信息系统中抽取、加工相关税收征管数据，做好相关数据的“一户式”加载存储和分析应用。配合总局完成千户集团税收快报数据的归集、加工和审核等工作。

4. 规范企业端数据采集

落实千户集团及成员企业在征管系统中的标记工作，采集、审核、抽取千户集团及成员企业附报数据。按月（季）做好千户集团企业直报数据的收集、审核、报送和汇总工作。落实千户集团涉税电子财务数据常态化采集机制，按时、保质保量地完成千户集团涉税电子财务数据采集、检测和加载工作，配合总局做好数据抽取工作。做好数据采集软件的业务保障，进一步加强数据采集过程中的审核校对，确保数据采集完整准确、及时有效。

5. 加强第三方数据获取

积极推进千户集团第三方数据的采集、交换和共享。做好分析过程中相关互联网涉税数据收集、整理等工作。指导下级大企业服务和管理部门开展千户集团的第三方数据交换、获取、应用等工作。

6. 做好涉税电子财务数据安全管理

按照“谁主管谁负责、谁使用谁负责”的原则明确数据安全管理责任。加强千户集团涉税电子财务数据安全管理，规范数据采集使用，防范数据泄露、损毁和丢失。

7. 抓好数据联络员管理

千户集团数据联络员（以下简称联络员），是指千户集团中负责配合税务机关，统筹协调集团总部及其成员单位开展数据采集、审核和报送等工作的人员。千户集团总部设置独立或兼职联络员 1 名，与税务机关大企业管理部门直接对接，是千户集团数据采集工作的主要责任人。

联络员的主要职责包括：①负责落实和统筹本集团总部及其成员单位涉税数据采集、审核和报送工作；②在税务机关提供的统一平台上组织完成数据采集工作；③及时反馈千户集团数据采集工作的意见与建议；④对税务机关布置的数据采集任务、数据内容负有安全保密责任；⑤配合税务机关做好其他数据相关工作。

省级税务机关负责联络员制度的落实和数据采集工作，主要职责包括：①对联络员人选进行审核把关；②组织联络员培训，及时更新业务知识；③定期对企业报送的涉税数据进行审核。

税务总局大企业税收管理司每年对千户集团数据报送情况、数据质量等进行通报，并告知企业集团。对于在数据采集过程中出现不报、漏报、瞒报、错报等情况的企业集团，税务总局大企业税收管理司将责成企业集团所在地税务机关根据税收相关法律法规、制度等进行处理，并作为企业信誉等级评定的重要依据。

【知识点 4】 千户集团税收风险程度测试指标体系建设

1. 落实千户集团税收风险程度测试指标体系（以下简称指标模型）建设工作机制

落实千户集团指标模型“研发、验证、应用”三位一体的建设思路，持续优化千户集团指标模型建设工作机制，统筹和指导下级大企业服务和管理部门开展千户集团指标模型研发、验证、应用工作。

2. 配合千户集团指标模型研发

按照总局下发的千户集团指标模型架构、标准及相关要求，及时归集税收风险分析案例；针对集团特点和行业特色，归集、研究、制作风险特征库，配合完成千户集团指标模型研发工作；结合本地实际，做好千户集团的指标模型建设。

3. 开展千户集团指标模型验证

根据总局制定的千户集团指标模型验证规范，在总局指导下，统筹开展千户集团指标模型验证相关工作。

4. 强化千户集团指标模型应用

根据总局和本地千户集团指标模型应用相关工作要求，依托大企业税收管理系统（税务审计软件），应用千户集团指标模型开展税收风险计算机扫描识别，支撑千户集团税收风险分析工作，根据分析结果及时反馈千户集团指标模型应用的问题和建议。

【知识点5】 大企业税收管理系统（税务审计软件）工作

1. 加强平台有机衔接

配合做好总局已上线大企业税收管理系统（税务审计软件）功能的优化完善。充分依托金税三期等相关应用系统，结合本地大企业税收服务和管理实际需要，在总局大企业税收管理系统（税务审计软件）功能基础上，拓展完善当地大企业信息化平台功能。按照总省联动、省省互动的业务要求，积极推进总局、省局两级大企业信息化平台的有效衔接，实现税务总局大企业税收管理司和各省级大企业税收服务和管理部门之间的数据互联、模型共享、风险互推和服务直达。

2. 强化平台综合应用

充分应用好平台功能和数据，逐步将千户集团数据管理、风险分析、评审推送、经济分析和纳税服务等统一纳入平台运行，实现“工作平台化”，提升大企业税收服务和管理质效。

3. 保障平台平稳运行

落实总局大企业税收管理系统（税务审计软件）的用户账号管理、数据权限申请、意见建议反馈等工作；做好平台功能的业务支持，组织开展平台业务功能培训、应用经验交流等工作。

【知识点6】 大企业税收风险分析

1. 制定年度分析计划

根据总局统筹确定的千户集团年度分析集团名单，确定本省分析成员企业名单，并上报总局。统筹考虑相关因素，制定本省千户集团年度风险分析计划，确定集团及成员企业名单，并上报总局备案。制定本省列名企业年度分析计划。

2. 开展税收风险识别

对纳入年度风险分析计划的本省千户集团及列名企业，以税收风险指标模型体系为基础，进行计算机扫描，形成相关集团及成员企业的税收风险识别报告。

3. 组织人工专业复评

结合计算机扫描结果，依托相关数据信息，通过常规风险分析、行业重点剖析和重大事项分析等方法，开展人工专业复评，形成分户税收风险分析报告。

4. 实施评审推送

建立分级评审制度，对风险分析报告进行审核，严格进行质量控制。对纳入总局统筹计划的企业风险分析报告报送总局；对纳入本省统筹计划的企业风险分析报告形成风险应对任务推送本省应对。

【知识点7】 大企业税收风险应对

1. 突出分类分级

对重大或复杂涉税事项由省级大企业服务和管理部门直接组织实施风险应对，发现纳税人有逃避缴纳税款、骗取出口退税或重大避税嫌疑的，及时移交相关部门研究处理。对一般性风险事项，由市（地）级以下大企业服务和管理部门或属地税务机关组织实施风险应对，省级大企业服务和管理部门加强监督管控，强化风险应对过程的专业指导、风险应对结果的分析评价，做好跨区域风险应对事项的统筹协调。

2. 组织实施应对

研究风险应对任务，制订应对方案。以风险分析报告为基础，了解企业生产经营情况、行业特点、相关税收政策等，按照《千户集团税收风险管理工作规程（试行）》要求，组织实施风险应对，做到事实清楚、证据充分，处理得当。

3. 推动争议解决

与本级法规、税政、征管等部门建立争议事项协调工作机制，及时研究解决风险应对中的税企争议问题，经本级税务机关研究后仍无法解决的，提请上级大企业服务和管理部门研究解决。

4. 强化增值应用

根据风险应对成果，及时优化风险分析工具，更新税收风险特征库。分析企业税务管理的薄弱环节，及时提出加强企业内部税务管理的意见建议，指导企业完善税务风险内控体系。针对税收风险管理中发现的税收法律和政策问题，提出完善税收立法、调整税收政策的意见建议。

【知识点8】 大企业税收经济分析

1. 提升选题站位

围绕党中央、国务院和国家税务总局重点聚焦的全局性和战略性问题，结合本地区经济社会发展和税收运行的具体特点，选取当地党委、政府关注的热点、焦点和难点领域，精准选题，深入开展千户集团及列名企业的税收经济分析工作。

2. 打造拳头产品

综合利用千户集团直报数据、附报数据、第三方数据，全面反映经济税收各方面的运行成效、亮点和问题，拓展经济分析的广度和深度，着力提升税收经济分析质效，打造大企业税收经济分析拳头产品。

3. 加强联动协作

加强联动分析，探索开展税务机关与外部门之间的合作分析，按照主要行业、重点区域、重大发展战略等维度组建分析小组，广泛开展联合分析。

【知识点9】 明晰业务流程

结合总局千户集团各项工作流程要求，全面梳理名册管理、数据管理、风险分析、风险应对、纳税服务等业务环节，细化符合当地实际的工作流程，实现岗责体系、业务流程和信息系统功能的集成联动、优化整合，确保管理到位、工作有序、流程明晰。

【知识点10】 科学配置业务部门

大企业服务和管理部门应当根据编制数和人员到位情况对现有工作职能进行合理划分，科学配置内设部门。各级大企业服务和管理部门一般应当配置综合管理、纳税服务、数据和经济分析、风险监控识别、风险分析应对等业务部门。也可按行业增加设立若干分析应对部门。

>> 第二节 大企业数据管理

一 千户集团的概念

【知识点】 千户集团的概念

千户集团，是指年度缴纳税额达到国家税务总局管理服务标准的企业集团，包括全部中央企业、中央金融企业以及达到上述标准的单一法人企业等。其中，年度缴纳税额为集团总部及其境内外全部成员企业境内年度纳税额合计，不包括关税、船舶吨税以及企业代扣代缴的个人所得税，不扣减出口退税和财政部门办理的减免税。

为贯彻落实中央《深化国税、地税征管体制改革方案》精神，税务总局下发了深化大企业税收服务与管理改革的实施方案，明确以全国千户集团和省局确定的大企业为服务与管理对象。2015 年，税务总局按照企业集团年纳税额 3 亿元以上的标准，筛选了 1000 户左右的企业集团，作为深化大企业税收服务与管理的对象。

2017 年，为深入学习贯彻党的十九大精神，进一步落实深化国税、地税征管体制改革方案和深化税务系统“放管服”改革工作的要求，切实优化大企业纳税服务，税务总局决定，对年纳税额 1 亿元以上、尚未列入千户集团管理范围的企业集团纳税人，由省（区、市）税务机关大企业税收管理部门比照千户集团服务和管理模式实施统一管理。

二 千户集团名册管理

【知识点 1】 千户集团名册管理范围

千户集团名册管理范围分内资企业集团、外资企业集团。内资企业集团为纳入企业合并会计报表范围，或虽未编制合并会计报表，但为集团控制且办理了工商或税务登记的中国境内各级分公司和子公司、控股的境外公司以及其他涉税组织机构。其中，集团控制是指投资方拥有对被投资方的权力，通过参与被投资方的相关活动而享有可变回报，并且有能力运用对被投资方的权力影响其回报金额。外资企业集团为全球总部控股并在中国境内办理了工商或税务登记的各级分公司和子公司以及其他涉税组织机构。

为了解、掌握特定企业的组织结构、经营、财务状况等情况，全部中央企业、中央金融企业不论年度缴纳税额多少，均纳入千户集团范围。单一的法人企业，虽然不是企业集团，如果年度缴纳税额达到国家税务总局管理服务标准的，也可纳入千户集团范围。

【知识点 2】 千户集团名册信息

千户集团名册信息包括企业名称、纳税人识别号、统一社会信用代码、集团名称、上一级企业名称及其他涉税信息等项目。国家税务总局根据工作需要，适时修订千户集团名册信息项目内容。

【知识点 3】 千户集团名单

千户集团名单由国家税务总局确定。根据千户集团税收风险分析及税收经济分析工作需要，千户集团名单保持总体稳定、个别调整，实行动态管理。已入选千户集团名单的企业集团总部按年维护集团名册信息，每年应按照要求填报相关信息，于每年 5 月 31 日企业所得税汇算清缴结束前报送省、自治区、直辖市、计划单列市税务机关（以下简称省税务机关）；省税务机关审核集团总部填报信息，并于每年 6 月 30 日前汇总上报国家税务总局。当年如新增符合条件的千户集团，由省税务机关提出，并组织集团总部按照要求填报集团名册信息，经省税务机关审核后于每年 6 月 30 日前汇总上报国家税务总局。合并重组、破产、注销或年度缴纳税额连续五年未达到国家税务总局管理服务标准的企业集团，应从名册管理范围内调出。因上述原因需要调出名册管理范围的千户集团，由省税务机关核实，并于每年6月30日前汇总上报国家税务总局。

千户集团按年确定其成员企业。集团总部按照税务机关要求组织填报集团成员企业名册信息，并于每年10月纳税申报期结束前报送省税务机关。省税务机关交叉比对内外部信息，通过千户集团名册管理系统核实成员企业名册信息准确性、完整性，并于每年10月31日前上报国家税务总局。省税务机关对总部在本省的集团，核实集团总部及该集团在本省的成员企业名册信息；对总部不在本省的集团，核实该集团在本省的成员企业名册信息。对应报未报、提供虚假名册信息或拒绝报送名册信息的企业集团，省税务机关应及时上报国家税务总局。情节严重的，按照《税收征管法》及其实施细则等有关规定对集团总部及相应成员企业进行处理。对存在上述情形的集团总部及成员企业，税务机关记录相关纳税信用信息，相关信息用于纳税信用评价。

【知识点4】 千户集团名册管理工作中的主要职责

1. 国家税务总局的主要职责

国家税务总局在千户集团名册管理工作中的主要职责：①制定、完善千户集团名册管理办法；②确定、调整千户集团名单和千户集团名册信息项目；③协调集团总部所在地的省税务机关和成员企业所在地的省税务机关的名册核实工作；④建立、完善千户集团名册管理系统并提供技术支持；⑤开展千户集团名册管理工作组织绩效考评；⑥其他名册管理工作。

2. 省税务机关的主要职责

省税务机关在千户集团名册管理工作中的主要职责：①核实、推荐本省符合千户集团入选标准的企业集团，提出入册企业集团调整建议，协助国家税务总局确定千户集团名单；②组织总部在本省的集团报送成员企业名册信息；③审核并补充完善本省的成员企业名册信息；④评价总部在本省的集团报送的名册质量，向企业集团反馈评价结果；⑤总结名册管理工作开展情况，提出工作建议；⑥其他名册管理工作。

3. 列入千户集团名单的企业集团的主要职责

列入千户集团名单的企业集团在名册管理工作中的主要职责：①按照税务机关要求，组织开展名册信息填写、审核和报送；②根据税务机关反馈的核实结果，组织开展名册信息校正；③开展集团内部名册管理工作培训，对成员企业提供指导；④其他名册管理工作。

4. 省税务机关和企业集团应建立名册管理工作沟通联络机制

企业集团指定专人负责名册管理工作。省税务机关为企业集团提供咨询辅导，并指导各地税务机关对本地成员企业进行辅导。省税务机关应加强千户集团名册管理工作沟通协作和信息共享，可组建联合工作团队开展名册管理工作。各级税务机关应积极与相关部门对千户集团名册信息开展合作，主动从各级财政、市监、商务、国资委等部门获取千户集团名册补充信息，通过互联网搜集公开信息，丰富完善千户集团名册信息。省税务机关应根据实际工作情况定期开展千户集团重点行业或重点企业的专项分析，改进千户集团名册质量，加强千户集团名册管理。

【知识点5】 千户集团名册信息核实

1. 工作流程

各省税务机关将本省千户集团成员企业名册信息与金税三期征管系统相应信息比对、核实，重点核实集团填报的成员企业名称、纳税人识别号、统一社会信用代码和主管税务机关等在征管系统中是否正确。如发现成员企业名册信息填报错误的，督促相关企业及时更正；发现成员企业漏报的，督促漏报企业及时补报，并核实补报信息。

2. 工作方式

千户集团成员企业名册采集核实工作，主要通过千户集团名册信息采集系统（以下简称名册采集网络版）开展。确因互联网使用条件受限等无法使用名册采集网络版的集团，可使用千户集团名册信息采集单机版软件（以下简称名册采集单机版）填报名册信息。

（1）名册采集网络版方式。使用名册采集网络版的集团总部及其成员企业，通过互联网登录名册采集网络版，在网页中填写千户集团名册信息表。

（2）名册采集单机版方式。使用名册采集单机版的集团，向集团总部所在省税务机关报告备案，相关省汇总后报国家税务总局大企业税收管理司，并作为相关集团制作名册采集单机版数据包。集团总部所在省税务机关下载名册采集单机版及数据包，分发给相应集团。相关集团总部及其成员企业在名册采集单机版中填写千户集团名册信息表（单机版）。填写完成后，集团总部将名册采集单机版生成的数据包导入名册采集网络版，或通过集团总部所在省税务机关上报国家税务总局大企业税收管理司。

3. 工作要求

为了提高千户集团成员企业名册的完整性、准确性，各级税务机关要指导集团完整填报集团全部成员企业，切实避免成员企业出现漏报、错报；指导集团及其成员企业按照填表说明数据口径准确填报相关信息，严格审核成员企业合计缴纳税额与集团缴纳税额的差异，切实提高企业报送数据的准确性。

各级税务机关要深入加强税企沟通，及时协调解决企业在名册填报过程中遇到的问题；集团总部所在省与成员企业所在省大企业管理部门要加强信息互通和工作协同，共同督促企业及时更正、补充信息；大企业管理部门要加强与征管部门、信息部门沟通协调，确保名册核实工作高效开展。

各级税务机关要进一步提高保护企业信息安全意识，严格名册信息使用范围和使用途径，切实加强名册信息安全管理。

三 千户集团数据管理

【知识点1】 加强千户集团数据管理的主要目标

通过加强千户集团数据管理，构筑“采集有考评、治理有反馈、使用有监控”的管理闭环；形成“纵向联动、横向协动、税企互动”的工作格局；建立“规范统一、科学高效、立足长远”的保障机制，实现数据采集规范高效、数据内容完整准确、数据应用安全可控。

【知识点2】 千户集团数据管理的主要任务

1. 建立健全千户集团数据管理制度规范

（1）建立健全千户集团数据联络员制度。贯彻落实税务总局大企业税收管理司制定的关于千户集团数据联络员的管理办法，进一步压实数据采集主体责任，畅通税企数据采集渠道。各省大企业税收管理部门定期召集千户集团联络员通报当期数据采集进展和数据质量情况，共同研究数据采集中的问题；组织开展数据联络员业务培训，提高其业务能力。

（2）建立千户集团名册管理制度。税务总局大企业税收管理司研究制定《千户集团名册管理办法》，明确千户集团入围标准、成员单位报送口径、组织架构梳理方法等。各省大企业税收管理部门通过国有资产管理、财政、市监等部门以及互联网获取集团架构信息，与现有名册开展比对校验；逐步建立名册动态更新机制，及时将符合标准的集团和遗漏的成员单位纳入千户集团名册。

（3）建立数据管理岗责制度。各级大企业税收管理部门设置专门的数据管理岗，由专人负责数据采集、审核、汇总、上报等工作，并明确岗位职责和要求，每年根据工作完成情况对其进行考核。

（4）建立千户集团数据质量管控和考核评价制度。税务总局大企业税收管理司研究制定数据质量管控规范，明确千户集团数据采集、上报、加载等环节质量管控的责任主体和工作要求。各省大企业税收管理部门对数据审核责任主体制定科学的考核评价和奖惩机制，并与绩效考核挂钩。

2. 强化千户集团数据采集、管理和应用

（1）建立千户集团数据标准。税务总局大企业税收管理司统筹研究制定千户集团数据业务标准，进一步规范千户集团数据采集和应用的范围、内容、来源、方式、校验规则等；保持与国际接轨，推进国际通用的可扩展商业报告语言（XBRL）标准在千户集团数据采集工作中的应用。

（2）加强千户集团数据采集统筹规划。各级大企业税收管理部门会同相关部门，定期清理整合已有数据，全面掌握数据现状；在充分利用已有数据的前提下，统筹安排数据采集任务，避免数据多头采集、重复采集。税务总局大企业税收管理司根据年度工作任务要求，充分论证数据采集需求的必要性、可行性，按年制定全国千户集团数据采集总体规划。各省大企业税收管理部门结合实际工作需要，制定本省年度千户集团数据采集工作规划。

（3）落实附报财务会计报表等日常数据报送工作。省以下税务机关应按照《国家税务总局关于规范全国千户集团及其成员单位企业纳税申报时附报财务会计报表有关事项的公告》（国家税务总局公告2016年第67号）和税务总局关于规范全国千户集团及其成员企业纳税申报时附报财务会计报表工作的有关要求，保质保量做好千户集团附报财务会计报表数据的采集、校验和报送工作；通过多维度数据交叉比对，对千户集团快报数据严格审核，持续提升税收快报数据质量；在原总局定点联系企业数据直报的基础上，进一步拓展范围，加快建立千户集团数据直报工作机制。

（4）拓展税务系统内、外部信息交换共享渠道。各省大企业税收管理部门要推进税务系统内部数据及时更新，保障增量数据有效获取；加快构建与国有资产管理、财政、市监等政府部门的信息共享渠道，建立相关机制；运用网络爬虫工具，从互联网定向获取千户集团企业股权交易、工商变更等信息，为千户集团税收风险分析和经济分析提供数据支持。

（5）开展千户集团数据深度挖掘和应用。税务总局大企业税收管理司根据整体数据现状，统筹制定大企业数据应用工作计划，协调全国大企业税收管理专业团队数据的统一应用。各省大企业税收管理部门要深入挖掘千户集团各行业、集团等核心数据，不断提升数据增值利用；有效整合各方相关数据，实现数据信息共享应用。

（6）保障千户集团数据安全可控。各省大企业税收管理部门会同相关部门，按照税务总局信息安全相关规定要求，结合千户集团数据管理实际，制定千户集团数据安全保障具体措施；根据千户集团数据应用的需要，明确数据管理权限，分级分类使用数据；在重大专项工作中，严格按规定与相关单位和人员签订数据安全保密协议。

3. 加强千户集团数据管理的信息化支撑

（1）优化千户集团数据采集工具和支持方式。税务总局大企业税收管理司会同相关部门，跟踪数据采集中存在的问题，及时升级和更新工具，不断优化和拓展数据采集功能，不断提升采集工具的易用性、适用性和可靠性；协调相关单位增加技术支持人员，整合技术力量，提升技术服务能力；在千户集团较为集中的省市探索设立技术服务网点，及时上门服务，解决数据采集中各类疑难问题，提升数据采集工作效率。

（2）建立千户集团数据集市，统一数据应用平台。税务总局大企业税收管理司依托金税三期数据仓库，逐步建立千户集团数据集市，实现千户集团所有成员单位数据总局一级集中，多级使用；整合千户集团风险分析平台、经济监控平台、税务审计软件等信息系统，建立统一的数据应用平台，科学分配使用权限，实现共享使用。

（3）探索“互联网+千户集团”试点应用。税务总局大企业税收管理司组织研发千户集团数据管理App软件，为千户集团数据联络员及各省大企业数据管理岗配置用户权限，通过软件推送数据管理任务；各省大企业税收管理部门负责软件推广应用，在线与企业沟通交流，反映企业涉税诉求，建立税企快速沟通渠道。

4. 加强数据管理专业化团队建设

（1）配置、充实数据管理人员。各省大企业税收管理部门会同相关部门，通过系统遴选、公务员招考和社会招聘等方式，充实千户集团数据管理队伍；按照数据管理岗位要求，配齐配强大企业数据管理岗位人员；积极探索从科研院校和互联网、大数据公司聘请专家作为大企业数据管理外部智囊团队，研究解决重大难点数据问题。

（2）持续提升数据管理人员专业能力。各省大企业税收管理部门要制定和实施分层分类培养计划，设置专项培训课程，定期组织开展业务培训，构建大企业税收数据管理人才梯队；选派大企业数据管理优秀人才到知名大数据管理机构学习深造和实践锻炼，培养一支大企业数据管理高级专家团队。

（3）加大数据管理人员激励力度。各省大企业税收管理部门要通过个人绩效考核加分、专题表彰奖励等方式，充分调动大企业数据管理人员工作的积极性和主动性，为数据管理优秀人才脱颖而出、干事创业、成长进步营造良好发展环境。

四 千户集团基础信息报送

【知识点1】 报送内容

合并财务报表的集团总部报送营业收入、固定资产等基础涉税数据信息（列入合并范围的集团总部及其全部子公司各项合计数）。不编制合并财务报表的集团总部报送营业收入、固定资产等基础涉税数据的汇总数（集团总部及其全部成员企业各项合计数）。

【知识点2】 报送方式

各省税务机关大企业税收管理部门按照任务分工将千户集团总部按月（季）度报送相关涉税数据信息明细表及填报说明发放到千户集团总部，千户集团总部按照发放的表单格式，填报相关涉税数据信息并报送省税务机关大企业税收管理部门。各省税务机关大企业税收管理部门汇总审核本地千户集团报送数据信息后统一报送至税务总局。

【知识点3】 报送时间

千户集团和扩围集团总部应在月度、季度结束后18日内，报送年初至本月末、本季度末累计相关基础涉税数据信息；第四季度（即全年累计数）数据应于季度结束后28日内，即1月28日前报送。

根据相关文件的要求和工作需要，自2019年4月起，将企业集团按月（季）度报送相关基础涉税数据中“国内增值税”指标的报送，由按每季度报送改为按每月度报送，其他指标和要求不变。

【知识点4】 报送指标要求

时点数据为期末数，期间数据为当年累计数。实际缴纳税款、营业收入、新增固定资产等期间数据均为当年累计数，原则上不小于前期数值。

数据金额单位为亿元；职工人数单位为人，职工人数不得出现小数；填报单位为企业集团全称，不得填写企业简称或税务机关名称。

数据对比符合逻辑，如资产总计与负债合计、所有者权益两项之和应相一致；原则上实际缴纳税款与营业收入之比不应超过50%；净利润不应大于营业收入等。数据填写完整，所有指标（包括本期及上年同期财务指标、填报单位、报表期、填表人、联系电话等项目）均应按要求如实填写完整，对于无法及时、准确填写的指标项目，须在相应栏目内标注说明，原则上不得出现空项。

实际缴纳税款的期间为当期开始至结束实际缴纳入库的税款金额，而非按照税款所属期界定。例如，企业集团10月报送前三季度直报数据时，“实际缴纳税款”数为该企业集团于1—9月已缴纳入库的税款，不包含其在10月缴纳的所属期为9月的税款。

【知识点5】 工作要求

各省税务机关大企业税收管理部门按月、季度组织千户集团税收直报数据基础审核工作，通过电话、邮件、微信群等方式，及时解答千户集团、税务机关对企业直报数据口径等内容的疑问，及时将问题反馈千户集团进行修正，统一操作标准，确保数据质量可用，不断提升直报数据质量，为税收经济分析工作提供有力的数据支撑。

五 千户集团报表报送要求

【知识点1】 基本要求

全国千户集团总部及其成员企业应在企业所得税预缴纳税申报时附报本级财务会计报表，以及税务机关根据实际需要要求附报的其他纳税资料，境外成员企业可暂不附报。年度终了，应在企业所得税年度纳税申报时，附报本级年度财务会计报表，以及税务机关根据实际需要要求附报的其他纳税资料。按照会计准则、会计制度等要求编制合并财务报表的全国千户集团总部，应在每年 5 月 31 日前附报上一年度的合并财务报表。

【知识点2】 报送内容及格式要求

全国千户集团及其成员企业应附报的财务会计报表，是指按照企业所适用的会计准则、会计制度等编制的财务会计报表，包括资产负债表、利润表、现金流量表、所有者权益（股东权益）变动表、附注等。原则上，所有资料应以电子形式附报。企业编制的原始财务会计报表与税务机关核心征管系统中报表格式不一致的，应将原始财务会计报表以 Excel 表格式，作为附件一并附报。企业应确保报送的财务会计报表数据的真实、完整、准确。

六 千户集团涉税电子财务数据采集

【知识点1】 采集对象

千户集团电子财务数据采集对象为千户集团（包括扩围集团）总部及其成员企业。其中，非独立核算的企业、集团境外成员的企业、挂靠经营的企业采取手工记账方式的企业、注销、破产、关停并转的企业和非正常户、未正式运营等企业不纳入数据采集对象。

【知识点2】 采集方式

千户集团电子财务数据采集工作采取“成员企业对总部、总部对省税务机关、省税务机关对税务总局”的方式开展。

千户集团总部统一部署其合并财务报表范围内的成员企业开展电子财务相关数据采集工作。企业集团总部集中收集和校验各成员单位电子财务数据后，报送至企业集团总部所在省税务机关，企业集团总部所在省税务机关对企业电子财务数据在本地进行收集、加载、审核和利用。

【知识点3】 采集时间

自2019年起，千户集团总部及其成员企业应于每年6月30日前，完成上一年度电子财务数据的采集报送工作。

每年9月30日前，集团总部所在省税务机关通过数据工具完成对企业电子财务数据在本地的收集、加载、审核。

【知识点4】 采集内容

采集内容包括会计核算类（重点是电子财务账套数据）、财务报表类、报告类等。电子财务数据采集范围主要包括企业基本信息、会计核算信息、生产经营信息、内控制度等数据和第三方数据（含互联网数据）。企业填报数据包括分年度的企业会计科目与财政部标准会计科目对应关系，财务报表及编制规则、其他财务资料等。

七 千户集团涉税电子财务数据安全管理

【知识点1】 涉税电子财务数据内容

千户集团涉税电子财务数据，是指各级大企业税收管理部门根据国家税务总局统一要求或工作实际需要，组织千户集团采集的电子账套、基础涉税信息等数据。

【知识点2】 涉税电子财务数据采集规范

数据采集需遵循“采集有据、过程有控、归档有底”的原则；不得超出工作要求和管理范围组织采集；必须设立数据采集台账，记录采集环节的数据交接情况，明确数据安全责任人；采集原始数据需妥善归档保管，防止丢失、损毁。

【知识点3】 涉税电子财务数据使用要求

数据使用需遵循“授权使用、合规操作、全程留痕”的原则；数据授权必须满足“权限匹配、最小化授权”要求，不得超出实际工作的职能范围；必须设立数据使用台账，详细记录使用依据、审批过程，责任到人；任何人员不得以任何方式非授权使用千户集团数据。

>> 第三节 大企业个性化纳税服务

一 大企业个性化纳税服务内涵

【知识点】 大企业个性化纳税服务内涵

1. 畅通纳税服务渠道

依托大企业税收管理信息系统，畅通税企之间、税务机关之间的沟通渠道，实现顺畅交流，提升沟通质效。

2. 创新纳税服务产品

优化大企业重大涉税事项处理途径，让大企业“多跑网路、少跑马路”。

3. 优化纳税服务手段

提高大企业纳税服务工作标准。建立与服务产品相配套的工作机制、工作标准，规范服务流程，确保各项服务措施可操作、可执行，让大企业在纳税服务上有切实的获得感。

二 大企业个性化纳税服务的主要任务

【知识点】 大企业个性化纳税服务的主要任务

1. 增强服务意识，转变服务理念

以大企业需求为导向，树立税企合作共治、服务与管理高度融合的理念。坚持风险管理和优质服务同步推进，防范税收风险和引导自觉遵从平行治理。树立积极有为的意识，促进服务创新，营造和谐营商环境。

2. 拓展服务渠道，加强信息交流

运用“互联网+”思维，依托税务大数据，借助 App、微信、微博等网络平台，拓展服务渠道，加强税企之间信息交流，消除税务机关与大企业之间的地域、层级限制，实现大企业纳税服务互联互通。

3. 强化日常沟通，及时回应诉求

完善大企业数据联络员制度，促进数据报送、诉求协调、风险管理等工作顺畅高效。不定期走访大企业，认真听取意见和建议，了解生产经营及重大涉税事项情况，及时回应涉税问题，做到沟通及时、处理快捷。

4. 优化专项交流，解决热点问题

定期举办税企沙龙、恳谈会、联席会等，通报大企业关心的涉税问题，提高税企双方对涉税事项认识的一致性。结合税收热点难点问题，适时开展专题调研、高层对话，及时提出解决方案。建立行业税收工作小组，研究行业性涉税问题，探索有效对策建议。

5. 建立绿色通道，提供专属服务

合理确定准入标准，为符合条件的大企业提供绿色通道，提供发票直送、诉求升级、自我遵从免查等专属服务。针对大企业的个性化需求，尝试对接相关政府部门和行业协会，着力解决大企业遇到的各类问题。

6. 加强集团重组服务，提高政策确定性

针对涉及多地区或多税种的大企业重组涉税事项，建立大企业重组涉税事项纳税服务工作机制，规范工作程序，依申请为大企业协调重组中的疑难事项，提高政策确定性和执行统一性，解决大企业重组事项多头跑、多次跑问题。

7. 针对重大交易事项，提供专业辅导

对股权转让、关联交易、跨境投资等重大交易事项，建立重大事项辅导制度，提出税务风险建议，降低大企业重大事项涉税风险成本，充分享受现有税收政策红利。

8. 减少跨区域涉税争议，提高执行一致性

针对跨区域经营的企业集团各地税收政策理解、执行不一致问题，加强组织协调，提出解决方案，及时提请上级单位协调，提高各地政策执行一致性。

9. 强化数据监测分析，提供便捷高效服务

积极利用互联网和大数据技术，探索开展大企业数据监测统计，及时掌握大企业税收波动情况和发展趋势，开展精准分析，为大企业提供便捷、高效服务。

10. 研究内控指标体系，帮助企业加强内控建设

分析企业关键涉税控制节点和内控薄弱环节，研究完善内控测试指标体系。开展内控调查，深入了解企业情况。选择合适方法，有重点地测试企业内控制度实际执行情况，提出完善建议，提升企业内控质量。

11. 签订遵从协议，推动遵从合作

选择税务风险内控完善的企业集团，签订《税收遵从合作协议》或者《税收遵从合作备忘录》，加强后续跟踪服务管理，建立工作台账，定期出具遵从评价报告，推动企业提高遵从水平。

12. 定期归集整理税收风险，适时推送提醒到户

积极利用计算机扫描的风险成果，结合千户集团税收风险管理情况，定期归集日常风险，及时推送到户，督促企业自我评估、自我纠正，切实提高企业自我防范能力。

13. 聚焦企业生产流程，定制专门服务手册

针对重点风险企业，研究生产流程、整体架构、行业特征和核算特点，分析潜在风险，量身定制专门服务手册，提供针对性服务。

14. 分年编写行业指引，揭示行业共性风险

研究行业风险特征，梳理行业政策规定，分析行业共性风险，细化风险控制方法，分门别类编写风险指引，引导企业加强防范。

15. 汇编典型风险案例，激发企业增强防范意识

收集整理企业税务风险典型案例，汇编成册，不定期发布，引导企业规范涉税行为。

16. 积极利用信用评价体系，提升总体信用水平

完善信用评价体系，建立企业集团总部与成员企业信用联动关系，探索以集团为口径评价纳税信用状况，引导企业集团和成员企业诚信水平总体提高。

17. 编制年度遵从报告，增强企业信誉意识

汇总企业税收缴纳、信用评定和遵从情况，按年编制《千户集团年度报告》《千户集团年鉴》，推进企业集团信息共享，增强大企业信誉意识。

18. 优化“走出去”企业服务，助力国家发展战略

围绕“走出去”企业，梳理内外税收政策，跟踪征管问题，建立数据档案，收集整理大企业海外税收维权案例，定期开展政策辅导和税收提醒，强化“一对一”服务，降低“走出去”企业税收成本和涉税风险。

>>第四节 大企业税收风险管理

一 大企业税收风险管理目标

【知识点】 大企业税收风险管理目标

通过加强税收风险管理，对纳税人实施差别化精准管理，对暂未发现风险的纳税人不打扰，对低风险纳税人予以提醒辅导，对中高风险纳税人重点监管。为愿意遵从的纳税人提供便利化办税条件，对不遵从的纳税人予以惩罚震慑，将从根本上解决纳税人不愿遵从或无遵从标准的问题，提高纳税遵从水平。在做好基础管理的同时，通过对信息收集、风险识别、等级排序、任务推送、风险应对等环节实施过程监控和效

果评价，可有效增强各级税务机关的主观努力程度，查找征管中的薄弱环节，防范税务系统内部风险，提高征管质效。

二 大企业税收风险管理特点

【知识点】 大企业税收风险管理特点

我国大企业税收风险管理模式以企业集团为对象，以税收风险管理为导向，以国家税务总局和省级税务机关两级统筹、横向纵向联动为工作机制，以专业化工作团队为组织方式，以信息化技术为依托，通过大数据集中分析、税收风险识别和排序、分类应对和沟通反馈等工作阶段，全面揭示企业税收风险，判断风险危害程度，帮助企业制定风险排除方案并监督实施，制定风险防控措施和管理指南，旨在持续提高税务机关税收风险管控能力和企业税法自觉遵从水平。

企业集团具有经济规模庞大，成员企业众多，涉及区域广，跨区域、跨国家多，组织结构和业务模式较为复杂的特点。国家税务总局立足现行税务组织体系基本框架，提升大企业复杂事项的管理层级，突出税务总局专业化、集团化管理优势，开展大企业税收风险分析，发挥以点带面作用，实现“精确制导”，通过科学设定分类分级管理规则，合理调整职责，重组工作流程，组织分类分级应对，在全国税务系统运行横向互动、纵向联动、全程可控的一体化大企业税收风险管理机制。

三 大企业税收风险管理主要任务

【知识点1】 开展税务总局、 省局两级税收风险统筹分析

国家税务总局制定大企业税收风险管理战略规划和年度计划，组建大企业税收风险分析专业团队，联合省局大企业税收管理部门，跨区域统筹开展大企业税收风险分析。设立大企业税收风险分析专家委员会，提出确定、统一的政策执行意见，形成税收风险分析报告。

【知识点2】 实施风险任务统一推送差别化应对

国家税务总局大企业税收管理司将税收风险分析报告提交国家税务总局风险办，统一推送至省税务局风险办，同时抄送省局大企业税收管理部门。省局大企业税收管理部门针对总局推送的风险应对任务，主动对接省税务局风险办，研究细化总局推送的风险应对任务。

省税务局风险办根据国家税务总局风险办推送和省局大企业税收管理部门报送的风险应对任务清单，按照风险等级推送给相应税务机关风险应对主体，开展差别化风

险应对。地（市）局按照省税务局风险办的要求开展风险应对，接受省局大企业税收管理部门的专业指导。

【知识点3】加强风险应对过程管控

税务总局大企业税收管理司负责全国千户集团税收风险应对工作的专业指导，风险应对结果的分析评价和绩效考核，跨省风险应对事项的统筹协调；省局大企业税收管理部门负责本省范围内大企业税收风险应对工作的专业指导，风险应对结果的分析评价和绩效考核，协调本省范围内风险应对主体解决具有大企业特征的涉税风险问题。

省局、地（市）局风险应对主体负责将风险应对结果报送省税务局风险办，同时报送省局大企业税收管理部门；省税务局风险办负责将风险应对结果报送国家税务总局风险办；省局大企业税收管理部门负责对风险应对结果进行加工整理，形成个案分析报告和综合分析报告，一并报送总局大企业税收管理司，并且提出风险分析和应对工作建议。

【知识点4】深化风险应对结果应用

各级税收风险分析和应对部门根据反馈结果，及时优化风险分析工具，更新税收风险特征库和大企业基础信息库。各级税务机关针对税收管理中的薄弱环节，加强大企业日常税源监控和税收征管，根据税收风险管理中发现的税收法律和政策问题，提出完善税收立法、调整税收政策的意见建议。各级大企业税收管理部门根据税收风险分析和应对结果，提出后期开展税收风险管理的工作建议；针对了解掌握的大企业税收风险状况，向大企业提出税收风险防控建议，指导大企业完善税收风险内控机制。

四 千户集团税收风险管理的主要原则

【知识点】千户集团税收风险管理的主要原则

1. 两级统筹

强化税务总局、省税务机关在千户集团税收风险管理工作中的分工协作，注重顶层设计，整合管理资源，明确工作职责，坚持上下联动，形成工作合力。

2. 合作推进

加强税务机关内部各部门工作协调，提高征管效率。积极与政府相关部门、行业协会等合作，实现信息共享。

3. 信息集成

以数据为核心，利用现代化采集、分析工具，建立科学的指标模型，构建智能化的税收管理信息系统，发挥大数据技术对千户集团税收风险管理的支撑作用。

4. 促进遵从

在千户集团税收风险管理各环节强化税收宣传，优化纳税服务，加强税企合作，提升企业获得感，促进千户集团对税法的自我遵从。

五 千户集团税收风险管理的流程

千户集团税收风险管理，以防范税收风险为导向，按照“数据采集—风险分析—推送应对—反馈考核”四个环节，实施全流程闭环管理。

【知识点1】 数据采集

千户集团数据采集的内容包括企业端数据、税务端数据和第三方数据。税务总局整合企业端、税务端和第三方数据，逐步实现多层级、全方位的集成应用，为千户集团税收风险分析提供支撑。

1. 税务总局任务

（1）制定千户集团名册管理办法，组织各地大企业管理部门采集、更新千户集团及其成员单位名册信息。

（2）制定千户集团数据报送范围和标准，收集和加载千户集团财务报表数据和税收征管数据。

（3）组织编写业务需求，升级完善千户集团税收风险分析、名册管理和税收快报等功能模块。

（4）与财政部、国资委等部门沟通联系，获取千户集团企业有关信息。

（5）研究建立千户集团及其成员单位申报纳税时必须附报财务报表的机制。

2. 省税务局任务

（1）采集核实并定期更新本省千户集团名册信息。按时采集、审核、报送千户集团财务报表数据、税收征管数据、税收快报数据。

（2）协助税务总局制定完善千户集团名册管理办法。

（3）与各省财政、国有资产监督管理等部门沟通联系，获取千户集团企业相关信息。

3. 风险分析数据来源

对不同行业进行税收风险分析需要综合各方面数据，多角度寻找线索开展研究。税务端数据包括核心征管、汇算清缴、重点税源、增值税专用发票等数据；企业端数据包括财务报表、电子财务账套和直报数据等相关资料；第三方数据包括市监、海关、公安、质检、财政、国资委和互联网等数据。对数据进行系统梳理和有效整合，有助于提升风险分析质效。

【知识点2】 风险分析

税务总局、省税务机关结合计算机扫描结果，开展人工专业复评，形成《千户集团税收风险分析报告》。

1. 税务总局任务

（1）制定千户集团税收风险分析战略规划和年度工作计划。

（2）从企业年报、财务报表、纳税申报表、鉴证报告、企业内控制度等入手，借助采集的各类数据，对重大涉税风险进行分析后形成千户集团税收风险分析报告，提交国家税务总局风险办后推送到各省应对。

（3）根据各地上报的风险案例及各省自行开展的千户集团独立法人企业或分公司的分析结果，从对单一企业的风险审核扩展到整个集团的风险排查，从一个集团扩展到整个行业。分析结果由国家税务总局风险办扎口组织应对。

（4）根据千户集团分布特点及行业特性，组建千户集团税收风险分析专业团队，或者指定重点省份对重大事项或者重点行业的涉税问题进行分析后形成风险分析报告，由国家税务总局风险办推送各省应对。

（5）对出现的疑似风险，税务总局风险分析部门与企业集团总部及时沟通，必要时要求企业总部说明情况，提供有关涉税事项的具体解释和情况说明。

（6）在税务总局风险任务推送各地应对前，根据工作需要，由国家税务总局风险办牵头，组织与企业集团总部进行沟通，使集团总部了解本集团风险点的具体情况、具体分布，要求各集团做好与其成员企业的统一沟通确认工作。

（7）定期收集整理各省成熟的税收风险分析指标、模型，推动千户集团税收风险分析指标、模型建设，组织业务需求的编写。

（8）针对行业代表性集团开展典型调查，提高千户集团税收风险分析的精准度。

2. 省税务局任务

（1）参照税务总局千户集团税收风险分析年度计划，制定本省确定的千户集团税收风险分析工作计划，组织开展本省确定的千户集团税收风险分析工作。

（2）针对税务总局推送的风险应对任务，结合本省掌握的信息，由大企业税收管理部门组织开展二次或深度分析，在此基础上开展风险应对，提高税收风险分析质效。

（3）充分发挥对于当地企业情况熟悉、便于沟通的优势，对千户集团在本省的独立法人企业或分公司开展税收风险分析，并将分析结果报送税务总局进行系统排查。

（4）按照税务总局统一规划和部署，承担千户集团相关行业、重点集团、相关事项的涉税风险分析任务，并将分析结果反馈税务总局。

（5）定期上报本省发现的税收风险案例。

（6）对税收风险分析过程中出现的问题，及时与相关企业进行沟通协调。

（7）向税务总局提供税收风险分析指标、模型，配合税务总局开展千户集团税收风险分析指标、模型建设。

（8）在人力资源、资料搜集、税企沟通等方面，积极支持、配合税务总局开展的税收风险分析和典型调查工作。

3. 风险分析的主要方法

（1）“计算机扫描＋人工专业复评”。通过计算机自动风险扫描预判风险，再由人工专业复评“望闻问切”，靶向定位，不断提升风险分析的精确性。

（2）“重点企业剖析＋行业复制推广”。针对部分行业风险同质性高的特点，利用专项取数表格将若干共性事项在行业进行推广。

（3）“网络预警＋跟踪分析”。建立网络涉税信息分析预警机制，充分利用互联网公开数据，定期跟进经济热点问题，捕捉重大事项涉税风险，适时介入、事前提醒、不断提升企业税法遵从度。

（4）“发票利用＋链条化风险分析”。组建增值税发票分析专业团队，在千户集团集成分析的基础上，对增值税发票实行定向深挖，形成对其他分析结果的交叉验证和智力支持。

4. 计算机自动扫描

建立风险指标和模型，利用计算机自动扫描进行风险分析。按照“研发、验证、应用”三位一体开展指标模型建设的工作思路，国家税务总局大企业税收管理司建成了千户集团风险程度测试指标体系，并完成了从1.0版到3.0版的不断迭代更新。1.0版自动打分排序，2.0版扫描风险点、自动生成识别报告，3.0版已初步构建了包含经营状况、税收表现、风险特征三个层面的行业指标模型架构。该模型既可通过会计指标衡量企业经营状况，又可通过征收指标监测企业税收表现，更可通过行业特征指标定位企业税收风险。

5. 人工专业复评

人工专业复评可以采取案头分析、与企业沟通、选取代表性企业开展典型调查等方法。人工专业复评应当重点关注以下内容：

（1）企业所处的行业特点；

（2）企业适用的产业政策、税收政策、会计准则或会计制度；

（3）企业内部控制制度；

（4）企业财务报表、审计报告及相关鉴证报告；

（5）企业重组、股权转让、关联交易等复杂涉税事项；

（6）以前年度风险应对结论，包括纳税评估报告、稽查处理决定书等。

【知识点3】 推送应对

税务总局大企业税收管理司将风险应对任务通过国家税务总局风险办统一推送至省税务局风险办，并抄送相关省税务机关大企业税收管理部门。

省税务机关大企业税收管理部门应当主动对接省税务局风险办，认真研究税务总局推送的千户集团税收风险应对任务并形成应对方案，以省、市税务机关为主，实施专业化应对。

对于重大或复杂涉税事项的风险应对任务，由省税务机关组织开展应对。

风险应对人员可以通过查阅案头资料、税务约谈等方法，对风险分析报告中的涉税风险点进行核实。查阅案头资料和税务约谈中发现的必须到纳税人生产经营现场了解情况的，应当按照相关规定统筹进行实地核实。实地核实过程中发现纳税人其他税收风险点的，应当一并进行处理。

1. 税务总局任务

（1）大企业税收管理部门对千户集团税收风险分析报告进行评审。

（2）大企业税收管理部门对千户集团税收风险分析报告中涉及的需要税务总局相关业务司局明确的问题，提交相关业务司局研究确定。

（3）大企业税收管理部门对千户集团税收风险分析报告中涉及的重大疑难问题，提请专家委员会研究确定。

（4）大企业税收管理部门对审定通过的千户集团税收风险分析报告通过国家税务总局风险办统一推送至各省税务局风险办应对。

2. 省税务局任务

（1）大企业税收管理部门主动对接省税务局税收风险管理工作领导小组办公室，共同研究税务总局推送的千户集团税收风险应对任务，形成处理意见，由各省税务局风险办按照风险等级推送给相应税务机关，开展差别化风险应对。

（2）协调处理千户集团税收风险应对工作中的具体问题。

（3）对各级应对主体报送的千户集团税收风险应对情况进行汇总、整理，按照要求报送相关统计报表及应对报告。

（4）对千户集团税收风险应对中查实确定的税收风险点，督促企业进行整改，对查实的税款及时组织入库。

3. 实施针对性管理

各级税务机关大企业税收管理部门应根据风险评估报告，按照风险等级，对企业实施针对性管理措施，主要包括纳税服务、约谈企业、案头审计、布置企业自查、反避税调查等。

（1）对遵从意愿和遵从能力都较高的低风险企业，可以通过提供优质纳税服务等措施，努力为企业提供办税便利。

（2）对有遵从意愿但遵从能力较低的中等风险企业，可以通过引导和帮助的方式，采取约谈企业、案头审计、布置企业自查等措施，告知企业可能存在的涉税风险和相应的法律责任，帮助企业分析产生风险的原因及防范措施，督促企业整改。

（3）对遵从意愿较低、遵从风险大的高风险企业，可以采取反避税调查等方式控制税务风险。

（4）在约谈企业、案头审计、布置企业自查、反避税调查过程中，发现企业有严重税收违法行为的，应移送稽查部门处理。

【知识点4】 反馈考核

省税务机关大企业税收管理部门应当及时汇总本省千户集团税收风险应对情况，向税务总局（大企业税收管理司）报送《千户集团税收风险应对工作报告》及《千户集团税收风险应对情况表》，并通过省税务局风险办向国家税务总局风险办反馈风险应对结果。

与本级法规、税政、征管等部门建立争议事项协调工作机制，及时研究解决风险应对中的税企争议问题，经本级税务机关研究后仍无法解决的，提请上级大企业服务和管理部门研究解决。

税务总局通过督导调研、限时督办等形式对各省税务机关上报的风险应对结果进行跟踪指导和后续监督，并对重大税收风险点进行专项评估。

1. 税务总局任务

（1）大企业税收管理部门对各地的千户集团税收风险应对情况进行督导、评估；配合国家税务总局风险办指导各地做好税收风险应对工作。

（2）针对税收风险应对中出现的税企争议问题，必要时国家税务总局风险办组织由企业集团总部、总部所在地税务机关及相关税务机关、相关企业参加的协调会议，通报相关情况，要求各方积极协调配合，推进工作开展。

（3）针对省税务局风险办反馈的在风险应对中发现的普遍性税收政策不明确问题，根据工作需要，由国家税务总局风险办牵头，组织相关业务司局，尽快明确政策执行口径。

（4）对千户集团税收风险应对结果进行综合分析，改进分析方法，优化指标模型，更新千户集团税收风险特征库，完善业务需求。

（5）根据千户集团税收风险应对结果，提出完善税收政策、强化税收征管的意见建议。

2. 省税务局任务

（1）对本省范围内税务总局推送的千户集团税收风险任务应对情况进行跟踪检查、

分析评价和绩效考核。

（2）针对本省范围内千户集团税收风险状况，及时改进征管工作措施，明确有关税收政策；指导企业增强风险防控，构建长效监管机制。

>>第五节 大企业税收经济分析

一 大企业税收经济分析的工作任务

【知识点】 大企业税收经济分析的工作任务

围绕党中央、国务院和国家税务总局重点聚焦的全局性和战略性问题，结合本地区经济社会发展和税收运行的具体特点，选取当地党委、政府关注的热点、焦点和难点领域，精准选题，深入开展千户集团及列名企业的税收经济分析工作。

1. 税务总局任务

（1）搭建千户集团税收经济分析体系框架，建立工作机制，完善分析方法。

（2）定期开展税收形势分析，提出加强集团企业税收管理的意见建议。

（3）开展宏观经济分析，利用集团企业涉税数据反映经济发展现状，揭示经济社会发展中值得关注的重大问题。

（4）开展税收经济专项分析，研究重大热点问题。

（5）与高等院校、科研机构合作，挖掘千户集团涉税数据，研究构建 Top 1000 税收经济指数。

（6）梳理各类与经济发展密切相关的税源、税收指标，建立千户集团税源监控指标体系。从集团、行业、地区等维度监控千户集团纳税情况，查找并分析税收运行中的异常情况。

2. 省税务局任务

（1）配合税务总局做好税收经济分析和税收经济指数相关工作。

（2）深入挖掘本省千户集团数据信息，开展税收经济分析工作。

（3）跟踪本省范围内千户集团总部、成员单位的税源税收情况，跟踪分析税源发展变化趋势，及时上报异常情况及其原因分析。

（4）开展税源分析、税收收入进度分析等工作，并将结果反馈至税务总局。

二 大企业税收经济分析的工作内容

【知识点1】 大企业税收经济分析的工作内容

1. 梳理集团企业一户式组织架构

总局重点聚焦千户集团，各省税务机关聚焦集团总部在本省的千户集团和省局确定的大企业，共同采集并定期更新集团及其成员企业信息。总局联合省局梳理集团成员企业间层级关系，形成集团一户式组织架构。

2. 拓展集团企业大数据信息资源

运用大数据理念拓展信息来源，总局联合省局广泛采集、归集税收征管信息、第三方信息和互联网信息，依法督促纳税人提交或配合税务机关抽取、复制其电子账簿、会计凭证报表和有关资料等信息。在规范统一数据标准的基础上，做好历史数据校验清理，强化增量数据质量控制，切实做好数据的安全保密工作。

3. 建立集团企业税源监控体系

总局联合省局梳理各类与经济发展密切相关的税源、税收数据项，明确数据来源和取数口径，建立科学的税源监控指标体系。依托税收风险分析平台，从集团维度重点监控集团及其成员企业纳税和经营情况，跟踪税源增长状况，反映集团税收发展趋势。

4. 开展集团企业税收经济分析

在总局、省局层面开展集团企业税收经济分析。开展集团税收形势分析，提出加强集团企业税收管理的意见建议；开展集团运行状况分析，从税收角度反映经济发展动态，揭示经济社会发展中值得关注的重大问题；开展集团政策效应分析，跟踪税制改革和减免税政策的实施情况，测算税收政策变动对经济、税收等方面的影响。加强与高等院校、科研机构合作，深入挖掘集团企业数据，研究构建具有鲜明特色的大企业税收经济指数。

【知识点2】 大企业税收经济分析的一般思路

开展税收经济分析的方法：通过简单的分类、对比等方式描述数据主要特征，契合分析主题，得出分析结论（提出建议）。如推动制造业高质量发展的经济分析：

1. 有关经济现象分析

（1）从产业层面上看，经济增长由石油、化工、煤炭、钢铁等传统行业拉动向装备制造业（专用设备制造、航空航天、计算机通信等）和现代服务业转换。

分析指标及变动趋势：装备制造业和现代服务业等产业的营业收入同比增长率、营业收入增长的贡献率的提高，传统行业的贡献率在下降。

（2）从企业层面上看，发展模式由简单粗放的投资拉动型增长向高效集约的质量拉动型增长转换。

分析指标及变动趋势：企业净利润合计同比增长率较营业收入和期末资产总额增幅高、净利润率和总资产收益率提高、新增固定资产和在建工程合计增幅放缓等。

（3）从税收贡献看，制造业的税收贡献在整个国家税收收入中的占比。

分析指标及变动趋势：一段时期的税收收入变动指标、分行业税收变动指标、制造业在整个税收收入中的占比及变动趋势等。

2. 存在的不足（值得关注的问题）

（1）新动能对经济发展总体贡献偏小，地区分布不均衡。

（2）传统行业基数大，竞争力弱，转型阵痛。

（3）房地产市场过度膨胀，挤占新动能发展空间。

3. 提出建议

（1）产业政策方面。

①汰劣扶优（加快产业结构优化升级）；

②激励创新（提升科技创新能力）；

③改善营商环境。

（2）完善税收政策建议。

①对企业投资方面进一步做好“放管服”改革；

②研究加大对制造业重点行业的税收优惠力度。

三 大企业税收经济分析指标

【知识点】 大企业税收经济分析指标

1. 常用宏观经济指标

（1）消费者物价指数（Consumer Price Index，CPI），是反映与居民生活有关的产品及劳务价格统计出来的物价变动指标，通常作为观察通货膨胀水平的重要指标。

（2）生产者物价指数（Producer Price Indexes，PPI），是衡量工业企业产品出厂价格变动趋势和变动程度的指数，是反映某一时期生产领域价格变动情况的重要经济指标，也是制定有关经济政策和国民经济核算的重要依据。

（3）国内生产总值（Gross Domestic Product，GDP），是指一个国家或地区在一定时期内国民经济各部门增加值的总额。该指标是宏观经济中最受关注的经济统计数字，因为它被认为是衡量国民经济发展情况最重要的一个指标。

（4）第一产业、第二产业、第三产业占国内生产总值的比例。

第一产业是指种植业与养殖业。也就是通常讲的“大农业”。

第二产业是指采掘业、制造业（工业）、建筑业。

第三产业是指除第一产业、第二产业以外的其他行业。包括：交通运输、仓储和邮政业，信息传输、计算机服务和软件业，批发和零售业，住宿和餐饮业，金融业，房地产业，租赁和商务服务业，居民服务和其他服务业，教育、卫生、社会保障和社会福利业等。

（5）固定资产投资额是以货币表现的建造和购置固定资产活动的工作量，它是反映固定资产投资规模、速度、比例关系和使用方向的综合性指标。全社会固定资产投资按经济类型可分为国有、集体、个体、联营、股份制、外商、港澳台商、其他等。按照管理渠道，全社会固定资产投资总额分为基本建设、更新改造、房地产开发投资和其他固定资产投资四个部分。

（6）社会消费品零售总额（Social Retail Goods），指各种经济类型的批发零售贸易业、餐饮业、制造业和其他行业对城乡居民和社会集团的消费品零售额和农民对非农业居民零售额的总和。其反映一定时期内人民物质文化生活水平的提高情况，反映社会商品购买力的实现程度，以及零售市场的规模状况。是研究人民生活水平、社会零售商品购买力、社会生产、货币流通和物价的发展变化趋势的重要资料。

（7）货币存量或者流通量。

M_0 = 流通中的现金

狭义货币（M_1） = M_0 + 企业活期存款 + 机关团体部队存款 + 农村存款 + 个人持有的信用卡类存款

广义货币（M_2） = M_1 + 城乡居民储蓄存款 + 企业存款中具有定期性质的存款 + 信托类存款 + 其他存款

M_1 反映经济中的现实购买力；M_2 不仅反映现实的购买力，还反映潜在的购买力。若 M_1 增速较快，则消费和终端市场活跃，出现通货膨胀；若 M_2 增速较快，则投资和中间市场活跃，易出现资产泡沫。

（8）外汇储备（Foreign Exchange Reserve），又称为外汇存底，指一国政府所持有的国际储备资产中的外汇部分，即一国政府保有的以外币表示的债权。它是一个国家货币当局持有并可以随时兑换外国货币的资产。狭义而言，外汇储备指一个国家的外汇积累；广义而言，外汇储备是指以外汇计价的资产，包括现钞、黄金、国外有价证券等。外汇储备是一个国家国际清偿力的重要组成部分，同时对于平衡国际收支、稳定汇率有重要的影响。

（9）投机性短期资本，又称游资（Refugee Capital）或热钱（Hot Money）或不明资金，指为追求最高报酬以最低风险而在国际金融市场上迅速流动的短期投机性资金。在外汇市场上，由于此种投机性资金常自有贬值倾向货币转换成有升值货币倾向的货币，增加了外汇市场的不稳定性，因此，只要预期的心理存在，唯有让升值的货币大幅波动或实行外汇管制，才能阻止这种投机性资金的流动。

（10）外商直接投资（Foreign Direct Investment，FDI）是一国的投资者跨国境投入资本或其他生产要素，以获得利润或稀缺生产要素为目的的投资活动。

（11）贸易顺差（Favorable Balance of Trade）或逆差。在一定的时间里（通常按年度计算），贸易的双方互相买卖各种货物，甲方的出口金额大过乙方的出口金额，或甲方的进口金额少于乙方的进口金额，其中的差额，对甲方来说是贸易顺差，对乙方来说是贸易逆差。

（12）工业增加值是指工业企业在报告期内以货币形式表现的工业生产活动的最终成果，是工业企业全部生产活动的总成果扣除了在生产过程中消耗或转移的物质产品和劳务价值后的余额，是工业企业生产过程中新增加的价值。各部门增加值之和即为国内生产总值，它反映的是一个国家（地区）一定时期内所生产的和提供的最终产品和服务的市场价值的总和。

2. 常用税收经济指标

市场主体数量：新增企业数量、注销企业数量。

市场主体行为：销售预期、动力燃料采购、原材料采购、固定资产投资、劳动力人数、应收账款。

企业能力指标：偿债能力指标、盈利能力指标、发展能力指标、产销状况指标、盈亏与成本费用状况指标。

弹性系数指标：税收与营业收入弹性系数、税收与增加值弹性系数、税收与资产总额弹性系数税收弹性系数。

税收分析指标：行业税收集中度、行业税收贡献率、税种税收贡献率。

第六章 国际税收

>>知识架构

- 国际税收
  - 税收管辖权
    - 国际税收的概念　1个知识点
    - 税收管辖权主要内容　4个知识点
  - 非居民企业及个人税收管理
    - 非居民企业税收管理概述　5个知识点
    - 非居民企业税收管理的主要内容　2个知识点
    - 非居民个人纳税义务　1个知识点
    - 境外所得有关个人所得税政策　1个知识点
  - 反避税及BEPS行动计划
    - 国际避税的概念及产生原因　2个知识点
    - 国际避税的基本方法　1个知识点
    - 国际反避税的概念　1个知识点
    - 国际反避税的基本方法　1个知识点
    - BEPS行动计划　2个知识点
    - “双支柱”方案　3个知识点
  - 税收协定
    - 税收协定基础理论　2个知识点
    - 税收协定条款　1个知识点
    - 税收协定解释和执行　2个知识点
    - 防止税收协定滥用　2个知识点
  - 国际税收合作
    - 国际税收情报交换基本内容　2个知识点
    - 多边公约　2个知识点
    - 金融账户涉税信息自动交换标准　2个知识点
    - 预约定价安排管理　2个知识点
  - 税收服务“走出去”
    - “一带一路”倡议概述　1个知识点
    - “一带一路”国际合作高峰论坛　1个知识点
    - 税收服务“一带一路”建设的主要内容　2个知识点

>> 第一节 税收管辖权

一 国际税收的概念

【知识点】 国际税收概念

国际税收，是指两个（或两个以上的）国家政府，由于行使其各自的课税主权，在对跨国纳税人进行分别课税而形成的征纳关系中，所发生的国家之间的税收分配关系。国家间对商品服务、所得、财产课税的制度差异是国际税收产生的基础。国际税收的本质是利益在多个国家之间的分配，是各国政府对跨国公司所得的再分配的过程。

国际重复征税、国际双重不征税、国际避税与反避税、国际税收合作是常见的国际税收问题和税收现象。国际税收需要解决的主要问题是防止或者缓解国际重复征税和防范国际避税。

二 税收管辖权主要内容

【知识点1】 税收管辖权的含义

税收管辖权，是指主权国家根据其法律所拥有和行使的征税权力，是国际法公认的国家基本权利，属于国家主权在税收领域中的体现。税收管辖权表现在一国政府有权对哪些人征税、征何种税、征多少税及如何征税等方面。

【知识点2】 税收管辖权的分类

税收管辖权划分原则主要有属人原则和属地原则。

税收管辖权大致分为三类：居民管辖权、公民管辖权和地域管辖权。其中，前两者可以合称为居民（公民）管辖权，遵循的是属人原则，后者遵循的是属地原则。

【知识点3】 税收管辖权的行使

各国对税收管辖权的行使主要有三种情况。

1. 仅行使地域管辖权

一国只对来源于本国境内的所得行使征税权，其中包括本国居民的境内所得和外国居民的境内所得，但对本国居民的境外所得不行使征税权。

2. 同时行使地域管辖权和居民管辖权

一国对本国居民的境内所得、境外所得，以及外国居民的境内所得这 3 类所得都行使征税权。其中，对本国居民境外所得征税所依据的是居民管辖权，对外国居民在本国境内所得征税所依据的是地域管辖权。

3. 同时行使地域管辖权、居民管辖权和公民管辖权

这种情况主要发生在个别强调本国征税范围的国家，其个人所得税除了行使地域管辖权和居民管辖权之外，还坚持行使公民管辖权。

中国是同时行使地域管辖权和居民管辖权的国家之一。

【知识点4】 税收管辖权的优先原则

大多数国家在兼用居民（公民）管辖权和地域管辖权的同时，认同并遵循地域税收管辖权优先原则。

>> 第二节 非居民企业及个人税收管理

一 非居民企业税收管理概述

【知识点1】 非居民企业的纳税义务

非居民企业在中国境内设立机构、场所的，应当就其所设机构、场所取得的来源于中国境内的所得，以及发生在中国境外但与其所设机构、场所有实际联系的所得，缴纳企业所得税。

非居民企业在中国境内未设立机构、场所的，或者虽设立机构、场所但取得的所得与其所设机构、场所没有实际联系的，应当就其来源于中国境内的所得缴纳企业所得税。

【知识点2】 对外支付税务备案

境内机构和个人向境外单笔支付等值 5 万美元以上（不含等值 5 万美元），下列外汇资金，除规定的情形外，均应向所在地主管税务机关进行备案。

1. 境外机构或个人从境内获得的包括运输、旅游、通信、建筑安装及劳务承包、

保险服务、金融服务、计算机和信息服务、专有权利使用和特许、体育文化和娱乐服务、其他商业服务、政府服务等服务贸易收入。

2. 境外个人在境内的工作报酬，境外机构或个人从境内获得的股息、红利、利润、直接债务利息、担保费以及非资本转移的捐赠、赔偿、税收、偶然性所得等收益和经常转移收入。

3. 境外机构或个人从境内获得的融资租赁租金、不动产的转让收入、股权转让所得以及外国投资者其他合法所得。

境内机构和个人对同一笔合同需要多次对外支付的，仅需在首次付汇前办理税务备案。

【知识点3】 无需办理税务备案

境内机构和个人对外支付下列外汇资金，无需办理和提交《服务贸易等项目对外支付税务备案表》：

1. 境内机构在境外发生的差旅、会议、商品展销等各项费用。

2. 境内机构在境外代表机构的办公经费，以及境内机构在境外承包工程的工程款。

3. 境内机构发生在境外的进出口贸易佣金、保险费、赔偿款。

4. 进口贸易项下境外机构获得的国际运输费用。

5. 保险项下保费、保险金等相关费用。

6. 从事运输或远洋渔业的境内机构在境外发生的修理、油料、港杂等各项费用。

7. 境内旅行社从事出境旅游业务的团费以及代订、代办的住宿、交通等相关费用。

8. 亚洲开发银行和世界银行集团下属的国际金融公司从我国取得的所得或收入，包括投资合营企业分得的利润和转让股份所得、在华财产（含房产）出租或转让收入以及贷款给我国境内机构取得的利息。

9. 外国政府和国际金融组织向我国提供的外国政府（转）贷款［含外国政府混合（转）贷款］和国际金融组织贷款项下的利息。这里所称国际金融组织是指国际货币基金组织、世界银行集团、国际开发协会、国际农业发展基金组织、欧洲投资银行等。

10. 外汇指定银行或财务公司自身对外融资，如境外借款、境外同业拆借、海外代付以及其他债务等项下的利息。

11. 我国省级以上国家机关对外无偿捐赠援助资金。

12. 境内证券公司或登记结算公司向境外机构或境外个人支付其依法获得的股息、红利、利息收入及有价证券卖出所得收益。

13. 境内个人境外留学、旅游、探亲等因私用汇。

14. 境内机构和个人办理服务贸易、收益和经常转移项下退汇。

15. 外国投资者以境内直接投资合法所得在境内再投资。

16. 财政预算内机关、事业单位、社会团体非贸易非经营性付汇业务。

17. 国家规定的其他情形。

【知识点4】 递延纳税基本规定

自2017年1月1日起，对境外投资者从中国境内居民企业分配的利润，直接投资于鼓励类投资项目，凡符合规定条件的，实行递延纳税政策，暂不征收预提所得税。自2018年1月1日起，对境外投资者从中国境内居民企业分配的利润，用于境内直接投资暂不征收预提所得税政策的适用范围，由外商投资鼓励类项目扩大至所有非禁止外商投资的项目和领域。

境外投资者暂不征收预提所得税须同时满足以下条件：

（1）境外投资者以分得利润进行的直接投资，包括境外投资者以分得利润进行的增资、新建、股权收购等权益性投资行为，但不包括新增、转增、收购上市公司股份（符合条件的战略投资除外）。具体是指：

①新增或转增中国境内居民企业实收资本或者资本公积；

②在中国境内投资新建居民企业；

③从非关联方收购中国境内居民企业股权；

④财政部、税务总局规定的其他方式。

境外投资者采取上述投资行为所投资的企业统称为被投资企业。

（2）境外投资者分得的利润属于中国境内居民企业向投资者实际分配已经实现的留存收益而形成的股息、红利等权益性投资收益。

（3）境外投资者用于直接投资的利润以现金形式支付的，相关款项从利润分配企业的账户直接转入被投资企业或股权转让方账户，在直接投资前不得在境内外其他账户周转；境外投资者用于直接投资的利润以实物、有价证券等非现金形式支付的，相关资产所有权直接从利润分配企业转入被投资企业或股权转让方，在直接投资前不得由其他企业、个人代为持有或临时持有。

【知识点5】 境外机构投资境内债券市场企业所得税、增值税政策

2018年11月7日至2025年12月31日，对境外机构投资境内债券市场取得的债券利息收入暂免征收企业所得税和增值税。

上述暂免征收企业所得税的范围不包括境外机构在境内设立的机构、场所取得的与该机构、场所有实际联系的债券利息。

二 非居民企业税收管理的主要内容

【知识点1】 有机构、 场所的非居民企业管理

设立机构、场所的非居民企业，取得规定的所得，其企业所得税由机构、场所所在地主管税务机关负责税收管理。有机构、场所的非居民企业管理主要包括常驻代表机构、从事工程作业和提供劳务、国际运输等的税务管理。按征收方式分为据实征收和核定征收两类。

1. 非居民承包工程作业和提供劳务税收管理

承包工程作业，是指在中国境内承包建筑、安装、装配、修缮、装饰、勘探及其他工程作业。

提供劳务，是指在中国境内从事加工、修理修配、交通运输、仓储租赁、咨询经纪、设计、文化体育、技术服务、教育培训、旅游、娱乐及其他劳务活动。

非居民企业在中国境内承包工程作业或提供劳务的，应当自项目合同或协议（以下简称合同）签订之日起30日内，向项目所在地主管税务机关办理税务登记手续。

依照法律、行政法规规定负有税款扣缴义务的境内机构和个人，应当自扣缴义务发生之日起30日内，向所在地主管税务机关办理扣缴税款登记手续。

非居民企业在中国境内承包工程作业或提供劳务项目的，企业所得税按纳税年度计算、分季预缴，年终汇算清缴，并在工程项目完工或劳务合同履行完毕后结清税款。

税务机关应当建立税源监控机制，获取并利用发改委、建设、外汇管理、商务、教育、文化、体育等部门关于非居民在中国境内承包工程作业和提供劳务的相关信息，并可根据工作需要，将信息使用情况反馈给有关部门。

主管税务机关应当按项目建档、分项管理的原则，建立非居民承包工程作业和提供劳务项目的管理台账和纳税档案，及时准确掌握工程和劳务项目的合同执行、施工进度、价款支付、对外付汇、税款缴纳等情况。

2. 常驻代表机构税收管理

外国企业常驻代表机构，是指按照国务院有关规定，在市场监督管理部门登记或经有关部门批准，设立在中国境内的外国企业（包括港澳台企业）及其他组织的常驻代表机构（以下简称代表机构）。

代表机构应当就其归属所得依法申报缴纳企业所得税，就其应税收入依法申报缴纳增值税。

代表机构应当自领取工商登记（现为市场主体登记）证件（或有关部门批准）之日起30日内，持有关资料，向其所在地主管税务机关申报办理税务登记。

代表机构应当按照有关法律、行政法规和国务院财政、税务主管部门的规定设置

账簿，根据合法、有效凭证记账，进行核算，并应按照实际履行的功能和承担的风险相配比的原则，准确计算其应税收入和应纳税所得额，在规定期限内向主管税务机关据实申报缴纳增值税和企业所得税。

对账簿不健全，不能准确核算收入或成本费用，以及无法按照规定据实申报的代表机构，税务机关有权核定其应纳税所得额。

3. 汇算清缴管理

依照外国（地区）法律成立且实际管理机构不在中国境内，但在中国境内设立机构、场所的非居民企业，无论盈利或者亏损，均应按照《企业所得税法》及《非居民企业所得税汇算清缴管理办法》（国税发〔2009〕6 号）的规定参加所得税汇算清缴。

非居民企业具有下列情形之一的，可不参加当年度的所得税汇算清缴：

（1）临时来华承包工程和提供劳务不足 1 年，在年度中间终止经营活动，且已经结清税款。

（2）汇算清缴期内已办理注销。

（3）其他经主管税务机关批准可不参加当年度所得税汇算清缴。

非居民企业应当自年度终了之日起 5 个月内，向税务机关报送年度企业所得税纳税申报表，并汇算清缴，结清应缴应退税款。

企业在年度中间终止经营活动的，应当自实际经营终止之日起 60 日内，向税务机关办理当期企业所得税汇算清缴。

4. 核定征收管理

非居民企业因会计账簿不健全，资料残缺难以查账，或者其他原因不能准确计算并据实申报其应纳税所得额的，税务机关有权采取一定的方法核定其应纳税所得额。

税务机关可按照以下标准确定非居民企业的利润率：

（1）从事承包工程作业、设计和咨询劳务的，利润率为 15% ~30%；

（2）从事管理服务的，利润率为 30% ~50%；

（3）从事其他劳务或劳务以外经营活动的，利润率不低于 15%。

采取核定征收方式征收企业所得税的非居民企业，在中国境内从事适用不同核定利润率的经营活动，并取得应税所得的，应分别核算并适用相应的利润率计算缴纳企业所得税；凡不能分别核算的，应从高适用利润率，计算缴纳企业所得税。

【知识点 2】 源泉扣缴管理

对非居民企业取得来源于中国境内的股息、红利等权益性投资收益和利息、租金、特许权使用费所得、转让财产所得以及其他所得应当缴纳的企业所得税，实行源泉扣缴。

1. 扣缴义务发生时间

税款由扣缴义务人在每次支付或者到期应支付时，从支付或者到期应支付的款项中扣缴。

非居民企业取得应源泉扣缴的所得为股息、红利等权益性投资收益的，相关应纳税款扣缴义务发生之日为股息、红利等权益性投资收益实际支付之日。

非居民企业采取分期收款方式取得应源泉扣缴所得税的同一项转让财产所得的，其分期收取的款项可先视为收回以前投资财产的成本，待成本全部收回后，再计算并扣缴应扣税款。

中国境内企业和非居民企业签订与利息、租金、特许权使用费等所得有关的合同或协议，如果未按照合同或协议约定的日期支付上述所得款项，或者变更或修改合同或协议延期支付，但已计入企业当期成本、费用，并在企业所得税年度纳税申报中作税前扣除的，应在企业所得税年度纳税申报时按照企业所得税法有关规定代扣代缴企业所得税。如果企业上述到期未支付的所得款项，不是一次性计入当期成本、费用，而是计入相应资产原价或企业筹办费，在该类资产投入使用或开始生产经营后分期摊入成本、费用，分年度在企业所得税税前扣除的，应在企业计入相关资产的年度纳税申报时就上述所得全额代扣代缴企业所得税。

2. 扣缴税款的申报缴纳

扣缴义务人应当自扣缴义务发生之日起 7 日内向扣缴义务人所在地主管税务机关申报和解缴代扣税款。扣缴义务人在申报和解缴应扣税款时，应填报《中华人民共和国扣缴企业所得税报告表》。

三 非居民个人纳税义务

【知识点】 非居民个人纳税义务

在中国境内无住所又不居住，或者无住所而一个纳税年度内在中国境内居住累计不满 183 天的个人，为非居民个人。纳税年度，公历 1 月 1 日至 12 月 31 日。在中国境内有住所，是指因户籍、家庭、经济利益关系而在中国境内习惯性居住。

在中国境内无住所的个人，在中国境内居住累计满 183 天的年度连续不满 6 年的，经向主管税务机关备案，其来源于中国境外且由境外单位或者个人支付的所得，免予缴纳个人所得税；在中国境内居住累计满 183 天的任一年度中有一次离境超过 30 天的，其在中国境内居住累计满 183 天的年度的连续年限重新起算。

在中国境内无住所的个人，在一个纳税年度内在中国境内居住累计不超过 90 天的，其来源于中国境内的所得，由境外雇主支付并且不由该雇主在中国境内的机构、场所负担的部分，免予缴纳个人所得税。

四 境外所得有关个人所得税政策

【知识点】 境外所得有关个人所得税政策

1. 下列所得，为来源于中国境外的所得：

（1）因任职、受雇、履约等在中国境外提供劳务取得的所得。

（2）中国境外企业以及其他组织支付且负担的稿酬所得。

（3）许可各种特许权在中国境外使用而取得的所得。

（4）在中国境外从事生产、经营活动而取得的与生产、经营活动相关的所得。

（5）从中国境外企业、其他组织以及非居民个人取得的利息、股息、红利所得。

（6）将财产出租给承租人在中国境外使用而取得的所得。

（7）转让中国境外的不动产、转让对中国境外企业以及其他组织投资形成的股票、股权以及其他权益性资产（以下称权益性资产）或者在中国境外转让其他财产取得的所得。但转让对中国境外企业以及其他组织投资形成的权益性资产，该权益性资产被转让前三年（连续 36 个公历月份）内的任一时间，被投资企业或其他组织的资产公允价值 50% 以上直接或间接来自位于中国境内的不动产的，取得的所得为来源于中国境内的所得。

（8）中国境外企业、其他组织以及非居民个人支付且负担的偶然所得。

（9）财政部、税务总局另有规定的，按照相关规定执行。

2. 居民个人应当依照《个人所得税法》及其实施条例规定，按照以下方法计算当期境内和境外所得应纳税额：

（1）居民个人来源于中国境外的综合所得，应当与境内综合所得合并计算应纳税额。

（2）居民个人来源于中国境外的经营所得，应当与境内经营所得合并计算应纳税额。居民个人来源于境外的经营所得，按照《个人所得税法》及其实施条例的有关规定计算的亏损，不得抵减其境内或他国（地区）的应纳税所得额，但可以用来源于同一国家（地区）以后年度的经营所得按中国税法规定弥补。

（3）居民个人来源于中国境外的利息、股息、红利所得，财产租赁所得，财产转让所得和偶然所得（以下称其他分类所得），不与境内所得合并，应当分别单独计算应纳税额。

3. 居民个人在一个纳税年度内来源于中国境外的所得，依照所得来源国家（地区）税收法律规定在中国境外已缴纳的所得税税额允许在抵免限额内从其该纳税年度应纳税额中抵免。

居民个人来源于一国（地区）的综合所得、经营所得以及其他分类所得项目的应纳税额为其抵免限额，按照下列公式计算：

（1）来源于一国（地区）综合所得的抵免限额 = 中国境内和境外综合所得依照上述第 2 项规定计算的综合所得应纳税额 × 来源于该国（地区）的综合所得收入额 ÷ 中国境内和境外综合所得收入额合计

（2）来源于一国（地区）经营所得的抵免限额 = 中国境内和境外经营所得依照上述第 2 项规定计算的经营所得应纳税额 × 来源于该国（地区）的经营所得应纳税所得额 ÷ 中国境内和境外经营所得应纳税所得额合计

（3）来源于一国（地区）其他分类所得的抵免限额 = 该国（地区）的其他分类所得依照上述第 2 项规定计算的应纳税额

（4）来源于一国（地区）所得的抵免限额 = 来源于该国（地区）综合所得抵免限额 + 来源于该国（地区）经营所得抵免限额 + 来源于该国（地区）其他分类所得抵免限额

4. 可抵免的境外所得税税额，是指居民个人取得境外所得，依照该所得来源国（地区）税收法律应当缴纳且实际已经缴纳的所得税性质的税额。可抵免的境外所得税税额不包括以下情形：

（1）按照境外所得税法律属于错缴或错征的境外所得税税额；

（2）按照我国政府签订的避免双重征税协定以及内地与香港、澳门签订的避免双重征税安排（以下统称税收协定）规定不应征收的境外所得税税额；

（3）因少缴或迟缴境外所得税而追加的利息、滞纳金或罚款；

（4）境外所得税纳税人或者其利害关系人从境外征税主体得到实际返还或补偿的境外所得税税款；

（5）按照《个人所得税法》及其实施条例规定，已经免税的境外所得负担的境外所得税税款。

5. 居民个人从与我国签订税收协定的国家（地区）取得的所得，按照该国（地区）税收法律享受免税或减税待遇，且该免税或减税的数额按照税收协定饶让条款规定应视同已缴税额在中国的应纳税额中抵免的，该免税或减税数额可作为居民个人实际缴纳的境外所得税税额按规定申报税收抵免。

6. 居民个人一个纳税年度内来源于一国（地区）的所得实际已经缴纳的所得税税额，低于依照上述第 3 项规定计算出的来源于该国（地区）该纳税年度所得的抵免限额的，应以实际缴纳税额作为抵免额进行抵免；超过来源于该国（地区）该纳税年度所得的抵免限额的，应在限额内进行抵免，超过部分可以在以后 5 个纳税年度内结转抵免。

7. 居民个人从中国境外取得所得的，应当在取得所得的次年 3 月 1 日至 6 月 30 日内申报纳税。

8. 居民个人取得境外所得，应当向中国境内任职、受雇单位所在地主管税务机关办理纳税申报；在中国境内没有任职、受雇单位的，向户籍所在地或中国境内经常居住地主管税务机关办理纳税申报；户籍所在地与中国境内经常居住地不一致的，选择其中一地主管税务机关办理纳税申报；在中国境内没有户籍的，向中国境内经常居住地主管税务机关办理纳税申报。

9. 居民个人取得境外所得的境外纳税年度与公历年度不一致的，取得境外所得的境外纳税年度最后一日所在的公历年度，为境外所得对应的我国纳税年度。

10. 居民个人申报境外所得税收抵免时，除另有规定外，应当提供境外征税主体出具的税款所属年度的完税证明、税收缴款书或者纳税记录等纳税凭证，未提供符合要求的纳税凭证，不予抵免。

居民个人已申报境外所得、未进行税收抵免，在以后纳税年度取得纳税凭证并申报境外所得税收抵免的，可以追溯至该境外所得所属纳税年度进行抵免，但追溯年度不得超过5年。自取得该项境外所得的5个年度内，境外征税主体出具的税款所属纳税年度纳税凭证载明的实际缴纳税额发生变化的，按实际缴纳税额重新计算并办理补退税，不加收税收滞纳金，不退还利息。

纳税人确实无法提供纳税凭证的，可同时凭境外所得纳税申报表（或者境外征税主体确认的缴税通知书）以及对应的银行缴款凭证办理境外所得抵免事宜。

11. 居民个人被境内企业、单位、其他组织（以下称派出单位）派往境外工作，取得的工资薪金所得或者劳务报酬所得，由派出单位或者其他境内单位支付或负担的，派出单位或者其他境内单位应按照《个人所得税法》及其实施条例规定预扣预缴税款。

居民个人被派出单位派往境外工作，取得的工资薪金所得或者劳务报酬所得，由境外单位支付或负担的，如果境外单位为境外任职、受雇的中方机构（以下称中方机构）的，可以由境外任职、受雇的中方机构预扣税款，并委托派出单位向主管税务机关申报纳税。中方机构未预扣税款的或者境外单位不是中方机构的，派出单位应当于次年2月28日前向其主管税务机关报送外派人员情况，包括：外派人员的姓名、身份证件类型及身份证件号码、职务、派往国家和地区、境外工作单位名称和地址、派遣期限、境内外收入及缴税情况等。

中方机构包括中国境内企业、事业单位、其他经济组织以及国家机关所属的境外分支机构、子公司、使（领）馆、代表处等。

12. 居民个人取得来源于境外的所得或者实际已经在境外缴纳的所得税税额为人民币以外货币，应当按照《个人所得税法实施条例》第三十二条折合计算。

13. 纳税人和扣缴义务人未按以上规定申报缴纳、扣缴境外所得个人所得税以及报送资料的，按照《税收征管法》和《个人所得税法》及其实施条例等有关规定处理，并按规定纳入个人纳税信用管理。

>>第三节 反避税及 BEPS 行动计划

一 国际避税的概念及产生原因

【知识点1】 国际避税的概念

国际避税，是指纳税人利用两个或两个以上国家的税法和国家间的税收协定的漏洞、特例和缺陷，规避或减轻其全球总纳税义务的行为。

【知识点2】 国际避税产生的原因

从内在动机来说，国际避税是由纳税人想尽各种办法，尽可能减轻税收负担的强烈愿望所导致的。从外部因素来说，国际避税主要是国家间的税收政策差异所造成的。

二 国际避税的基本方法

【知识点】 国际避税的基本方法

在国际经济活动中，跨国纳税人利用各国税收的差异进行避税的手法多种多样，常采用的避税方法如下。

1. 采取人员流动避税

（1）转移住所。将个人住所或公司的管理机构真正迁出高税国；或者利用有关国家国内法关于公司或个人的居民身份界限的不同规定，以实现虚假迁出，即仅仅在法律上不再成为高税国的居民；或者通过短暂迁出和成为别的国家临时居民的办法，以求得对方国家的特殊税收优惠。

（2）税收流亡。在实行居民管辖权的国家里，对个人居民身份的确立，除了采用上述标准外，不少国家还采用时间标准。即以在一国境内连续或累计停留时间达到一定标准为界限。对于居住时间的规定，各个国家规定不尽相同，有的规定为半年（183天），有的则规定1年（365天），这就给跨国纳税人避税提供了可利用的机会。他们可以自由地游离于各国之间，确保自己不成为任何一个国家的居民，既能从这些国家取得收入，又可避免承担其中任何一个国家的居民纳税义务。

2. 通过资金、货物或劳务流动避税

相对于人的流动，资金、货物或劳务的流动则更隐蔽，对各国税务当局来说更难以控制。纳税人（主要是法人）把资金、货物或劳务等转移出高税国，通常是利用常设机构和子公司以及所在国其他税法规定等进行流动。

3. 利用企业组织形式避税

当一国企业决定对外投资时，是选择建立分支机构还是设立子公司，往往经过反复经济测算，权衡各种利弊，最后才作出跨国纳税人认为最有利的选择。分支机构与子公司往往在享受税收待遇方面差异很大，在跨国纳税方面也有许多差别，各有利弊。通常在营业初期以分支机构进行经营，当分支机构开始盈利后，再变更为子公司，达到避税的目的。

4. 利用税收优惠避税

一般来说，世界各国都有各种税收优惠政策规定，例如，关于加速折旧、投资抵免、差别税率、亏损结转、延期纳税等。跨国纳税人往往可以利用税收优惠从事国际避税活动。此外，还有一些跨国纳税人设法钻税法对新办企业等缺乏严密界定的漏洞，利用新办企业的免、减税等优惠规定进行国际避税。

5. 资本弱化

资本弱化，是基于在一般情况下利息支出可以在税前扣除而股息、红利不能扣除的事实，企业所有者在投资于企业的资本中降低股本的比重，提高贷款的比重，以债权性投资替代权益性投资，从而增加利息支出来减少应税所得，实现税收负担最小目的。

6. 利用转让定价避税

转让定价，是指关联企业之间在销售货物、融通资金、提供劳务、转让无形资产和金融资产等时制定的价格。其一般做法是：高税国企业向其低税国关联企业销售货物、融通资金、提供劳务、转让无形资产或者金融资产时制定低价；低税国企业向其高税国关联企业销售货物、融通资金、提供劳务、转让无形资产或者金融资产时制定高价。这样，利润就从高税国转移到低税国，从而达到最大限度减轻其税负的目的。

7. 利用避税地避税

通过在避税地设立诸如控股公司、投资公司、信托公司、贸易公司、咨询公司、金融公司、保险公司、海运公司和其他经营机构等所谓“海外公司”，可以比较方便地进行以这些海外公司为基地的国际避税活动，这些海外公司也被称作国际避税活动的“基地公司”。

8. 滥用税收协定

滥用税收协定往往不是通过规避成为纳税主体来规避或减轻税负，而是通过设法成为能得到税收优惠的纳税主体来规避或减轻税负。

三 国际反避税的概念

【知识点】 国际反避税的概念

国际反避税，是各国政府为维护本国税收权益而对国际避税活动采取的防范措施。国际避税的存在对有关国家的财政利益会产生很大的影响，使本应属于国家的财政收入转化为避税者的额外收益。因此，各国都采取积极措施，对国际避税加以防范。

四 国际反避税的基本方法

【知识点】 国际反避税的基本方法

近年来，许多国家通过完善单边反避税措施和加强双边或多边反避税措施，对国际避税进行防范。具体措施和方法如下：

1. 强化税收立法。制定各类反避税条款，完善法规，堵塞税收漏洞。

2. 强化纳税人义务。包括规定跨国纳税人负有延伸提供税收情报的义务，对某些交易行为要事先取得政府同意，对国际避税案件要事后提供证明。

3. 强化税制管理。如注意收集有关信息资料、加强税务调查与税务审计，争取银行合作，对跨国纳税人的账目进行审查以全面了解企业的经营活动情况等。

4. 积极开展国际合作。通过签订税收协定，加强国际税收情报交换，协同有关国家对同一案件进行同期税务检查等双边和多边的国际合作。

五 BEPS 行动计划

【知识点 1】 基本情况

税基侵蚀和利润转移（Base Erosion and Profit Shifting，BEPS），是指利用不同税收管辖区的税制差异和规则错配进行税收筹划的策略，其目的是人为造成应税利润“消失”或将利润转移到没有或几乎没有实质经营活动的低税负国家（地区），从而最大限度地避税，甚至达到双重不征税的效果，造成对各国税基的侵蚀。

2012 年 6 月，二十国集团（G20）财长和央行行长会议同意通过国际合作应对 BEPS 问题，并委托经济合作与发展组织（OECD）开展研究。2013 年 6 月，OECD 发布《BEPS 行动计划》。2015 年 10 月，OECD 发布了包括数字经济、受控外国公司规则、有害税收实践、税收协定滥用、无形资产、其他高风险交易、数据统计分析、强制披露原则、转让定价同期资料、争端解决、多边工具等共计 15 项行动计划。该行动计划试图以“税收要与实质经济活动和价值创造相匹配”为原则，重新界定国际税收规则；尤其要避免跨国企业利用国际税收规则的不足，以及各国税制差异和征管漏洞，造成对主权国家税基的侵蚀。

【知识点2】 BEPS 15 项行动计划的主要内容

BEPS 15 项行动计划的主要内容见表 6－1。

表 6－1　　BEPS 15 项行动计划的主要内容

<table>
<tr><th>类　别</th><th colspan="2">BEPS 15 项行动计划</th><th>内容摘要</th><th>主要反避税措施</th></tr>
<tr><td>应对数字经济带来的挑战</td><td colspan="2">1. 数字经济</td><td>数字经济面临的税收挑战：网络交易避免在任何地方设立有形场所，在全球范围内规避税收义务</td><td>通过其他行动计划，以及相互协调的跨境交易增值税政策</td></tr>
<tr><td rowspan="4">协调各国企业所得税税制</td><td colspan="2">2. 混合错配</td><td>国家间的税制差异对同一交易进行不同的税务处理，产生国际重复征税或重复免税</td><td>消除错配</td></tr>
<tr><td colspan="2">3. 受控外国公司规则</td><td>构建有效的 CFC 税制</td><td>加强 CFC 规则</td></tr>
<tr><td colspan="2">4. 利息扣除</td><td>制定利息扣除通用方法，建议利用固定比率规则</td><td>限制利息扣除</td></tr>
<tr><td colspan="2">5. 有害税收实践</td><td>消除或修订有害优惠；设立最低标准；税收裁定信息交换</td><td>预先裁定及其信息交换</td></tr>
<tr><td rowspan="5">修订现行国际税收规则</td><td colspan="2">6. 反税收协定滥用</td><td>制定了（税收协定）范本规则；反协定滥用最低标准</td><td>利益限制条款；一般反滥用条款（主要目的测试）</td></tr>
<tr><td colspan="2">7. 常设机构</td><td>修订 PE 定义；设定非居民征税的门槛标准</td><td>扩大代理型常设机构的范围</td></tr>
<tr><td rowspan="3">转让定价</td><td>8. 无形资产</td><td rowspan="3">更新转让定价规则；制定无形资产定价方法；简化产品交易和低附加值服务的定价机制</td><td rowspan="3">独立交易原则；定价结果与价值创造一致；重视风险分析；地域市场因素；难估值无形资产的事后调整机制</td></tr>
<tr><td>9. 风险和资本</td></tr>
<tr><td>10. 其他高风险交易</td></tr>
</table>

续表

类　别	BEPS 15 项行动计划	内容摘要	主要反避税措施
提高税收透明度和确定性	11. 数据统计分析	设计 BEPS 的规模和经济影响相关指标	
	12. 强制披露原则	强制性披露制度	披露恶意税收筹划
	13. 转让定价同期资料	修订 TP 同期资料要求；国别报告模板；设立最低标准	主文档、本地文档、国别报告
	14. 争端解决	MAP；设立最低标准；仲裁机制	提高 MAP 的效果；同行审议
开发多边工具促进行动计划实施	15. 多边工具	制定《多边工具》；应用与协定相关的 BEPS 措施	

六 “双支柱”方案

【知识点1】“双支柱”方案概述

2021 年 7 月 1 日，130 个税收管辖区通过 G20/OECD 包容性框架发表《关于应对经济数字化税收挑战“双支柱”方案的声明》，拟对现行国际税收规则进行改革。

支柱一旨在解决超大型跨国集团利润重新分配问题；支柱二旨在设定全球最低税，解决大型跨国集团利用低税地转移利润和税收逐底竞争问题。支柱一和支柱二共同组成了应对经济数字化税收挑战的多边方案，以确保跨国集团缴纳公平份额的税款。

【知识点2】支柱一内容

支柱一由金额 A、金额 B 和税收确定性三部分组成。金额 A 是为应对经济数字化税收挑战，对超大型跨国集团全球利润征税权在各辖区间的重新分配，是支柱一的最重要组成部分。金额 B 是通过简化对独立交易原则的运用，确定对跨国集团所从事的基本营销和分销活动的回报。税收确定性是指，对于金额 A 适用范围内的跨国集团，通过强制有约束力的争议预防与解决机制，避免金额 A 的双重征税。

【知识点3】 支柱二内容

支柱二包括基于国内规则的全球反税基侵蚀（GLoBE）规则和基于双边税收协定的应税规则。支柱二又被广泛称为“全球最低税”。

GLoBE 规则由相互关联的收入纳入规则和低税支付规则组成。收入纳入规则是指对跨国集团成员低税所得向母公司补征税款至最低税负水平。低税支付规则是指通过拒绝扣除或要求同等调整，就跨国集团成员低税所得补征税款至最低税负水平，但限于未适用收入纳入规则的部分。收入纳入规则和低税支付规则共同执行的最低税负水平即为全球最低税率。

应税规则允许所得来源辖区对收款方税率低于应税规则最低税率的某些关联支付进行有限征税。

>>第四节 税收协定

一 税收协定基础理论

【知识点1】 税收协定概述

税收协定（含安排/协议）又称避免双重征税协定，是两个或两个以上主权国家（或税收管辖区），为协调相互之间的税收管辖关系和处理有关税务问题，通过谈判缔结的书面协议。税收协定主要是通过降低所得来源国税率或提高征税门槛，来限制其按照国内税收法律征税的权利，同时规定居民国对境外已纳税所得给予税收抵免。

税收协定的主要作用包括降低“走出去”企业在东道国的税负、有效消除双重征税、提高税收确定性和通过相互协商机制妥善解决涉税争议等。

通常税收协定通过缔结具体条款，主要解决下列问题：

（1）消除双重征税；

（2）稳定税收待遇；

（3）适当降低税率，分享税收收入；

（4）减少管理成本，合理归属利润；

（5）防止偷漏税；

（6）实行无差别待遇；

（7）建立有效争端解决机制。

20 世纪 60 年代，《经合组织范本》（《OECD 范本》）和《联合国范本》（《UN 范本》）产生。《经合组织范本》旨在通过限制来源国依据国内法征税的权利，为跨境纳税人减轻税收负担，消除重复征税。《联合国范本》旨在为发展中国家对外谈签税收协定提供可遵循的原则，因而比《经合组织范本》更加注重维护来源国征税权。

【知识点2】 税收协定与国内税法的关系

国际税收协定是以国内税法为基础的，在处理国际税收协定与其他国内税法的地位关系时，有两种模式：第一种模式为国际税收协定优于国内税法，第二种模式是国际税收协定与国内税法具有同等的法律效力。当出现冲突时，按照“新法优于旧法”和“特别法优于普通法”等处理法律冲突的一般性原则来协调。在中国，当协定与国内法发生冲突时，协定优先，但国内法规定的待遇优于协定时，则适用国内法。

二 税收协定条款

【知识点】 税收协定条款

税收协定条款主要包括三个部分：第一部分为适用的范围及有关定义，包括人的范围、税种范围、一般定义、居民、常设机构；第二部分为对所得和财产征税划分的规定以及如何消除双重征税，包括不动产所得、营业利润、国际运输、关联企业、股息、利息、特许权使用费、财产收益等及消除双重征税方法；第三部分为一些特别规定，包括非歧视待遇、相互协商程序、信息交换、外交代表和领事官员、生效、终止等。

三 税收协定解释和执行

【知识点1】 享受税收协定待遇管理

1. 申请享受协定待遇的对象

（1）从我国取得所得的非居民企业或个人。

（2）在境外取得所得及境外所缴税款要求抵免其国内税收的我国居民企业或个人。

2. 非居民纳税人享受税收协定待遇管理

非居民纳税人自行申报的，应当自行判断能否享受协定待遇，如实申报并按规定报送相关报告表和资料。非居民纳税人自行申报的，应当就每一个经营项目、营业场所或劳务提供项目分别向主管税务机关报送规定的报告表和资料。

在源泉扣缴和指定扣缴情况下，非居民纳税人认为自身符合享受协定待遇条件，需要享受协定待遇的，应当主动向扣缴义务人提出，并向扣缴义务人提供规定的相关报告表和资料。源泉扣缴和指定扣缴情况下，非居民纳税人有多个扣缴义务人的，应当向每一个扣缴义务人分别提供规定的报告表和资料。各扣缴义务人在依协定规定扣缴时，分别向主管税务机关报送相关报告表和资料。

3. 税务机关后续管理

各级税务机关应当通过加强对非居民纳税人享受协定待遇的后续管理，准确执行税收协定和国际运输协定，防范协定滥用和逃避税风险。

主管税务机关在后续管理或税款退还查实工作过程中，发现依据报告表和资料不足以证明非居民纳税人符合享受协定待遇条件，或非居民纳税人存在逃避税嫌疑的，可要求非居民纳税人或扣缴义务人限期提供其他补充资料并配合调查。

主管税务机关在后续管理过程中，发现非居民纳税人不符合享受协定待遇条件而享受了协定待遇，并少缴或未缴税款的，应通知非居民纳税人限期补缴税款。

主管税务机关在后续管理过程中，发现需要适用税收协定或国内税收法律规定中的一般反避税规则的，可以启动一般反避税调查程序。

【知识点2】 税收居民身份证明

企业或者个人为享受中国政府对外签署的税收协定（含与中国香港、澳门和台湾地区签署的税收安排或者协议）、航空协定税收条款、海运协定税收条款、汽车运输协定税收条款、互免国际运输收入税收协议或者换函（以下统称税收协定）待遇，可以向主管其所得税的税务机关申请开具《中国税收居民身份证明》。

申请人应向主管其所得税的县税务局（以下称主管税务机关）申请开具《中国税收居民身份证明》。

中国居民企业的境内、境外分支机构应当通过其中国总机构向总机构主管税务机关提出申请。合伙企业应当以其中国居民合伙人作为申请人，向中国居民合伙人主管税务机关提出申请。

主管税务机关根据《企业所得税法》及其实施条例、《个人所得税法》及其实施条例等规定，结合纳税人登记注册、在中国境内住所及居住时间等情况对居民身份进行判定，在受理申请之日起10个工作日内，由负责人签发《中国税收居民身份证明》并加盖公章或者将不予开具的理由书面告知申请人。

申请人申请开具《中国税收居民身份证明》应向主管税务机关提交以下资料：

（1）《中国税收居民身份证明》申请表；

（2）与拟享受税收协定待遇收入有关的合同、协议、董事会或者股东会决议、相关支付凭证等证明资料；

（3）申请人为个人且在中国境内有住所的，提供因户籍、家庭、经济利益关系而在中国境内习惯性居住的证明材料，包括申请人身份信息、住所情况说明等资料；

（4）申请人为个人且在中国境内无住所，而一个纳税年度内在中国境内居住累计满 183 天的，提供在中国境内实际居住时间的证明材料，包括出入境信息等资料；

（5）境内、境外分支机构通过其总机构提出申请时，还需提供总分机构的登记注册情况；

（6）合伙企业的中国居民合伙人作为申请人提出申请时，还需提供合伙企业登记注册情况。

上述填报或提供的资料应提交中文文本，相关资料原件为外文文本的，应当同时提供中文译本。申请人向主管税务机关提交上述资料的复印件时，应在复印件上加盖申请人印章或签字，主管税务机关核验原件后留存复印件。

四 防止税收协定滥用

【知识点 1】 滥用税收协定的概念

滥用税收协定是指非缔约国居民利用国际税收协定的某些优惠条款，设法使自己的应税行为符合税收协定的某些优惠条款，从而享受到本不应由其享有的税收优惠待遇，以达到规避或减轻税负的目的。

【知识点 2】 防止税收协定滥用的措施

国际税收协定滥用作为国际避税的常用方式，对协定缔约国，特别是收入来源地国家（或地区）的税收权益造成了损害。许多国家（或地区）针对税收协定滥用，采取了相关措施以保护正当税收利益。就目前情况看，在国际税收实践中，各国（或地区）主要采取下列方法来判定境外公司的身份以制止第三国居民纳税人滥用税收协定。

1. 禁止法

禁止法要求一国应避免与低税国家（或地区）或易于建立导管公司的国家（或地区）签订税收协定，尤其是应尽量避免与那种被认为是避税地的国家（或地区）签订税收协定。导管公司包括直接导管公司和踏脚石导管公司，前者是指介于两个公司之间能享受有关税收协定优惠的一个中介公司；后者是指介于两个公司之间能享受有关税收协定优惠的两个或两个以上的中介公司。

2. 排除法

排除法把被课以低税的居民公司（比如控股基地公司）排除在享受协定优惠待遇的范围之外，从而使这类公司虽然身为缔约国另一方的居民，却无资格享受协定优惠，无法被第三方居民所利用。

3. 详查法

根据详查法，判断一个公司是否能够享受税收协定优惠，不仅取决于公司所在的居住国，而且要看其股东的居住国。

4. 征税法

征税法规定享受税收协定优惠，是以获自一国的所得，在另一国要实际承受的税负为基础。这是为了避免跨国公司的同一笔所得，在缔约国双方均不征税，而形成双重免税。

5. 渠道法

渠道法规定，如果公司一定比例的毛所得被用来支付不居住在缔约国任何一方的个人或公司所收取的费用，那么该公司付出的股息、利息、特许权使用费不给予协定优惠。这是针对导管公司的一种防范方法，它可以制止将中介公司的所得以营业费用的形式支付给相关联的公司或个人。

6. 真实法

真实法规定那些不是出于真实的生产经营目的，而只是为了谋求税收协定优惠的纳税人，不得享受协定优惠。

>>第五节 国际税收合作

一 国际税收情报交换基本内容

【知识点1】 情报交换概念

情报交换，是指我国与相关税收协定缔约国家的主管当局为了正确执行税收协定及其所涉及税种的国内法而相互交换所需信息的行为。

【知识点2】 情报交换种类

情报交换的类型包括专项情报交换、自动情报交换、自发情报交换以及同期税务检查、授权代表访问和行业范围情报交换等。

1. 专项情报交换，是指缔约国一方主管当局就国内某一税务案件提出具体问题，并依据税收协定请求缔约国另一方主管当局提供相关情报，协助查证的行为。

2. 自动情报交换，是指缔约国双方主管当局之间根据约定，以批量形式自动提供有关纳税人取得专项收入的税收情报的行为。

3. 自发情报交换，是指缔约国一方主管当局将在税收执法过程中获取的其认为有助于缔约国另一方主管当局执行税收协定及其所涉及税种的国内法的信息，主动提供给缔约国另一方主管当局的行为。

4. 同期税务检查，是指缔约国主管当局之间根据同期检查协议，独立地在各自有效行使税收管辖权的区域内，对有共同或相关利益的纳税人的涉税事项同时进行检查，并互相交流或交换检查中获取的税收情报的行为。

5. 授权代表访问，是指缔约国双方主管当局根据授权代表的访问协议，经双方主管当局同意，相互间到对方有效行使税收管辖权的区域进行实地访问，以获取、查证税收情报的行为。

6. 行业范围情报交换，是指缔约国双方主管当局共同对某一行业的运营方式、资金运作模式、价格决定方式及偷税方法等进行调查、研究和分析，并相互交换有关税收情报的行为。

二 多边公约

【知识点 1】 多边税收征管互助公约

自 2008 年爆发席卷全球的金融危机之后，国际社会高度重视税收征管协作。2009 年 4 月，二十国集团（G20）伦敦峰会呼吁采取行动，打击国际逃避税。2010 年 5 月，经济合作与发展组织（OECD）与欧洲委员会按照税收情报交换的国际标准，通过议定书形式对《多边税收征管互助公约》进行了修订。修订后的《多边税收征管互助公约》向全球所有国家开放，自 2011 年 6 月 1 日起开始生效。

经国务院批准，我国于 2013 年 8 月 27 日签署了《多边税收征管互助公约》，并于 2015 年 7 月 1 日由第十二届全国人民代表大会常务委员会第十五次会议批准。2015 年 10 月 16 日，我国向经济合作与发展组织交存了《多边税收征管互助公约》批准书。《多边税收征管互助公约》于 2016 年 2 月 1 日对我国生效，自 2017 年 1 月 1 日起开始执行。《多边税收征管互助公约》适用于根据我国法律由税务机关征收管理的税种。

【知识点 2】 实施税收协定相关措施以防止税基侵蚀和利润转移的多边公约

1.《实施税收协定相关措施以防止税基侵蚀和利润转移的多边公约》的意义

《实施税收协定相关措施以防止税基侵蚀和利润转移的多边公约》（以下简称《公约》）首次联合签字仪式于 2017 年 6 月 7 日在法国巴黎的 OECD 总部举行，67 个国家和地区的政府代表共同签署了该公约。时任国家税务总局局长王军代表中国政府签署《公约》。截至 2022 年 6 月 30 日，包括我国在内的 97 个国家和地区签署了《公约》。

《公约》是第一个在全球范围内就税收协定政策进行多边协调的法律文件，在经济全球化和生产要素全球配置的条件下，为应对纳税人跨境逃避税提供多边税收合作法律框架，有利于促进主要经济体之间协调一致，开展高效务实合作，构建公平的国际税收体系，促进世界经济包容性增长。

2. 《公约》的主要内容

《公约》共设 7 章 39 条，其中第一章为公约范围和术语解释；第二章为混合错配，纳入了 BEPS 第 2 项行动计划（消除混合错配安排的影响）的成果建议，明确了税收透明体取得或通过税收透明体取得的所得适用税收协定的问题，这一方面保证了对税收透明体的税收中性，另一方面可以应对一些混合错配安排带来的双重不征税或少征税；第三章为协定滥用，纳入了 BEPS 第 6 项行动计划（防止协定优惠的不当授予）的成果建议，主要涉及在税收协定中纳入主要目的测试（PPT）、利益限制条款（LOB）以及其他规则，以防止择协避税（Treaty Shopping）等协定滥用行为；第四章为规避常设机构构成，纳入了 BEPS 第 7 项行动计划（防止人为规避构成常设机构）的成果建议，主要涉及通过扩大代理型常设机构范围、为常设机构豁免情形设置条件等措施，防止通过人为规避构成常设机构侵蚀来源国税基；第五章为改进争议解决，纳入了 BEPS 第 14 项行动计划（使争议解决机制更有效）的成果建议，主要涉及提高税收协定缔约双方主管当局解决涉税争议的效率，为纳税人增加确定性；第六章为仲裁，根据 BEPS 第 14 项行动计划的成果建议，规定了强制仲裁条款；第七章为最终条款，包括签署、生效、保留、通知、解释和执行、退约等条款。

3. 《公约》对我国现行税收协定的影响

（1）关于《公约》适用的税收协定。

根据《公约》第一条（公约范围）的规定，《公约》修订税收协定的范围限于《公约》第二条（术语解释）第一款第（一）项定义的“被涵盖税收协定”。“被涵盖税收协定”是指同时满足以下两个条件的税收协定：一是《公约》缔约方之间签署，且已经生效的税收协定；二是税收协定缔约双方均以作出通知的方式，将其纳入《公约》适用范围。

我国以作出通知的方式，将与 100 个国家签署的税收协定纳入《公约》适用范围。截至 2022 年 6 月 30 日，上述 100 个缔约伙伴国中的 47 个已完成《公约》生效程序，并将与我国签署的税收协定纳入适用范围。根据《公约》的规定，《公约》将适用于上述 47 个税收协定。未来，随着更多的国家和地区签署《公约》并完成生效程序，《公约》适用我国现行税收协定的范围将进一步扩大。

（2）关于《公约》修改的条款。

《公约》涵盖的 BEPS 行动计划成果建议，有些被列为最低标准，《公约》缔约方必须采纳；有些仅为政策建议，《公约》缔约方可以不予采纳。根据《公约》不同条款的规定，《公约》缔约方可以通过不作保留或作出通知的方式采纳相关成果建议，也可通过作出保留或不作通知的方式不予采纳。通常而言，只有在税收协定缔约双方均在《公约》中采纳相关成果建议时，《公约》才对现行税收协定条款作出修改。

我国在《公约》中采纳了两类成果建议：一是 BEPS 最低标准条款，包括协定应防止逃避税行为造成的不征税或少征税的序言内容，以及应对协定滥用的主要目的测试条款等。二是我国近年签署的税收协定中通常纳入的其他 BEPS 成果建议，比如希望进一步发展经济关系并加强税收合作的序言内容、税收协定不限制居民国征税的规定、双重居民实体加比规则等。如果税收协定缔约对方也在《公约》中采纳了上述成果建议，则《公约》将对现行税收协定相应条款作出修改。各国对《公约》作出保留和通知的清单可以在 OECD 网站上查询。

（3）关于《公约》与现行税收协定的整合文本。

为便于纳税人和税务机关查阅《公约》修改现行税收协定的具体情况，国家税务总局结合税收协定缔约对方在《公约》中作出的保留和通知，对《公约》适用的每一个税收协定分别制作整合文本，标记出《公约》修改的具体条款、列明《公约》相关规定，并说明《公约》对该税收协定开始适用的日期。整合文本已在国家税务总局网站“税收条约”栏目相应“国家或地区”项下发布。今后还会根据税收协定缔约对方作出保留和通知的最新情况，对整合文本进行补充和更新。

4.《公约》对我国生效的时间

经国务院批准，我国于 2022 年 5 月 25 日向《公约》保存人 OECD 秘书长交存了《公约》核准书。根据《公约》第三十四条（生效）的规定，《公约》将于核准书交存 3 个月后的次月 1 日，即 2022 年 9 月 1 日对我国生效。

5.《公约》对我国现行税收协定开始适用的时间

根据《公约》第三十五条（开始适用）的规定，《公约》对各税收协定开始适用的日期，通常依据《公约》对税收协定缔约双方中后一方生效的日期确定。以中国与阿尔巴尼亚税收协定为例，《公约》对阿尔巴尼亚生效日期为 2021 年 1 月 1 日，对中国生效日期为 2022 年 9 月 1 日，根据《公约》第三十五条第一款的规定，《公约》对中国与阿尔巴尼亚税收协定开始适用情况如下：

（1）对于支付给或归于非居民的款项源泉扣缴的税收，适用于自 2023 年 1 月 1 日（即 2022 年 9 月 1 日的下一个公历年度的第一日）起发生的应税事项；

（2）对于所有其他税收，适用于 2023 年 3 月 1 日（即 2022 年 9 月 1 日起满 6 个公历月）或以后开始的纳税周期征收的税收。

但是，如果税收协定缔约任一方在《公约》第三十五条中作出了保留或通知，则《公约》对现行税收协定开始适用的日期还需结合相关保留或通知确定。《公约》对每一个现行税收协定开始适用的日期，可参阅国家税务总局网站上发布的整合文本。

部分税收协定虽然已经被我国和税收协定缔约对方纳入《公约》适用范围，但因缔约对方尚未完成其国内生效程序，暂无法确定《公约》对税收协定适用的情况。国家税务总局将在缔约对方完成其国内生效程序并确定《公约》对税收协定适用情况之后，另行制发公告。

三 金融账户涉税信息自动交换标准

【知识点 1】“标准”的发展历程

随着经济全球化进程的不断加快，纳税人通过境外金融机构持有和管理资产，并将收益隐匿在境外金融账户以逃避居民国纳税义务的现象日趋严重，各国对进一步加强国际税收信息交换、维护本国税收权益的意愿愈显迫切。

受二十国集团（G20）委托，2014 年 7 月，经济合作与发展组织（OECD）发布了金融账户涉税信息自动交换标准（以下简称“标准”），获得当年 G20 布里斯班峰会的核准，为各国加强国际税收合作、打击跨境逃避税提供了强有力的工具。在 G20 的大力推动下，截至 2019 年 7 月，已有 106 个国家（地区）签署实施“标准”的多边主管当局协议，其中 92 个国家（地区）已开展相关信息交换。经国务院批准，我国向 G20 承诺实施“标准”，首次对外交换非居民金融账户信息的时间为 2018 年 9 月。2015 年 7 月，《多边税收征管互助公约》由第十二届全国人大常委会第十五次会议批准，于 2016 年 2 月对我国生效，为我国实施“标准”奠定了多边法律基础。2015 年 12 月，国家税务总局签署了《金融账户涉税信息自动交换多边主管当局间协议》，为我国与其他国家（地区）间相互交换金融账户涉税信息提供了操作层面的依据。2017 年 5 月，我国《非居民金融账户涉税信息尽职调查管理办法》正式发布，自 2017 年 7 月 1 日起执行。

【知识点 2】“标准”的主要内容

“标准”由主管当局间协议和统一报告标准两部分内容组成。主管当局间协议是规范各国（地区）税务主管当局之间开展金融账户涉税信息自动交换的操作性文件。统一报告标准规定了金融机构识别、收集和报送非居民个人和机构账户信息的相关要求和程序。

根据“标准”开展金融账户涉税信息自动交换，首先由一国（地区）金融机构通过尽职调查程序识别另一国（地区）税收居民个人和企业在该金融机构开立的账户，按年向金融机构所在国（地区）主管部门报送账户持有人名称、纳税人识别号、地址、账号、账户余额或价值、利息、股息以及出售金融资产（不包括实物资产）的收入等信息，再由该国（地区）税务主管当局与账户持有人的居民国税务主管当局开展自动税收情报交换，最终为各国（地区）进行跨境税源监管提供信息支持。

四 预约定价安排管理

【知识点1】 预约定价安排基本规定

1. 企业可以与税务机关就其未来年度关联交易的定价原则和计算方法达成预约定价安排。

2. 预约定价安排的谈签与执行经过预备会谈、谈签意向、分析评估、正式申请、协商签署和监控执行6个阶段。预约定价安排包括单边、双边和多边3种类型。

3. 预约定价安排适用于主管税务机关向企业送达接收其谈签意向的《税务事项通知书》之日所属纳税年度起3~5个年度的关联交易。

企业以前年度的关联交易与预约定价安排适用年度相同或者类似的，经企业申请，税务机关可以将预约定价安排确定的定价原则和计算方法追溯适用于以前年度该关联交易的评估和调整。追溯期最长为10年。

预约定价安排的谈签不影响税务机关对企业不适用预约定价安排的年度及关联交易的特别纳税调查调整和监控管理。

4. 预约定价安排一般适用于主管税务机关向企业送达接收其谈签意向的《税务事项通知书》之日所属纳税年度前3个年度每年度发生的关联交易金额4000万元人民币以上的企业。

【知识点2】 单边预约定价安排适用简易程序

自2021年9月1日起，企业按照《国家税务总局关于完善预约定价安排管理有关事项的公告》（国家税务总局公告2016年第64号）的有关规定申请单边预约定价安排，符合要求的，可以适用简易程序。

1. 简易程序包括申请评估、协商签署和监控执行3个阶段。

2. 企业在主管税务机关向其送达受理申请的《税务事项通知书》之日所属纳税年度前3个年度，每年度发生的关联交易金额4000万元人民币以上，并符合下列条件之一的，可以申请适用简易程序。

（1）已向主管税务机关提供拟提交申请所属年度前3个纳税年度的、符合《国家税务总局关于完善关联申报和同期资料管理有关事项的公告》（国家税务总局公告2016年第42号）规定的同期资料；

（2）自企业提交申请之日所属纳税年度前10个年度内，曾执行预约定价安排，且执行结果符合安排要求的；

（3）自企业提交申请之日所属纳税年度前10个年度内，曾受到税务机关特别纳税调查调整且结案的。

3. 企业应当向主管税务机关提出适用简易程序的申请，主管税务机关分析评估后，决定是否受理。

4. 主管税务机关受理企业申请后，应当与企业就其关联交易是否符合独立交易原则进行协商，并于向企业送达受理申请的《税务事项通知书》之日起6个月内协商完毕。协商期间，主管税务机关可以要求企业补充提交相关资料，企业补充提交资料时间不计入上述6个月内。

5. 单边预约定价安排适用于主管税务机关向企业送达受理申请的《税务事项通知书》之日所属纳税年度起3~5个年度的关联交易。

6. 同时涉及两个或者两个以上省、自治区、直辖市和计划单列市税务机关的单边预约定价安排，暂不适用简易程序。

>> 第六节 税收服务“走出去”

一 “一带一路”倡议概述

【知识点】“一带一路”倡议概述

“一带一路”是“丝绸之路经济带”和“21世纪海上丝绸之路”的简称。“一带一路”将充分依靠中国与有关国家既有的双多边机制，借助既有的、行之有效的区域合作平台，旨在借用古代“丝绸之路”的历史符号，高举和平发展的旗帜，积极发展与共建国家的经济合作伙伴关系，共同打造政治互信、经济融合、文化包容的利益共同体、命运共同体和责任共同体。

当前，中国经济和世界经济高度关联。中国将一以贯之地坚持对外开放的基本国策，构建全方位开放新格局，深度融入世界经济体系。推进“一带一路”建设既是中国扩大和深化对外开放的需要，也是加强和亚欧非及世界各国互利合作的需要。

“一带一路”建设中，中国与丝路沿途国家分享优质产能，共商项目投资、共建基础设施、共享合作成果，包括道路联通、贸易畅通、货币流通、政策沟通、人心相通5个方面的合作重点。

2019 年 4 月，第一届“一带一路”税收征管合作论坛在中国乌镇召开，论坛以“共建‘一带一路’：加强税收合作，改善营商环境”为主题，85 个国家（地区）税务主管当局负责人或其授权代表、16 个国际组织以及多家学术机构和跨国企业代表出席论坛。34 个国家和地区税务部门共同签署《“一带一路”税收征管合作机制谅解备忘录》，正式建立“一带一路”税收征管合作机制。

截至 2024 年 4 月“一带一路”税收征管合作机制成立满 5 周年之际，“一带一路”税收征管合作论坛已先后在中国、哈萨克斯坦、阿尔及利亚和格鲁吉亚成功举办 4 届，共吸引来自 80 多个国家（地区）的财政部长、税务局长（代表），16 个国际组织的高级官员，以及业界和学术界代表参与。各方围绕税收征管能力建设、优化税收营商环境等主题展开广泛讨论，累计发布 20 项成果。

二 “一带一路” 国际合作高峰论坛

【知识点】 “一带一路” 国际合作高峰论坛

2017 年 5 月，首届“一带一路”国际合作高峰论坛在北京成功召开，29 位外国元首、政府首脑，以及联合国秘书长出席论坛，140 多个国家和 80 多个国际组织的 1600 多名代表参会。这是各方共商、共建“一带一路”，共享互利合作成果的国际盛会，也是加强国际合作，对接彼此发展战略的重要合作平台。论坛形成了主要涵盖政策沟通、设施联通、贸易畅通、资金融通、民心相通 5 大类、76 大项、279 项具体成果，这些成果已全部得到落实。

2019 年 4 月，第二届“一带一路”国际合作高峰论坛在北京举办。37 位外国元首、政府首脑等领导人，以及联合国秘书长、国际货币基金组织总裁出席论坛，法国、德国、英国、西班牙、日本、韩国、欧盟也派出领导人委托的高级代表与会，共有来自 150 多个国家和 90 多个国际组织的 6000 多位外宾出席，涵盖了全球五大洲各个地区。本次论坛各国政府、地方、企业等达成一系列合作共识、重要举措及务实成果，中国作为东道国对其中具有代表性的一些成果进行了梳理和汇总，形成了第二届高峰论坛成果清单。清单包括中方提出的举措或发起的合作倡议、在高峰论坛期间或前夕签署的多双边合作文件、在高峰论坛框架下建立的多边合作平台、投资类项目及项目清单、融资类项目、中外地方政府和企业开展的合作项目，共 6 大类 283 项。

2023 年 10 月，第三届“一带一路”国际合作高峰论坛在北京举行，活动主要包括开幕式、高级别论坛、专题论坛、企业家大会等。包括 23 位外国领导人、联合国秘书长、3 位领导人特别代表在内的 151 个国家和 41 个国际组织的代表与会，注册总人数超过 1 万人。国家主席习近平在论坛开幕式上发表了题为《建设开放包容、互联互通、共同发展的世界》的主旨演讲，宣布了支持高质量共建“一带一路”八项行动。论坛发表了主席声明，并形成了458项成果，包括一份多边合作成果文件清单和一份务实合作项目清单，是共建“一带一路”进程中又一个重要的里程碑，巩固了共建“一带一路”的国际共识，丰富了共建“一带一路”的合作成果，拓展了共建“一带一路”的光明前景。

三 税收服务“一带一路”建设的主要内容

【知识点1】税收服务“一带一路”建设的基本内容

税收作为全球经济治理的重要组成部分，有助于优化生产要素配置、消除跨境投资障碍、推动国际经济合作，对推进“一带一路”建设发挥着重要作用。各级税务机关要充分认识“一带一路”建设的重要意义，主动服务国家对外开放大局，进一步完善税收服务“一带一路”工作体系，为我国企业参与国际经济合作创造良好的税收环境。

1. 做好税收协定执行

落实税收协定政策，营造优良营商环境，保障我国“走出去”企业的合法权益。加强我国居民享受税收协定待遇的服务、管理、统计分析工作，跟踪我国对外投资企业经营情况，及时反映境外涉税争议，配合国家税务总局与“一带一路”合作伙伴税务主管当局就跨境纳税人提起的涉税争议开展相互协商。

2. 落实相关国内税收政策

结合全面推开营改增试点工作，落实跨境应税服务退税或免税政策、天然气等资源进口税收优惠政策、对外投资和对外承包工程出口货物退（免）税政策；按照所得税政策规定，落实境外所得税收抵免政策，减轻企业税收负担，促进国际资源共享和国际产能合作。

3. 优化“走出去”税收服务

落实“放管服”改革要求，推动税收服务优化升级。落实出口退（免）税企业分类管理、简化出口退（免）税流程、简化消除双重征税政策适用手续等规定，进一步减轻纳税人办税负担。做好《中国税收居民身份证明》开具工作，便利纳税人境外享受税收协定待遇，助力“走出去”企业和“一带一路”建设重点项目。创新境外税收服务模式与内容，提高服务的针对性和有效性，探索对“走出去”纳税人实行分类服务。针对大型跨国企业着重提供政策确定性相关的个性化服务，针对中小型企业着重提供政策宣传辅导的普惠性服务。发挥优势，运用“互联网＋”思维，提升国际税收办税便利度。

4. 深化国别税收信息研究

深入推进国别税收信息研究工作，做好境外税收政策跟踪和更新，配合国家税务总局陆续发布国别投资税收指南，进一步完善和丰富纳税人可获取的境外税收信息。

5. 完善税收政策咨询

丰富政策咨询途径，有条件的地区要加强 12366 国际税收服务专席或“走出去”服务专线建设。按照“互联网 + 税务”工作要求，丰富网站、微信、微博等税收咨询服务渠道，提升咨询服务水平。以“走出去”企业涉税风险为重点，探索为纳税人提供专家咨询、定制咨询、预约咨询等服务，响应涉税需求，促进纳税遵从。建立和完善国际税收知识库，整理并发布国际税收问题答疑手册。

6. 开展税收宣传与辅导

开展“走出去”税收政策大宣传、大辅导。按照国家税务总局总体工作要求，配合“一带一路”国际合作高峰论坛，结合“便民办税春风行动”，集中开展主题鲜明、形式多样、内容丰富的“走出去”专题宣传与辅导。结合《国家税务总局关于完善关联申报和同期资料管理有关事项的公告》（国家税务总局公告 2016 年第 42 号）、《国家税务总局关于完善预约定价安排管理有关事项的公告》（国家税务总局公告 2016 年第 64 号）、《国家税务总局关于发布〈特别纳税调查调整及相互协商程序管理办法〉的公告》（国家税务总局公告 2017 年第 6 号）等重要文件，就 G20 国际税改及 BEPS 行动计划成果落地、国际税收征管改革、税收协定解释和执行、国际税收其他政策更新等及时做好政策宣传与辅导。

7. 加强数据统计分析

各地税务机关应积极落实对外投资、所得报告相关制度，结合各地区特点以及“走出去”企业类型、所属行业、对外投资目的地等，有针对性地开展数据统计和税收分析，并在此基础上归纳税收风险类型，有针对地为纳税人提示风险。

8. 深化国际税收合作

落实好已签署的双边合作备忘录，加强与毗邻国家税务部门的信息交流与合作；积极参与亚欧博览会、中阿博览会等区域性交流合作平台，推动税收在相关交流活动中发挥更加突出的作用。

【知识点2】“税路通”服务品牌

2023 年是共建“一带一路”倡议提出十周年。国家税务总局在全面梳理国际税收服务改革十年成果的基础上再提升再创新，以服务跨境投资全生命周期为中心，打造了“税路通”服务品牌，更好服务高水平对外开放，助力“走出去”企业行稳致远。

1. “税路通”服务品牌的主要内容

“税路通”服务品牌的主要内容可概括为“一二三四”：

一是指一个服务矩阵，即“税路通”服务品牌及旗下各地税务机关特色国际税收服务平台组成的服务矩阵。

二是指两级服务团队，即由各地税务机关组成的基层服务团队和税务总局组成的专家团队。

三是指三个服务机制，包括跨境纳税人沟通机制、税收政策服务机制和涉税诉求解决机制。

四是指服务跨境投资者的四个知识产品，分别是国别（地区）投资税收指南、“走出去”税收指引、海外税收案例库和跨境纳税人缴费人常见问题解答。

2. “税路通”服务品牌的具体内涵

“税路通”服务品牌的具体内涵可以概括为信息通、政策通和服务通。

信息通：税务部门通过政策宣讲、提供国别（地区）投资税收指南、建立海外税收案例库和跨境纳税人缴费人常见问题解答等专业服务，实现跨境税收服务产品“一站式”供应，帮助跨境纳税人了解东道国税收投资环境和税收争议的法律救济渠道，做好税法遵从与风险防控，满足跨境纳税人进入新的投资经营环境时“应知”的需求。

政策通：税务部门不断完善跨境投资的税收法律法规，包括税收协定等国际条约，并加强政策解读与辅导，建设国际化电子税务局，利用数字化手段精准推送有关政策和风险提示，尤其是税收优惠政策，为在华投资经营纳税人提供涉税政策和法律确定性，帮助他们充分享受政策红利，满足跨境纳税人对税收法律法规“应用”的需求。

服务通：税务部门组建专家团队对跨境纳税人的需求作出及时、专业的响应，包括通过 12366 纳税缴费服务热线、咨询辅导等服务手段答疑解惑，通过优化征管降低遵从成本，通过预约定价安排等为复杂事项提供确定性，通过国内、国际法律救济渠道解决跨境税收争议等，满足跨境纳税人对具体问题“应答”的期待。

第七章

收入规划核算

>> 知识架构

- **收入规划核算**
  - 收入规划核算概述
    - 收入规划核算工作的职责　1个知识点
    - 收入规划核算工作的重要性　1个知识点
  - 收入规划
    - 收入管理的原则　1个知识点
    - 新型收入管理体系　3个知识点
    - 收入规划管理要求和制度保障　2个知识点
    - 收入口径　1个知识点
  - 税收分析
    - 税收分析的概念及表现形式　2个知识点
    - 税收分析机制　2个知识点
    - 税收分析分类及内容　4个知识点
    - 税收分析方法　3个知识点
  - 税收会计
    - 税收会计概述　4个知识点
    - 税收票证　4个知识点
    - 欠缴税金核算　2个知识点
    - 减免税金核算　2个知识点
    - 社会保险费核算　3个知识点
    - 非税收入核算　5个知识点
  - 税收统计
    - 税收统计概述　6个知识点
    - 税收报表指标体系　1个知识点
    - 常用税收统计分析指标　2个知识点
    - 税收统计方法　2个知识点
    - 企业登记注册类型、企业规模、行业的划分　16个知识点
  - 重点税源监控
    - 税源监控概述　1个知识点
    - 重点税源监控标准　1个知识点
    - 重点税源监控内容　2个知识点
    - 重点税源行业监控方法　1个知识点
  - 税收调查
    - 税收调查工作概述　1个知识点
    - 税收调查工作的意义　1个知识点
    - 抽样调查与重点调查　2个知识点
    - 税收调查报送内容　1个知识点
    - 部分税收调查指标　11个知识点

>> 第一节 收入规划核算概述

一 收入规划核算工作的职责

【知识点】 收入规划核算工作的职责

收入规划核算工作涉及组织税收收入、税款缴纳入库、税收分析预测、重点税源监控、税收会计统计核算和税收数据管理应用工作。主要职责是：编制税收收入中长期规划，编制年度税收任务、出口退税指标；参与起草税款征缴退库制度，监督检查税款缴、退库情况；承办税收收入的分析、预测和重点税源监控管理工作；拟订税收收入规划和税收会计、统计等相关制度；管理税收数据；组织实施税收统计工作。

二 收入规划核算工作的重要性

【知识点】 收入规划核算工作的重要性

税收收入规划核算是围绕税务部门征收税款目标进行的一项专业性较强的工作，是对长中短期税收目标的一种总体安排设计。

做好收入规划核算工作是确保财政收入稳定增长的重要举措，是保证税收调节经济、调节分配作用得以发挥的客观需要，是维护我国市场经济秩序的重要方面。

>> 第二节 收入规划

一 收入管理的原则

【知识点】 收入管理的原则

收入管理工作要坚持依法治税、从经济到税收和实事求是的原则。

二 新型收入管理体系

【知识点1】 新型收入管理体系的内涵

新型收入管理体系是新时期我国经济发展对税务部门税收职能充分发挥的客观需要，包括内部收入规划管理和外部收入规划管理两个方面。

内部收入规划管理，是指从税务机关内部的税收收入管理角度出发，通过分解各级税务机关组织收入工作步骤，并对每个环节工作采用科学的方法、严密的规划组织，从而达到对各环节更加有效的管理。

外部收入规划管理，是指税收规划与经济发展之间的关系研究。税务部门通过定期或专项的方式开展广泛的经济税收调查，将调查了解到的经济社会信息与税务机关内部掌握的大数据进行关联比对分析，通过各种数理统计等技术方法，对各行业、各区域多维度经济税收发展趋势进行预测，对不同的经济税收宏观和微观政策运用各种模型进行方向趋势和力度大小的测度，从而得出最优化的长期、中期、短期政策方案，并向上级部门和政府主要领导汇报，为各级政府进行经济决策服务，从而实现对经济社会发展的有效推动。

【知识点2】 新型税收收入管理目标

新型税收收入管理主要实现以下 4 项工作目标：一是强化税务机关完成预算的能力，二是提高税务机关统筹收入的自主性，三是增强组织收入工作的科学性，四是提升税收管理效率和收入增长质量。

【知识点3】 新型税收收入管理内容

新型税收收入管理有 4 个重要的环节，包括：客观地“定”、科学地“分”、合理地“调”、准确地“考”。

1. 税收收入管理的“定”

客观地“定”，是指税务机关应当根据管辖领域内经济发展客观情况，综合考虑税收政策和税收征管等因素，有根据地提出税收收入预期目标，实事求是地开展组织收入工作。过高的目标在实际执行过程中往往引发违反组织收入原则的情况发生，带来税收执法风险，而过低的目标则容易淡化收入目标，不利于充分调动组织收入工作的积极性。

2. 税收收入管理的“分”

科学地“分”，是指税务机关内部将组织收入工作科学合理地分解到各个层级和每个层级中的各个相关业务部门，从而形成组织收入合力。既将任务下达到下一级税务机关，同时又将任务分解到各个横向部门，从而形成上下左右各方共担组织收入目标的工作局面。

3. 税收收入管理的“调”

合理地“调”，是指上级税务机关对下级税务机关下达税收目标后，在整体税收目标保持基本稳定的情况下，对有增收潜力的地区与收入缺口较大地区税收目标进行相应有增有减的调整，或在总体目标受到各种不确定因素影响的情况下，根据客观实际情况对总量进行适度调整的一系列收入目标管理活动。

4. 税收收入管理的“考”

准确地“考”，是指通过目标考核对承担组织收入目标的组织或个人目标完成情况，结合主观努力程度相关质量评判指标进行科学评价，以鼓励先进鞭策落后的制度设计。

三 收入规划管理要求和制度保障

【知识点1】 收入规划管理要求

要建立“预测预期—目标确定—过程监控—结果评价”的闭环收入管理机制，实现“客观地定、科学地分、合理地调、准确地考”，最终达到对税收收入科学有效的统筹调控。

【知识点2】 收入规划管理制度保障

要建立5个方面的制度，实现税收收入管理体系的良性运转。在坚持组织收入原则的前提下，适应税收新常态的工作需要，以行业税源分析监控为基础，以组织收入目标为引领，以收入质量考核为抓手，以横向纵向统筹协调为机制，以信息化数据平台为支撑，实现税收收入“量质齐升”。

四 收入口径

【知识点】 收入口径

全口径税收泛指各级税务机关组织的税收收入总和。全口径财政收入包括税收收入、社会保险基金收入、非税收入、贷款转贷回收本金收入、债务收入、转移性收入在内的所有财政收入。预算收入主要包括各项税收、国有资产经营收益、政府收费和其他收入。

>> 第三节 税收分析

一 税收分析的概念及表现形式

【知识点 1】 税收分析的概念

税收分析，是税务机关研究解决与税收有关的经济社会问题的重要途径和方法，通过收集和整理内部税收数据，结合外部信息，运用一定的经济税收理论和技术方法，查找规律和问题，作为上级领导和政府部门了解经济税收形势、提供研究税制、制定宏观经济政策和加强税收征管的依据，并提出改进措施，服务经济社会发展的一项综合性税收工作。

随着我国国民经济的持续稳定增长和经济发展方式的逐步优化，对税收收入的管理要求不断提高，税收分析在税务部门加快税收现代化进程，全面推进税制改革，提高税收征管效能，服务经济社会发展以及参与国际税收合作等方面的重要性日益凸显。

【知识点 2】 税收分析的表现形式

税收分析在表现形式上既注重通过税收分析查找问题的过程本身，同时也注重通过实践找到解决问题的方法，总结经验，为领导决策服务，并将经验通过分析报告的形式予以推广，从而形成良性循环。

二 税收分析机制

税收分析机制的搭建是做好税收分析工作的基本体制保障。科学、高效的税收分析运行机制，就是围绕税收形势分析、税收风险分析、政策效应分析、经济运行分析 4 类分析内容，在打造完备的信息数据体系的基础上，运用定性和定量的分析方法，明晰各部门、各层级的分析职责，构建横向分工协作、纵向紧密联动的分析制度和各种闭环工作流程，促进税收分析制度化、系统化、科学化的形成，为不断打造税收分析的拳头产品奠定坚实的基础。

【知识点 1】 横向税收分析机制

横向税收分析机制，可以根据各地实际工作情况选择由收入规划核算部门与横向职能部门联合牵头，其他部门配合的办法建立，也可以由有关税收职能部门牵头，收入规划核算部门和其他职能部门配合的办法实施。总体上，以有利于各类税收分析工作开展并能最大限度地发挥人力资源整合效能为标准，通过季度税收分析例会或讲评会等形式，实现税收分析工作的持续改进和良性循环。

【知识点2】 纵向税收分析机制

纵向税收分析机制，实行层级管理，分为税务总局、省局、市局和区县局4级。上级税务机关负责对下级税务机关税收分析工作进行指导和监督，下级税务机关要按照上级税务机关的要求开展税收分析工作，并反馈税收分析的具体执行情况。

三 税收分析分类及内容

税收分析作为实现税收职能的工具和方法，包括4个方面的分类及内容，即税收形势分析、税收风险分析、税收政策效应分析和经济运行分析。

【知识点1】 税收形势分析

税收形势分析，主要是通过对税收走势的研判，从宏观上准确剖析收入增减变化原因，客观反映计划执行中存在的问题，提出加强组织收入工作的措施。

【知识点2】 税收风险分析

税收风险分析，是运用税收与经济运行中的宏观微观数据，开展关键指标比对，发现税收征管和纳税遵从中存在的风险点，指引征管资源的合理配置，为组织收入服务。

【知识点3】 税收政策效应分析

税收政策效应分析，是从事前、事中和事后密切跟踪税制改革和税收政策变动的实施情况，测算税收政策变动对经济、税收的定量影响，提出调整和优化建议。

【知识点4】 经济运行分析

经济运行分析，是利用税收大数据优势，从税收角度观察和反映国家经济运行状况，把握经济发展方式转变进程，揭示税源发展中值得关注的问题，为各级党委、政府决策提供意见和建议。

四 税收分析方法

税收分析方法包括对比分析法、因素分析法以及数理统计分析法等。

【知识点1】 对比分析法

对比分析法，是将实际数与基数进行对比，计算实际数与基数的差异，分析形成差异的原因，借以了解经济活动的成绩和问题的一种分析方法。

分析时，对比的指标可以是绝对数，也可以是相对数，比较标准包括本期计划数、实际完成数、国内外同行业企业同类指标的先进水平或平均水平等。

对比分析法只适用于同质指标的对比。从税收上看，常见做法主要是通过各项税收指标之间或者税收与经济指标之间的对比来描述税收形势、揭示收入中存在的问题。税收数据的对比分析通常包括规模、结构、增减、进度、关联税种等方面的对比分析，税收与经济的对比分析主要采用税负和弹性两种方法。

【知识点2】 因素分析法

因素分析法，是指从数量方面研究计算经济现象变动中诸因素的影响程度的一种分析方法。

从经济、政策、征管以及特殊因素等方面对税收、税源进行分析。其中，经济因素包括经济规模、产业结构、企业效益以及产品价格等变化情况，政策因素主要是指税收政策调整对税收、税源的影响，征管因素主要包括加强税源管理和各税种管理、清理欠税、查补税款等对税收收入的影响，特殊因素主要是一次性、不可比的增收、减收因素。

因素分析法是统计分析方法之一，是指当某经济指标同时受两个或两个以上因素变动影响时，分析各因素对该指标变动的影响方向和程度，以便找出主要因素，抓住主要矛盾。因素分析法在税收分析中有着非常重要的作用。首先，可及时反映经济变化对税收收入的影响程度；其次，用因素分析法进行税收分析，可以确定税收收入增长和减少的主要原因；最后，利用因素分析法可以从众多影响税收收入的税源因素中找出主要因素。

【知识点3】 数理统计分析法

数理统计分析法，是运用相关分析、一元或多元回归分析、时间序列分析等数理统计理论和方法，借助先进统计分析工具，利用历史数据，建立税收分析预测模型，对税收与相关影响因素的相关关系进行量化分析的方法。

1. 相关分析

相关分析是指两个事物之间存在一定关系。这种关系可能是同向关系，也可能是反向关系；可以是确定性相关，也可以是关联相关。

两个事物间的相关性可以通过制作散点图来大致判定是线性相关还是非线性关系。对其相关强度可以通过相关系数来进行数量测定，通常说相关系数是相关分析的测度工具。

2. 一元线性回归分析

进行回归分析时，首先需要确定哪个变量是因变量，哪个变量是自变量。在回归分析中，被预测或被解释的变量称为因变量，用 Y 表示。用来预测或解释因变量的一个或多个变量称为自变量，用 X 表示。当回归中只涉及一个自变量时称为一元回归，若因变量 Y 与 X 之间为线性关系，则称为一元线性回归。

>>第四节 税收会计

一 税收会计概述

【知识点 1】 税收会计内涵

税收会计，是指运用会计方法和手段，对税收业务进行全面、综合、连续、系统的核算反映与监督的税收管理活动。

【知识点 2】 税收会计工作的主要任务

税收会计工作的主要任务包括 4 个方面：一是组织税收会计核算，记录和反映税收业务活动，提供税收会计信息；二是加强税收缴库、退库、调库业务管理，保障税款安全；三是实施税收会计监督，规范税收业务行为；四是开展税收会计分析，反映税收、经济运行情况，服务税收决策。

【知识点 3】 税收会计核算对象

税收会计核算的对象是税收资金及其运动，即税务部门组织征收的各项收入的应征、征收、减免、欠缴、入库和提退等运动的全过程。这里的税收资金既包括税务部门负责征收的各项收入，也包括税务部门负责征收的其他收入。

税收资金的形态可以分为资金来源和资金占用两类。

1. 税收资金的来源形态。税收资金的来源形态指税收资金形成的具体渠道，包括应征税金、多缴税金和暂收款。

2. 税收资金的占用形态。税收资金的占用形态指税金形成以后的存在形态，具体有待征税金、待解税金、在途税金、减免税金、入库税金、提退税金、损失税金和保管款等形态。

【知识点4】 税收会计核算

税收会计核算应当以实际发生的税收业务为依据，收集和填制会计凭证，登记会计账簿，编制会计报表，对申报、查补、评估、征收、减免、缓征、缴库、退库、调库等税收业务进行全面的记录和反映。

税收会计核算应当坚持客观性、相关性、连续性原则。

1. 税收会计科目

税收会计科目应当根据税收管理的实际需要设置。总账科目、基本明细科目的名称、编号、核算内容及其使用方法由国家税务总局统一规定。

2. 税收会计原始凭证

税收会计原始凭证按其反映的税收业务内容的不同分为应征凭证、减免凭证、征解凭证、入库凭证、提退凭证和其他凭证等。

3. 税收会计记账凭证

税收会计记账凭证是根据原始凭证及有关资料编制的，是登记会计账簿的依据。具备记账凭证基本要素的原始凭证，可作为记账凭证使用。

4. 税收会计账簿

税收会计账簿是以会计凭证为依据，按照会计科目，运用会计账户形式，全面、系统和连续地记录税收资金运动情况的簿籍。它是编制会计报表的主要依据。税收会计账簿包括总账、明细账、日记账和其他辅助性账簿。

5. 税收会计报表编制

税收会计报表应当依据会计账簿和有关资料，按照税收会计资料归类汇总的要求编制。

税收会计报表一般包括日报、月报、年报等，除国家税务总局确定编制周期的报表外，其他报表的具体编制周期由各省税务机关确定。

6. 税收会计对账

税收会计应当按日、分月和年终进行税务机关与金库的对账工作。将税务机关税收入库数据信息与国库预算收入日报表数据进行核对。税收入库数据信息与国库提供的库报数据要达到3个一致，即：一是预算科目的目级科目一致；二是预算级次一致，包括中央、省、市、县4级；三是数据一致，对账精度到角分。

7. 税款账户管理

税款账户是指要办开户手续、账户由税务机关掌控的账户。银行在“待结算财政款项”科目下专设的用于归集税款的科目，不属于税款账户。

未经国家税务总局和财政部批准，不得开设任何税款过渡账户。目前，经国家税务总局和财政部批准开设的税款账户有两种：一是税务待缴库资金账户，二是税务代保管资金账户。

二 税收票证

【知识点1】 税收票证的概念

税收票证，是指税务机关、扣缴义务人依照法律法规，代征代售人按照委托协议，在征收税款、基金、费、滞纳金、罚没款等各项收入（以下统称税款）的过程中，开具的收款、退款和缴库凭证。

税收票证是纳税人实际缴纳税款或者收取退还税款的法定证明。

【知识点2】 税收票证的种类和适用范围

税收票证包括税收缴款书、税收收入退还书、出口货物劳务专用税收票证、税收完税证明、印花税专用税收票证以及国家税务总局规定的其他税收票证。

税收票证应当按规定的适用范围填开，不得混用。税收票证应当使用中文印制。民族自治地方的税收票证，可以加印当地一种通用的民族文字。各级政府部门委托税务机关征收的各种基金、费可以使用税收票证。

【知识点3】 税收票证的使用管理

税收票证的使用管理包括领发、保管、开具、作废、结报缴销、销毁和其他使用管理。

【知识点4】 税收票证的监督管理

税收票证的监督主要针对票证使用中的关键环节实施监督检查，如移交、核算、审核、归档和销毁等。

三 欠缴税金核算

【知识点1】 欠缴税金按发生时间核算

纳税人发生的欠缴税金根据所属期按2001年5月1日划分为前后两大部分进行反映。对于2001年5月1日之前发生的欠缴税金，单设“待清理呆账税金”账外科目专项核算反映。对于2001年5月1日之后发生的欠缴税金，全部并入“待征”类总账科目核算。“待征”类总账科目下按“关停企业欠税”“空壳企业欠税”“未到期应缴税款”“缓征税款”“本年新欠”“往年陈欠”6类明细科目分类核算。

【知识点2】 欠缴税金按风险类型核算

根据每笔欠缴税金相关信息和纳税人财务指标，将欠缴税金（指本年新欠、往年陈欠和关停及空壳欠税）分为低风险欠缴、中风险欠缴、高风险欠缴和高危欠缴4类。

各税收会计核算单位应在账外设置“欠缴税金分风险类别登记簿”，分户、分欠缴税金风险类别登记反映纳税人欠缴税金变动情况。

依据“欠缴税金分风险类别登记簿”及税收会计核算内容，设置欠缴税金风险评价指标，主要包括新欠发生率、欠税追征率、欠税比重、欠税综合管控能力等评价指标。

四 减免税金核算

税收会计减免税核算是按照减免税政策及条款项目设置会计科目，通过申报表和收入退还书等原始凭证采集数据，完整、详细、及时地反映和监督减免税业务的税收管理活动。

【知识点1】 减免税核算范围

税收会计核算的减免税是指在既定税制框架下，国家对特定纳税人或特定经济行为，实行照顾性或激励性政策而发生的减税或免税。

税收会计核算的减免税政策实行减免税政策库管理。以下内容不纳入减免税政策库，不进行减免税核算：税前扣除、低税率、不征税等基本税制安排，分期纳税等不减少应缴税金总额的优惠政策，出口退税政策，具有减税效果的新税制安排，非税务机关执行的减免税政策，国家税务总局规定的其他政策。

【知识点2】 减免税核算内容

税务机关应当设置减免税总账科目及明细科目，对减免税业务办理情况进行核算反映。总账科目名称为“减免税金”，明细科目按照“纳税人识别号”“收入种类”“减免类型”“减免性质”分别设置。

1. “纳税人识别号”明细科目按税务机关登记的纳税人识别号设置，分户核算纳税人享受减免税情况。

2. “收入种类”明细科目按税（费）种类设置，核算不同税（费）种类的减免税情况。

3. “减免类型”明细科目按减免税业务办理类型，分别设置“征前减免”“退库”“抵扣欠税”细目，核算不同业务类型办理的减免税情况。

五 社会保险费核算

【知识点1】 社会保险费统计核算的内涵和主要任务

社会保险费统计核算是统计原理和方法在社会保险费征收活动中的具体应用，即通过收集、整理、核点计算社会保险费征收活动中相关数据资料，对其中的客观对象总体数量特征和数量关系进行研究分析，反映社会保险费征收活动内在规律的工作实践。

《中华人民共和国社会保险法》规定，社会保险费征收机构应当将缴费情况定期告知用人单位和个人，同时规定社会保险经办机构应当定期向社会公布参加社会保险情况以及社会保险基金的收入、支出、结余和收益情况。

税务部门开展社会保险费统计核算的主要任务有四个方面：一是服务基金运转，二是服务征收管理，三是服务民生保障，四是服务改革发展。

【知识点2】 社会保险费统计分析

1. 收入形势分析

按月对当月社会保险费收入情况进行分析，主要内容是查找当月及累计社会保险费收入增减变化原因，对社会保险费收入和降费匹配性进行量化分析，研判社会保险费收入形势和趋势。

2. 基金运行分析

重点围绕保险费收入、基金收入、基金支出、累计结余、可支付月数等指标，统筹考虑阶段性减免费、财政补助等因素，分地区分析基金收支情况以及减免费政策对基金运行和待遇发放带来的影响，预测后续基金总体可持续运行情况以及分地区的可持续运行情况，并提出相应的对策建议。

3. 其他费源费基分析

重点围绕当期和上期的各险种参保人数、缴费人数等指标，分地区、行业、类型、规模等维度，通过同比和环比分析人数变化情况，对费源费基变动情况进行分析，进而对经济形势进行研判。

4. 缴费人行为分析

对于城乡居民基本养老和基本医疗保险的缴费人选择参保时间、缴费档次等情况进行分析，分析缴费人年龄、待遇发放以及缴费档次等因素间的关系，根据区域内缴费人偏好、人口年龄结构测算城乡居民基本养老和基本医疗保险费收入变动趋势，提出完善制度、合理设置缴费档次的建议。

【知识点3】 社会保险降费核算

社会保险降费核算的周期有按照政策执行期核算和按照财政年度核算。

从根本上来说，降费就是为了减轻缴费人负担，通过调整政策减少缴费人实际缴纳的费款。

开展降费核算，实际上就是计算因政策调整带来的费款减少额。也就是说，降费核算的口径是政策调整前与调整后产生的费款减少额，即：降费额 = 未执行政策时的缴费额 - 执行政策后的缴费额。如果涉及缓缴费款等内容，还要同时核算缓缴的情况。

六 非税收入核算

【知识点1】 非税收入核算的主要任务

非税收入核算分析的主要任务包括四个方面：一是组织非税收入会计核算，记录和反映非税收入业务活动，提供非税收入会计信息；二是加强非税收入缴库、退库、调库业务管理，保障费款安全；三是实施非税收入会计监督，规范非税收入业务行为；四是开展收入分析，反映非税收入、经济运行情况，提供决策依据和建议。

【知识点2】 非税收入会计核算

非税收入会计核算，是指运用会计方法和手段，对非税收入与业务进行全面、综合、连续、系统的核算分析与监督的管理活动。

非税收入会计核算的对象是非税收入资金及其运动，即税务部门组织征收的各项非税收入的应征、征收、减免、欠缴、入库和提退等运动的全过程。这里的非税收入资金既包括税务部门负责征收的各项收入，也包括税务部门受托代收的其他收入（工会经费及建会筹备金）。

非税收入会计核算应当以实际发生的非税收入业务为依据，收集和填制会计凭证，登记会计账簿，编制会计报表，对申报、查补、评估、征收、减免、缓征、缴库、退库、调库等非税收入业务进行全面的记录和反映。非税收入会计核算应当坚持客观性、相关性、连续性原则。

【知识点3】 非税收入降费核算

非税收入降费核算是按照非税收入减免政策及条款项目设置会计科目，通过申报表和收入退还书等原始凭证采集数据，完整、详细、及时地反映和监督减免业务的非税收入管理活动。

【知识点4】 数据审核

为全面反映税务部门征收非税收入情况，更好地服务非税收入组织收入工作，在非税收入月度快报正式形成前，各级税务机关对快报数据进行审查和核对，主要从完整性、准确性、适用性三个方面进行审核。

【知识点5】 收入分析

收入分析，是税务机关研究解决与非税收入有关的经济社会问题的重要途径和方法，通过收集和整理内部非税收入数据，结合外部信息，运用一定的经济理论和技术方法，查找规律和问题，作为上级领导和政府部门了解经济形势、提供研究费制、制定宏观经济政策和加强非税收入征管的依据，并提出改进措施，服务经济社会发展的一项综合性工作。

收入分析方法包括对比分析法、因素分析法以及数理统计分析法等。

1. 对比分析法

对比分析法，是将实际数与基数进行对比，计算实际数与基数的差异，分析形成差异的原因，借以了解经济活动的成绩和问题的一种分析方法。

2. 因素分析法

因素分析法，是从数量方面研究计算经济现象变动中诸多因素的影响程度的一种分析方法。

3. 数理统计分析法

数理统计分析法，是运用相关分析、一元或多元回归分析、时间序列分析等数理统计理论和方法，借助先进统计分析工具，利用历史数据，建立收入分析预测模型，对非税收入与相关影响因素的相关关系进行量化分析的一种分析方法。

>> 第五节 税收统计

一 税收统计概述

【知识点1】 税收统计的内涵和对象

税收统计是社会经济统计的一个重要组成部分，它是根据税收工作的要求，按照统一的制度和方法，从税收经济现象的数量方面反映税收活动及所涉及的社会经济活动情况的一种专业统计。

税收统计研究的对象主要有3类：一是税收数据，包括纳税登记、纳税申报数据，以及应征、待征、入库、减免等税收资金核算数据；二是税基数据，主要包括国内生产总值（GDP）、国民生产总值（GNP）、国民收入、社会消费品零售总额、全社会固定资产投资、价格指数、规模以上工业企业利润额、金融机构存贷款余额、货运周转量、客运周转量等经济指标，或主营业务收入、利润总额等反映企业经营状况和个人收入状况的税源指标；三是由以上两类数据衍生的增量、增幅、弹性、税负等税收统计指标。

【知识点2】 税收统计的特点

1. 数量性。税收统计是从税务现象的数量变化来研究税务工作的发展变化规律的。因此，税收统计工作离不开对税收数量特征的加工整理和分析研究。进行数量分析，是社会经济统计的首要特点，也是税收统计的首要特点。

2. 具体性。税务统计所研究的数量都有其具体的社会经济内容，即每一个数据都是在一定时间、地点和条件下的量，不是空洞、抽象的数字。

3. 综合性。税收来源于国民经济各部门、各行业和各种企业类型等，涉及社会经济的各个领域，税收税源的增减变化以及税收收入结构比重的变化，都能综合反映国民经济和社会发展的变化情况，如国民经济产业结构调整、产品结构的变化等。

4. 以税法为依据。税收统计在指标设置、指标口径、计算方式上都要以税收法规为依据。

5. 灵活及时。税收统计运用它特有的灵活调查和反映方法，可以随时有针对性地展开专题调查，及时反映税收工作某方面的详细情况。

6. 与税收会计关系密切。税收统计与税收会计在核算对象、数据来源等方面有着密切的联系：税收资金运动既是税收会计核算的对象，也是税收统计研究的主要对象；税收会计所使用的原始凭证，也是税收统计数据的主要来源依据；税收统计中的税收收入口径与税收会计核算的入库税金口径完全一致；等等。

【知识点3】 税收统计的任务和要求

1. 税收统计的基本任务

税收统计的基本任务是进行统计调查、统计整理、统计分析，提供统计资料，实行统计监督，反映经济税源发展变化情况以及税收政策的实施效果。

2. 税收统计的基本要求

税收统计的基本要求与税收会计编写的要求一致，“资料完整、数据准确、口径统一、报送及时”也是税收统计的基本要求。

【知识点4】 税收统计的工作过程

一般来说，税收统计的工作过程大致可分为以下 4 个步骤。

1. 设计。在进行税收统计工作之前必须有一个周密的设计。设计是围绕统计对象（主要是涉税数据），按照工作目的和要求，对进行的统计工作所做的全面设想。设计的主要内容包括确定调查对象、调查单位、调查内容和调查方法等。设计是税收统计工作中重要的一环，也是指导以后工作的依据。

2. 统计资料收集。遵循统计学原理采取必要措施得到准确可靠的统计资料。及时、准确、完整是收集统计资料的基本原则。

3. 统计资料整理。整理资料的目的就是通过科学的分组归类，使统计资料系统化、条理化，成为反映各特定内容的综合性资料，便于进一步计算统计指标和开展统计分析。

4. 统计分析。运用统计资料对统计内容进行概括、评价、推断、预测，及时反映有关经济活动的动态和规律，对税收活动进行调节监督，为加强税收征收管理提供决策信息。

税收统计工作的上述 4 个步骤紧密相连、不可分割。

【知识点5】 税收统计调查

税收统计调查是指根据税收工作要求，按照预定的调查内容和方法，有组织、有计划地收集各种统计资料的过程。根据搜集资料的组织方式不同，税收统计调查可分为税收统计报表调查和税收统计专门调查两种。

1. 税收统计报表调查

税收统计报表调查是为了定期取得系统、全面的基本统计资料，按照统一规定的时间、表式、指标和口径要求，自上而下统一布置、自下而上提供统计资料的一种调查方式方法。目前，它是税务机关收集（或取得）统计资料的主要形式。

2. 税收统计专门调查

税收统计专门调查是指根据特定的目的和要求而专门组织的一种收集统计资料的调查形式。它是对定期报表中没有反映，或反映不全，或反映不够详细的情况所做的调查，包括各种普查、重点调查、抽样调查和典型调查等，多属一次性调查。

【知识点6】 税收统计资料整理

税收统计资料的整理是指按照一定的要求，把收集到的各种统计资料进行科学的分组归类，使之系统化和条理化，成为反映各特定内容的综合性资料的过程。统计资料的整理和加工，是进行统计分析的基础。

税收统计资料的整理原则主要包括系统性、可比性、实用性、以现有资料为依据等。出现与前期资料分组口径不同时，必须在当期整理的统计资料中逐项加以说明，以免在使用资料时发生错误。

常用的税收统计资料分组方法主要有按税种、地区、企业类型、时期、城乡、行业、重点项目、税目或重点产品分组等。

二 税收报表指标体系

【知识点】 税收报表指标体系

税收报表指标体系，包括税收基础报表指标和税收分析报表指标两部分。

税收基础报表指标，具体包括税收会计类、税收统计类、货物劳务税类、所得税类、财产行为税类、国际税收类、征管类、经济基础类等。

税收分析报表指标，具体包括税收分析表、税源分析表、税收经济分析表、专题分析表等。

三 常用税收统计分析指标

税收统计分析指标有多种分类，常用的主要有两类：一是税收构成指标，二是税收相对指标。

【知识点1】 税收构成指标

研究税收总体特征时，除了要了解掌握总量情况外，还需要研究税收总体内部的组成部分，对其每个部分构成情况进行分析，这就需要计算税收构成比例，各类组成分类构成比例称为税收构成指标。如各税种收入占总体收入的比重，某个税种收入同比增收贡献度等。

【知识点2】 税收相对指标

税收相对指标包括税收同比、环比、完成进度、税负率（宏观、中观和微观）、税收增长弹性等各项指标体系。

1. 当月税收同比增长幅度

当月税收同比增长幅度是指当月税收收入与去年同期当月税收收入完成情况之差与去年同期当月税收收入完成情况的比值。该指标是最常用的当月税收相对指标之一。

2. 当月税收环比增长幅度

当月税收环比增长幅度是指当月税收收入与当年上月税收收入完成情况之差与当年上月税收收入完成情况的比值。该指标常用在同比增长幅度之后，同时加以表述，用以描述税收的短期增减趋势。

3. 累计税收同比增长幅度

累计税收同比增长幅度是指累计税收收入与上年同期累计税收收入完成情况之差与上年同期累计税收收入完成情况的比值。该指标常用在当月税收同比增长幅度之后，用以表示税收收入增减变化的中长期趋势。当月税收相对指标有时波动比较大，但如果通过累计增幅观察，税收走势就会平缓和清晰得多，对于观察中长期趋势有较好的作用。

累计税收通常不做环比增长比较，因为在以年为单位进行相对比较时，同比与环比的计算结果是相同的。

4. 税收平均增长速度

税收平均增长速度常用几何平均数计算。几何平均数是 n 个变量值乘积的 n 次方根，通常用 G 表示。

5. 税收计划完成程度

税收计划完成程度是税收收入在某时期内实际完成数与计划数值对比的结果，该指标可以通过对本期实际与计划数对比分析，得到税收计划完成程度的相对指标，一般用百分数来表示。

6. 税负率指标

税负率也称税收负担率，是指纳税人承受国家税收的状况或量度，反映一定时期内社会产品在国家与纳税人之间的税收分配数量关系。在考察税收负担水平时，可以从宏观、中观和微观 3 个不同层次进行考察。

（1）宏观税负率。从宏观看，就是把税收作为一个整体来考察，或者说考察整个国民经济的税收负担水平。这种反映一国或一地区总体税收负担水平的指标，被称为宏观税负。宏观税负的高低，表示政府在国民经济总量分配中集中程度的大小，同时也表示政府社会经济职能及财政功能的强弱。宏观税负的高低既是制定各项具体税收政策的重要依据，也是各项具体税收政策实施的综合体现。当前国际上通用的宏观税负指标是一国或一地区一定时期内（通常为 1 年）税收收入总额与国内生产总值（GDP）的比值。

（2）中观税负率。中观税负率是指一定地区或某个行业或国民经济某一部门的纳税人所缴纳的税收占同期该地区、该行业或部门经济产出的比重。如制造业税负率、化学制品业税负率。

（3）微观税负率。微观税负率是指某一纳税人在一定时期或某一经济事件过程中，所缴纳的税收占同期或该事件的经济收入的比重。目前，国家税务总局和各省市税务机关使用的考察微观税负的指标比较多，这些指标或是直接测算各类税负，或是通过考察微观企业生产经营的主要状况来侧面反映税收负担的状况，均利用税收征管数据和外部信息加工而成。

7. 税收增长弹性

税收增长弹性是指税收收入对经济增长的反应程度，在给定税制不变的情况下，一般表示为税收收入的变化率和 GDP 变化率之比。

8. 其他经济术语

在各类相对指标中，经济部门也经常会用到发展水平、平均发展水平、发展速度、环比发展速度、增长速度、环比增长速度。

（1）发展水平。发展水平是指时间序列中各时期（或时点）所对应的指标数据，它反映某种社会经济现象在一定时间所达到的规模和水平。如 2019 年某省税收完成 3000 亿元，3000 亿元就代表该省目前的发展规模和水平。

（2）平均发展水平。平均发展水平是将不同时间的发展水平加以平均而得到的平均数。在实际应用中这一指标的使用相对较少。

（3）发展速度。发展速度是反映经济现象发展变化快慢的动态相对指标，它是根据两个不同时间的发展水平对比求得的。结果一般用百分数表示。

（4）环比发展速度。环比发展速度是报告期发展水平与前一期发展水平之比。

（5）增长速度。增长速度是表明经济现象增长快慢的动态相对指标，它是根据增长量与基期水平对比求得的，用以说明报告期发展水平比基期发展水平增长了多少。

（6）环比增长速度。环比增长速度是报告期增长量与前一期发展水平之比。发展速度与增长速度都是反映增长快慢的指标。

四 税收统计方法

【知识点1】 税收统计表格的使用

税收统计表格在现实工作中是应用非常频繁的统计和表达工具，统计表格具有直观的特点，可以把需要说明的经济现象通过有规则的设计简洁明了地展示出来。同时好的统计表格可以用较快的方式找到规律或问题的所在，为研究者节约分析时间、提高效率。同时统计表格通常作为一种储存、保管的重要资料，经常作为重要的历史资料使用。另外，统计表格是数理统计重要的数据分析基础，其翔实和有效的真实成分决定着各种模型的分析结果。统计表格在运用时有固定表格和动态表格等多种形态，其使用需要一定的实践，如果运用得好，可以成倍甚至十几倍、几十倍地节省工作时间，所以也成为各级各部门工作人员优先选择的重要统计方式方法之一。

【知识点2】 税收统计图形的使用

常用的税收统计图形有以下4种。

1. 构成图

构成图通常也叫饼图，当要表示总体中各组成部分的个体数量在总体中所占比例时，经常使用饼图。

2. 条形图

条形图可以描述分类项目的静态和变化情况。一个坐标轴往往用来表示每个项目的各个取值，其长度即为该项目的水平和具体数值。纵轴和横轴通常可以互换，如果条形是垂直的也称柱形图。

3. 折线图

折线图经常用来描述时间序列数据，用以反映某些指标或变量随时间的变化趋势，所以有时也称为时间序列图。

4. 三维图

对一些较为复杂的经济现象和变量之间的关系，如果简单通过二维的各种图示来表达，很难将现象描述得清楚，这时就需要用到三维空间制图。三维空间制图可以起到直观、清晰的效果。

五 企业登记注册类型、企业规模、行业的划分

【知识点 1】 农、林、牧、渔业企业的划分

营业收入 20000 万元以下的为中小微型企业。其中，营业收入 500 万元及以上的为中型企业，营业收入 50 万元及以上的为小型企业，营业收入 50 万元以下的为微型企业。

【知识点 2】 工业企业的划分

从业人员 1000 人以下或营业收入 40000 万元以下的为中小微型企业。其中，从业人员 300 人及以上，且营业收入 2000 万元及以上的为中型企业；从业人员 20 人及以上，且营业收入 300 万元及以上的为小型企业；从业人员 20 人以下或营业收入 300 万元以下的为微型企业。

【知识点 3】 建筑业企业的划分

营业收入 80000 万元以下或资产总额 80000 万元以下的为中小微型企业。其中，营业收入 6000 万元及以上，且资产总额 5000 万元及以上的为中型企业；营业收入 300 万元及以上，且资产总额 300 万元及以上的为小型企业；营业收入 300 万元以下或资产总额 300 万元以下的为微型企业。

【知识点 4】 批发业企业的划分

从业人员 200 人以下或营业收入 40000 万元以下的为中小微型企业。其中，从业人员 20 人及以上，且营业收入 5000 万元及以上的为中型企业；从业人员 5 人及以上，且营业收入 1000 万元及以上的为小型企业；从业人员 5 人以下或营业收入 1000 万元以下的为微型企业。

【知识点 5】 零售业企业的划分

从业人员 300 人以下或营业收入 20000 万元以下的为中小微型企业。其中，从业人员 50 人及以上，且营业收入 500 万元及以上的为中型企业；从业人员 10 人及以上，且营业收入 100 万元及以上的为小型企业；从业人员 10 人以下或营业收入 100 万元以下的为微型企业。

【知识点 6】 交通运输业企业的划分

从业人员 1000 人以下或营业收入 30000 万元以下的为中小微型企业。其中，从业

人员 300 人及以上，且营业收入 3000 万元及以上的为中型企业；从业人员 20 人及以上，且营业收入 200 万元及以上的为小型企业；从业人员 20 人以下或营业收入 200 万元以下的为微型企业。

【知识点 7】 仓储业企业的划分

从业人员 200 人以下或营业收入 30000 万元以下的为中小微型企业。其中，从业人员 100 人及以上，且营业收入 1000 万元及以上的为中型企业；从业人员 20 人及以上，且营业收入 100 万元及以上的为小型企业；从业人员 20 人以下或营业收入 100 万元以下的为微型企业。

【知识点 8】 邮政业企业的划分

从业人员 1000 人以下或营业收入 30000 万元以下的为中小微型企业。其中，从业人员 300 人及以上，且营业收入 2000 万元及以上的为中型企业；从业人员 20 人及以上，且营业收入 100 万元及以上的为小型企业；从业人员 20 人以下或营业收入 100 万元以下的为微型企业。

【知识点 9】 住宿业企业的划分

从业人员 300 人以下或营业收入 10000 万元以下的为中小微型企业。其中，从业人员 100 人及以上，且营业收入 2000 万元及以上的为中型企业；从业人员 10 人及以上，且营业收入 100 万元及以上的为小型企业；从业人员 10 人以下或营业收入 100 万元以下的为微型企业。

【知识点 10】 餐饮业企业的划分

从业人员 300 人以下或营业收入 10000 万元以下的为中小微型企业。其中，从业人员 100 人及以上，且营业收入 2000 万元及以上的为中型企业；从业人员 10 人及以上，且营业收入 100 万元及以上的为小型企业；从业人员 10 人以下或营业收入 100 万元以下的为微型企业。

【知识点 11】 信息传输业企业的划分

从业人员 2000 人以下或营业收入 100000 万元以下的为中小微型企业。其中，从业人员 100 人及以上，且营业收入 1000 万元及以上的为中型企业；从业人员 10 人及以上，且营业收入 100 万元及以上的为小型企业；从业人员 10 人以下或营业收入 100 万元以下的为微型企业。

【知识点12】 软件和信息技术服务业企业的划分

从业人员300人以下或营业收入10000万元以下的为中小微型企业。其中，从业人员100人及以上，且营业收入1000万元及以上的为中型企业；从业人员10人及以上，且营业收入50万元及以上的为小型企业；从业人员10人以下或营业收入50万元以下的为微型企业。

【知识点13】 房地产开发经营企业的划分

营业收入200000万元以下或资产总额10000万元以下的为中小微型企业。其中，营业收入1000万元及以上，且资产总额5000万元及以上的为中型企业；营业收入100万元及以上，且资产总额2000万元及以上的为小型企业；营业收入100万元以下或资产总额2000万元以下的为微型企业。

【知识点14】 物业管理企业的划分

从业人员1000人以下或营业收入5000万元以下的为中小微型企业。其中，从业人员300人及以上，且营业收入1000万元及以上的为中型企业；从业人员100人及以上，且营业收入500万元及以上的为小型企业；从业人员100人以下或营业收入500万元以下的为微型企业。

【知识点15】 租赁和商务服务业企业的划分

从业人员300人以下或资产总额120000万元以下的为中小微型企业。其中，从业人员100人及以上，且资产总额8000万元及以上的为中型企业；从业人员10人及以上，且资产总额100万元及以上的为小型企业；从业人员10人以下或资产总额100万元以下的为微型企业。

【知识点16】 其他未列明行业企业的划分

从业人员300人以下的为中小微型企业。其中，从业人员100人及以上的为中型企业；从业人员10人及以上的为小型企业；从业人员10人以下的为微型企业。

>>第六节 重点税源监控

一 税源监控概述

【知识点】 税源监控的概念

税源监控，是指通过数据采集和分析应用，对纳税人的生产经营和税收情况进行反映、监督、评价，对经济税源运行情况和趋势进行分析、预测，并据以提高管理和服务水平的活动。开展税源监控是增强组织收入工作预见性和主动性，实施税源专业化管理、推进信息管税的重要手段，是提高收入质量、防范税收风险、评价政策效应、服务经济发展的重要途径。

目前，国家税务总局已初步建成了总局、省、市、县 4 级重点税源监控体系，条件成熟时实现由重点税源监控向整体税源监控的转变。

二 重点税源监控标准

【知识点】 重点税源监控标准

目前的重点税源纳税人标准是 2019 年由国家税务总局确定的，后续在此基础上每年进行适量补充。2019 年，国家税务总局确定的重点税源纳税人标准是：2018 年实际缴纳增值税 500 万元以上的增值税纳税人；缴纳消费税 100 万元以上的消费税纳税人；缴纳企业所得税 500 万元以上的各类纳税人；除上述税种外，其他各项税收合计达到 500 万元以上的纳税人；在国内上海、深圳、香港特别行政区，以及美国、英国、新加坡等地上市的纳税人。

为确保行业样本量，通用设备制造，专用设备制造，汽车制造，电气机械和器材制造，仪器仪表制造，医药制造，铁路、船舶、航空航天和其他运输设备制造，计算机、通信和其他电子设备制造等制造业以及信息传输软件和信息技术服务，租赁和商务服务，科学研究和技术服务，交通运输、仓储和邮政业等服务业，监控标准为 2018 年实际缴纳税款 300 万元以上的纳税人。

为确保房地产行业样本质量，在上述监控标准的基础上，房地产行业重点税源纳税人还应同时满足以下条件：项目投资额超过 2 亿元、连续三年实现稳定纳税 500 万元以上且可持续经营。

2018 年虽未达到上述标准，但预计 2019 年缴纳税款可达到上述标准的纳税人也可纳入监控。

三 重点税源监控内容

【知识点 1】 重点税源数据采集审核

重点税源数据采集的渠道主要有 4 种方式：一是重点税源企业通过单机或网上重点税源直报系统申报，税务机关通过国家税务总局下发的 TRAS 重点税源系统收集上报；二是从税收征管信息系统查询获取；三是税务机关根据实际需要从发改委、经信委等外部门交换信息得到，如规模以上企业工业增加值和利税等；四是从互联网查询取得。

在 TRAS 重点税源系统上报方式中，税务机关采集相关数据后，通过对表中各项数据设定勾稽关系，进行校对和审核。对公式审核报错的数据，通知下级机关和企业核实确认，修改后重新上报。

随着金税三期系统全面推开，大数据优势越来越明显，税务机关可以将大部分数据从征管核心系统中读取，从而不断提高数据采集质量和效率，纳税服务水平也将得到不断提升。

【知识点 2】 重点税源报表和上报时限要求

重点税源报表共包括 5 张报表：《基本信息表》《税收信息（月报）表》《主要产品（月报）表》《财务信息（季报）表》《企业调查问卷（季报）》。报表内容为企业基本信息、每月申报的各税种收入信息、财务信息、产品信息以及与企业生产经营有关的用电量、用工人数、工业增加值等经济信息。

重点税源企业每月需按时上报相关报表。为了提高重点税源数据时效性，全国重点税源报表上报时间为每月 18 日前，逢节假日顺延。

《基本信息表》年初一次性填报，年中有变化可以调整；《税收月报表》《主要产品月报表》按月报送；报表所属期为 3 月、6 月、9 月、12 月时，同时上报《财务季报表》。需要特别说明的是，《企业调查问卷》为季报表，按报表所属期 2 月、5 月、8 月、11 月填报，其中 2 月、5 月、8 月填报全年预测指标；11 月填报下一年全年预测指标。

四 重点税源行业监控方法

【知识点】 重点税源行业监控方法

重点税源监控既要进行宏观监控，也要开展微观监控。宏观税源监控通常以行业分析为主线开展，建立完善税源景气指数、行业发展指标特征库，从税收视角反映宏观经济运行状况，预测税收变动趋势，为税收收入管理和调整税收政策提供决策依据。主要监控指标包括纳税人基本信息、税源税收指标、产品（服务）产销指标、财务经济指标、能耗指标、纳税人对未来生产经营的预测等。

微观税源监控以建立行业风险分析指标体系和风险特征库为主线开展，建立健全风险预警系统，定期识别重点税源纳税人申报和税款缴纳过程中的风险点，积极开展风险应对，提高税收管理水平。微观税源监控指标除了宏观监控指标之外，还包括各种比率变动指标，如税负率、资产负债率、各种成本费用变动率等。

各级税务机关应建立重点税源监控分析制度，积极开展税源日常分析、专题分析、税源景气（发展）指数分析和税收风险预警分析等各类分析。技术上采用对比分析法、因素分析法和弹性分析法等多种手段，总结税源行业运行规律，查找税收征管薄弱环节。

>>第七节 税收调查

一 税收调查工作概述

【知识点】 税收调查工作的内涵

全国税收调查是由财政部和国家税务总局共同布置各级税务机关开展的一项年度性调查工作，税务机关主要借助税收调查软件，定期审核被调查企业上报的调查表，逐级汇总上报，形成全国税收调查数据。

二 税收调查工作的意义

【知识点】 税收调查工作的意义

目前，国际国内经济形势正在发生深刻变化，财税政策在保障“十四五”平稳开局、推进经济高质量发展等方面发挥着越来越重要的作用，全国税收调查作为一项重要基础性工作，既是检验财税政策执行成效的有效方式，也是了解企业发展情况、服务税制改革、加强财税管理的重要手段。

三 抽样调查与重点调查

【知识点1】 抽样调查

抽样调查在总结往年经验的基础上，综合考虑税收分析研究需要，数据可获取性及代表性，全国调查能力及省级平衡等主、客观因素，采取科学的抽样方法实施。

将金税三期系统中涉及增值税一般纳税人、小规模纳税人（不含个体工商户）的信息记录进行整理、合并，确定出抽样总体。

采用非同比分层等距抽样方法，先后按照行业、企业规模、地区进行分层，并结合调查对象数据质量、税务机关调查能力等因素对样本抽取比例进行调整。

【知识点2】 重点调查

由财政部和国家税务总局根据税制改革、政策调整和税收管理的需要确定，主要包括各地重点税源监控企业、加工贸易企业等。

四 税收调查报送内容

【知识点】 税收调查报送内容

税收调查填报指标信息量不断加大，决策辅助功能也越来越强。目前的税收调查报表包括信息表、企业表、货物劳务服务表和调查问卷表，分别采集企业基本信息、税收及财务数据、产品信息等生产经营情况。

五 部分税收调查指标

【知识点1】 增值税指标及注意事项

注意填报“本年免税销售额，本年即征即退货物、劳务和应税服务销售额”时，该栏次只针对内销销售额，不包括出口免税销售额，并且只有在信息表“增值税优惠政策代码”选择一项或多项相关优惠政策后才能填报；“本年已纳增值税额”不包含代扣代缴增值税额，所以在增值税应缴指标中，都不要计算填报其代扣代缴的税额。

【知识点2】 出口退税指标及注意事项

注意“本年申报退（免）税的出口货物销售额”，是指扣减零税率销售额后的出口销售额。涉及企业退税或办理减免业务的，在填写相关指标时一般按正数填报。

【知识点 3】 消费税指标及注意事项

“本年已退消费税额”需填写纳税人本年内销货物实际收到的由税务机关审核并退还的税款。其中，“不是消费税纳税人，但存在消费税退税额”的情况仅适用利用石脑油、燃料油加工生产乙烯、芳烃类工业产品的企业。

【知识点 4】 房产税指标及注意事项

注意自用房产指标中“房产计税余值”一般是“房产原值”的 70% ~90%。另外注意与“管理费用”之间的数据关联关系。

【知识点 5】 车船税指标及注意事项

注意“不含代收（扣）代缴其他单位或个人的车船税额”；“代收（扣）代缴车船税”仅限保险公司、海事部门等单位填写。

【知识点 6】 土地增值税指标及注意事项

注意“财政部规定的其他扣除项目”仅限从事房地产开发业务的企业填写。

【知识点 7】 企业所得税指标及注意事项

按照上年度最新版本企业所得税年度纳税申报表的对应项进行填报及审核；如果企业是所得税纳税人，无论是何种缴纳方式，“企业所得税纳税人就地实际缴纳所得税额”必须填报企业调查年度 1 月 1 日至 12 月 31 日以现金或银行结算实际缴纳的企业所得税额。

【知识点 8】 其他税费指标及注意事项

注意结合增值税、消费税的税额合计数正确填写城市维护建设税、教育费附加、地方教育附加的应缴和已纳数额；“本年已纳代扣代缴个人所得税”，注意与“全年计提的工资及奖金总额”和“年初职工人数”“年末职工人数”的逻辑关系。“生育保险”不单独填报，请合并填报在“医疗保险”内。

【知识点 9】 利润表指标及注意事项

信息表企业所得税缴纳方式为独立缴纳，在填报对应企业所得税指标时，相关财务数据直接在利润表相应栏次中反映，一定要注意补充填写利润表其中项指标。特别说明，关于金融企业的利润表项目填写：其中企业的汇兑（净）收益合并填写在营业收入的主营业务收入项目，企业的投资收益、公允价值变动收益、资产处置收益、其他收益等单独填报，不包含在营业收入项目；营业成本（支出）不含企业的业务及管理费、资产减值损失等项目，企业实际发生的销售、财务、管理费用项目、资产减值损失项目单独填报，其他成本及支出一并填报在其他业务成本项目。

【知识点 10】 资产负债表指标及注意事项

“固定资产年末数”，包含“年末固定资产净值”和在建工程，所以在填报时应考虑“固定资产指标”的因素；要注意“实收资本（股本）年末数”出现负数的情况，并加强对该情况的说明。

【知识点 11】 其他成本费用类指标及注意事项

“本年增加的固定资产（不含资产评估数）”乘以适用税率，应大于或等于增值税指标类中的“采购国产设备进项税额”；“本年企业增加值”应小于等于“本年企业总产值”；电、煤、油、气、水等消费量应注意计量单位，确保换算正确。